U0453291

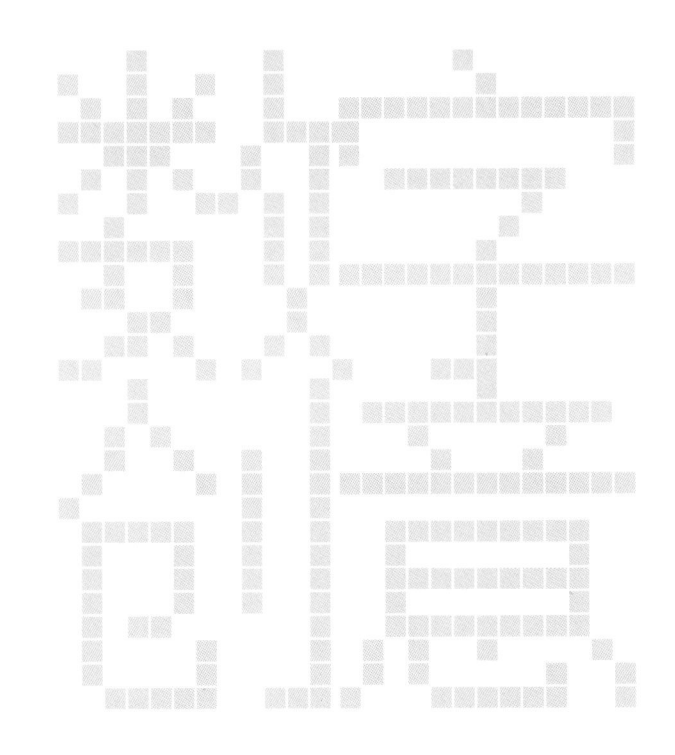

全球数字创意产业

创新集聚与城市图谱

解学芳 臧志彭 等著

Global Digital Creative Industries
Innovation Clusters and City Maps

中国社会科学出版社

图书在版编目（CIP）数据

全球数字创意产业：创新集聚与城市图谱/解学芳等著. —北京：中国社会科学出版社，2022.1（2024.9 重印）
ISBN 978 – 7 – 5203 – 9780 – 3

Ⅰ. ①全… Ⅱ. ①解… Ⅲ. ①数字技术—应用—文化产业—产业发展—研究报告—世界 Ⅳ. ①G114 – 39

中国版本图书馆 CIP 数据核字（2022）第 031091 号

出 版 人	赵剑英
责任编辑	刘晓红
责任校对	周晓东
责任印制	戴　宽
出　　版	中国社会科学出版社
社　　址	北京鼓楼西大街甲 158 号
邮　　编	100720
网　　址	http://www.csspw.cn
发 行 部	010 – 84083685
门 市 部	010 – 84029450
经　　销	新华书店及其他书店
印刷装订	北京君升印刷有限公司
版　　次	2022 年 1 月第 1 版
印　　次	2024 年 9 月第 2 次印刷
开　　本	710×1000　1/16
印　　张	22.25
插　　页	2
字　　数	368 千字
定　　价	128.00 元

凡购买中国社会科学出版社图书，如有质量问题请与本社营销中心联系调换
电话：010 – 84083683
版权所有　侵权必究

前　言

布莱恩·阿瑟在《技术的本质：技术是什么，它是如何进化的》中认为，经济发展是技术进化的结果。数字创意产业的发展过程就是典型数字技术进化的结果，从产业发展本质上说，是创意产业在新兴数字技术进化推动下的创意经济进化过程。2016年11月29日，《"十三五"国家战略性新兴产业发展规划》提出，"到2020年，形成文化引领、技术先进、链条完整的数字创意产业发展格局，相关行业产值规模达到8万亿元"，标志着数字创意产业正式成为国家战略性新兴产业。习近平总书记在2018年8月的全国宣传思想工作会议上指出，"要推动文化产业高质量发展，健全现代文化产业体系和市场体系，推动各类文化市场主体发展壮大，培育新型文化业态和文化消费模式，以高质量文化供给增强人们的文化获得感、幸福感。要坚定不移将文化体制改革引向深入，不断激发文化创新创造活力"，这一重要论述为新时期数字创意产业高质量发展提供了依据。同年，国家统计局颁布的《战略性新兴产业分类（2018）》将数字创意产业纳入其中。2020年，国家发改委、科技部、工信部、财政部联合发布《关于扩大战略性新兴产业投资培育壮大新增长点增长极的指导意见》，为作为国家战略性新兴产业的数字创意产业发展提供制度保障。

从数字创意产业发展实践来看，随着"智能+"时代的全面深入与5G时代的到来，以智能技术为代表的现代科技正引发着一场全新的数字创意产业发展革命，颠覆性地变革着传统的创意产业，塑造着现代数字创意产业发展格局。特别是移动通信技术、物联网、云计算、区块链、人工智能等新技术的应用，意味着数字创意产业新的竞争制高点；

但和数字创意产业发达国家相比，我国目前数字创意产业体系尚不健全，产业规模普遍偏小、技术创新能力弱、竞争力不强、文化市场制度配套滞后，亟须研判国际数字创意产业发展现状与趋势，探究人工智能时代数字创意产业的发展逻辑与创新边界，为我国数字创意产业高质量发展提供借鉴。

在此背景下，关于全球数字创意产业的相关研究日益丰富，但对于全球城市数字创意产业集聚状况缺乏系统的把脉，特别是缺乏从较长周期对全球数字创意产业发展的比较审视，以及在国际视域下对我国数字创意产业的研判与准确定位，这恰是本书关注与亟须解决的核心问题。与此同时，进入"智能+"时代，数字创意产业发展也遭遇着新的技术发展悖论。尼尔·波兹曼在《技术垄断：文化向技术投降》一书中指出，在技术垄断文化阶段，技术使信息泛滥成灾，使传统世界观消失得无影无踪。在人工智能技术介入数字创意产业发展各环节的新发展阶段，亟须摒弃简单的技术思维和工具主义路线，对数字创意产业发展的科技伦理问题与创新边界问题进行研判与反思，这是 AI 等新技术全面介入数字创意产业创新领域学界与业界应有的人文情怀与审慎态度。

需要强调的是，本书实证研究所采用的数字创意产业范畴主要基于中国国家统计局《文化及相关产业分类》，同时结合"北美行业分类 NAICS"中的相关行业进行数据采集和建立相关数据库。研究数据主要基于国际权威的美国标准普尔全球上市公司数据库、上市公司年报和官方网站、雅虎财经及谷歌财经等渠道，搜集、整理并筛选了 2008—2017 年全球数字创意产业上市公司经过审计的公开财报数据（数据检索截至 2019 年 1 月）。之所以选择上市公司数据是因为上市公司代表了产业最为先进的生产力，并且其数据一般是经过审计的、相对可靠的公开可查询数据，从而使产业中观层面的国际比较、行业比较更具可比性；而且在具体指标设计上，本书选取营业收入指标（《财富》世界 500 强排名也主要采用这一指标）、税前利润指标（排除税制差异）等全球可比性较强的通用性指标，确保了研究结果避免各国制度差异带来的影响，从而展示出全球城市数字创意产业的集聚图谱。作为第一部专题对全球城市数字创意产业进行大规模、长时间序列的探索性研究的著作，限于笔者能力、时间以及数据可得性、可靠性、及时性等诸多因素，研究尚存在很多的问题与不足，敬请各界专家、学者指导、批评、指正。

本书撰写过程是一项非常庞大的系统工程，能够顺利完成得益于团队成员、社会各界专家的大力支持、鼓励与帮助。本书框架建构与基于所有基础数据的统计整理由解学芳、臧志彭完成；各个章节具体分工如下：第一章：解学芳、臧志彭；第二章：解学芳、臧志彭、韩晓芳；第三章与第四章：祝新乐、解学芳、臧志彭；第五章：李琳、解学芳；第六章：解学芳、陈冰心、臧志彭；第七章：胡晨楠、解学芳；第八章：张佳琪、解学芳；第九章：臧志彭、严艳璐、谢铭炀、伍倩颖；第十章：解学芳、臧志彭。全书统稿修订：解学芳、臧志彭、张佳琪、徐丹红、胡逸飞、高嘉琪、陈思函、陈天宇、祝新乐、雷文宣。

本书也得到了文公智库《文化上市公司》微信公益平台全体研究团队的大力支持，在此一并致谢。同时，还要特别感谢中国社会科学出版社刘晓红老师，正是她的专业眼光与职业精神让本书得以顺利且高质量地出版。感谢中国社会科学出版社为本著作编辑出版付出的辛勤劳动！

谨以此书，献给广大数字创意产业研究学者、从事数字创意产业的管理者和实践操作者以及关心全球数字创意产业发展的各界人士。

解学芳　臧志彭
2021年7月于上海

目 录

第一章 数字创意产业基础理论 ………………………………………… 1

　　第一节　数字创意产业国内外文献研究回顾 ……………………… 1
　　第二节　数字创意产业内涵与创新驱动机理 ……………………… 11
　　第三节　数字创意产业创新发展的历史脉络 ……………………… 17
　　第四节　数字创意产业价值链内涵及其效应 ……………………… 20
　　第五节　数字创意产业战略地位的政策变迁 ……………………… 25

第二章 "互联网+"时代数字创意产业跨界演化 ……………………… 32

　　第一节　"互联网+"时代数字创意产业发展阶段开启 ………… 33
　　第二节　"互联网+"时代文化企业生命周期演化机理 ………… 36
　　第三节　"互联网+"时代数字创意产业跨界发展逻辑 ………… 40
　　第四节　"互联网+"主导数字创意产业混业经营模式 ………… 45
　　第五节　"互联网+"时代数字创意产业科技创新能力 ………… 63

第三章 全球数字创意产业主要结构特征图谱 ………………………… 78

　　第一节　全球数字创意产业主要国家和地区结构比较 …………… 78
　　第二节　全球数字创意产业细分行业结构比较 …………………… 92

第四章 全球数字创意产业主要国家和地区行业图谱 ………………… 101

　　第一节　美国数字创意产业行业结构及演化趋势 ………………… 101
　　第二节　英国数字创意产业行业结构及演化趋势 ………………… 108

第三节　德国数字创意产业行业结构及演化趋势……………… 112

第四节　法国数字创意产业行业结构及演化趋势……………… 117

第五节　日本数字创意产业行业结构及演化趋势……………… 121

第六节　韩国数字创意产业行业结构及演化趋势……………… 125

第七节　印度数字创意产业行业结构及演化趋势……………… 128

第八节　中国数字创意产业行业结构及演化趋势……………… 135

第五章　全球数字创意产业集聚的城市图谱……………………… 143

第一节　全球格局中的数字创意产业集聚研究脉络…………… 144

第二节　全球数字创意产业集聚的城市图谱与演化规律……… 147

第三节　基于区位熵的全球城市数字创意产业集聚规律……… 154

第四节　全球数字创意产业集聚语境下的中国创新路径……… 165

第六章　城市数字创意产业全球价值链格局……………………… 170

第一节　城市视角下数字创意产业全球价值链分工…………… 171

第二节　数字创意内容生产行业全球城市集聚格局…………… 174

第三节　数创产品传输流通行业全球城市集聚格局…………… 185

第四节　数字创意设备制造业的全球城市集聚格局…………… 194

第五节　数字创意产业全球价值链下中国城市地位…………… 199

第七章　典型行业：全球城市数字媒体产业集聚图谱…………… 203

第一节　基于区位熵的全球城市数字媒体产业集聚格局……… 204

第二节　全球城市群视角下数字媒体产业集聚演化机理……… 212

第三节　中国城市在全球数字媒体产业集聚格局的定位……… 218

第八章　典型区域："一带一路"数字创意产业集聚图谱………… 221

第一节　比较维度："一带一路"沿线国家和地区数字创意产业
　　　　集聚现状……………………………………………… 222

第二节　集聚规律："一带一路"沿线国家和地区数字创意产业
　　　　集聚演化……………………………………………… 227

第三节　发展路径：我国数字创意产业向全球价值链不断攀升的

　　　　革新策略 …………………………………………………… 234

第九章　典型城市群：世界湾区数字创意产业集聚图谱 …………… 241

　　第一节　湾区城市群与数字创意产业集群：融合共生机理 …… 241
　　第二节　世界湾区数字创意产业集聚格局：以影视
　　　　　　娱乐业为例 ………………………………………………… 246
　　第三节　世界湾区数字创意产业优势比较：以传媒
　　　　　　产业为例 …………………………………………………… 262

第十章　未来演进：人工智能与文化创意产业智能化创新 ………… 285

　　第一节　人工智能时代文化创意产业智能化创新范式 ………… 285
　　第二节　人工智能时代文化创意产业智能化创新边界 ………… 292
　　第三节　基于人工智能的文化创意产业科技创新机理 ………… 302
　　第四节　人工智能主导的文化创意产业科技创新能力 ………… 313

参考文献 ……………………………………………………………………… 322

第一章

数字创意产业基础理论①

当前数字化浪潮迭起,计算机、互联网、信息通信等数字技术不断向各个领域广泛渗透融合。文化产业和数字化技术相结合,催生出新的产业形态——数字创意产业(Digital Creative Industry)。技术引领跨界融合,在宏观视角下,以信息技术为核心支撑的数字创意产业给文化的生产与传播方式带来了变革,并逐渐成为新的经济增长点;在微观视角下,它渗透进每个人的生活,改变了我们的生活习惯、消费模式乃至思维方式。②

第一节 数字创意产业国内外文献研究回顾

数字创意产业的概念原型最早可追溯到1912年。奥地利著名经济学家熊彼特(Joseph Alois Schumpeter)提出,现代经济发展的根本动力在于创新,而创新的关键是知识和信息的生产、传播和使用。国外对数字创意产业的研究,起源于创意产业数字化变革带来的发展机遇和挑战。20世纪六七十年代麦克卢汉与雷蒙德·威廉斯就曾对媒介与技术之间的关系进行了深入的讨论。③ Blythe认为,在数字化再生产时代,

---

① 臧志彭:《数字创意产业全球价值链重构战略研究——基于内容、技术与制度三维协同创新》,《社会科学研究》2018年第2期。
② 本章部分有关数字创意产业基础理论研究摘自臧志彭著《数字创意产业研究》(知识产权出版社2019年版)。
③ 周荣庭等:《2017年度数字创意产业研究述评》,《中国社会科学报》2018年1月3日第7版。

创意产业成为英国经济振兴的重要工具。① Shin 则指出了数字化带来的法律问题，重点研究了数字内容产业相关的版权立法问题。② Molly 以游戏中资产的销售为例，分析了知识产权法在保护数字内容创作者方面存在的漏洞。③ Koiso－Kanttila 对数字内容的营销研究进行了系统梳理。④ Garnham 指出，"创意产业"的概念是信息社会的产物，具有时代性，信息与通信技术赋予了创意产业生命力。⑤ Altman 等研究构建了全球电影产业数字媒体资产生态系统框架。⑥ Mangematin 等研究指出，数字技术是创意产业解构与重构的驱动力，数字创意产业生产创意信息技术产品，成为人们日常生活的解决方案。⑦ Benghozi、Salvador 深入研究分析了数字出版业研发投入的方向和方法问题。⑧ Saragih 等认为，数字创意产业是一种在产品和服务中融合创意与数字元素的产业，该研究采用问卷调查法和结构方程模型探讨了印尼数字创意产业在面对外部环境变化时，动态能力对企业绩效的中介效应。⑨ 与此同时，也有学者关

---

① Blythe, M., "The Work of Art in the Age of Digital Reproduction: The Significance of the Creative Industries", *Journal of Art & Design Education*, Vol. 20, No. 2, 2001, pp. 144－150.

② Shin, J., "The Legal Protection of Digital Contents under the On－line Digital Contents Industry Development Law", *Journal of Industrial Property*, No. 11, 2002, pp. 257－286.

③ Molly, S., "Sales of In－Game Assets: An Illustration of the Continuing Failure of Intellectual Property Law to Protect Digital－Content Creators", *Texas Law Review*, Vol. 80, No. 6, 2002, pp. 151－153.

④ Koiso－Kanttila, N., "Digital Content Marketing: A Literature Synthesis", *Journal of Marketing Management*, Vol. 20, No. 1, 2004, pp. 45－65.

⑤ Garnham, N., "From Cultural to Creative Industrie", *International Journal of Cultural Policy*, Vol. 11, No. 1, 2005, pp. 15－29.

⑥ Altman, E., et al., "A Digital Media Asset Ecosystem for the Global Film Industry", *Journal of Digital Asset Management*, Vol. 2, No. 1, 2008, pp. 6－16.

⑦ Mangematin, V., et al., "Disassembly and Reassembly: An Introduction to the Special Issue on Digital Technology and Creative Industries", *Technological Forecasting and Social Change*, No. 83, 2014, pp. 1－9.

⑧ Benghozi, P. J., Salvador, E., "How and Where the R&D Takes Place in Creative Industries Digital Investment Strategies of the Book Publishing Sector", *Technology Analysis & Strategic Management*, Vol. 28, No. 5, 2016, pp. 568－582.

⑨ Saragih, R., et al., "External Environment Impact on Business Performance in Digital Creative Industry: Dynamic Capability as Mediating Variable", *International Journal of Advanced and Applied Sciences*, Vol. 4, No. 9, 2017, pp. 61－69.

注到了数字创意产业的人力资源培育与开发问题。[1][2] 韩国学术界高度重视数字创意产业的发展研究：Choi 强调了韩国数字内容产业发展政策的重要作用，提出了网络游戏、网络电影等产业在内容生产、海外营销、金融支持及人力资源等多方面的措施；[3] Shin 研究了在线数字内容产业促进案的修订；[4] Kim 对美国电影业与数字电影制片厂的扩张经验进行了深度解析；[5] 还有一些学者聚焦研究韩国数字创意产业优化发展与国际竞争力提升问题。[6][7][8]

国内关于数字创意产业的研究虽然可以追溯至 2000 年，但是在长达近 20 年的时间里研究比较分散，产业总体层面文献数量比较匮乏。数字创意产业作为一个新兴的产业门类，其正式的产业名称确立于 2016 年，而在这之前学术界的研究对象关键词非常零散，提出了数字传媒产业、数字内容产业、数字文化产业、数码创意产业、数字艺术创意产业等新的概念，专家学者也进行了相应的研究。

本书在中国知网（CNKI）进行"数字创意产业"主题词高级检索模糊匹配得出关键词共现网络（见图 1-1），与数字创意产业相关的研究还有数字出版、数字科技、数字媒体、数字艺术、数字媒体艺术、数

---

[1] Leung, L., Bentley, N., "Producing Leisured Laborers: Developing Higher Education Courses for the Digital Creative Industries", *Journal of Arts Management Law and Society*, Vol. 47, No. 2, 2017, pp. 148-160.

[2] Nam-Hee, "The Age of Cultural Industry and the Establishment of 'Digital Humanities'—Digital Area Studies and Creative Human Resources", *Won-Buddhist Thought & Religious Culture*, No. 74, 2017, pp. 227-251.

[3] Choi, M., "Policies for Developing Digital Contents Industry", *Productivity Review*, Vol. 16, No. 1, 2002, pp. 85-105.

[4] Shin, J., "A Study on the Amendment of Online Digital Contents Industry Promotion Act", *Journal of Industrial Property*, No. 18, 2005, pp. 343-368.

[5] Kim, H. Y., "The American Film Industry and the Expansion of Digital Studio-Focusing on Creative Strategy of Industrial Light and Magic", *Bulletin of Korean Society of Basic Design & Art*, Vol. 5, No. 3, 2004, pp. 227-236.

[6] Han, B., "A Study on the Facilitating of Global Competitiveness in the Digital Contents Industry for Korea", *The Journal of Korea Research Society for Customs*, Vol. 5, No. 2, 2004, pp. 177-204.

[7] Noh, S., Bang, K. C., "A Study on Creative Industry Development Vision Based on Digital Contents", *Journal of Digital Convergence*, Vol. 10, No. 2, 2012, pp. 47-53.

[8] Lee, J., Gereffi, G., "Global Value Chains, Rising Power Firms and Economic and Social Upgrading", *Critical Perspectives on International Business*, No. 7, 2015, pp. 319-341.

字内容产业等关键词,可见学界和业界都日益关注数字媒体在数字创意产业发展中的地位。

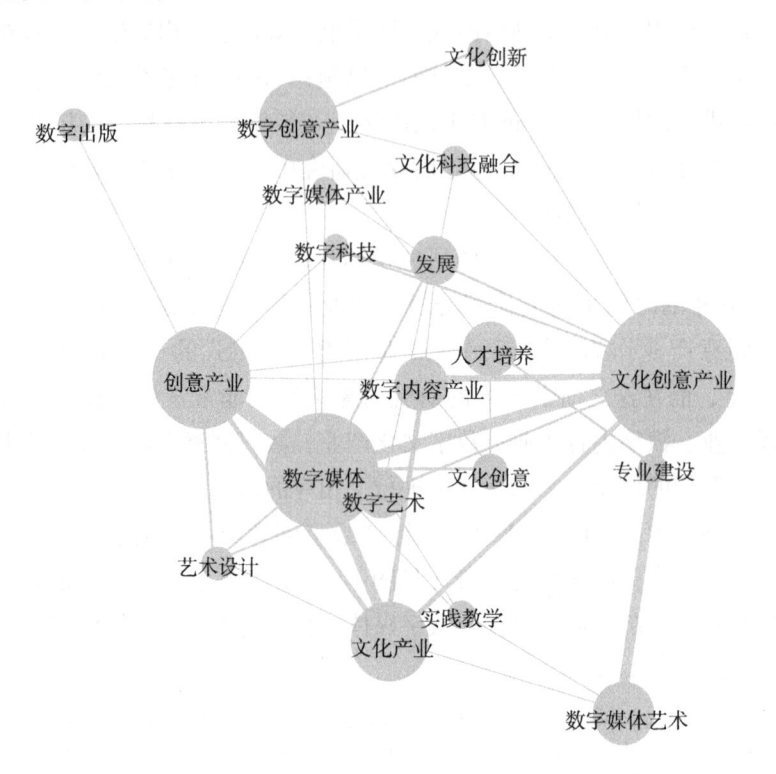

图 1-1 中国知网"数字创意产业"主题词
高级检索模糊匹配关键词共现网络

注:检索截止时间:2019 年 12 月。

关于数字媒体产业方面的研究聚焦与创意产业的联动。例如,刘思奇的《浅谈数字媒体在创意产业发展中的地位》,周世明和宋宵阳的《数字媒体艺术影响下文化创意产业的发展》,唐瑞欣的《浅谈数字媒体在文化创意产业发展中的地位及作用》,冯俏俏、黄文卿、贾亦男的《数字媒体艺术与文化创意产业发展的关系研究》等。肖永亮认为,影视、动漫、网络、数字出版等数字媒体相关产业应该与我国经济起到相互促进的作用;① 苏晓丽、蒋再松在《数字媒体专业与文化创意产业融

---

① 肖永亮:《数字媒体在创意产业发展中的地位》,《现代传播》2005 年第 5 期。

合发展研究》中提出，在高校教育体系中应该将数字媒体产业与文化创意产业相结合；① 周世明、张强则具体探讨了数字媒体艺术设计在城市文化创意产业中的应用等；② 薛晓东、谢梅从产业运营模式的角度，以自组织系统理论为基础，从数字传媒产业运营系统内在要素及其相互关系入手，建立起数字传媒产业运营系统从无序走向有序自组织姿态，最终形成自组织的数字传媒产业运营模式；③ 徐静从知识管理的角度，创造性地提出了用知识管理的思想和工具来管理和改进数字内容产业，并从商业信息网站的知识管理探讨开始，深入分析了知识管理在数字内容产业中的运用，就如何建设适应知识管理的基础环境提出了自己的见解；④ 秦洪伟借鉴清华大学熊澄宇教授等编著的《世界数字文化产业发展现状与趋势》中关于全球数字文化产业内涵及其发展现状与趋势等内容的研究，来解析艺术创新思维融合的价值；⑤ 邬亮从生态学的角度，总结了数码创意产业群落的形成机理，运用计算机模拟技术对数码创意产业的演替模式进行了模拟和分析；⑥ 贾翰旋⑦、冯赫⑧、纪涛、孙冬梅⑨等则十分关注数字艺术创意产业的发展。

数字创意产业发展处于政策红利与市场需求驱动的高速发展阶段。⑩ 目前研究数字创意产业特征的文章并不少，大致有经济价值和文化价值两个维度，以及产业分析角度、社会需求角度、当前发展角度三

---

① 苏晓丽、蒋再松：《数字媒体专业与文化创意产业融合发展研究》，《山西青年》2017年第4期。
② 周世明、张强：《数字媒体艺术设计在城市文化创意产业中的应用》，《智能城市》2017年第2期。
③ 薛晓东、谢梅：《数字传媒产业自组织运营模式研究》，《电子科技大学学报》（社会科学版）2007年第1期。
④ 徐静：《数字内容产业知识管理探讨》，《农业图书情报学刊》2006年第8期。
⑤ 秦洪伟：《艺术与设计思维融合数字文化产业之未来——〈世界数字文化产业发展现状与趋势〉读后》，《青年记者》2016年第29期。
⑥ 邬亮：《数码创意产业的生态群落形成机理与演替模式研究》，硕士学位论文，复旦大学，2007年。
⑦ 贾翰旋：《数字艺术创意产业的发展与思考》，《文学教育（上）》2017年第4期。
⑧ 冯赫：《浅析数字艺术创意产业的发展》，《大众文艺》2015年第11期。
⑨ 纪涛、孙冬梅：《新媒体时代数字艺术创意产业的发展研究》，《产业与科技论坛》2012年第3期。
⑩ 邝婉玲：《数字创意产业背景下图书馆文创产品开发研究》，《传媒论坛》2021年第11期。

个主要面向。在产业分析角度,夏光富、刘应海通过对数字创意产业的典型代表数字动漫产业的产业价值链分析,总结出数字创意产业具有高附加值、知识产权性、高技术性、横向协同性四个主要特征;① 何炼红和邓欣欣认为依托互联网得以发展的数字创意产业链具有全球性、虚拟性和管理的非中心化等特点;② 此外,倪霓的《宁波优秀传统文化资源数字创意产业的融合发展研究》③、汤永川等的《数字创意产业向其他产业无边界渗透》④ 则格外关注数字创意产业的跨界融合这一特征。在社会需求角度,陈洪、张静和孙慧轩认为数字创意产业之所以成为很多国家新兴产业的战略方向和重要力量,是基于其需求旺盛、互动体验、传播便捷、环保节能等特点。⑤ 在当前发展角度,国家信息中心战略性新兴产业研究组调研了张江文化产业园区,通过对阅文集团、河马动画、精灵网等业内龙头企业的实地走访,总结出数字创意产业当前发展的五大特征分别为:快速发展生机勃勃;社会资本投资新风口;"技术+内容"是数字创意产业的竞争焦点;为大众创业提供平台,拉动非传统就业;易于跨界,增值空间巨大。⑥

数字创意产业能力要素的分析和构建也引起了学界足够的重视。Yusuf、Nabeshima 认为,创意产业融合了大量高科技企业的特点,尤其是需要借助 IT 技术来打造;⑦ 周莹、刘华在《以创意为核心的文化产业发展驱动要素研究》一文中,从创意的特征及与制造业创新的区别

---

① 夏光富、刘应海:《数字创意产业的特征分析》,《当代传播》2010 年第 3 期。
② 何炼红、邓欣欣:《以知识产权大保护助力数字创意产业大发展》,《湖南日报》2017 年 2 月 14 日第 5 版。
③ 倪霓:《宁波优秀传统文化资源数字创意产业的融合发展研究》,《科技经济市场》2017 年第 6 期。
④ 汤永川等:《数字创意产业向其他产业无边界渗透》,《中国战略新兴产业》2017 年第 9 期。
⑤ 陈洪等:《数字创意产业:实现从无到有的突破》,《中国战略新兴产业》2017 年第 1 期。
⑥ 国家信息中心战略性新兴产业研究组:《数字创意产业成为发展新风口 五大特征显现》,《中国战略新兴产业》2016 年第 21 期。
⑦ Yusuf, S., Nabeshima, K., "Japan's Changing Industrial Landscape", *Policy Research Working Paper*, 2005, pp. 1-52.

和联系入手,分析我国文化产业发展的驱动要素;① 蒋金洁和沈晓平则关注文化科技融合对数字创意产业创新发展的推动作用;② 王红梅等在PEST分析的基础上,基于数字创意产业的生态特性,构建了数字创意产业生态环境的"C-PEST"模型,其中C是Creative(创意)的首字母,位于模型的中心,用以表示创意在数字创意产业中的核心地位;③ 臧志彭构建了内容、技术与制度协同创新的数字创意产业全球价值链演化模型;④ 还有学者基于改进的"钻石模型",探究5G技术给数字创意产业全球价值链带来的变革。⑤

关于数字创意产业细分行业的研究,学者认为,我国目前的数字创意产业主要有以下七个细分领域:网络文学、动漫、影视、游戏、创意设计、VR(虚拟现实)、在线教育。中国数字创意产业细分领域研究的整体特点是研究成果交叉度高、针对性强。⑥ 交叉度高主要是指每个业态研究既相对独立又相互交叉,例如影视产业作为一种业态,涉及影视产业理论、影视产业发展战略、影视产业政策等;针对性强则主要是指业态研究涉及与数字创意产业相关度不高的专业领域,例如电影产业研究中的电影史、电影美学等。此外,不同业态间的跨界融合也是研究者们的关注重点,涉及网络文学与动漫产业的融合发展研究、电子游戏动漫等新兴产业的研究。总的来看,目前学界对传统文化产业业态分类研究较多,对业态融合方面的研究相对较少,且只停留在现状描述,缺少内容的创新和对新兴业态的深度探析。

数字创意产业的空间分布状况研究主要关注国家或地区数字创意产

---

① 周莹、刘华:《以创意为核心的文化产业发展驱动要素研究》,《管理现代化》2014年第5期。
② 蒋金洁、沈晓平:《文化科技融合推动数字创意产业创新发展》,《科技智囊》2017年第10期。
③ 王红梅等:《数字创意产业生态环境研究:模型构建及应用》,《现代传播》(中国传媒大学学报)2010年第7期。
④ 臧志彭:《数字创意产业全球价值链重构战略研究——基于内容、技术与制度三维协同创新》,《社会科学研究》2018年第2期。
⑤ 陈能军、史占中:《5G时代的数字创意产业:全球价值链重构和中国路径》,《河海大学学报》(哲学社会科学版)2020年第4期。
⑥ 周建新、胡鹏林:《中国文化产业研究2017年度学术报告》,《深圳大学学报》(人文社会科学版)2018年第1期。

业各部门、各要素、各环节在地域上的动态组合与分布。中国数字创意产业空间分布不平衡的现状，大致与中国区域经济发展不平衡的状况重合。① 从整体来看，中国数字创意产业空间分布具有东高西低、从东向西依次递减的阶梯状排列特点，西部数字创意产业综合实力明显落后于东部。从省（市、区）来看，数字创意产业作为文化密集型和知识密集型产业，对技术、资金、人才的要求相对较高，而这些资源主要集中在大中型城市中，北京、上海、广东、天津、江苏处于中国文化产业空间网络中心，拥有更大的网络权力，而部分西北和东北省市则身处网络外围。② 同时，中国省（市、区）内数字创意产业空间分布不平衡的现象同样存在，例如江苏省的数字创意产业空间发展水平由高到低依次为苏南、苏北、苏中，而且其区域间产业发展差距不断扩大。③ 产业空间布局极端不平衡会抑制产业的持续发展，因此需要通过产业政策的宏观调控，优化区域内的产业布局，构建区域间的产业联系，形成良性的文化产业空间格局。针对中国文化产业空间载体的"同质化""空心化"问题，黄斌和向勇④、陈波和吴云梦汝⑤等学者分别从创意阶层理论和场景理论关于文化创意产业从业人员空间集聚入手，分析了创意阶层和创意社区的性质、集聚形态和产业协作方式，指出要构建创意阶层和创意社区，量化描述创意者的构成机制，对中国城市创意社区进行维度分格和场景设计，为我国数字创意产业空间布局未来建设提供新的发展模式与发展思路。此外，解学芳和李琳从定量视角研究了全球各城市数字创意产业的发展，探究了数字创意产业集聚的城市格局。⑥

---

① 魏和清等：《我国文化产业综合发展实力的空间统计分析》，《统计与决策》2017年第15期。
② 陈金丹、黄晓：《我国文化产业发展的空间关联网络结构研究》，《经济问题探索》2017年第1期。
③ 沈艳等：《本地社会网络、外部空间溢出与城市文化产业增长——基于江苏地级市的空间计量研究》，《经济问题探索》2017年第8期。
④ 黄斌、向勇：《创意者网络：互联网语境下的创意阶层的演化研究》，《深圳大学学报》（人文社会科学版）2017年第2期。
⑤ 陈波、吴云梦汝：《场景理论视角下的城市创意社区发展研究》，《深圳大学学报》（人文社会科学版）2017年第2期。
⑥ 解学芳、李琳：《全球数字创意产业集聚的城市图谱与中国创新路径研究》，《同济大学学报》（社会科学版）2020年第5期。

当今中国数字创意产业飞速发展，优势明显，但也遭遇了不少发展瓶颈。王博和张刚从产业链视角深入分析，认为当前中国数字创意产业发展迅速、发展空间巨大、资本空前涌入，但存在数字创意的内容和形式较为单一、侵权现象严重、数字创意产业园过度扩张的问题。① 王红梅等认为数字创意产业在推动经济增长、扩大消费需求、调整产业结构方面发挥着重要作用，但同时也依据钻石模型，总结出了我国数字创意产业在生产要素、需求条件、产业集群、企业战略与竞争、政府管理等方面的制约因素。② 针对数字创意产业当前存在的问题，李凤亮和赵雪彤提出，推动产业数字化转型和数字业态生态创新，需在协同创新的基础之上，加强顶层设计，以市场需求为导向，建立各个生态要素创新合作机制，联合培养创新型数字化人才。③ 国家信息中心信息资源开发部副主任黄路明认为，发展数字创意产业要明确并细化其定义，这样才能为接下来统计体系的建立和具体实施政策与细则的制定奠定良好的基础。④ 与此同时，数字创意产业研究未被学界高度重视⑤，且高质量发展的基础还比较弱，效率也较低下，人才支撑不足。⑥ 总体来说，数字创意产业的提升有赖于政府、企业和个人的共同努力。⑦

　　概括而言，学者们主要围绕数字创意产业的概念界定、制约因素、生态环境与发展对策等方面来进行探讨。数字创意产业是创意内容与数字技术融合发展的新兴业态，设计服务、文化创意（内容）、动漫网游、数字出版、移动传媒、社交媒体等都是典型代表。⑧ 许立勇与周从从认为数字创意产业是现代信息技术与文化创意产业逐渐融合而产生的

---

① 王博、张刚：《中国数字创意产业发展研究——基于产业链视角》，《中国物价》2018年第3期。
② 王红梅等：《我国数字创意产业发展的制约因素分析——基于钻石模型视角》，《福建论坛》（人文社会科学版）2010年第4期。
③ 李凤亮、赵雪彤：《数字创意产业与国家文化软实力提升路径研究》，《广西民族大学学报》（哲学社会科学版）2017年第6期。
④ 张婧：《文化产业发展新维度》，《中国文化报》2017年1月20日第7版。
⑤ 陈刚、宋玉玉：《数字创意产业发展研究》，《贵州社会科学》2019年第2期。
⑥ 周晓宏、汪琨：《基于生态系统视角的数字创意产业高质量发展研究》，《中国管理信息化》2019年第5期。
⑦ 孟宇：《数字创意产业发展探析》，《西部广播电视》2017年第21期。
⑧ 汤永川等：《数字创意产业向其他产业无边界渗透》，《中国战略新兴产业》2017年第9期。

一种新经济形态。① 少量国外学者关注到中国数字创意产业发展，Montgomery研究了数字时代中国创意产业的版权、网络市场与文化商业。② 国内学者在数字内容产业方面的研究更为系统、深入。"数字内容产业"这一概念是1995年西方七国信息会议上提出的，1996年欧盟制定了《Info2000计划》，进一步明确了数字内容产业包含移动内容、互联网服务、游戏、动画、影音、数字出版和数字化教育培训等多个领域。③ 刘卓军和周城雄从宏观和微观层面分析了数字内容产业的五种创新模式，提出了中国数字内容产业加快创新发展的建议。④ 王斌和蔡宏波全面比较、总结了国内外有关数字内容产品和服务的概念内涵，明确界定数字内容产业的对象和范围。⑤ 刘果和王梦洁认为，数字内容产业应该强化技术与资本驱动力量、实现产业集群各主体协调同步发展，并充分激活知识链的增值效应。⑥ 李鹏构建了包含政府、运营商、提供商和消费者等四个利益主体的自我规制体系。⑦ 此外，有的学者依据迈克尔·波特的产业分析理论模型提出数字创意产业受到生产要素、需求条件、产业集群、企业战略与竞争、政府管理等因素制约；⑧ 由电信业（Telephone）、互联网（Internet）、传媒业（Media）、娱乐业（Entertainment）相互融合而形成的"TIME"生态正在形成⑨，揭示出数字创意产业跨界发展这一大特色。2016年9月，由文化部和江苏省政府主

---

① 许立勇、周从从：《数字创意产业共生模式及其发生机制分析》，《经济与社会发展》2020年第4期。

② Montgomery, L., *China's Creative Industries: Copyright, Social Network Markets and the Business of Culture in a Digital Age*, UK&USA: Edward Elgar Publishing Ltd., 2010, pp.1–15.

③ 杨海平：《数字内容产业运作机理与商业模式研究》，《图书情报工作》2010年第23期。

④ 刘卓军、周城雄：《中国数字内容产业的创新模式分析》，《中国软科学》2007年第6期。

⑤ 王斌、蔡宏波：《数字内容产业的内涵、界定及其国际比较》，《财贸经济》2010年第2期。

⑥ 刘果、王梦洁：《数字内容产业发展：基于经济、产业、用户的视角》，《求索》2017年第7期。

⑦ 李鹏：《数字内容产业的自我规制研究》，《软科学》2017年第2期。

⑧ 王红梅等：《数字创意产业生态环境研究：模型构建及应用》，《现代传播》（中国传媒大学学报）2010年第7期。

⑨ 彭伟步：《文化产业发展要紧抓新兴业态》，《新闻爱好者》2011年第12期。

办的"中国数字创意产业峰会"发布了《2016中国数字创意产业发展报告》，指出中国数字创意产业有36948家企业、将近384万从业人员，2015年行业产值为5939亿元，占GDP比重仅为0.7%，与英国8%相比尚有10多倍提升空间。①

综上所述，目前对于数字创意产业的概念内涵研究，学界尚未形成统一的认识，对与数字创意产业相近的数字传媒产业、数字内容产业、数字文化产业、数码创意产业、数字艺术创意产业等缺少系统的理论界定，概念边界也比较模糊。学者虽然注意到了数字创意产业特征和能力要素的分析和构建，也有一些出色的研究，但由于数字创意产业是建立在全球联通的互联网基础上，研究数字创意产业必然需要具备全球视野和国际比较视角，这是现有研究尤其需要加强的。②

第二节 数字创意产业内涵与创新驱动机理

关于数字创意产业的内涵，《"十三五"国家战略性新兴产业发展规划》起草组专家认为，数字创意产业是"以创意内容为核心，依托数字技术进行创作、生产、传播和服务，引领新供给、新消费，高速成长的新型文化业态，主要通过互联网、手机和移动智能终端等与ICT密切相关的新兴媒体进行传播，呈现生产数字化、传播网络化、消费信息化的特点"。③

本书认为，数字创意产业是"数字+创意+产业"的有机组合，融合了数字化、创意性与产业性所具有的基本特征与特有属性。

"数字"代表技术，位于最前端，发挥先锋引领作用，是数字创意产业形成的引领动力。实际上，数字创意产业是一个建构于"互联网+"基础上的全球互联互通的新兴产业类型，天然地具备联通世界、全球一体化的属性，而且恰恰是这一属性决定了数字创意产业从诞生那

---

① 程丽仙：《数字创意成经济增长新动力》，《中国文化报》2016年9月30日第6版。
② 臧志彭：《数字创意产业全球价值链重构——战略地位与中国路径》，《科学学研究》2018年第5期。
③ 陈洪等：《数字创意产业：实现从无到有的突破》，《中国战略新兴产业》2017年第1期。

一刻起就具备了形成全球价值链的基础和内在动力。

"创意"代表内容,处于中心位置,发挥核心作用,内容创新是数字创意产业"安身立命"的根本,是数字创意产业形成的核心驱动力,决定了数字创意产业价值链的形成、延展与增值能力。

"产业"是载体,承载了数字创意不断孵化发展壮大的生长过程。产业发展过程中起决定性作用的是市场规律,然而市场也有"失灵"的时候,需要政府的制度创新。政府制度创新有两个方面的作用:一是为数字创意提供产业化发展的基本条件和基础环境,做好公共服务;二是培育和规范市场,让市场这只"看不见的手"在数字创意产业化发展过程中更好发挥资源优化配置的作用,为数字创意产业研发、生产、运营各个价值链环节提供基础动力。

综上所述,数字创意产业是技术创新、内容创新与制度创新三维协同驱动的新型业态。学术界已经认识到技术创新、内容创新与制度创新对数字创意产业发展的重要性。文化产业的创意过程正被数字技术不断重塑,文化产业业态裂变与融合进一步加剧,也诱发新的游戏规则[①],特别是"互联网+"时代的到来,意味着互联网、云计算、大数据等不再单是技术的代名词,也不单指互联网思维的介入,而是像水电煤等基础设施一样开始全方位融合与嵌入各个行业的创新发展过程中。[②] 互联网技术不但创新了平台模式,通过分权与能力衍生将所有受众统一到平台上,将文化创意内容资源反复在开放的网络空间里进行多元有序组合与延伸使用,积极融入创客/网民大众创新要素[③],还实现了互联网技术与可便携/移动终端设备的结合,为用户带来了全新的数字创意文

---

① 李凤亮、宗祖盼:《科技背景下文化产业业态裂变与跨界融合》,《学术研究》2015年第1期。

② 解学芳、臧志彭:《"互联网+"背景下的网络文化产业生态治理》,《科研管理》2016年第2期。

③ Parmentier, G., Mangematin, V., "Orchestrating Innovation with User Communities in the Creative Industries", *Technological Forecasting and Social Change*, Vol. 83, No. 3, 2014, pp. 40 – 53.

化体验方式与数字化展示的载体[1][2],实质是将技术创新与内容创新贯穿在文化生产与运作环节。金元浦从文化创意产业的发展和趋势研究视角出发,认为"互联网+"和"双创"理念相对应的是"文化+",二者相互融合,形成了"文化+科技"或"科技+文化"的运行模式,激发了全民族的创造性力量。[3] 数字创意产业兼具文化、产业与技术的三重属性,是具有文化包容、经济融合与发展互信的新兴产业[4],强调促进数字创意组织、技术、内容、市场、文化等多向度的深度融合。[5]

数字创意产业的发展史,是一部科学、技术与文化协同发展的演进史[6],在新兴科技支撑与商业逻辑共同作用下,数字创意产业的新业态与新模式层出。[7] 当内容入口与场景入口被成功打通以后,IP(Intellectual Property)显得尤为重要,利用大数据的精准性与技术实现传统纸媒和新兴网媒的内容差异性开发[8],推动着移动互联网主导的网络视听内容的完美融合。还有学者提出打造核心创新力、提高科技创新能力、加快知识产权立法与提升保护中国文化元素水平等思路。[9][10] 制度创新

---

[1] Martins, J., "The Extended Workplace in a Creative Cluster: Exploring Space (s) of Digital Work in Silicon Roundabout", *Journal of Urban Design*, Vol. 20, No. 1, 2015, pp. 125–145.

[2] Thomas, W., "How to Glean Culture from an Evolving Internet Richard Rogers, Digital Methods", *Technology and Culture*, Vol. 57, No. 1, 2016, pp. 238–241.

[3] 金元浦:《我国当前文化创意产业发展的新形态、新趋势与新问题》,《中国人民大学学报》2016年第4期。

[4] 陈能军、李凤亮:《数字创意产业对于"一带一路"跨区域嵌入的耦合意义——基于区域个体异质性的视角》,《江西师范大学学报》(哲学社会科学版)2020年第4期。

[5] 周荣庭、张欣宇:《数字创意产业融合发展研究》,《江淮论坛》2020年第2期。

[6] 臧志彭:《数字创意产业:科技与文化协同发展》,《中国社会科学报》2018年11月6日第4版。

[7] 韩顺法:《数字创意产业有助实现美好生活》,《中国社会科学报》2018年8月7日第5版。

[8] Cacciatore, M. A., "Coverage of Emerging Technologies: A Comparison Between Print and Online Media", *New Media & Society*, Vol. 14, No. 6, 2012, pp. 1039–1059.

[9] Escalona-Orcao, A. I., et al., "The Location of Creative Clusters in Non-metropolitan Areas: A Methodological Proposition", *Journal of Rural Studies*, 2016, No. 45, pp. 112–122.

[10] 罗立彬:《中国文化贸易进口与中国文化走出去:以电影产业为例》,《东岳论丛》2017年第5期。

是数字创意产业发展的重要基础前提①,政府需积极探索更加合理的制度安排与治理体系,为网络文化产业全方位的跨界发展提供良好的制度生态与创新政策环境。②周城雄、周庆山在梳理中国数字内容产业政策演化情况的基础上,指出有关部门应当加强对产业规律的把握,完善政府管理方式和政策工具体系。③周格非等对中国数字内容产业的法律法规政策文本进行分析,发现中国数字内容产业政策存在现有政策工具体系搭配不协调、政策工具体系结构失衡、与产业活动不匹配等诸多问题。④此外,一些区域性视听政策被工具化的政治性特点比较明显。⑤文化创新是对文化内容的激活,是附加值的深层内在力量,是文化产品经济价值的来源。⑥如英国加强网络时代的知识产权保护,实现数字创意产业的融合发展。⑦

鲜有关于数字创意产业内容、技术与制度三维协同创新的研究。部分研究关注到了技术与制度协同机制,集中探讨协同演化过程与螺旋演化的机制⑧⑨,也有少量研究提到了数字内容产业的协同创新。熊励等基于长三角地区数字内容企业的问卷调查,运用结构方程模型探讨了云服务能力对数字内容产业协同创新能力的影响、数字内容产业协同创新

---

① Choi, J., "Evolution of Innovation Focus of Online Games: From Technology - oriented, Through Market - oriented, and to Design - oriented Soft Innovation", *Asian Journal Technology Innovation*, Vol. 19, No. 1, 2011, pp. 101 – 116.

② 臧志彭、解学芳:《中国网络文化产业制度创新演化研究——基于1994—2011年的实证分析》,《科学学研究》2013年第4期。

③ 周城雄、周庆山:《我国数字内容产业政策演变及分析》,《学习与实践》2013年第12期。

④ 周格非、周庆山:《我国数字内容产业政策的内容分析与完善策略》,《图书情报工作》2014年第10期。

⑤ Newsinger, J., "The Politics of Regional Audio - visual Policy in England: Or How We Learnt to Stop Worrying and Get 'Creative'", *International Journal of Cultural Policy*, Vol. 18, No. 1, 2012, pp. 111 – 125.

⑥ Tanner, C., et al., "How Technology is Changing News and Our Culture: Lessons from Elections 2016 and Davos 2017: Tech, Media, and the Newsroom of the Future", *Journal of the American College of Radiology*, Vol. 14, No. 12, 2017, pp. 1632 – 1634.

⑦ 李坤:《英国创意产业与数字经济融合发展战略及启示》,《中国国情国力》2020年第12期。

⑧ 刘英基:《高技术产业技术创新、制度创新与产业高端化协同发展研究——基于复合系统协同度模型的实证分析》,《科技进步与对策》2015年第2期。

⑨ 眭纪刚、陈芳:《新兴产业技术与制度的协同演化》,《科学学研究》2016年第2期。

能力与企业创新绩效的关系。① 熊励等还围绕内容提供方、内容服务方、应用服务方、网络运营方、终端用户等创新主体提出了数字内容产业协同创新的基本分析框架。② 陈金丹等提出了基于网状产业链的数字内容产业园区协同创新。③ 在数字创意产业协同创新方面同样存在诸多问题,如技术集聚水平不高,网游企业协同创新意识缺乏,原创内容与IP资源开发不足,知识产权运用、管理与保护方面不足,创意成果流失,侵权现象屡禁不止,创意人员激励不够等。④⑤ 由于版权保护的关键是限制数字解密技术应用,但很大程度又会限制技术创新,使得数字创意产业发展处于两难的困境。⑥

进入5G时代,新基建赋能数字创意产业发展,推动了文化新需求与文化新模式的出现。⑦ 企业组织中的包容性文化对产业创新绩效具有正向作用,营造良好的文化生态,加快科技创新(特别是赋能性技术创新),紧跟世界最新科技发展趋势,布局文化与科技融合,形成科技转化文化创意服务圈;⑧⑨ 内容创意(开发IP)与数字技术的融合、产

---

① 熊励等:《基于云服务的数字内容产业协同创新与创新绩效实证研究》,《科技进步与对策》2014年第2期。
② 熊励等:《基于平台经济的数字内容产业协同创新动力机制研究》,《科技管理研究》2016年第2期。
③ 陈金丹等:《基于网状产业链的数字内容产业园区协同创新研究》,《科技进步与对策》2016年第4期。
④ 刘筠筠、王梅:《创意产业知识产权管理机制探析》,《科技与法律》2012年第2期。
⑤ Goode, S., Kartas, A., "Exploring Software Piracy as a Factor of Video Game Console Adoption", *Behavior & Information Technology*, Vol. 31, No. 6, 2012, pp. 547–563.
⑥ Goode, S., Kartas, A., "Exploring Software Piracy as a Factor of Video Game Console Adoption", *Behavior & Information Technology*, Vol. 31, No. 6, 2012, pp. 547–563.
⑦ 陈能军、李凤亮:《5G"新基建"赋能数字创意产业高质量发展》,《中国社会科学报》2021年2月23日第6版。
⑧ Liboriussen, B., "(Digital) Tools as Professional and Generational Identity Badges in the Chinese Creative Industries", *Convergence: The International Journal of Research into New Media Technologies*, Vol. 21, No. 4, 2015, pp. 423–436.
⑨ Shahzad, F., et al., "Organizational Culture and Innovation Performance in Pakistan's Software Industry", *Technology in Society*, Vol. 51, No. 51, 2017, pp. 66–73.

品创新与模式创新以更加积极、主动、开放的姿态拥抱新时代。①② 而虚拟现实技术、数字化技术、新媒体技术、物联网、云计算等科学技术的进步，正催生新的文化业态、激发新的商业模式、延展新的文化价值链内涵。③④ 此外，产业链的打造还需要多元主体的良性互动与制度创新配套，利用"互联网＋"时代的资源跨界与高新技术向"高创意、高科技、高效益、优生态"四位一体的现代化的内容生产体系跨越，实现"5G＋AI"技术群对文化创新的助推与启发效应；⑤⑥ 而"文化产业＋科技""文化产业＋金融""5G＋文化产业"的跨界融合空间以及文化创客的社会网络空间，实现了文化创意资源最大程度的集聚⑦⑧，为文化创意产业提供了新模式、新服务、新理念，促使新技术、新产品、新形态迅速崛起。

技术创新、内容创新与制度创新驱动数字创意产业发展演化的作用机理模型如图1－2所示。

---

① Comunian, R., et al., "Digital Technology and Creative Arts Career Patterns in the UK Creative Economy", *Journal of Education and Work*, Vol. 28, No. 4, 2015, pp. 346 – 368.

② 李凤亮、潘道远：《文化创意与经济增长：数字经济时代的新关系构建》，《山东大学学报》（哲学社会科学版）2018年第1期。

③ 易华：《论经济新常态下文化科技融合推动文化创意产业发展》，《学术论坛》2017年第1期。

④ Tanner, C., et al., "How Technology is Changing News and Our Culture: Lessons from Elections 2016 and Davos 2017: Tech, Media, and the Newsroom of the Future", *Journal of the American College of Radiology*, Vol. 14, No. 12, 2017, pp. 1632 – 1634.

⑤ 解学芳、臧志彭：《"互联网＋"时代文化上市公司的生命周期与跨界演化机理》，《社会科学研究》2017年第1期。

⑥ 解学芳、陈思函：《5G＋AI技术群驱动的文化产业新业态创新及其机理研究》，《东南学术》2021年第4期。

⑦ 李康化、马萍：《众创空间：文化创客的群落生境》，《中国文化产业评论》2015年第1期。

⑧ 孙英：《5G＋文化：文化产业如何占领制高点》，《人民论坛》2020年第29期。

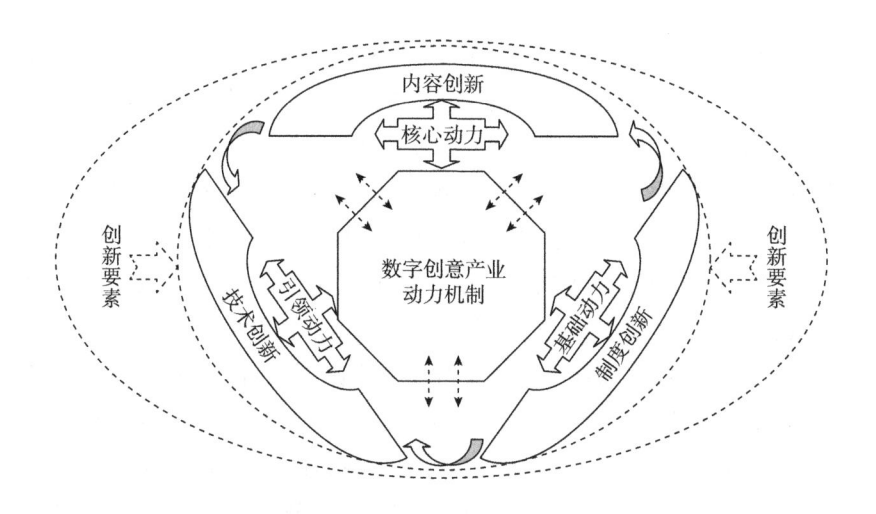

图1-2　数字创意产业发展演化的三维创新驱动机制

第三节　数字创意产业创新发展的历史脉络

数字创意产业发展演进的历史实际上是内容创新、技术创新和制度创新三维协同演化的推进史。数字创意产业的源头可以追溯到1946—1958年第一代电子管数字计算机的发明以及1969年阿帕网的开创性组建；特别是20世纪60年代末期，人类发明了历史上最为著名的可供千人同时在线的PLATO远程教育系统，并在此基础上开发了第一款远程连线网络游戏"SPACEWAR"[1]，这其实可以被看作数字创意产业的最早开端。进入70年代，在技术创新方面产生了微处理器技术，第一部个人电脑和第一部手机得以发明；技术创新进一步为内容创意提供了平台，同样是在70年代，诞生了历史上覆盖范围最为广泛、至今仍然普遍使用的内容讨论与社交平台——网络新闻组（newsgroups）和邮件列表。而随着数字计算机技术日益广泛的应用、数字内容的不断创新，出现了两方面的制度创新诉求：一方面，政府和立法者开始认识到新兴技术和新型内容业态正在对国民经济和社会发展带来正向的改变，应该出

---

[1] 宫瑶：《网游，欢乐梦想》，《走向世界》2012年第31期。

台新的制度推动这种正向改变，如日本1970年颁布的《促进信息处理法》在第一章第一条首先明确了该法"促进电子计算机的广泛应用计划和程序的开发""满足信息化社会的要求，提高人民生活质量"的立法目的；另一方面，新兴技术和新型内容业态也催生了很多新的经济与社会问题，需要出台新的制度加以调整和规范，如美国在1976年《版权法》第101条规定中明确表示受保护的文字作品是指"以文字、数字，或其他文字或数字标记或记号表述的作品"，其实已经涵盖了计算机软件的数字版权，而在当时众议院报告中则更加明确了保护文字作品"包含计算机数据库和计算机软件"版权的立法内涵。[①] 到80年代，卫星技术、Windows操作系统相继问世；与此同时，电子出版物、数字音乐、数字电影、数字电视等数字创意产品创新活跃。但随着通信技术和计算机应用的日益广泛化，黑客病毒、盗版侵权等问题不断加剧，《计算机软件保护法》《计算机安全法》等一系列规范性制度创新成为必然。进入90年代，互联网技术、数字技术、移动技术的爆发式应用普及使网络新闻、出版、电影、电视、动漫、游戏、音乐等一系列数字创意内容业态如雨后春笋般呈现在人们面前，同时还带动了世界各国数字创意产业化制度创新的历史步伐，也加强了全球在数字创意产业规范化、有序化发展方面的制度创新力度。

21世纪以来，现代信息技术、大众传播技术，特别是2010年以来，大数据、物联网、云计算、VR/AR、人工智能等技术的产业化、商业化应用性创新，在内容业态方面产生了颠覆性变革，机器人撰写新闻稿、无人机拍摄电影等曾经的梦想日渐成为现实，数字创意产业的发展从浅层次融合走向深度融合发展阶段。[②] 数字创意产业作为高投入、高风险的知识密集型与技术密集型产业[③]，在要素驱动、产业升级、政策驱动、消费升级、新业态发展等内外部因素作用下不断发展，与数字创意产业相关的制度创新也在这一时期成为世界各国立

---

① 李明德：《美国〈版权法〉对于计算机软件的保护》，《科技与法律》2005年第1期。
② 李文军、李巧明：《"十四五"时期数字创意产业发展趋势与促进对策》，《经济纵横》2021年第2期。
③ 陈利、陈睿：《数字创意产业财政金融体制创新研究》，《当代经济》2019年第10期。

表1-1 1946年以来数字创意产业内容、技术与制度协同创新简要梳理[①]

年份	1946—1969	1970—1979	1980—1989	1990—1999	2000年至今
技术创新	数字计算机/阿帕网/调制解调器	微处理器/手机/个人电脑	卫星技术/线技术/Windows/笔记本	互联网技术/复制技术/Windows3.0/彩显笔记本手机技术与数字技术融合	数字技术/现代信息技术/大众传播技术/大数据技术/大数据/物联网/云计算/VR、AR/AI/5G等技术产业化、商业化应用创新 3D技术/裸眼3D打印技术/可穿戴技术
内容创新	第一套远程教育系统PLATO和邮件系列表第一款网络游戏	网络新闻组/电子出版物、数字电影、数字音乐、数字电视	电子出版物、网络出版物、数字动画电影、网络游戏、网络音乐、数字电视节目、网络视频等	网络新闻、网络出版物、数字动画电影、网络游戏、网络音乐、数字电视节目、网络视频等	第一部VR电影 VR游戏 第一篇机器人撰写新闻稿/无人机拍摄电影/网络直播/短视频/社会化媒体等
制度创新	—	日本《促进信息处理法》(1970);美国《版权法》(1976);法国《电台电视综合法》(1974)	英国《电信法》(1984);美国《计算机软件保护法》(1980);《计算机安全法》(1987)	《美国网络行为准则》《美国通信规范法案》《德国多媒体法》《德国电信法》《联邦多媒体通信服务法》《法国互联网宪章》《法国信息自由法》《新加坡电子交易法》《马来西亚计算机犯罪法》《计算机信息国际联网管理暂行规定》《中国计算机信息网络国际联网管理暂行规定实施办法》《中国公用计算机互联网国际联网管理办法》《中国互联网信息管理办法》《计算机信息网络国际联网安全保护管理办法》	《欧盟人工智能法案》《美国人工智能法案》《美国算法责任法案》《德国新联邦数据保护法》《日本高度信息通信网络社会形成基本法》《日本IT基本法》《日本内容产业促进法》《日本网络安全基本法》《日本个人信息保护法》《印度信息技术法》《加拿大个人信息保护法》《互联网电子公告服务管理规定》《加拿大个人信息保护法》《中国互联网电子公告服务管理规定》《互联网新闻业务管理所管理暂行规定》《中国互联网行业自律公约》《互联网上网服务营业场所管理条例》《互联网出版管理暂行规定》《互联网文化管理暂行规定》《互联网等信息网络传播视听节目管理办法》《中国绿色游戏的意见》《关于正确引导未成年人健康上网的意见》《互联网信息搜索服务管理规定》《互联网直播服务管理规定》《关于加强网络文学作品版权管理的通知》《网络侵权假冒行为治理的意见》《关于促进移动互联网健康有序发展的意见》《互联网表演经营活动管理办法》《关于加强互联网领域侵权盗版治理的意见》《互联网表演经营活动管理办法》《关于网络表演的意见》《中国电影产业促进法》《中华人民共和国网络安全法》《中国电影产业促进法》《关于推动数字文化产业高质量发展的意见》《关于推动数字文化产业高质量发展的意见》《中国新一代人工智能治理原则》

① 解学芳：《科技发展与文化产业管理制度建构的逻辑演进》,《科学学研究》2010年第12期。

法的重心。① 此外，数字创意类人力资源也是数字创意产业创新的要素，由于数字创意产业发展承担着满足人民美好文化需求与增强人民精神力量相统一的使命，因此急需现代信息技术、文化内容创意、市场管理、国际运营等方面的复合型人才。②③

需要说明的是，制度创新与内容、技术创新的协同，并不一定意味着制度创新一定与技术创新和内容创新出现在同一年份、同一时期。实际上，如果从静态"横切面"来看，技术创新往往是领先的，然后带动内容创新，进而产生对于秩序规范、关系调整及基础环境保障等方面的制度创新诉求。但是，如果打破静态"横切面"思维，从动态"纵贯面"来看，技术创新从何而来？为何领先？恰恰是来自以下两个方面：一是来自人类对于新的内容形式和创意源源不断的欲望与渴求，不断催生新的技术发明；二是来自前期多轮制度创新效应的不断叠加、积累与推动。此外，技术创新是把"双刃剑"，在带来技术进步的同时，也带来了安全隐患；内容创新同样也有两面性，而这恰恰正是对制度创新的必然诉求。如果没有制度创新的调整和规范，技术的"肆意妄为"和内容的"恣意蛊惑"可能早已将人类送入万劫不复的深渊。因此，可以说技术创新、内容创新与制度创新三者是相依相生、交替互促、螺旋共升的协同过程④，详见表1－1。

第四节 数字创意产业价值链内涵及其效应

数字创意产业价值链是在数字技术与内容产业融合基础上形成的链式结构。李良荣、周亭提出围绕制片商、分销商和节目平台等环节打造电视产业链完善电视产品市场的思考。⑤ 赖茂生等认为，数字内容产业

---

① 何卫华、熊正德：《数字创意产业的跨界融合：内外动因与作用机制》，《湖南社会科学》2019年第6期。
② 陈睿、陈利：《数字创意产业人才协同培养机制探析》，《高教论坛》2019年第8期。
③ 陈宇翔、李怡：《数字文化产业发展的"双重使命"：逻辑、挑战与路径》，《南京社会科学》2021年第5期。
④ 臧志彭：《数字创意产业全球价值链重构战略研究——基于内容、技术与制度三维协同创新》，《社会科学研究》2018年第2期。
⑤ 李良荣、周亭：《打造电视产业链完善电视产品市场》，《现代传播》2005年第3期。

价值链包括文化创作、文化作品数字化、数字内容产品运营（传播）和消费等若干环节，横跨文化产业和信息产业。[1] 刘银娣认为，数字内容产业价值链是在数字内容产品生产经营或服务的创造、生产、销售、传播和消费，以及从中获得利润的过程中所形成的价值传递的一种链式结构。[2] 广播影视数字内容产业价值链应该包括数字内容资产库、节目生产制作平台、内容产品交易平台、媒体内容运营平台、受众及消费市场、版权管理与控制等环节。数字技术是创意产业价值链解构与重构的驱动力，数字创意产业价值链在文化创意产业与信息产业融合基础上形成，包括数字内容创作、数字化生产、数字化运营传播、数字化消费的链式结构[3][4]，是文化、技术、经济、制度的生态融合与协同创新。[5][6][7][8] 然而，总体来讲，学术界并未形成较为完整的数字创意产业价值链的构建及运营模式研究成果。[9]

作为国家战略性新兴产业，数字创意产业正面临欧美日韩等发达国家对全球价值链的低端锁定。[10] 结合数字创意产业特点，在借鉴喻国明

---

[1] 赖茂生等：《从产业融合看数字内容产业发展——基于广东产业发展的分析》，《情报科学》2009年第7期。

[2] 刘银娣：《我国数字内容产业价值链建设初探》，《编辑之友》2011年第10期。

[3] Tamar, G., et al., "Ten Years of Science News: A Longitudinal Analysis of Scientific Culture in the Spanish Digital Press.", *Public Understanding of Science*, Vol. 25, No. 6, 2016, pp. 691–705.

[4] 韩顺法：《数字创意产业有助实现美好生活》，《中国社会科学报》2018年8月7日第5版。

[5] 杨永忠、陈睿：《基于价值链的游戏创意产品文化、技术、经济的融合研究——以竞争战略为调节变量》，《四川大学学报》（哲学社会科学版）2017年第3期。

[6] 周荣庭、孙松：《增强现实出版物产业价值链分析》，《中国出版》2018年第8期。

[7] Chalaby, J. K., "Can a GVC-oriented Policy Mitigate the Inequalities of the World Media System Strategies for Economic Upgrading in the TV Format Global Value Chain", *International Journal of Digital Television*, No. 1, 2017, pp. 9–28.

[8] Rehnberg, M., Ponte, S., "From Smiling to Smirking? 3D Printing, Upgrading and the Restructuring of Global Value Chains", *Global Networks*, No. 1, 2018, pp. 57–80.

[9] 宋培义、黄昭文：《中国广播影视数字内容产业价值链模式构建》，《现代传播》（中国传媒大学学报）2014年第5期。

[10] 臧志彭：《数字创意产业全球价值链重构——战略地位与中国路径》，《科学学研究》2018年第5期。

等①、王缉慈等②、谈国新等③、熊澄宇等④研究的基础上，本书认为，数字创意产业价值链是指在垂直分工、空间布局、运营管理以及利益分配基础上，实现数字创意产品或服务从创意设计、技术研发，到生产制作、市场营销、交付消费等一系列价值的生命周期增值循环。具体而言，数字创意产业价值链的内涵包括：其一，在研发设计环节，数字创意产业应该包含创意设计和技术研发两部分，其中创意设计是核心，包含创意策划和内容设计；与文化创意产业价值链不同的是，增加了技术研发的环节，技术研发是以服务创意设计为宗旨，综合运用数字网络、VR/AR、人工智能等各种新兴技术，整合科研院所、创新力量进行设计开发。其二，数字创意产业的生产制作环节是基于创意内容，在一定范围内整合资源，通过数字化网络化的专业设备与软件进行生产制作，并需要接受政府有关部门的内容审查。其三，在一定范围内（国内与国际）通过授权代理模式、独立运营模式、联合运营模式、资源整合模式等进行数字创意产品/服务的运营⑤，特别是通过智能移动终端的 iOS 应用商店（App Store）和 Android 应用商店（Google Play）等分发渠道进行数字化营销。其四，通常采用数字化方式实现费用支付和产品/服务的交付，以及通过数字化售后保障消费者对产品/服务消费的满意体验。

　　从特有属性来讲，数字创意产业价值链不是一次性的，不是随着某一种产品的消费完结而终止的，而是具备极强的衍生效应、嫁接效应、共享效应和外溢效应这四大效应。

　　衍生效应是指数字创意产业本身的创意研发产生的内容 IP 具有很强的衍生能力。一方面是内容衍生效应，如网络文学 IP 衍生为网络游

---

① 喻国明、张小争：《传媒竞争力：产业价值链案例与模式》，华夏出版社 2005 年版，第 20—37 页。
② 王缉慈等：《企业互补性资产与深圳动漫产业集群的形成》，《经济地理》2008 年第 1 期。
③ 谈国新、郝挺雷：《科技创新视角下我国文化产业向全球价值链高端跃升的路径》，《华中师范大学学报》（人文社会科学版）2015 年第 2 期。
④ 熊澄宇、孔少华：《数字内容产业的发展趋势与动力分析》，《全球传媒学刊》2015 年第 2 期。
⑤ 柴冬冬：《游戏产业：我国对外文化贸易的生力军——2012—2013 中国游戏产业对外文化贸易发展述要》，《中华文化论坛》2014 年第 4 期。

戏、网络动漫、电视剧、电影、网络音乐、舞台剧等，进而产生 IP 衍生游戏价值链、IP 衍生动漫价值链、IP 衍生电影价值链等。另一方面是实物衍生效应，如网络文学 IP 或网络游戏 IP 衍生为 IP 玩具、IP 主题公园，进而产生 IP 衍生玩具价值链、IP 主题公园价值链等。

共享效应是指数字创意产业本身构建的市场营销分销（分发）渠道可以与其衍生的新内容产品价值链和实物产品价值链共享。"开源""共享"是"互联网+"时代的基本逻辑，大大降低了数字创意产业的运营、营销成本，也极大地提高了数字创意产品服务传播与推广的速度与效率。举例来讲，由网络文学 IP 衍生出来的网络游戏等新的内容产品和 IP 玩具等新的实物产品可以在全球范围内共享相同的数字化营销渠道。共享的根本原因在于，无论是原创的网络文学，还是衍生的网络游戏、动漫、音乐及影视等内容产品，都有一个共同的内核 IP，这个共同的内核 IP 在全球有着相同的粉丝社群与目标消费群体。但需指出的是，共享效应的发生与其作用的释放是建立在良好的数字版权生态基础上的，这需要政府制度创新、行业自律、数字创意企业版权保护与开发意识的培育以及网络社会的多方参与和协同。

嫁接效应是指数字创意产业价值链可以为具有相同目标消费群体的传统产业提供价值链嫁接服务，实现跨界合作、协同发展。传统产业在完成研发设计、生产制造的价值链环节后，可以通过具备产业关联的数字创意产业构建的市场营销渠道进行产品销售。例如，手机制造商可以通过网络热门 App 的数字化渠道分销手机。以跻身全球前 8 名 iOS 非游戏类 App 开发商——美图公司为例，该公司 2016 年年报显示，公司主营业务包含两部分：一是互联网服务及其他，2016 年收益为 1.05 亿元，占比 6.63%；二是智能硬件，2016 年收益为 14.74 亿元，占比 93.37%。该公司在 2016 年通过旗下美颜相机、美图秀秀等系列 App 产品在全球获得了 11 亿台装机量，月活用户数在 2017 年 1 月达到 5.2 亿峰值，正是通过这样发达的数字化渠道，该公司 2016 年销售智能手机数量达到 74.83 万台。[1]

外溢效应是数字创意产业价值链与传统产业价值链之间的另一个重要区别所在。数字创意产业与传统产业的本质不同在于数字技术和创意

---

[1] 资料来源：美图公司 2016 年度财务报告。

设计的无限延展属性,几乎绝大多数传统产业都可以通过数字技术和创意设计实现产业的内涵提升和品质升级。数字创意产业和相关产业的合作、渗透,有助于提升传统产业的数字化、智能化、网络化应用水平;而VR、AR、AI、裸眼3D、物联网、交互娱乐引擎开发等技术在数字创意产业研发创意阶段的应用,在增强数字创意产业研发创新水平的同时,也延展了数字创意产业引领传统行业转型升级的功能与能力。梅国平等运用阿里巴巴大数据研究指出,文化创意产业每增加投入1个单位,能带动商务服务等11个传统行业增加8.13个单位的产出。① 数字创意产业可以通过数字技术和创意设计的外溢效应带动农业、制造业、服务业、建筑业等传统产业实现改造和升级,从而改进提升传统产业的产品形态和创意内涵,并且增加新的营销渠道和方式,从而获得更高的附加价值和运营效率。

数字创意产业价值链及其四大效应概念模型如图1-3所示。②

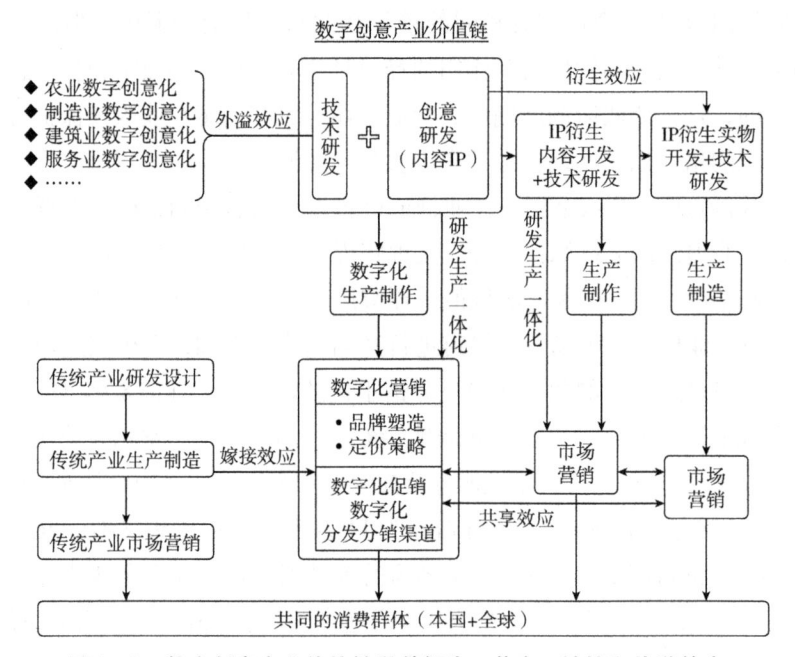

图1-3 数字创意产业价值链及其衍生、共享、嫁接和外溢效应

---

① 梅国平等:《文化产业的产业关联研究——基于网络交易大数据》,《经济管理》2014年第11期。

② 臧志彭:《数字创意产业全球价值链重构战略研究——基于内容、技术与制度三维协同创新》,《社会科学研究》2018年第2期。

第五节 数字创意产业战略地位的政策变迁

随着数字出版、数字媒体等新兴行业的迅速崛起,政府对数字化的发展高度重视。据韩晓芳等对2004—2015年国家颁布的文化相关政策的统计,在625部相关文化政策中,"数字"一词出现的频率高达3236次。① 数字创意产业的战略地位实际上从2009年逐渐确立起来。2009年,《文化产业振兴规划》明确指出文化创意、数字内容是文化产业发展的重点;2010年,《国务院关于加快培育和发展战略性新兴产业的决定》明确提出"大力发展数字虚拟技术,促进文化创意产业发展";2011年,《国民经济和社会发展第十二个五年规划纲要》提出大力发展文化创意、数字内容等重点文化产业,推进文化产业结构调整;2012年,《国家文化科技创新工程纲要》提出通过数字技术、网络技术改造传统文化产业和催生新的文化形态与业态;2014年,《国务院关于推进文化创意和设计服务与相关产业融合发展的若干意见》将加快发展数字内容产业作为重点任务加以推进,加强科技与文化的结合;② 2016年,国务院《政府工作报告》中提出"启动新一轮国家服务业综合改革试点,实施高技术服务业创新工程,大力发展数字创意产业",正式明确了数字创意产业的"产业"地位;之后,在《国民经济和社会发展第十三个五年规划纲要》中将数字创意确立为与新一代信息技术、新能源汽车、生物技术、绿色低碳、高端装备与材料并列的国家战略性新兴产业;同年12月,国务院在《"十三五"国家战略性新兴产业发展规划》中明确设定了数字创意产业"8万亿元"的行业产值规模发展目标;2020年,文化和旅游部《关于推动数字文化产业高质量发展的意见》强调从内容建设、新基建、科技创新、数据要素、市场主体、产业标准等方面,强化产业基础能力建设,为文化产业高质量发展提供支撑。可以想见,随着文化与科技融合的逐步深入,数字创意产业的战

---

① 韩晓芳、解学芳:《文化产业科技创新能力研究述评:2004—2015》,《科技管理研究》2016年第14期。
② 程丽仙:《数字创意成经济增长新动力》,《中国文化报》2016年9月30日第6版。

略性产业地位将更加凸显。

从 2009 年《文化产业振兴规划》出台,文化产业发展进入高速发展期,并伴随互联网时代的开启,一系列相关政策出台,为数字创意产业的发展提供制度保障,数字创意产业的战略地位随之不断发生变迁(政策变迁详见表 1-2)。

表 1-2　　　　　　数字创意产业战略地位的政策变迁

政策名称、颁布部门、文号或日期	政策内容
《文化产业振兴规划》国务院（2009 年 9 月 26 日）	发展重点文化产业。以文化创意、影视制作、出版发行、印刷复制、广告、演艺娱乐、文化会展、数字内容和动漫等产业为重点,加大扶持力度,完善产业政策体系,实现跨越式发展。发展新兴文化业态。采用数字、网络等高新技术,大力推动文化产业升级。支持发展移动多媒体广播电视、网络广播影视、数字多媒体广播、手机广播电视,开发移动文化信息服务、数字娱乐产品等增值业务,为各种便携显示终端提供内容服务。加快广播电视传播和电影放映数字化进程。积极发展纸质有声读物、电子书、手机报和网络出版物等新兴出版发行业态。发展高新技术印刷。运用高新技术改造传统娱乐设施和舞台技术,鼓励文化设备提供商研发新型电影院、数字电影娱乐设备、便携式音响系统、流动演出系统及多功能集成化音响产品。加强数字技术、数字内容、网络技术等核心技术的研发,加快关键技术设备改造更新
《国务院关于加快培育和发展战略性新兴产业的决定》（国发〔2010〕32 号）	新一代信息技术产业。加快建设宽带、泛在、融合、安全的信息网络基础设施,推动新一代移动通信、下一代互联网核心设备和智能终端的研发及产业化,加快推进三网融合,促进物联网、云计算的研发和示范应用。着力发展集成电路、新型显示、高端软件、高端服务器等核心基础产业。提升软件服务、网络增值服务等信息服务能力,加快重要基础设施智能化改造。大力发展数字虚拟等技术,促进文化创意产业发展

续表

政策名称、颁布部门、文号或日期	政策内容
《国民经济和社会发展第十二个五年规划纲要》（全国人民代表大会，2011年3月14日）	加强信息服务，提升软件开发应用水平，发展信息系统集成服务、互联网增值服务、信息安全服务和数字内容服务，发展地理信息产业 推进文化产业结构调整，大力发展文化创意、影视制作、出版发行、印刷复制、演艺娱乐、数字内容和动漫等重点文化产业，培育骨干企业，扶持中小企业，鼓励文化企业跨地域、跨行业、跨所有制经营和重组，提高文化产业规模化、集约化、专业化水平
《国家文化科技创新工程纲要》（国科发高〔2012〕759号）	加快全媒体资源管理与集成技术、语义分析搜索及自动分类标引技术、多介质多形态内容发布技术、彩色电子纸等新兴数字显示技术的研究，促进传统新闻出版产业的数字化转型升级，形成覆盖网络、手机以及适用于各种终端的数字出版内容生产供给体系；研究数字印刷和绿色环保印刷技术，促进传统印刷设备的升级改造和节能减排；重点支持电子图书、数字报刊、网络原创文学、网络教育出版、数据库出版、手机出版等数字出版新兴业态，提升创新能力；研究数字版权保护关键技术，推动数字出版产业健康发展 加强文化资源数字化保护和开发利用，重点针对文物、典籍、民俗、宗教等各类物质与非物质文化遗产传承和保护的需求，研究突破文化资源数字化关键技术，研究数字文化资源公益服务与商业运营并行互惠的运行模式，整合各类文化机构传统文化资源，开展文化资源数字化公共服务与社会化运营服务示范。 结合国家公共文化服务体系建设，加强农家书屋、文化馆、图书馆、博物馆、科技馆等文化公共服务平台的网络化和数字化建设，重点针对农村、边疆少数民族地区、社区及工地等的精神文化生活实际需求，实现对公众文化产品的普惠和精准投放，推动全社会文化共享，提高国民文化消费力。充分利用官方和民间文化交流渠道，聚合国际文化交流资源，构建网络化国际文化交流服务平台，架设国际文化互通的桥梁，弘扬中国传统文化

续表

政策名称、颁布部门、文号或日期	政策内容
《国务院关于推进文化创意和设计服务与相关产业融合发展的若干意见》（国发〔2014〕10号）	加快数字内容产业发展。推动文化产品和服务的生产、传播、消费的数字化、网络化进程，强化文化对信息产业的内容支撑、创意和设计提升，加快培育双向深度融合的新型业态。深入实施国家文化科技创新工程，支持利用数字技术、互联网、软件等高新技术支撑文化内容、装备、材料、工艺、系统的开发和利用，加快文化企业技术改造步伐。大力推动传统文化单位发展互联网新媒体，推动传统媒体和新兴媒体融合发展，提升先进文化互联网传播吸引力。深入挖掘优秀文化资源，推动动漫游戏等产业优化升级，打造民族品牌。推动动漫游戏与虚拟仿真技术在设计、制造等产业领域中的集成应用。全面推进三网融合，推动下一代广播电视网和交互式网络电视等服务平台建设，推动智慧社区、智慧家庭建设。加强通讯设备制造、网络运营、集成播控、内容服务单位间的互动合作。提高数字版权集约水平，健全智能终端产业服务体系，推动产品设计制造与内容服务、应用商店模式整合发展。推进数字电视终端制造业和数字家庭产业与内容服务业融合发展，提升全产业链竞争力。推进数字绿色印刷发展，引导印刷复制加工向综合创意和设计服务转变，推动新闻出版数字化转型和经营模式创新
《政府工作报告》（国务院2016年3月5日）	加快现代服务业发展。启动新一轮国家服务业综合改革试点，实施高技术服务业创新工程，大力发展数字创意产业。放宽市场准入，提高生产性服务业专业化、生活性服务业精细化水平。建设一批光网城市，推进5万个行政村通光纤，让更多城乡居民享受数字化生活
《国民经济和社会发展第十三个五年规划纲要》（国务院2016年3月17日）	加快发展网络视听、移动多媒体、数字出版、动漫游戏等新兴产业，推动出版发行、影视制作、工艺美术等传统产业转型升级。推进文化业态创新，大力发展创意文化产业，促进文化与科技、信息、旅游、体育、金融等产业融合发展。推动文化企业兼并重组，扶持中小微文化企业发展。加快全国有线电视网络整合和智能化建设。支持新一代信息技术、新能源汽车、生物技术、绿色低碳、高端装备与材料、数字创意等领域的产业发展壮大。大力推进先进半导体、机器人、增材制造、智能系统、新一代航空装备、空间技术综合服务系统、智能交通、精准医疗、高效储能与分布式能源系统、智能材料、高效节能环保、虚拟现实与互动影视等新兴前沿领域创新和产业化，形成一批新增长点

续表

政策名称、颁布部门、文号或日期	政策内容
《"十三五"国家战略性新兴产业发展规划》（国发〔2016〕67号）	促进数字创意产业蓬勃发展，创造引领新消费：以数字技术和先进理念推动文化创意与创新设计等产业加快发展，促进文化科技深度融合、相关产业相互渗透。到2020年，形成文化引领、技术先进、链条完整的数字创意产业发展格局，相关行业产值规模达到8万亿元
《关于推动数字文化产业创新发展的指导意见》（文产发〔2017〕8号）	着力发展数字文化产业重点领域。推动动漫产业提质升级。发挥好动漫独特的艺术魅力和传播优势，创作生产优质动漫产品。坚持品牌化发展战略，促进动漫"全产业链"和"全年龄段"发展。推动游戏产业健康发展。加强游戏内容价值导向管理，建立评价奖惩体系，扶持传递正能量、宣传优秀传统文化、弘扬社会主义核心价值观的游戏品牌。丰富网络文化产业内容和形式。实施网络内容建设工程，大力发展网络文艺，丰富网络文化内涵，推动优秀文化产品网络传播。增强数字文化装备产业实力。适应沉浸体验、智能交互、软硬件结合等发展趋势，推动数字文化装备产业发展，加强标准、内容和技术装备的协同创新。发展数字艺术展示产业。积极发展以数字技术为手段，以光学、电子等新兴媒介为表现形式，贴近群众生活和市场需求的数字艺术展示产业，以数字艺术手段传承中华美学精神。超前布局前沿领域。顺应新一轮科技革命和产业变革趋势，高度重视颠覆性技术创新与应用，以技术创新推动产品创新、模式创新和业态创新，更好满足智能化、个性化、时尚化消费需求，引领、创造和拓展消费新需求
《关于进一步扩大和升级信息消费持续释放内需潜力的指导意见》（国发〔2017〕40号）	优化信息消费发展环境：加强和改进监管。坚持包容审慎监管，加强分类指导，深入推进"放管服"改革，继续推进信息消费领域"证照分离"试点，进一步简化优化业务办理流程，推行清单管理制度，放宽新业态新模式市场准入。加快信用体系建设。健全用户身份及网站认证服务等信任机制，提升网络支付安全水平。加强个人信息和知识产权保护。贯彻落实网络安全法相关规定，加快建立健全个人信息保护法律法规体系和管理制度。加强个人信息和知识产权保护。贯彻落实网络安全法相关规定，加快建立健全个人信息保护法律法规体系和管理制度。提高信息消费安全性。加强网络信息安全相关技术攻关，为构建安全可靠的信息消费环境提供支撑保障。加大财税支持力度。深入推进信息消费试点示范城市建设。加强统计监测和评价。完善信息消费统计监测制度，进一步明确统计范围，将智能产品、互联网业务、数字内容等纳入信息消费统计

续表

政策名称、颁布部门、文号或日期	政策内容
《中华人民共和国文化产业促进法（草案送审稿）》（司法部2019年12月13日）	国家鼓励创作生产与数字化、网络化、智能化的新技术、新应用、新业态、新模式有机融合，丰富创作生产手段和表现形式，拓展创作生产空间。文化科技融合：国家鼓励发挥科技在文化产业领域创新发展中的作用，推动文化和科技深度融合，提升文化产业科技支撑水平。技术创新体系：国家建立以企业为主体、市场为导向、产学研深度融合的文化科技创新体系，支持产学研战略联盟和公共服务平台建设，促进文化产业领域科技成果转化。资源数字化：国家推动文化资源数字化，分类采集梳理文化遗产数据，标注中华民族文化基因，建设文化大数据服务体系，鼓励公民、法人和非法人组织依法开发利用，将中华文化元素和标识融入内容创作生产、创意设计以及城乡规划建设、生态文明建设、制造强国、网络强国和数字中国建设。培育新业态：国家鼓励和支持培育基于大数据、云计算、物联网、人工智能等新技术的新型文化业态，发展数字创意、网络视听、数字出版、数字娱乐、绿色印刷等新兴文化产业，推动与相关新兴产业相互融合
《文化和旅游部关于推动数字文化产业高质量发展的意见》（文旅发〔2020〕78号）	夯实数字文化产业发展基础：从内容建设、新基建、科技创新、数据要素、市场主体、产业标准等方面，强化产业基础能力建设，为高质量发展提供支撑。培育数字文化产业新型业态：结合当前数字文化产业发展的新形势新趋势，明确新型业态培育的主要措施和重点领域，引导业界对新兴领域开拓创新。构建数字文化产业生态：从产业链创新应用、完善创新服务、融入区域发展战略、优化市场环境、深化国际合作等方面，提出数字文化产业生态体系建设路径。保障措施：从组织领导、财税金融、"放管服"、人才培养等方面，针对数字文化产业发展的重点环节，加强政策支持，完善要素市场，更好发挥政府作用，营造产业发展良好环境
《关于做好国家文化大数据体系建设的通知》（2020）	建设国家文化大数据体系是新时代文化建设的重大基础性工程，也是打通文化事业和文化产业、畅通文化生产和文化消费、融通文化和科技、贯通文化门类和业态，推动文化数字化成果走向网络化、智能化的重要举措。提出八大任务：一是中国文化遗产标本库建设；二是中华民族文化基因库建设；三是中华文化素材库建设；四是文化体验园建设；五是文化体验馆建设；六是国家文化专网建设；七是国家文化大数据云平台建设；八是数字化文化生产线建设

续表

政策名称、颁布部门、文号或日期	政策内容
《关于扩大战略性新兴产业投资培育壮大新增长点增长极的指导意见》（发改高技〔2020〕1409号）	鼓励数字创意产业与生产制造、文化教育、旅游体育、健康医疗与养老、智慧农业等领域融合发展，激发市场消费活力。建设一批数字创意产业集群，加强数字内容供给和技术装备研发平台，打造高水平直播和短视频基地、一流电竞中心、高沉浸式产品体验展示中心，提供VR旅游、AR营销、数字文博馆、创意设计、智慧广电、智能体育等多元化消费体验

第二章
"互联网+"时代数字创意产业跨界演化①

"互联网+"时代的到来推动了数字创意产业蓬勃发展。2015年3月，李克强总理在十二届全国人大三次会议上正式提出制订"互联网+"计划，强调"推动移动互联网、云计算、大数据、物联网等与现代制造业结合，引导互联网企业拓展国际市场"；同年7月，国务院出台《关于积极推进"互联网+"行动的指导意见》（国发〔2015〕40号），"互联网+"战略上升为国家战略，互联网行业成为关系国家经济发展命脉的关键。所谓"互联网+"，是利用互联网平台与信息通信技术，把互联网和包括传统行业在内的各行各业结合起来，在新的领域创造一种新的生态②，这意味着互联网不再仅仅只是一种技术工具或者营销渠道，而是一种变革、重构、整合方方面面的思维方式与结构方式。进入"互联网+"时代，互联网将致力于实现文化产业结构的多元化、文化经济活动的泛数据化、社会文化生活的物联网化以及文化企业能力的衍生化；③ 同时，互联网成为发动"大众创业、万众创新"这一中国经济提质增效升级"新引擎"的基础资源与重要手段。在此背景下，一方面，互联网给文化产业带来迥然不同的命运，即文化产业生

---

① 解学芳、臧志彭：《"互联网+"时代文化上市公司的生命周期与跨界演化机理》，《社会科学研究》2017年第1期。
② 陈力丹、史一棋：《重构媒体与用户关系——国际媒体同行的互联网思维经验》，《新闻界》2014年第24期。
③ 赵振：《"互联网+"跨界经营：创造性破坏视角》，《中国工业经济》2015年第10期。

命周期出现严重的两极分化：传统文化公司生命周期开始缩短且走向衰退化，而互联网类数字文化公司则正值生命周期的青春期，且快速崛起，成为中国文化产业发展的标杆企业，以及业界、学界关注的焦点。另一方面，文化产业受"互联网化"影响的跨界发展时代已经到来，以上市公司为例，超过25%的文化类上市公司直接聚焦在网络信息、网络游戏、网络视听等领域，超过90%的文化上市公司直接或间接进入互联网领域，引领着文化产业走向真正的多元跨界发展时代。追根溯源，"互联网+"带来文化产业怎样的繁荣？互联网基因是如何推动文化产业生命周期此消彼长的？其跨界演化机理与混业经营逻辑是什么？这些现实问题与理论命题值得深思与探究。

第一节 "互联网+"时代数字创意产业发展阶段开启

按照梅特卡夫定律（Metcalfe's Law）——网络的价值等于网络节点数的平方，中国多达7亿的庞大网民规模不但给中国互联网经济带来无限想象空间和价值，还伴随互联网平台推动巨量信息的流动与大数据的整合，不断产生着全球性的经济价值。在文化产业领域，"互联网+"时代带来的转型红利正逐渐体现。统计数据指出，互联网文化产业公司的市值将占中国文化产业总市值的七成[①]，互联网对传统文化产业与传统文化市场带来创造性破坏，而文化产业的发展则深深刻上互联网基因的烙印，特别是以BAT为首的互联网公司相继进入文化产业领域颠覆了传统的文化龙头企业的市场地位。互联网已不再是"第四媒体"与"互联网技术"的角色那么简单，而是互联网思维、互联网创造、互联网经营模式、互联网营销等多元角色，变革着现有文化企业的竞争结构与价值创造模式。可以说，文化产业的互联网时代真正到来，也意味着数字创意产业时代的开启。

互联网类文化上市公司是数字创意产业的重要主体。从数据来看，

---

① 2015年7月，第六届中国文化产业前沿论坛，北京大学文化产业研究院副院长、中国文化企业研究中心主任陈少峰教授经过研究提出的。

我国文化类上市公司数量（含境外上市）已达 346 家，其中文化信息传输服务业上市公司数量最多（见图 2-1），高达 92 家，占总量的 26.4%，超过 1/4。[①] 文化信息传输服务行业属于新兴领域，包括互联网信息服务业、增值电信服务业（文化部分）、广播电视传输服务业等。从近年的变迁情况来看，文化信息传输服务业成为各类资本竞相投资的热点行业，上市公司数量逐年高速增加，特别是为互联网信息服务与增值电信服务领域带来无限商机，而且国家层面的政策扶持力度加大，吸引了大批风险投资的进入，反映出文化类上市公司数量不断的攀升很大程度上是"互联网+"嵌入文化产业领域所带来的。

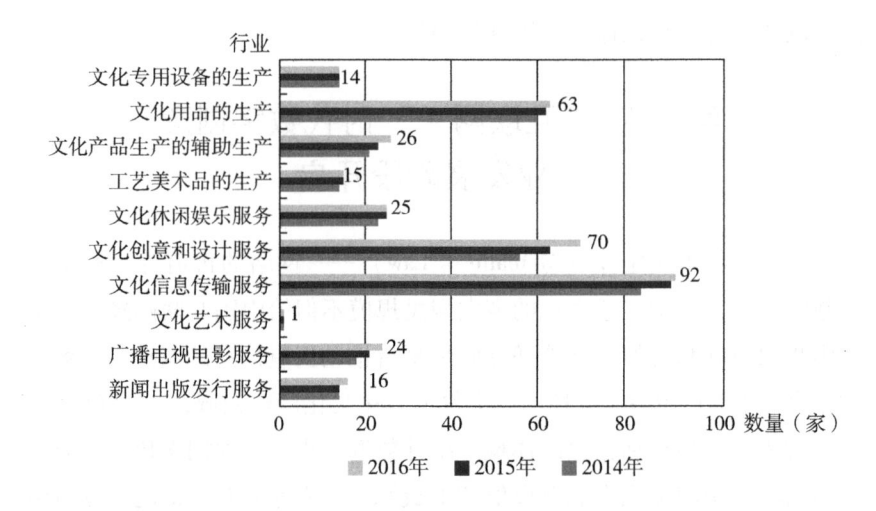

图 2-1 2014—2016 年文化类上市公司十大行业分布

与此同时，文化信息传输服务行业的优势还体现在总营收与总利润上。从统计数据来看[②]，互联网信息传播服务行业的营业总收入均值是传统的广播电视电影服务业的 21 倍，是文化专用设备生产行业的 11 倍；互联网信息传播服务业的净利润均值则是文化专用设备生产行业的 52 倍、广播电视电影服务业的 12 倍，表现出互联网信息传播服务行业

---

① 数据来自笔者整理的 2014—2016 年在境内、境外上市的 346 家文化产业公司，根据国家统计局的《文化及相关产业分类（2012）》的十大行业分类（按照产业分类第二层），对 346 家公司进行了行业归类。

② 数据来自笔者整理的 2014 年的 305 家文化上市公司年报，分别从年报中提取的关于总营收与净利润的数据。

上市公司的绝对优势与崛起态势。

即使按照文化及相关产业分类第三层的50个细分行业来看（见表2-1），2010年以来，文化类上市公司仅分布在32个细分行业里。其中，互联网信息服务行业的上市公司总量位居第一（拥有65家上市公司），占文化类上市公司总量的18.79%，约为1/5；且互联网信息服务行业平均增长速度最快，这与近年网络游戏公司、网络视频企业、手机游戏公司纷纷登陆资本市场的发展态势是吻合的。与此同时，文化软件服务行业居于第二位，有30家上市公司，约占文化类上市公司总量的8.67%，且增长迅速；既反映出文化软件服务作为新兴行业技术应用典范的优势，也凸显出文化软件服务行业与互联网信息服务、网络动漫、网络游戏、多媒体等数字内容行业的内嵌式发展关系。由此可见，我国数字创意产业的发展与互联网时代息息相关，自2010年开始进入快速发展与崛起阶段。

表2-1　　2016年文化类上市公司细分行业分布

产业分类第三层	频率（个）	有效百分比（%）	产业分类第三层	频率（个）	有效百分比（%）
互联网信息服务	65	18.79	娱乐休闲服务	4	1.16
文化软件服务	30	8.67	工艺美术品的销售	4	1.16
印刷复制服务	25	7.23	文化用油墨颜料的制造	4	1.16
视听设备的制造	24	6.94	出版服务	4	1.16
建筑设计服务	24	6.94	其他文化专用设备制造	3	0.87
景区游览服务	22	6.36	办公用品的制造	3	0.87
文化用纸的制造	19	5.49	园林、陈设艺术及其他陶瓷制品制造	2	0.58
电影和影视录音服务	19	5.49	乐器的制造	2	0.58
广告服务	16	4.62	其他文化用品的制造	2	0.58
增值电信服务（文化部分）	15	4.34	文艺创作与表演服务	1	0.29
发行服务	12	3.47	专业设计服务	1	0.29
广播电视传输服务	12	3.47	游艺器材及娱乐用品制造	1	0.29
广播电视电影专用设备制造	10	2.89	焰火、鞭炮产品的制造	1	0.29
工艺美术品的制造	9	2.60	文化用化学品的制造	1	0.29
广播电视服务	5	1.45	其他文化用品的销售	1	0.29
玩具的制造	5	1.45	会展服务	1	0.29

第二节 "互联网+"时代文化企业生命周期演化机理

网络社会的崛起与互联网经济的繁荣相得益彰。"互联网+"时代的"互联网+文化产业"成为推动数字创意产业巩固战略支柱产业地位的重要支撑，不仅创造了全新的经济形态、变革着商业模式，还促进着互联网技术、文化创意与其他相关产业的跨界融合，推动着数字创意产业生命周期演化的加速。

美国学者伊查克·爱迪思早在《企业生命周期》一书中，就详细论述了企业生命周期理论，提出"十阶段说"，即包括孕育期、婴儿期、学步期、青春期、盛年期、稳定期、贵族期、内耗期（官僚化早期）、官僚期、衰亡期等。[①] 文化企业同样具有类似于生命体的周期演化的特征，会经历企业初创、企业成长、企业成熟、企业衰亡的过程。但对于文化上市公司而言，学界达成的共识是上市公司生命周期主要包含成长期、成熟期和衰退期三个阶段。[②] 按照三个阶段的划分方法，我们把"互联网+"时代文化企业生命周期细分为七个阶段，具体见表2-2。

表2-2 文化企业生命周期阶段及其对应的爱迪思生命周期阶段

生命周期	评分范围	本书定义生命周期阶段	对应爱迪思定义生命周期阶段
成长期	3分	典型成长期	青春期
	2.5—3分	成长后期	盛年期
成熟期	2—2.5分	成熟前期	稳定期
	2分	典型成熟期	贵族期
	1.5—2分	成熟后期	官僚化前期
衰退期	1—1.5分	衰退前期	官僚期
	1分	典型衰退期	衰亡期

[①] Adizes, I., *How and Why Corporation Grow and Die and What to Do about It：Corporate Life Cycle*, Englewood Cliffs, NJ: Prentice Hall Direct, 1989, pp.1-35.

[②] 赵蒲、孙爱英：《资本结构与产业生命周期：基于中国上市公司的实证研究》，《管理工程学报》2005年第3期。

一　新兴互联网行业与传统文化公司生命周期具有差异性

首先，互联网信息服务、增值电信服务（文化部分）、文化软件服务（多媒体、动漫游戏软件开发与数字动漫、游戏设计制作）等数字行业的文化上市公司正处于成长期，其在营业收入、总资产及技术与知识产权类无形资产等方面都处于旺盛的增长阶段，企业年龄也相对较轻；文化企业的总体实力与公司治理能力呈现大幅度提升，开始谋求企业运营自控力与灵活性的平衡。

其次，新闻业、出版业、电视电影、娱乐休闲服务等行业的文化公司处于成熟期。成长期的高增长指标大部分回归正常增速，文化公司各项管理都步入规范化轨道——业务模式、盈利能力、治理机制等趋于稳定，但企业内部官僚气息日益加重、组织效率开始降低、创新动力被大大削弱，组织老化征兆开始出现；同时，稳定而成熟的业务为文化企业带来较为充裕的资金回报，有兼并收购的欲望以获取新的市场和业务板块，成熟的业务模式和营销渠道由于惯性作用仍然能够为文化企业带来盈利，但文化企业内部耗损对文化市场的新变化、新需求被层层的官僚体系和复杂的响应流程搁置。

最后，传统的出版发行、广播等行业的文化企业处于衰退期。文化企业的主要业务开始明显下滑，退货、滞销开始频繁出现——主营业务收入大幅下滑，新的竞争对手正在加速吞噬原本属于自己的市场份额，企业高管认识到了问题的严重性，开始大力采取措施谋求变革，但大量的精力耗散于部门间的推诿与内斗中，集体离职现象与负面媒体报道频频出现，整个文化企业发展到后期甚至开始大规模裁员、大幅收缩业务线，或者大刀阔斧地改革，又或者开始粉饰包装谋求被收购。

二　不同发展阶段的文化公司生命周期是正向老化与逆向重生的结合体

文化公司生命周期总体来看实际上包含了正向老化和逆向重生两条循环路径（见图2-2）。正向循环是一个逐步走向衰亡的老化过程，然而在实践中，当文化公司发现自身处于不断老化的生命周期循环中时，会主动采用防御和改善措施，做出"拯救行动"，从而在一定程度上促使正向循环速度减慢，甚至重新进入逆向循环。而一旦文化公司沿着生命周期曲线逆向循环，那么意味着其开启了逐步走向"青春"的重生过程。例如，在很多传统媒体企业的重生过程中，平台/生态型互联网企业与O2O的商业模式起着关键的助推作用。

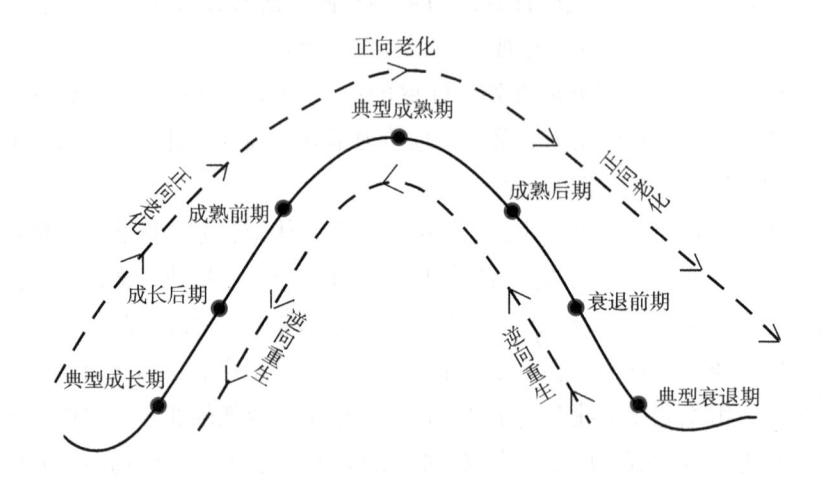

图2-2 文化公司的正向老化与逆向重生模型

具体来看，文化公司生命周期演化趋势围绕正向老化与逆向重生展开。文化相关产品生产企业与传统的文化行业处于正向老化的居多，其中以粤传媒、号百控股、黄山旅游、长城电脑等传统传媒行业与文化制造业企业为代表的文化公司表现出严重老化的发展趋势。此外，乐视网、网宿科技、生意宝、广电网络、鹏博士等网络文化企业主要以正逆均衡为主，而这个阶段的华策影视、华侨城A等传统文化产业则与新媒体、新技术积极进行跨行业、跨产品融合，实现重生。

三 互联网技术是牵引文化公司生命周期演化的助推器

"互联网+"时代的到来，意味着互联网、云计算、大数据等不再单是技术的代名词，也不单指互联网思维的介入，而是像水电煤等基础设施一样开始全方位融合与嵌入各个行业的创新发展过程中。[①] 就文化产业而言，"互联网+"是助推互联网与传统文化企业深度融合、互相影响、互相进入与促成转型的战略。不单是传统文化企业需要寻求互联

---

① 解学芳、臧志彭：《"互联网+"背景下的网络文化产业生态治理》，《科研管理》2016年第2期。

网的优势互补，来优化资源配置、提升创新力，互联网企业也需要进入传统行业挖掘生存机遇，提升生产力。

文化产业的创意过程正被数字技术不断重塑。① 从文化公司的生命周期来看，凭借技术创新崛起并持续被高新技术牵引的新兴文化行业正处于典型成长期（青春期）。以乐视网、掌趣科技等为代表的企业聚集于移动互联网、网络文化等新兴领域，其在营业收入、总资产及技术与知识产权类无形资产等方面都表现出明显的优势，具有创业时间短、增长迅速的特点。而传统的、从事技术创新活动少的文化公司大多处于成熟期后期或衰退期。其中，处于成熟后期的文化公司主要以粤传媒、中视传媒等传统文化行业公司为代表，这些文化企业业务增长缓慢，内部管理问题频出，难以快速适应文化市场新需求与新变革，诉诸企业技术创新、内容创新与管理模式创新变革是出路。此外，大多传统的文化制造业处于衰退期（官僚期），例如＊ST 彩虹、深康佳 A、同州电子、汉王科技等，主要从事传统的文化相关产品制造业，其经营业务出现明显下滑，在文化市场竞争中的地位不断下降，虽然企业开始致力于变革，但受到官僚体制的耗散效应影响大，执行效果甚微。因此，如何拥抱"互联网＋"时代、利用互联网/移动互联网技术向高端文化制造业转型成为延长生命周期的重要抓手。

四 大部分文化企业生命周期处于成长期与成熟前期

大部分中国文化企业整体而言处于生命周期的成熟前期，即一个管理规范、发展模式较为成熟且运作稳定、充满发展机遇与挑战的阶段，需要特别注意防止企业内部官僚化倾向的扩大化与企业组织效率的下降，确保文化企业创新力的维持与提升，防止其进入老化过程。鉴于此，文化公司应抓住"互联网＋"战略带来的发展契机，利用国家现有文化产业政策作为制度保障，构建科学、规范的现代管理模式，提升组织运作效率，完善公司治理机制；将文化产品的创作、生产与营销作

---

① Le, P. L., et al., "Technological Change at the Heart of the Creative Process: Insights from the Videogame Industry", *International Journal of Arts Management*, Vol. 15, No. 2, 2013, pp. 45 – 59.

为主营业务，并积极融入创客/网民大众创新要素[①]，秉承技术创新与内容创新贯穿文化生产与运作环节的原则，构建起文化企业独特的盈利模式与经营能力，防止企业出现老化征兆。对于政府而言，要深谙目前文化公司生命周期所处阶段的发展规律与发展趋势，针对不同行业、具备不同生命周期阶段特点的文化企业出台具体的财政、税收、金融、人才等相关文化产业配套政策。

特别是要认识到文化公司正处于不断老化的生命周期循环中，应主动进行变革，以开放的国际化思维，着力优化内部管理机制，加快引入创新流程与创新思维：管理高层要采取有效措施，加快实现金字塔式官僚体系的扁平化，提高企业组织应对复杂多变文化市场的响应效率；创造一个充满和谐、推崇团队协作、鼓励创新的文化生态环境；留住文化科技人才，用好文化创意人才，激励并释放文化人才致力于创新的积极性与主动性，推动文化企业沿着生命周期曲线逆向循环，重新走向充满活力、充满创新力、快速成长的"青春"成长期。

第三节 "互联网+"时代数字创意产业跨界发展逻辑

技术的跨界性是其天性使然。互联网从技术的跨界性延伸至思维的跨界性，并演变成一场全方位生态式的互联网革命，直接助推着文化企业的变革与生命周期的演化，加速文化类公司的跨行业并购与跨界发展。被赋予了互联网基因的文化企业开始对传统的文化产业价值链进行差异化需求的一一解构，与契合互联网精神与互联网发展模式的价值链进行重新组合，从而呈现出文化公司跨领域、跨行业、跨产品协作整合，聚焦价值链各环节再造的全新生产跨界模式、盈利跨界模式与营销跨界模式。

一 传统文化公司与移动互联网的无缝对接

传统的文化产业与移动互联网的无缝对接迎来"数与网"的时代，

[①] Parmentier, G., Mangematin, V., "Orchestrating Innovation with User Communities in the Creative Industries", *Technological Forecasting and Social Change*, Vol. 83, No. 3, 2014, pp. 40 – 53.

文化公司朝着"微市场化"发展。① 特别是传统文化公司纷纷围绕移动互联网布局创业生态，通过入股、并购与收购等最简单快捷的方式进入手机游戏领域，争夺移动互联网入口。移动互联网时代的到来，移动智能终端与阅读、视听的结合使得传统媒体的生存危机频频呈现。例如，2014年年初，解放日报报业集团旗下的《新闻晚报》停刊、上海文广集团主管主办的《天天新报》停刊、南方报业集团旗下的《风尚周报》停刊……这意味着传统媒体与移动互联网的融合刻不容缓。又如博瑞传播，早在2009年就收购成都梦工厂进入游戏领域，与久游、百度等合作，并于2014年重点向移动游戏转型，实现传统媒体向手游新媒体转型。此外，浙报传媒也进入移动游戏行业，通过成功收购杭州边锋和上海浩方两家游戏公司以及在电竞游戏公司入股，从原来的报刊发行、广告、印刷与网络新闻等主营业务跨界到互联网游戏研发与运营，力求实现手游、电子竞技游戏、网页游戏联合运营及竞技赛事等资源优势整合，形成协同发展效应。

二 互联网将文化公司的界限与数字创意产业价值链全部打通

互联网实现了传统模式的革新，其平台化模式通过分权与能力衍生将所有受众统一到平台上，将文化创意内容资源反复在开放的网络空间里进行多元有序组合与延伸使用②，并进行跨界、跨屏、跨网与跨业发展，不断形成新的价值增值。对于文化上市公司而言，"互联网+"带来的无所不在的创新催生着文化产业的数字化、虚拟化、体验式，它不仅将传统的文化产业链全部打通，还对"源头创意、互联网金融、内容制作、互联网宣介、精准营销、衍生品周边"等环节进行重新组合排序，从而建立起由互联网无缝介入的、全新的、无界的、高效联通的文化产业链。互联网文化公司成为真正的"大文化、泛娱乐"集成者。传统的电影、新闻出版、休闲娱乐、动漫，与新兴的网络游戏、网络动漫、手游、网络文学、网络视频、网络音乐，开始在阿里巴巴、腾讯、百度、搜狐等互联网公司的主导下成功融合，意味着更多互联网巨头通

---

① Goyal, M., et al., "Selling into Micromarkets", *Harvard Business Revies*, No.7/8, 2012, pp.78-86.
② 赵振:《"互联网+"跨界经营：创造性破坏视角》,《中国工业经济》2015年第10期。

过并购收购的方式成功跨界至文化产业领域，进行产业整合，并开辟新价值空间。① 例如，腾讯凭借网络平台与掌控互联网端口的优势，积极落实"泛娱乐"发展战略，着力打造创意内容、文化产品发行销售、衍生品等产业链的上下游②，其既协作又竞争的博弈关系向互联网时代的文化上市公司释放了一个信号，即互联网时代没有哪个文化企业可以唱独角戏、独霸天下，只有追求互惠互利的竞合才是共赢的根本。

在"互联网+"大背景下，数字创意产业业态裂变与融合进一步加剧，也诱发新的游戏规则③，特别当内容入口与场景入口被成功打通以后，IP（Intellectual Property）显得尤为重要。网络版权保护理念与保护制度的建构亟须提速，它决定了文化产业链各环节间的协同效应的达成与产业链、价值链拓展的效益。文化产业持续发展的核心是内容，而内容的创新与创意来自源源不断的创作者，但创作者权益的维护与利益的获得离不开完善的版权保护制度以及龙头文化企业的示范效应。因此，文化公司要将网络版权保护作为企业的社会责任，发挥引导行业内尊重网络版权、保护网络版权的领头羊作用。而主流媒体要发挥正向的积极引导作用，呼吁数字版权与网络版权保护的重要性与及时出场。④此外，网民要建构起正确的版权消费意识，这一点尤为重要，网民对网络侵权与盗版的漠视，将直接影响文化原创者的权益与创新的主动性，影响致力于原创的文化上市公司的积极性，从而破坏产业链的上端环节，长期来看将最终导致整个链条无法顺利循环与健康运转。

三 传统媒体和新媒体进行着融合式增量创新

对于传统媒体而言，以互联网为先锋的新媒体的出现在对其进行毁灭性打击的同时，也给传统媒体带来裂变性改革——在定制个性化、阅读碎片化与在线化时代，须立足顶层设计重建媒体生产方式与传播流

---

① 陈少峰：《互联网文化产业的价值链思考》，《北京联合大学学报》（人文社会科学版）2015年第4期。

② 黄芙蓉：《"互联网+"文化产业发展的对策与模式创新》，《统计与决策》2015年第224期。

③ 李凤亮、宗祖盼：《科技背景下文化产业业态裂变与跨界融合》，《学术研究》2015年第1期。

④ Edwards, L., et al., "Discourse, Justification and Critique: Towards a Legitimate Digital Copyright Regime?", International Journal of Cultural Policy, Vol. 21, No. 1, pp. 60–77.

程,通过传统媒体与新媒体真正的交融,构建不同以往的新生存模式。一方面,推动传统媒体进入互联网,不断进行增量的微创新——互联网逻辑主导下的传统媒体发展理念更加开放、传播模式更加多元,全力释放全民参与、大众体验以及去中心化的亮点;同时,在鼓励传统媒体进入与互联网巨头重组、重构、重建的大潮中,形成文化上市公司混业经营的繁荣现状。另一方面,不管是传统媒体,还是新媒体,都需要充分利用大数据的精准魅力与多元化的新媒体传播平台掌控文化传媒市场的最新现实动态需求,挖掘传统纸媒与新兴网媒受技术牵引的内容差异性[1],进行市场细分,根据长尾理论挖掘小众市场。换言之,真正实现将交互式媒介内容与全业务内容集成嵌入互联网技术、云计算与大数据基因,并进行个性化定制与精准营销,推动传统媒体与互联网、移动互联网主导的视听新媒体的完美融合。[2]

具体来看,新旧媒体的共生融合表现在去中心化、跨媒体、全渠道、多向互动、移动化与全媒体化等特点中。一方面,广播、电视、图书报刊等传统媒体进入门户网站、视听网站、社交网络、微博、微信等新媒体领域,诉求合作协同、共荣共生的发展阶段。例如,2015年6月,东方明珠与百视通跨界合并成立上海东方明珠新媒体股份有限公司(原百视通新媒体股份有限公司),成为中国A股市场首家千亿市值的文化传媒航母,并通过与华谊兄弟的版权战略合作,实现新兴的IPTV、数字电视与传统的媒体、影视企业之间多渠道的资源整合,打造一个互联网全媒体与全内容生态系统。另一方面,文化类公司跨区域合作、跨领域发展、跨行业转型的跨界特点,不但将传统媒体的生死大权直接递交给互联网,也将传统媒体与新媒体的界限变得模糊,传统媒体与新媒体变成了一个相对性的概念。就第四媒体"互联网"而言,图书报刊、广播、电视、电影是传统的媒介;但在互联网媒介里,门户网站相对微博、微信等新兴传播媒介也成为"过去时态"。新技术的层出不穷及其在媒体生态圈里的应用,不断革新着信息传播的载体,丰富着新媒体的

---

[1] Cacciatore, M. A., "Coverage of Emerging Technologies: A Comparison Between Print and Online Media", *New Media & Society*, Vol. 14, No. 6, 2012, pp. 1039–1059.
[2] 蒋晓丽、朱亚希:《裂变·跨界·创新:"互联网+传媒业"的三重图景》,《新闻爱好者》2015年第12期。

内涵与外延。在此背景下，传统的媒体上市公司应积极利用互联网展开跨界经营，基于居前、想象与虚拟的现实文化需求，不断革新文化产品与文化服务，实现传统文化生产模式的转型升级。例如，2015年，上海文广集团（SMG）旗下的第一财经与阿里巴巴达成战略合作；国内报业领头羊博瑞传播旗下的成都先锋文化传媒则搭建"互联网+"创意联盟进军移动互联网与网络游戏业。与此同时，传媒上市公司境外扩张的势头呈现上升趋势。例如，2015年6月，凤凰出版集团整体并购主营电子有声读物的美国PIL公司，其儿童益智产品细分市场占有率全球市场第一；而乐视网旗下的乐视影业则与狮门影业、派拉蒙等好莱坞电影公司积极开展合作。

四 互联网基因引发传统文化制造企业衰落与高端文创制造企业崛起

在"互联网+"开始全方位介入制造业领域的大背景下，传统文化制造企业发展速度放缓，特别是技术含量低、缺乏自主品牌、聚焦低利润的文化制造企业呈现明显衰退曲线，而此时互联网成为破解传统文化制造业发展困局的关键。互联网技术与可便携/移动终端设备的结合，为用户带来了全新的网络文化体验方式与数字化展示的载体。[①] 在此背景下，对于从事文化制造业的上市公司而言，在微观层面，需加快科技创新步伐，致力于移动互联网技术、物联网技术应用，加大企业对文化产品的研发投入与科技人员投入力度，特别是应根据所处发展阶段与经营特点合理安排研发投入结构，高效利用研发资金，重视创新性强的研发项目[②]，多开发拥有自主知识产权的相关文化产品（如关于大型舞台剧目的数字化与虚拟可视化终端、关于传统美术作品的数字化设备终端、关于博物馆文物遗产的数字化转化产品等），实现传统文化制造业的重生。在宏观层面，要积极利用互联网实现文化制造业产业链上下游之间的合作，推动价值链的开发与共享，鼓励充分利用新技术、移动互联网、新媒体平台开发新产品、创新传统文化制造品的内容与形式，赋

---

① William Thomas，"How to Glean Culture from an Evolving Internet Richard Rogers, Digital Methods"，*Technology and Culture*，Vol. 57，No. 1，2016，pp. 238 – 241.

② 梁莱歆等：《基于企业生命周期的R&D投入与企业绩效关系研究——来自上市公司经验数据》，《科学学与科学技术管理》2010年第12期。

予传统文化制造品智能化与数字化的内涵。

互联网基因的注入将高端文化制造业推上全新的发展舞台，具有高技术含量、高智能化、高附加值与物联网特点的高端文化制造业成为传统文化制造企业转型升级的必然方向。其一，从行业布局来看，一是文化生产设备集中于云计算、大数据基础设施、物联网设备、智能硬件设备与数字化文化生产设备；二是文化用品设备围绕着移动互联网设备、移动智能终端、用户远程操控设备、可穿戴设备、VR 与 MR 设备以及数据自动采集设备进行。其二，从发展重心来看，一方面，从事高端数创制造业的企业要把主营业务的重心放在研发与设计、营销和服务两个层面，既要利用高新技术加快产业升级转型，又需利用"互联网＋"带来的全新价值创造、个性化定制与网络协同模式，积极开发支持互联网、移动互联网终端的产品，逐渐在国际产业分工体系占据产业链的有利生态位，例如，传统的印刷企业、印刷设备耗材企业要利用互联网技术与云平台实现大整合，全力打造数字印刷与云印刷，精准按需出版，提高设计、生产、营销、交易、物流、服务、终端产业链的增值与价值变现的能力；另一方面，要把脉国际文化市场最新走势，及时掌握国际新情况、新问题与新动向，利用"大众创业、万众创新"时代机遇带来的政策推力与政策红利，积极开发拥有自主知识产权的自有数创品牌，利用国内与国外两个市场，抓住一切契机实现高端数创制造企业的崛起。

第四节 "互联网＋"主导数字创意产业混业经营模式[①]

一 数字创意产业混业经营的基本内涵与双向维度

我国文化产业正从一个过度消耗文化资源的粗放式增长模式向集约型现代文化生产模式转变，立足多元化发展战略与混业经营模式成为进一步提高数字创意产业综合竞争力的重要路径。所谓数字创意产业混业

---

① 解学芳：《"互联网＋"时代文化产业跨界发展与混业经营研究》，《文化产业研究》2019 年第 2 期。

经营,是指数创企业主营业务不再以单一的数字文化类创意类业务结构为主,开始进入多品种、多业务、多形态、多方式的产品经营结构。具体来说,可从双向维度进行理解:第一个层面,局限在企业内部,是指企业提供多个数字创意类产品与服务,既包括传统的文化产品与文化服务,也包括新兴的文化产品与服务,以及相关的产品与服务,但不管产品类型如何多元化,还是集中在大的数字创意领域;第二个层面,更加开放,数创企业提供不同类型的产品与服务,既有典型的数字创意类产品与服务,也有非数创类的产品与服务,以此实现多渠道盈利。追根溯源,数字创意产业趋向混业经营一方面来自企业做大做强的内生利益驱动与分散风险的考虑,利用多元化业务经营或者跨业务、跨行业发展获取规模经济与范围经济,降低主营业务不稳定带来的风险,提高企业经营稳定性。另一方面来自外部开放的国际化市场大环境的影响以及"互联网 +"时代带来的技术支撑,外部越来越活跃的跨界发展成功典范与全球化风向标成为数创企业追随的直接牵引力量,并在参与国内外多元市场竞争中不断摸索、寻找新的发展契机;而互联网信息技术的广泛应用为企业创新产品形式、开拓全球市场、提高精准营销以及业务扩张的能力提供了条件。此外,企业家精神[1]、区域资本与社会资本[2]、创新者与创新团队[3]以及区位优势[4]等因素也是助推数字创意产业发展走向混业经营的重要影响因素。

实际上,我国数字创意产业混业经营还主要立足于数创类产品,属于内源式的混业经营而非跨界扩张。因为数创企业的主营产品之间相关性与互补性比较强,诸行业之间的产品互动性与跨界性也较强,所以主营产品与主营业务涵盖的范围较广。数字创意产业主营业务与混业经营的逻辑关系密切,即产业业态创新与业态转型、升级直接带来的主营业

---

[1] Porfírio, J. A., et al., "Entrepreneurship in Different Contexts in Cultural and Creative Industries", *Journal of Business Research*, Vol. 69, No. 11, 2016, pp. 5117 – 5123.

[2] Boccella, N., Salerno, I., "Creative Economy, Cultural Industries and Local Development", *Procedia – Social and Behavioral Sciences*, No. 223, 2016, pp. 291 – 296.

[3] Petruzzelli, A. M., et al., "Teams and Lead Creators in Cultural and Creative Industries", *Journal of Knowledge Management*, Vol. 21, No. 3, 2017, pp. 607 – 622.

[4] Tomczak, P., Stachowiak, K., "Location Patterns and Location Factors in Cultural and Creative Industries", *Quaestiones Geographicae*, Vol. 34, No. 2, 2015, pp. 7 – 27.

务结构多元化，丰富了混业经营的内涵，既表现为主营业务产品范畴内的多元构成所表现出来的混业经营，也表现为主营业务与非主营业务共同发展的混业经营状态。究其根由，一方面，传统文化产业遭遇互联网带来的巨大挑战，在被动或是主动调整主营业务结构、推动传统业务转型和升级过程中，实现了跨界、融合、裂变与经营模式杂交、重塑，形成了"新旧融合"为特色的混业经营主体模式。另一方面，数字创意产业与其他相关行业的交叉渗透、融合与自我扩张，以及新技术在内容生产、运营与营销平台的广泛应用，带来了新产业业态的层出不穷，扩大了主营业务结构的范畴，形成了混业经营的附加模式。

二 数字创意产业跨界混业经营的细分行业差异

数字创意产业混业经营在不同行业的结构特点与演化趋势存在明显差异，特别是在传统的新闻出版、电影与互联网信息服务这三大典型行业，上市公司主导的混业经营趋势明显，反映了数字创意产业领域"新旧"行业混业经营的总体发展格局与态势。

（一）新闻出版行业：新旧融合

新闻出版行业的混业经营与互联网在内容、平台、渠道等方面的融合发展密切相关，也是基于不断满足受众需求的个性化、多元化的高层次需求做出的调整与创新。2015年，"中央厨房"概念（一次采集、多次生成、多次传播、多平台传播）作为全面推进融合创新的抓手，直接带动了新闻出版业产品的多元化、数字化。新闻出版行业的混业经营特色明显，除了传统的报刊、图书出版与发行、音像制品、广告、印刷、文教产品等，还有新兴的网络服务产品——网络广播、网络视频等视听产品、网络游戏、移动游戏、电子商务等，以及跨行业的产品，如电子商务、数据服务、旅游服务等。总的来看，新闻出版业的混业经营突破了新闻出版行业由于其文化属性与意识形态属性较强所导致的空间上与产品上的发展局限，混业经营带来的多元产品模式与跨区域发展优势可以弥补这两大缺点，从而实现有机融合。

企业混业经营的能力一定程度上反映了企业对文化资源的审美价值、精神价值、人文价值与商业价值挖掘、整合、扩展的能力。新闻出版行业的混业经营在互联网背景下，一方面，媒体传播与出版方式走向网络化、数字化，"三微一端"（微博、微信、微视频、客户端）、网络广播、网络视频、网络出版/数字出版崛起；另一方面，文化产品与文化服务的载体多元化、集成化，各式各样的文化产品在同一终端载体上实现大融合，并构建起跨平台传播、运营的能力。从新闻出版的典型代表凤凰传媒的年度报表数据来看（见表2-3），作为拥有6家国家一级出版社的上市企业，2016年的发行业务营收实现72.8亿元，占比58.0%，出版业务占比28.3%，说明核心业务牢牢锁定在出版发行领域（占比86.3%）；与此同时，凤凰传媒的主营产品构成还包括印刷业务、数据服务、游戏业务、影视业务、软件业务等新兴文化业务，说明混业经营的趋势明显。又如，中南传媒2016年的发行业务与出版业务（含数字出版）占比80.0%，还有报媒、金融服务、印刷、物资及其他业务。可见，在加快传统媒体与新兴媒体深度融合的大背景下，混业经营模式在新闻出版行业已成常态。

表2-3　　2014年与2016年新闻出版上市公司主营业务占比比较

公司名称	主营业务	2014年主营占比(%)	2016年主营占比(%)	公司名称	主营业务	2014年主营占比(%)	2016年主营占比(%)
南方传媒	发行	36.5	37.4	凤凰传媒	其他（补充）	3.1	3.1
	出版	34.5	33.6		其他行业产品服务	1.1	2.7
	物资	21.4	21.8		数据服务	1.1	1.6
	印刷	3.5	3.8		游戏行业	1.5	0.7
	报媒	1.4	1.1		出版业务	26.2	28.3
新华文轩	发行	88.8	74.4		影视行业	0.6	2.0
	出版	9.3	22.7		发行业务	62.7	58.0
	其他	1.9	3.0		软件行业	0.9	0.8
出版传媒	发行业务	45.7	43.3		印刷业务	2.9	2.6
	出版业务	27.0	24.4	时代出版	印刷物资及文化商品贸易	63.8	68.8
	其他（补充）	3.1	2.4				
	印刷物资销售	21.7	19.9		新闻出版	28.5	24.0
	印刷业务	2.6	10.0		新业态	0.3	0.4

续表

公司名称	主营业务	2014年主营占比(%)	2016年主营占比(%)	公司名称	主营业务	2014年主营占比(%)	2016年主营占比(%)
时代出版	其他（补充）	0.8	—	粤传媒	物流	1.1	5.7
	印刷及制造	5.1	4.2		旅店服务业	0.6	1.0
	数字出版及电子商务	1.4	2.6		广告业务	58.%	39.3
					其他（补充）	1.8	—
天舟文化	其他（补充）	0.0	—		网络服务	2.2	2.2
	图书出版发行	69.6	55.6		印刷业务	12.9	20.5
	移动网游戏	30.4	44.4		其他	1.5	5.1
皖新传媒	广告及游戏业务	0.1	1.2	长江传媒	图书音像销售	0.8	—
	一般图书销售及音像	40.7	36.8		发行业务	20.6	24.0
	教材销售	20.4	17.1		其他	1.6	2.5
	多媒体业务	5.8	10.0		发行业务	41.4	16.3
	文体用品及其他	11.3	12.6		印刷业务	3.4	1.4
	商品贸易	19.9	14.1		物资销售业务	23.6	68.8
	其他（补充）	1.8	2.4		出版业务	28.1	10.2
中南传媒	供应链及物流服务	—	4.8	浙报传媒（浙数文化）	其他（补充）	2.0	0.9
	图书	53.0	63.6		商品销售业务	11.2	24.9
	广告报刊	23.8	13.2		广告及网络推广	29.3	20.3
	其他（补充）	8.9	10.1		在线游戏运营	26.2	18.5
	文教用品	6.7	6.9		其他收入	13.3	12.1
	其他	5.6	4.3		报刊发行	12.7	9.6
	音像制品	1.9	1.8		信息服务	—	7.1
新华传媒	文教用品	6.7	6.9		印刷业务	1.9	2.8
	其他	9.0	4.3		衍生产品销售	0.9	1.1
	报刊及广告	23.8	13.2		无线增值服务	2.1	1.1
	图书	53.0	63.6		平台运营业务	1.1	1.0
	音像制品	1.9	1.8	中文传媒	新型业态	1.8	32.3
	其他（补充）	5.7	10.1		物流业务	5.6	2.9
					发行业务	25.5	23.6

续表

公司名称	主营业务	2014年主营占比(%)	2016年主营占比(%)	公司名称	主营业务	2014年主营占比(%)	2016年主营占比(%)
中文传媒	其他	1.4	3.9	大地传媒	发行业务	51.2	51.7
	印刷包装	5.9	4.1		其他（补充）	2.5	3.0
	出版业务	17.0	16.8		物资销售业务	27.0	27.6
	物资贸易	41.1	14.8		印刷业务	3.1	2.8
	其他（补充）	1.8	1.6		出版业务	16.3	14.9

资料来源：根据2015年、2017年东方财富网公布的2014年、2016年度上市公司年报整理而成。

实际上，在跨界融合的政策驱动与利益驱使下，新闻出版企业业务不断扩展，俨然成为涵盖图书报刊出版、音像出版、电子出版物、网络出版、游戏出版等多元业务的集成者。从表2-3可以看出，2016年，新华文轩、长江传媒、中文传媒、时代出版等企业的出版业务主营收入占比都不高，未超过25%，其他主营收入大多来自发行、印刷包装、物资销售与其他业务，混业经营还主要局限在传统产业内；但同时也可以观察到，时代出版、皖新传媒、长江传媒、天舟文化、中文传媒等企业的出版、发行等核心业务的主营收入占比呈现下降趋势，其中长江传媒的下降幅度最大，其发行业务的主营收入占比降幅达25.1%、出版业务主营收入占比降幅为17.9%，说明传统新闻出版企业的主营业务结构已悄然转型。从数据也可看出，时代传媒、凤凰传媒、浙报传媒（浙数文化）、天舟文化与皖新传媒等企业的混业经营已拓展到了游戏、信息服务、数据服务、多媒体等新业态与电子商务中。其中，皖新传媒主营业务类型繁多，既包括传统的广告业务、音像制品销售、教材销售、文体用品、一般图书销售、商品贸易，也有多媒体与网络游戏业务，并扎进"互联网+"大潮中，进入数字教育、在线教育、数字出版；天舟文化的移动网络游戏业务已经成为核心业务，占总营收的44.4%，且天舟文化的游戏收入保持高速增长趋势，表明传统出版发行业务与新兴游戏业务的完美融合将成为天舟文化持续发展与创收的法宝。

此外，新闻出版行业完全走上混业经营的模式的典型是浙数文化。2017年4月14日，浙报传媒更名为浙数文化，剥离传统出版业务，完全转型为互联网数字文化集团，反映出其拥抱互联网、数字娱乐与大数据的迫切性。从2016年浙报传媒的年报数据来看，其混业经营的特色最为明显，包括广告及网络推广业务、在线游戏运营业务、报刊发行业务、商品销售业务、信息服务收入、无线增值服务、印刷业务、衍生品销售与平台运营等业务。其中，商品销售、广告及网络推广、在线游戏运营是其三大核心业务，营业收入额达22.57亿元，占总营业收入的63.6%，而且在线游戏的主营利润最高，占总利润的43.2%；而原先的核心业务报刊发行营业收入额仅为3.42亿元，占总营业收入的9.6%。可见，浙数文化的营业收入主要源于互联网相关的新兴业务，而传统报刊出版业务占比不断减少，乃至被剥离出来。浙报传媒作为我国首家媒体经营性资产整体上市的报业集团，致力于构建互联网枢纽型传媒集团，将互联网作为传媒主阵地，打造了包括"浙江新闻"移动客户端、浙江手机报、浙江在线新闻网站与视频新闻等四个层面的媒体圈，以及云端悦读Pad客户端、边锋互联网电视盒子、钱报网、腾讯、大浙网新闻板块等在内的拓展，产品类型从原来的报纸杂志，拓展到由影视、互联网视频、手机游戏、动漫产业、游戏电竞直播、IP、网络阅读等构成的影游联动、以网络全媒体为代表的全产业链互联网数字娱乐平台。[①]

由此可见，新闻出版行业的混业经营，一方面，基于传统文化行业的发展"瓶颈"，借力计算机软件行业、互联网突破发展困境，实现新技术融入传媒产品创新、内容创新与运营模式创新，不断延展传媒业的外延，开辟新的市场空间。互联网自诞生之日起就被赋予"第四媒体"之名，它无缝切入传统的新闻出版行业，作为信息传播媒介的特点给传

[①] 孔令峰：《浙报传媒动态研究：剥离传统报业，在手现金充裕轻装上阵，聚焦打造互联网数娱产业集团》，http://vip.stock.finance.sina.com.cn/q/go.php/vReport_Show/kind/search/rptid/3712870/index.phtm，2017-04-11。

统新闻出版行业带来深刻变革，影响与渗透至传统新闻出版的每个环节。另一方面，新闻出版行业的混业经营来自规模效应的追求，以及内容资源优势与传统渠道优势的扩张。传统的新闻出版业务包括新闻业、图书报刊、音像制品、电子出版物等，仅局限在行业内，但内容资源的优势与新渠道的介入将计算机、平板电脑、手机、电子阅读器等变成内容承载的新型终端，实现传统内容优势与新兴平台优势的完美结合，推动着相关衍生品的规模化生产与开源技术的广泛应用。例如，《人民日报》2017年推出的模仿微信聊天的H5《两会喊你加入群聊》以及2017年8月1日推出的H5《我的军装照》，让受众充分体验与参与进来，收获8亿点击量，传播效果远超过传统媒体。

（二）电影行业：互联网基因凸显

电影行业的混业经营也离不开互联网与电影行业的深度融合，一方面表现在互联网技术不断提高电影后期制作水平，创新电影作品的展现方式；另一方面则表现在互联网思维与大数据应用从电影作品创作源头开始介入，贯穿电影融资、制作、宣传发行、播出、版权输出等整个产业链，使得互联网在电影播出环节的重要性变得不言而喻。

电影行业的混业经营，表现在其主营业务除了电影制作、发行与版权分销等核心业务，还有电视剧、电视栏目制作、影视经纪、动漫游戏以及广告、旅游等业务。从2016年电影制作、发行、放映业务作为核心主营业务的情况来看（见表2-4），中国电影（99.0%）、橙天嘉禾（99.8%）、阿里影业（98.9%）、北京文化（86.7%）、当代东方（87.9%）、上海电影（70.6%）等的主营占比较高，且还涉猎旅游、酒店、广告、会展、物业出租等其他传统业务；而光线传媒、华谊兄弟、华策影视等企业的跨界经营已形成规模，除了其原来的影视业务，还涵盖了网络游戏、网剧、视频直播等新兴主营业务。例如，光线传媒主营业务既有传统的电视剧、栏目制作、电影业务、演出及经纪业务，还有新兴的网络游戏、微影视、互联网军事文化、动漫业务、网络音乐、衍生品、实景娱乐、VR、电商等，是典型的多元产品发展战略。此外，以华录百纳、当代东方等为代表的上市公司正处于停牌、资产重组状态，其中华录百纳在影视、综艺、体育、营销、VR产业等多版块协同发展，说明了电影业正处于不断跨界、混业经营的快速变革中。

表2-4 2016年电影上市公司主营业务占比

上市公司名称	主营业务名称	2016年营收占比（%）	上市公司名称	主营业务名称	2016年营收占比（%）
阿里影业	互联网宣传发行	75.5	中视传媒	影视业务	36.5
	内容制作	23.4		旅游业务	39.6
	综合开发与其他业务	1.1		广告业务	23.9
北京文化	影视及经纪	86.7	新文化	影视行业	38.9
	旅游、酒店服务	13.3		广告行业	50.0
橙天嘉禾	经营影城	97.7		其他行业（综艺等）	11.1
	发行及制作	2.1	长城影视	影视行业	27.6
中国电影	影视制作、发行与放映	99.0		广告业	70.3
				其他收入	2.1
	其他（补充）	1.0	上海电影	电影放映及发行	70.6
当代东方	影视	87.9		广告服务	12.0
	广告业务	7.7		卖品和设备销售	7.3
	影院运营	4.9		物业出租、会务服务等	3.5
光线传媒	电影及衍生品	71.2			
	视频直播	14.5		在线票务与版权收入	4.4
	电视剧	7.8		推广服务费收入	2.1
	游戏及其他	6.4	华谊兄弟	电影及衍生	30.1
华策影视	全网剧销售	79.8		电影院	26.8
	影院票房	2.0		游戏	15.2
	电影销售	6.0		艺人经纪及相关服务	12.5
	经纪业务	0.9		电视剧及衍生	12.3
	综艺	8.7		品牌授权及服务	2.7
	广告	1.1		其他（补充）	0.4
华录百纳	游戏	1.1	万达电影	观影收入	67.1
	影视	21.3		广告收入	15.1
	营销	36.2		商品、餐饮销售收入	11.8
	综艺	32.0		其他	5.1
	体育	10.3		影片投资和宣传推广	0.9
	其他（含补充）	0.2			

资料来源：根据2017年公布的各上市公司2016年年报整理而成。

总的来看，电影企业主营业务主要集中在影视制作、综合经营、影视平台、影视设备、后期制作、影视技术、影视投资、影视策划、影视院线等方面。近些年，其混业经营涵盖的业务除了影视业务，综艺节目制作与出版、新兴的网络游戏、手机游戏、动漫、视频、直播等都呈现上升趋势。显然，电影行业的混业经营在互联网时代显得尤为突出，实现了互联网技术与电影艺术的高度融合、互联网播放终端与传统院线的双轮驱动，但这种混业经营模式是围绕影视核心业务展开的，即依赖于影视制作、发行、放映与版权的良性循环来实现。

（三）互联网信息服务行业：价值链重构

互联网新兴服务行业在国家战略推动与优势资源集聚下成为混业经营的典型代表，也成为多元文化业务的集大成者。一方面，互联网改变了人们的文化消费模式，其带来的多元文化产品与移动支付的便利性，把广大网民从被动消费变成了在线消费文化的主动型用户；另一方面，网民在观看、体验互联网文化过程中参与到了文化创意、文化再生产与文化众筹融资模式中，激活与延伸了文化产业价值链；[①] 此外，互联网技术的开放性与开源创新打破了产业的行业壁垒、发展边界与区域壁垒、市场壁垒，建构起数字创意产业与相关产业的高度关联性，为数字创意产业带来新发展契机，也推动着企业开始寻求互联网基因创新产品，从而带动着整个数字创意产业业态结构的创新与混业经营模式的形成。

互联网信息服务行业的混业经营是对产业价值链的极限开发，带来了多类型主营业务：一是信息咨询服务、信息传播服务、增值服务等信息服务业务；二是移动游戏、网页游戏、动漫、网剧等的制作、运营，以及其他互联网娱乐服务，属于互联网文化内容服务业务；三是信息技术（网络安全与信息安全）、广告、会展、电子商务等业务，属于互联网信息服务的相关业务；四是宾馆酒店、保险、担保服务、外贸、燃气生产与供应等其他跨界业务，属于互联网信息服务的外围业务。从2016年度的年报数据来看（见表2-5），以东方明珠、乐视网、生意宝、腾讯控股等为代表的企业混业经营特色突出，主营业务不单单局限

[①] 楚明钦：《互联网与我国文化产业融合发展研究》，《现代管理科学》2017年第5期。

在网络信息、增值服务等新兴互联网领域内的混业经营,也不仅是在文化生产领域,还包括了诸多非文化领域的跨界业务。例如,生意宝主营业务涵盖展会服务、网络基础服务、网络信息推广、广告服务、化工贸易等不同行业;三七互娱作为游戏公司,其业务还涉猎娱乐、影视、动漫及衍生品、VR 产业以及汽车产业,其中汽车零部件的营收占比达 11.9%;而鹏博士的主营业务跨越互联网接入服务、智能终端产品、数据服务、在线教育、视频与视讯、游戏、大数据产业等多个行业,其混业经营体现出明显的跨界特征。

表 2-5　2016 年互联网类文化产业上市公司主营业务比较

上市公司名称	主营业务名称	主营收入（亿元）	占比（%）
三七互娱	网页游戏	29.5	56.2
	手机游戏	16.4	31.2
	汽车零部件	6.26	11.9
	其他	0.34	0.7
东方明珠	传媒娱乐服务	150	77.1
	多渠道视频集成分发	30.6	15.7
	内容制作发行	12.1	6.2
	其他（补充）	1.89	1.0
乐视网	终端业务	101	46.1
	会员及发行业务	67.8	30.9
	广告业务	39.8	18.1
	技术服务	8.94	4.1
	其他业务	1.77	0.8
鹏博士	互联网接入	74.7	84.4
	互联网增值	12.2	13.8
	其他	1.59	1.8
人民网	广告及宣传服务	6.42	45.7
	移动增值服务	4.6	32.7
	信息服务	3.04	21.6
生意宝	展会服务	0.16	5.0
	网络信息推广	0.42	13.0

续表

上市公司名称	主营业务名称	主营收入（亿元）	占比（%）
生意宝	网络基础服务	0.36	11.3
	化工贸易	2.07	63.9
	广告发布服务	0.12	3.7
	其他	0.10	3.1
腾讯控股	增值服务	1078.1	71.0
	网络广告	269.7	17.8
	其他	171.58	11.3
掌趣科技	移动终端游戏	15.8	85.1
	互联网页面游戏	2.46	13.3
	其他	0.30	1.6
中青宝	MMO游戏	1.77	55.1
	手机游戏	1.17	36.4
	网页游戏	0.15	4.5
	其他服务	0.06	4.0

资料来源：根据2017年同花顺网站公布的2016年度上市公司年报整理而成。

互联网信息服务行业的混业经营不但表现在互联网领域的多平台、多内容与多终端化，还表现在与传统文化领域的结合，即实现传统文化内容多元化的全终端覆盖，实现多元文化产品在平台、内容与终端的全产业链上的优势互补，不断增强与优化内部的业务结构。以互联网信息服务行业混业经营典范腾讯控股为例，其主营产品包括网络游戏、广告、智能手机游戏、网络文学、媒体与数字内容、网络视频、社交网络、数字音乐、网络动漫、工具平台与电竞等。其中，网络游戏的收入是核心来源，特别是手游《王者荣耀》《穿越火线：枪战王者》《剑侠情缘》为游戏营收带来25%的增长；其次是网络广告，这一收入主要由门户广告、视频广告等各种类型的网络广告构成，其中移动端媒体平台与微信公众号的广告收入增长贡献较大；最后是电子商务以及其他业务，其中移动支付相关服务与云服务的发展迅速。[①] 可见，混业经营是

---

① 数据来自2017年公开的腾讯控股2016年度年报。

企业实现规模经济后的常态做法与重要战略，有助于实现不同产品之间在创意研发、生产与营销诸环节的互动协同以及内容与渠道的最优组合，从而确保企业不同产品之间形成良好的内容竞争机制，实现总营收的稳定增长，以及文化企业综合竞争力的提升。

三 "互联网+"时代数字创意产业跨界混业经营的三大逻辑

伴随"互联网+"时代的崛起，互联网不再是技术的代名词，也不单指互联网思维的介入，而是像水电煤等基础设施一样，开始全方位地融合与嵌入各个行业的创新发展过程中，也带来了数字创意产业发展的大变革，推动其从跨界融合1.0时代发展到跨界融合3.0时代。在跨界融合1.0时代，是传统创意企业的互联网化，借助互联网搭建运营与营销平台，这个阶段的网民还停留在"受众"角色的阶段，其跨界融合还停留在表层。在跨界融合的2.0时代，行业边界与地域边界日益被打破，数字创意产业与互联网、相关产业深度跨界融合，开启了混业经营的模式，传统企业进入新兴网络视听、网络游戏行业，而互联网文化企业则进入影视制作、出版、演艺等传统行业，这个阶段网民的角色从"受众"转变为"用户"[①]，跨界运营与混业经营成为数字创意产业的发展常态。在跨界融合的3.0时代，传统产业与新兴数字创意行业的主营业务趋向多元化、数字化、网络化，传统产业的运作模式完全被抛弃，创作与生产思维、产业运作流程等全部被成功再造与重塑，呈现颠覆性（产品快速更新换代）、智能化（AI）与全球化的特点。可见，数字创意产业混业经营在跨界融合的1.0时代、2.0时代与3.0时代都有所布局，如何在跨界融合时代"变创意为产品、变渠道为平台、变业态为生态"，打造跨界融合竞争力就变得尤为重要。

（一）从单一产品战略到多元化布局，将混业经营演变成常态

从单一产品战略到多元化布局，在互联网巨头企业的"文化+"、"大娱乐"等战略定位下，通过与文化相关产业的互联、交互、叠加赋能，混业经营变成文化产业行业的常态。特别是腾讯、阿里巴巴等为代

---

① Gomez – Diago, G., "The Role of Shared Emotions in the Construction of the Cyberculture: From Cultural Industries to Cultural Actions: The Case of Crowdfunding – Science Direct", *Emotions, Technology, and Social Media*, 2016, pp. 49 – 62.

表的互联网巨头利用互联网平台优势，将技术、商业与娱乐全面整合，将用户、入口、内容、终端、技术、金融等进行大生态式捆绑，带动着上下游企业进入一个真正跨界的混业经营时代。具体来看，一是数字创意产业的产业链延伸带来的多元化战略布局。一方面，表现在文化企业的业务多元化带来产业链的拓展。例如，华侨城集团从地产、旅游、包装、印刷业务走向轻资产化与去地产化，大力发展演艺、主题公园、文化娱乐等；保利文化集团主营业务则涵盖演出与剧院管理、艺术品经营与拍卖、影院投资管理、其他服务等。另一方面，表现在数字创意品牌形成而变成"IP"，由"IP"延伸带来的混业经营模式。二是数字创意企业通过收购、并购等资本运作方式实现业态重组，加速多元化文化产品的集聚与混业经营的格局。例如，百度收购爱奇艺、PPS 进入网络视频行业；阿里巴巴收购优酷土豆、新浪微博、文化中国，从而进入网络视频、网络媒体以及电影行业；腾讯通过收购盛大文学建立阅文集团，成为网络文学的巨头等。

从典型代表网络游戏企业的发展状况来看，从单一的游戏产品到集聚网络游戏、网络视听、网络文学、电影、音乐等互补式的大生态格局，推动了"互联网＋"时代文化发展模式的创新和数字创意产业的繁荣。例如，致力于儿童网络游戏的淘米网作为我国首家通过线上虚拟社区创建面向儿童寓教于乐的游戏公司，伴随品牌知名度的提升，开始从网络游戏进入动画电影领域，打造出动漫影视品牌《赛尔号》系列电影，并连续四年成为暑假原创动画电影票房冠军——投放 2015 年暑期档的《赛尔号 5：雷神崛起》同光线传媒、爱奇艺联合制作，采用近 300 个顶端特效镜头，而《赛尔号大电影 6：圣者无敌》联合上影集团也在 2017 年暑期档上映。可见，淘米实现从游戏品牌到电影品牌的成功跨界，形成了游戏、电影并举的混业经营模式。相较之下，从原来的"多元化"格局向单一化路径转型的时候，往往显示出文化企业发展的瓶颈。例如，1999 年成立的盛大网络凭借运营《传奇》起家，2004 年成功登陆美国纳斯达克上市，引爆网络游戏的传奇，将网络游戏、网络文学、影视剧制作、网络视频、出版、动漫与音乐等多元化的互动娱乐产品融合在一起，塑造了当时全国网络游戏市场老大的地位，实现了电信业、IT 设备业、数字出版等以及 PC、移动终端、数字电视等多种平台经济效益的快速提升；然而，伴随网络游戏市场日益激烈的竞争，盛大网络的网络游戏市场地位逐年下降，从原来"网络迪士尼"的定位被迫转向资本运作。这一案例，反映出由"多元化"格局向单一化路径转型所呈现的衰退曲线，与今天位居全国网络游戏市场第一宝座的腾讯构建多元文化集聚的"娱乐帝国"相比，已经形成了鲜明的落差。当然，这也恰恰映射出我国数字创意企业在文化软生产方面的最大软肋——过多的模仿与复制、缺乏创新与原创。而致力于集约型、自主研发的前端产业链，以及寻求适合中国特色的现代数字创意生产时代已经到来。

从单一产品战略到多元化布局，还涉及与其他文化企业、其他行业的双效互动、深度融合。发展混业经营模式的主动性、规模性与示范性，是"互联网+"与"文化+"协同背景下提升数字创意企业综合竞争力的重要抓手。换言之，混业经营模式是否具有统一的战略布局与规划、宣传与引导、现代管理体系、复合型人才培育以及资本支撑等主动型的制度设计是关键。

（二）从单向合作到致力于多向互动，塑造出融合共生的生态

数字创意产业本身就是一个通过业态不断裂变与融合催生出的交叉跨界的产业，具有典型的跨产业融合、跨行业协同与跨区域合作的特征。近年来，互联网企业进入传统的文化产业领域，形成新旧文化业态多向互动、竞合共生的发展格局，而传统文化产业则在业态裂变中获得重生契机。实际上，互联网企业进入传统的电影行业已经成为文化产业发展的潮流，将互联网企业的技术创新优势与电影行业的内容创新优势有机整合，让传统的电影产业具有了强大的互联网基因——从电影素材的网络文学源头开始，到借助互联网金融寻求投资，再到影片制作与宣发，以及到终端的线下电影票分发与线上电影，都已经完全打上互联网这一深深的烙印。近年，互联网企业通过资本介入或成立电影公司的方式纷纷进入传统的电影行业；腾讯成立腾讯影业与企鹅影业，分别主攻电影市场与互联网市场，形成互补竞争格局；百度成立了电影事业部，投资美国洛杉矶的影视制作公司，并成立爱奇艺影业；阿里巴巴收购文化中国60%的股权，并更名为阿里影业，利用互联网思维发展电影……可见，互联网企业与电影产业的深度结合成为混业经营的一大亮点，也

是将技术优势、渠道优势与内容优势完美整合，改变行业游戏规则的尝试。此外，互联网视频企业的代表开始陆续进入传统的影视制作领域，如优酷的合一影业（2017年归于阿里影业）、乐视网的乐视影业与PPTV的PP影业……可见，文化企业之间的多向合作不再拘泥于行业内，企业的发展边界与传统的行业界限日益模糊，如何掌控优良文化内容与强大资本等优势资源成为数字创意企业在不同行业中自由游走的关键。

  在互联网企业进驻传统文化产业的同时，传统企业也纷纷进入新兴互联网行业，形成了新旧企业的双向联动、跨界发展。例如，电广传媒开始大举进入互联网领域，不但收购了多个互联网公司，还与互联网巨头阿里巴巴合作，成为广电网络业务与互联网融合的典范——既利用传统的有线电视为用户提供更加丰富、更高品质的"DVB+OTT"家庭娱乐体验，又作为传统媒体企业代表，采用互联网新兴商业模式实现多方资源的整合，打造"互联网+传媒"的产业链，深挖家庭互联网时代用户的价值。又如，东方明珠与百视通合并成为上海东方明珠新媒体股份有限公司——百视通的专长是IPTV、互联网电视、手机电视，东方明珠的主营业务则是旅游现代服务业与新媒体产业，两者的合并释放了传统媒体向互联网转型的信号，也迎合了国家层面鼓励打造新型传媒集团，推动传统媒体与新兴媒体融合的战略定位。此外，传统的电视机制造企业也开始与新兴互联网行业多向互动，如四川长虹打造家庭互联网，TCL集团与视频企业爱奇艺合作"TV+"……可见，传统文化企业纷纷在"互联网+"时代寻求自己的市场空间，不断创造全新的跨界合作模式。

  企业之间的互动、融合与协同对于我国数字创意产业综合竞争力的提升至关重要，且这种协同需要迎合时代发展的大背景。一方面，要迎合我国提出的"一带一路"倡议，数字创意产业的跨界发展要突破传统的时空观，在区域上能够有序推进"东—中—西"和"沿海—内陆"协同联动的带际战略，通过区域联动红利实现数字创意产业诸要素的有机耦合与东西区域均衡发展，实现整个数字创意产业的跨越发展[①]，真

---

① 耿达、傅才武：《带际发展与业态融合：长江文化产业带的战略定位与因应策略》，《福建论坛》（人文社会科学版）2016年第8期。

正构建起文化"一带一路"的发展格局。另一方面,要迎合国家供给侧改革,发挥数字创意产业与相关产业融合、跨界带来的业态创新、产品创新与模式创新效应,形成产业耦合机制,优化与重组产业供给体系,迎合文化消费升级的诉求,提高文化供给效率与质量,大力开发文化精品,增强数字创意产业转型升级的新动力,提高数字创意产业的核心竞争力。

(三)技术创新与制度创新协同牵引数字创意产业混业经营的演变轨迹

技术创新对数字创意产业混业经营的牵引首先表现在技术变革引发数字创意产业边界的重塑与业态的"裂变"。特别是互联网技术与数字技术带来了产业内部诸业态的变革与融合,以及数字创意产业与其他相关产业的互联互通,改变着原有的生产创作与运营模式,催生着层出不穷的新产品、新业务与新业态。传统媒体利用网络直播、AI技术、VR、H5(HTML5)、无人机等新技术进行新闻内容创新,而越来越多的企业通过产品渗透、企业重组、产业链延伸等方式,造就出多业态高度交互融合的混业经营格局,即使在非文化行业,特别是传统的制造业领域,也开始加快跨界发展步伐,进入网络游戏行业。例如,松辽汽车收购上海都玩网络,致力于网络游戏、手机游戏的开发运营;群兴玩具收购星创互联,进入移动网络游戏行业;凯撒股份收购酷牛互动,跨界进军游戏业,从服装服饰设计制造企业变成移动游戏开发与运营企业;张化机则收购上海宝酷、金华利诚与酷宝上海等网络游戏公司,进入网络游戏虚拟物品交易业;科冕木业收购天神互动,并更名为天神娱乐,进入页游与手游领域;巨龙管业收购艾格拉斯,进军手机游戏;中技控股收购点点互动,从建筑公司跨界到游戏领域……

在此背景下,数字创意产业新兴行业也充分利用最新技术,加快跨行业、跨区域、跨要素、跨媒体与跨文化的协作、创新与产业融合,致力于内容创新、文化创意、制度创新与业态创新[①],既帮助传统产业加快了转型升级,又能够促使新兴网络文化产业提高市场竞争能力与市场

---

① 陶喜红:《中国电视广告行业市场集中度分析》,《西南民族大学学报》(人文社科版)2013年第10期。

集中度。伴随近年AI（人工智能）技术、物联网技术、AR/VR技术等技术创新在数字创意产业领域的应用，文化企业开始在这些新兴领域进行布局：例如，华策影视公司投资AR公司Magic；奥飞娱乐深耕"IP+科技"，布局VR与人工智能技术；从事动漫游戏与IP衍生品的美盛文化斥资创幻科技，加快布局AR与VR领域……可见，技术创新带来了企业更深层次、更宽领域的跨界与混业经营，在大数据与"互联网+"时代，数字创意产业混业经营更进一步发挥着调整优化经济结构、促进产业转型升级的聚合效应。

  与此同时，"互联网+"背景下的数字创意产业跨界融合也催生着产业制度创新的需求。一方面，数字创意产业新业态层出不穷，引发了数字版权侵权、文化内容鱼龙混杂、文化金融挑战传统等新问题、新困境，亟须加快数字创意产业制度创新步伐，跟上产业发展与问题攀升的速度。另一方面，数字创意产业的跨区域、跨行业、跨所有制、跨资本的跨界融合特点在各个行业显现，挑战着传统的文化管理体制与文化市场管理制度，加快文化管理制度、金融制度、产业制度、财税制度、人才制度创新的效率与政策效能，是迎合数字创意产业跨界趋势、转型升级与混业经营的制度保障。例如，在传统新闻出版行业，其混业经营的趋势迎合了《关于推动传统媒体和新兴媒体融合发展的指导意见》的国家政策导向，而制度创新则为传统媒体上市企业与新兴媒体企业在内容、渠道、平台、经营等方面的完美跨界、深度融合提供制度保障，以内生型或外源型方式推动着传统文化企业以互联网思维创新与自我更新；在文化创意与设计领域，跨界发展在《国务院关于推进文化创意和设计服务与相关产业融合发展的若干意见》"推进文化软件服务、建筑设计服务、专业设计服务、广告服务等文化创意和设计服务与装备制造业、消费品工业、建筑业、信息业、旅游业、农业和体育产业等重点领域融合发展"的政策推动下加快了步伐。此外，《关于深入推进文化金融合作的意见》立足"加快推动适合文化企业特点的信贷产品和服务方式创新，鼓励文化企业并购重组，实现文化资本跨地区、跨行业、跨所有制整合"，《进一步支持文化企业发展的规定》强调"推动文化企业跨地区、跨行业、跨所有制兼并重组；鼓励已上市文化企业通过再融资方式进行并购和重组"，以及《文化部"十三五"时期文化产业发展规划》强调"坚持跨界融合,推进'文化+'和'互联网+'战略,促进文化产业不同门类、文化产业与相关产业深度融合"……诸如此类文化政策都助推着数字创意产业朝着规模上做大做强、产品上跨界多元的混业经营模式跃进。

第五节 "互联网+"时代数字创意产业科技创新能力

科技创新能力的形成既是推动新兴产业发展的引擎,又是提升我国数字创意产业国际竞争力的强大动力。数字创意产业科技创新能力体系是国家创新体系的基本构成。

数字创意产业科技创新能力是一个非线性的复杂系统,涉及创新行为主体、科技创新能力要素、内部核心体系以及外部生态体系等多个要素。鉴于此,数字创意产业科技创新能力体系的构建需要基于系统论与协同创新理论的共同支撑。

一 数字创意产业科技创新能力理论基础——协同创新

协同创新理论由彼得·葛洛(Peter Gloor)在继承、发展前期学者理论的基础上提出,主要融合了熊彼特的技术创新体系、贝塔朗菲的系统论以及哈肯的协同学(见图2-3),它们彼此之间一脉相承。首先,是系统理论奠基阶段。系统论由贝塔朗菲于1932年首次提及,又于1976年进行了系统发展,认为系统论是阐述系统、要素、结构、功能之间内在规律性的理论[1],强调任何系统都是一个具有特定结构形式的有机整体,是诸元素保持有序性的集合体,不是各要素的简单罗列或相加,每一个要素在其相应的位置上发挥其特定的价值。其次,是协同学理论发展阶段。协同学是系统学的重要分支,继承和深化了系统理论。协同学由哈肯(Haken)在1976年基于物理学研究提出。哈肯在研究中发现,在原始状态下原子发出的光是混沌无序的,但是当激光系统的控制参数达到某个阈值时,大量原子开始相互作用处于平衡状态,形成

---

[1] [美]冯·贝塔朗菲:《一般系统:基础、发展和应用》,林康义、魏宏森译,清华大学出版社1987年版,第24—25页。

高度有序的辐射现象，最终形成激光，产生单个原子所不能散发出的能量。[①] 这也恰好说明协同创新行为能够促使要素相互作用，产生整体大于部分之和的协同效应。哈肯强调产生协同效应必须发生在整个开放的系统中，各个部分不断地进行物质交换和信息交流，才能产生非线性关系，从而使系统进行自组织的有序运转，产生巨大的正能量。最后，是协同创新理论形成阶段。协同创新概念是在协同学的基础上，融合了创新理论，顺应创新系统构建所形成的。目前，协同创新理论定义主要从两方面入手：一是协同主体方面，协同创新是科研机构、企业主体、各级政府、服务中介、消费群体五元主体为实现创新驱动而形成的一种资源跨度整合组织模式。这种组织模式具有开放性，为系统外部的创新资源和系统内部创新要素的融合优化提供了可能性，便于突破创新主体间的壁垒，从而使各创新资源相互碰撞，实现系统叠加的深度合作。二是在创新内容方面，协同创新主要是在创新要素、创新环境、创新资源共同影响下产生的创新方式。[②] 因为系统中的诸多要素在原始状态下处于一种无序的混乱之中，通过协同创新可以使创新系统从无序向有序态势发展，产生单独要素无法完成的整体协同效应。

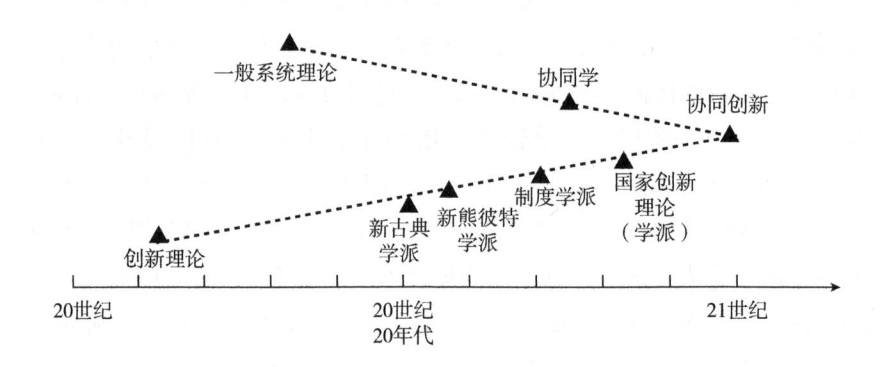

图2-3 协同创新理论历史发展轨迹

---

① Haken Hermann, *Synergetics*: *Introduction and Advanced Topics*, Berlin Heidelberg: Springer - Verlag, 2004, pp. 35 - 50.
② 解学梅等：《协同创新影响因素与协同模式对创新绩效的影响——基于长三角316家中小企业的实证研究》，《管理评论》2015年第8期。

协同创新理论对数字创意产业科技创新能力的构建具有基础性作用。从数字创意产业发展现状来看，协同创新有利于提高科技创新能力的高效性、促进创新资源的融合性、增强创新能力的可持续性，是数字创意产业科技创新能力构建的有效方式。在体系中，若各子系统协同发挥作用，则会使文化资源与科技资源有效汇聚，提高科技创新能力，带动数字创意产业各个产业链及结构层面的革新；反之，各子系统处于无序状态，会增加创新成本，降低创新绩效。同时，数字创意产业技术创新与文化内容融合效率低，各行业、各主体和发展要素呈现高度分散化、同质化。例如，在文化上市公司中，民营数字创意产业上市公司科技创新能力明显高于享有政策支持与大量文化资源集聚的国有文化企业，导致创新资源的利用率低。[①] 而协同创新能够把握科技创新能力的内在发展规律和创新理念，打造科技创新能力信息互动机制与交流机制。

从数字创意产业科技创新能力文献研究来看，数字创意产业科技创新能力需要系统化的构建。目前学界对于数字创意产业科技创新能力的研究主要着眼点在以下方面：从科技的狭义内涵出发，着重分析了技术创新的重要性；从技术与文化的融合角度，阐述了数字创意产业现状研判及革新路径；从制度创新角度，重点打造数字创意产业治理体系等。大部分重点放在单一的创新要素方面，而科技创新能力体系研究较为零散，如何将科技创新能力体系化、科学化以及理论化，成为数字创意产业发展所面临的亟须解决的研究问题。协同创新理论作为一种有效实现创新要素和创新资源汇聚的组织形式，对数字创意产业科技创新能力这个复杂的系统具有借鉴意义。

二 数字创意产业科技创新能力内涵界定——基于协同创新视角

科技创新能力主要涉及科技、创新、能力这三个关键词，是近年结合创新实践进一步整合的新兴词汇。科技不同于技术，是科学与技术的集合，科学是方法论，技术是具体方法。科学主要是指在意识形态引导下反映现象本质和规律的知识体系；而技术主要是指运用到社会实践中

---

① 臧志彭、解学芳：《文化产业上市公司科技创新能力评价研究——来自国内 A 股 191 家公司的实证分析》，《证券市场导报》2014 年第 8 期。

的具体操作方式和技能。① 创新是生产要素进行组合产生的新思维、新观念、新事物等，是一种新的生产函数。② 能力主要表明科技创新系统性的属性，表明科技创新涉及多个变量及非线性作用关系。国内外学者在科技创新能力研究方面已开始有意识地将科技创新能力作为一个系统进行维度分析，认为科技创新能力包括三大体系，即以科学研究为先导的知识创新、以标准化为轴心的技术创新和以信息化为载体的、现代科技引领的管理创新，并且在创新要素方面，有3T（人才、科技、文化包容性）理论和5F指标（人才、技术、产业、制度及社会等架构）等。③

数字创意产业作为新兴产业业态，自身就是"创造性的破坏"，有着区别于其他经济形态的独特属性，因此数字创意产业科技创新能力比一般科技创新能力体系更为复杂。从协同创新视角来看，数字创意产业科技创新能力形成了一个由两个子系统、三个行为主体、五个创新要素组成的体系，形成了动态性与交互性并存的状态（见图2-4）。具体来看，一方面，按照系统要素划分，数字创意产业科技创新能力是将技术创新、文化创新、人才创新、集群创新、制度创新五要素有机融合产生新产品或者新形态的能力，并且五种要素因其影响程度不同，被划分为内部核心要素与外部生态要素。另一方面，依照系统行为主体划分，科技创新能力体系形成了三大维度：微观层面上的文化企业科技创新能力，主要是指文化企业对技术创新的研发投入、对科技人才的管理投入、对产品创新的营销投入、科技创新成果转化能力等，属于科技创新能力的内部核心体系；中观层面上的数字创意产业园区科技创新能力，主要是指数字创意产业园区在一定空间内对文化、技术、制度等资源进行集聚，致力于实现数字创意产业园区各文化企业价值链"纵横联合"的创新能力；宏观层面上的国家及各级政府科技创新能力，确切来说是指各级政府给予文化企业或数字创意产业园区在金融、财税等方面的制

---

① 方丰、唐龙：《科技创新的内涵、新动态及对经济发展方式转变的支撑机制》，《生态经济》2014年第6期。

② [美]约瑟夫·熊彼特著：《经济发展理论》，何畏等译，商务印书馆1990年版，第73—74页。

③ 张仲梁、邢景丽：《城市科技创新能力的核心内涵和测度问题研究》，《科学学与科学技术管理》2013年第9期。

度支持能力。后两者属于数字创意产业科技创新能力的外部生态体系。由此,数字创意产业科技创新能力从要素到体系到系统,从内部到外部,形成了一个多元主体协同推动的联动结构。

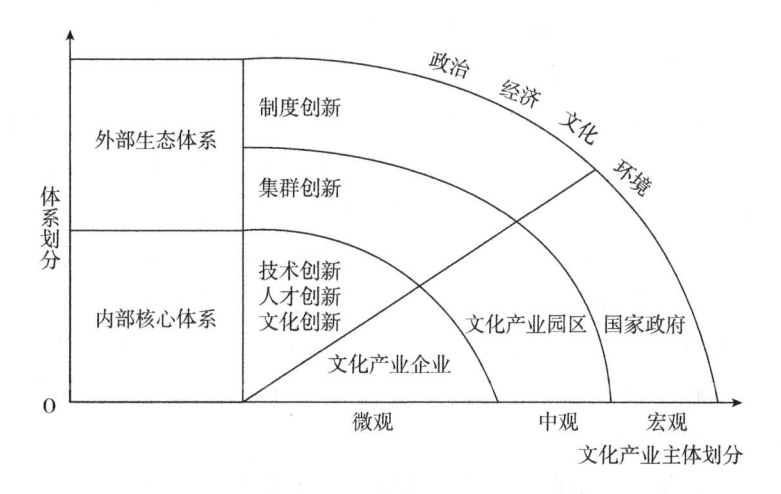

图 2-4 数字创意产业科技创新能力构成

三 数字创意产业科技创新能力构成维度与要素

数字创意产业科技创新能力是在内部核心体系与外部生态体系共同作用基础上形成的,二者缺一不可,否则会制约科技创新能力对数字创意产业的影响力度。同时,数字创意产业科技创新能力体系的构建必须基于要素分析,正如哈肯所说,"微观有序性产生宏观的力量"。[①] 其中,技术创新要素、文化创新要素、人才创新要素是科技创新能力的内部核心体系,制度创新要素与集群创新要素是科技创新能力的外部生态体系。

一是技术创新要素:源生助推器。数字创意产业作为科技前导型产业,技术创新在其发展过程中占主导地位,是数字创意产业从遮蔽到解蔽过程中的必要条件,也是推动数字创意产业供给侧结构性改革、激活产业发展的原生性动力。通过推动技术创新与应用创新的双螺旋结构,数字创意产业提高了产业增长质量和国际竞争力,凸显了技术创新价值实现的本质。技术创新分为外生技术创新和内生技术创新两个层次。外

---

① [德]哈肯:《协同学:大自然的构成的奥秘》,凌复华译,上海人民出版社2005年版,第21页。

生技术是指在技术发展进程中新出现的技术，互联网、大数据、AR（增强现实技术）、VR（虚拟现实技术）等技术都属于此类。外生技术的出现一方面改变了产业的发展进程，丰富了数字创意产业的门类，拓宽了数字创意产业内涵；另一方面革新了思维方式和表现方式，尤其是新媒体技术的出现，在内容、渠道、平台、经营、管理等方面为数字创意产业科技创新能力的发展提供了新手段。内生技术是在已存在技术的基础上进行二次创造，数字出版、数字印刷等技术属于此类，是传统创意产业转型升级的主要动力。技术创新重塑着数字创意产业业态，深化了数字创意产业链，产生了新的产业盈利模式，据预测，未来90%的文化产业发展将与技术创新密切相关。[①] 因此，推动共性技术和关键核心技术的研发、扩散及应用成为技术创新的重要着力点，为增强产业的可持续创新能力、充分发挥技术预见性以及构建具有前瞻性的数字创意产业业态提供硬件支持。

二是文化创新要素：激活传统优秀文化资源与挖掘IP。数字创意产业具有经济效益（产业属性）和社会效益（意识形态）双重属性，不仅是经济发展的新引擎，也是文化价值观和审美理念的载体。文化作为数字创意产业附加值的核心要素，既是数字创意产业发展的深层内在力量，也是文化产品经济价值的来源，还是数字创意产业区别于制造业、服务业等其他产业的最重要的特质。忽视文化和创意对于创新发展的本质作用，是数字创意产业发展过程中最大的危险。文化创新主要包括两个层面：一是对原有文化资源和文化内容的激活。[②] 我国作为拥有5000年中华文明的大国，具有深厚的文化资源，如汉语汉字文化、戏曲文化、地域文化、民族风俗文化、建筑遗产文化等，深厚优良的文化传统奠定了数字创意产业的生存垒土。文化创新就是将这些文化符号转化成产业元素，打造符合大众文化的品牌形象，推动中华优秀传统文化创造性转化和创新性发展，实现社会价值和经济价值的双效统一。例如，《中国成语大会》为本土化创新提供了范式，作为文化原创竞技类

[①] 李凤亮、宗祖盼：《文化与科技融合创新：模式与类型》，《山东大学学报》（哲学社会科学版）2016年第1期。

[②] Lee, Hyo‑Gul, "Storytelling: A Strategy to Activate Regional Cultural Industry", *Global Cultural Contents*, No. 20, 2015, pp. 189–208.

节目,《中国成语大会》以汉语文化为内容,借助新媒体技术及营销策略,最终收获全国收视排名第一、全网单期超过3800万次点击量、播放期间百度搜索引擎"成语大会"多达5200多万条的佳绩,让文化资源得到厚积薄发。① 二是对固有文化模式或范式进行革命性转型,借助文化创新,将数字创意产业与其他产业相融合,推动文化链、产业链及金融链的联动发展。目前,我国文化产业关联度仍未超过20%,仅为比例高达50%—60%的美国、日本的1/3。② 要想提高数字创意产业与其他产业的关联度,必须进行文化创新,尤其是对IP(Intellectual Property,知识产权)的深度开发。IP作为文化价值的外在表现和文化价值向交换价值转换的前提条件,在近两年受到数字创意产业行业的格外青睐,其中IP电影成为重要阵地。据统计,2015年,全球票房排名前20的大电影中,IP改编占据16部,占比80%;中国电影票房排名前20的大电影中,IP改编占据14部,占比70%,现象级影片发展迅速,IP资源在电影、动漫、音乐、游戏等行业转化,使电影产业与服装业、制造业、玩具产业等实体产业融合,带动电影市场繁荣的同时带动了全产业的融合。③ 因此,借助技术创新,对文化创造力进一步挖掘,将"文化+""科技+""互联网+"与数字创意产业有机融合,产生新的创新机制和创新理念,是实现数字创意产业的文化价值、资本价值和商业价值的有效途径。

三是人才创新要素:创新能力与无限创意的来源。数字创意产业的本质内容是创新和创意,而创意的主要来源是个人创造力,因此人才资本作为四大资本(人力资本、结构资本、智慧资本、创造力资本)之一,是数字创意产业科技创新能力不可或缺的要素。海德格尔在技术的追问和反思中,曾认为技术是工具,属于人的行为,即技术创新、文化创新归根结底都是要回到人才创新,人通过自己的主观能动性作用于数

---

① 《〈中国成语大会〉为何受欢迎》,新华网,http://news.xinhuanet.com/newmedia/2016-02/16/c_135102735.htm,2016-04-18。
② 《解读"十三五"规划纲要文化产业发展亮点》,中国社会科学网,http://www.cssn.cn/wh/zxqy/201603/t20160324_2935967_2.shtml,2016-04-18。
③ 《中国票房前20电影中IP改编14部 它的时代到了?》,网易网,http://ent.163.com/16/0418/07/BKTUGR0U000300B1.html,2016-04-18。

字创意产业各要素，使其产生新的价值。理查德·佛罗里达（Richard Florida）也明确表示创意阶层（知识工作者、专业与科技工作者）决定了创意产业的发展潜力，甚至决定了未来工作空间乃至城市的产业层次。① 因此，人才作为创新之源，作为其他要素的执行者，具有基础性、战略性、决定性作用，其重要性凌驾于其他要素之上。然而，即便是在数字创意产业发达的上海，人才结构不合理问题仍较为突出，例如从事科技、研发、艺术等创意经济部门的劳动人数不足千分之一，与纽约12%、伦敦14%、东京15%的占比相比，我国数字创意产业人才创新亟须增强。② 实现人才创新，必须为其建立一个成长与培育的优良环境。马克思认为人只有在社会联系和社会关系中，才能与其他事物进行交换，才能产生生产。③ 从环境来看，在国家"十三五"规划中，政府注重实施人才优先发展战略，创新人才发展体制改革，破除人才政策束缚，弥补人才储备与数字创意产业发展的缺口，重点培养数字创意产业复合型人才和创意管理人才，力争形成具有国际竞争力的人才制度优势，这为文化创意、文化科技人才的储备与培育提供了制度保障。

四是集群创新要素：创新载体与发挥外溢效应。任何事物都处于一定的联系中，都存在内在结构性，数字创意产业也不例外。数字创意产业科技创新能力的系统构建，不是单个企业、单个要素所能实现的，需要众多关联要素、关联企业以及行业的协作，集聚创新在此过程中充当了黏合剂的联结作用，是数字创意产业科技创新能力构建的重要环节。集聚是指在某特定领域中，交互关联的公司或机构因共性和互补性在地理空间上产生的聚合，呈现横向扩展或纵向延伸的专业化分工格局。④ 集聚创新是指通过区域或产业的集聚将文化、人才、技术、服务等资源聚集到某一区域，实现各要素的共享、各主体的联动，使外溢性强的创

---

① ［美］理查德·佛罗里达：《创意阶层的崛起》，司徒爱勤译，中信出版社2010年版，第77页。
② 张晓瑾：《我国文化创意产业人才队伍的问题、归因及对策》，《广西教育》2015年第15期。
③ 中共中央马克思恩格斯列宁斯大林著作编译局：《马克思恩格斯选集》第1卷，人民出版社1972年版，第362页。
④ ［美］迈克尔·波特：《国家竞争优势》，李明轩、邱如美译，华夏出版社2002年版，第2—3页。

新行为实现外溢效应最大化，从而产生经济规模效应的一种创新性行为。集聚创新是技术融合、人才交流的重要方式，是产业孵化的重要基地，有利于促进产业间的联动、企业间的合作，实现产业链的无缝对接，从整体上降低生产成本。此外，集聚创新还造就了产业群，促进了数字创意产业园区的诞生。但反之，现有数字创意产业园区要成为推动集聚创新、孵化创新的主要载体，优化园区的服务功能。

五是制度创新要素：驱动与保障技术创新效益的关键。互联网技术在突破空间和地域的局限的同时，也打破了原有的价值体系和信仰体系。为维持数字创意产业发展的平衡，亟须建立一种新的良好的秩序体系[①]，因此数字创意产业科技创新能力的构建，离不开制度创新，尤其是科技制度创新。科技体制创新紧跟技术、文化等资源的发展进度，打破阻碍科技创新的组织体系和管理体系，通过知识产权制度、科技资源分配制度、转企改制等来催生和牵引文化科技部门或行业的创新行为。[②] 制度创新主要聚焦在两个方面：一是与技术创新相协同的制度创新。技术创新与制度创新本是二元悖论关系——技术创新对制度创新具有前瞻和启发作用，在牵引数字创意产业业态创新与新状况层出不穷的过程中，助推着新制度的出台与跟进；但技术创新的不可控性也为制度创新设置了障碍，尤其互联网技术的即时性、海量性和共享性等特征，使互联网治理成为目前数字创意产业管理最难以处理、最难以制定标准的领域，推进技术创新与制度创新的协同共进才是提升数字创意产业科技创新能力的关键。二是注重文化科技管理体制创新。推进文化科技管理方式创新、完善知识产权保护制度、优化财税激励政策以及国有文化企业管理体制改革等，有助于建立起系统的保障制度，营造一个持续激励数字创意产业科技创新的生态环境。

综上所述，数字创意产业科技创新能力内外部要素在各个环节形成了"五位一体"的反馈圆环，相互作用，突破了传统的线性和链条结构，形成了正向或反向交融的复杂关系，共同构成了数字创意产业科技

---

① ［美］尼古拉·尼葛洛庞蒂：《数字化生存》，胡泳、范海燕译，海南出版社1997年版，第194页。
② 李建花、张红辉：《宁波市科技创新体制机制研究》，《产业与科技论坛》2013年第23期。

创新能力的特有维度（见图2-5）。数字创意产业科技创新能力体系的构建是一个长期性、系统性的过程，既需要从技术创新到文化创新等方面进行统筹，又需要从制度生态到文化科技人才培养进行布局。技术创新作为数字创意产业的核心要素，在能力构建中占主导地位；文化创新作为数字创意产业的本质要素，与技术创新是数字创意产业的左膀右臂，在数字创意产业科技创新能力构建中与技术创新处于同等地位；人才创新作为科技创新能力的执行要素，发挥着主观能动性的作用；集群创新作为其他要素的整合方式，成为能力构建的重要相关性因素；制度创新为科技创新要素提供良好的生态背景，是科技创新能力构建的关键性外部因素。这五种要素之间不是单向度的因果关系，是既相互促进又相互制约的多向度关系（图2-5中的箭头指向仍不足以说明要素之间的关联性，实际要素间的关系交叉性与融合性更为复杂），它们在制衡和协同过程中会产生新特性和不同功能，影响着数字创意产业科技创新能力的整体发展。

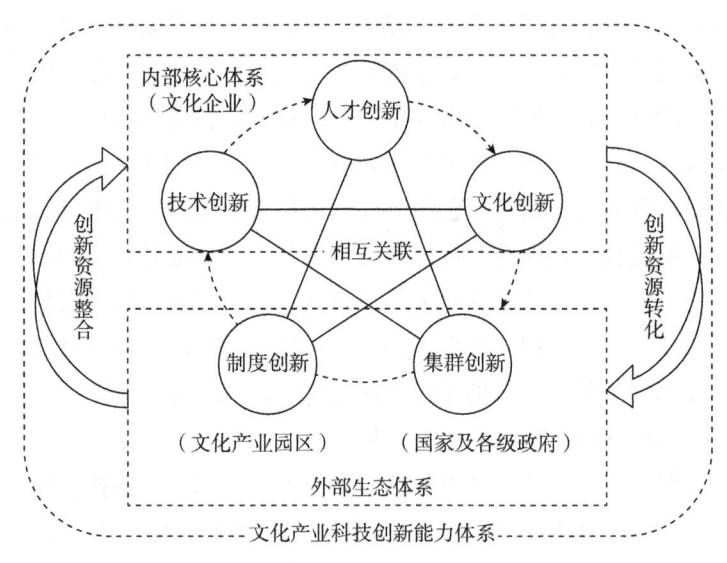

图2-5 数字创意产业科技创新能力要素的逻辑关系

四 科技创新能力形成的创新主体

数字创意产业科技创新能力的构建是建立在创新主体之上的。完整的数字创意产业科技创新能力体系需要从微观到中观到宏观，依次发挥文化企业的主体精神、数字创意产业园区的载体功能、政府的主导支撑作用，达到全方位、多层次利用创新主体价值的目标，创建多元主体共同参与的系统化体系。

首先，科技创新能力构建的核心主体是文化企业。文化企业是与消费群体最密切相关的主体，处于科技创新能力的最前沿，能够及时把握数字创意产业科技创新能力的发展动态与文化市场的多样化需求，并及时反馈到创新源头，有针对性地促进科技成果转化为文化产品和服务活动。文化企业因经济规模与产品结构不同，在文化创新方面存在较大差异。大型文化企业相较于中小型文化企业，创新资源丰富、科研投入力度大、研发机制多元，有能力加快科研成果的转化，整体科技创新能力强；中小型文化企业则具有灵活的市场竞争机制和文化创造活力，是"大众创业、万众创新"实施的重要载体，具有浓厚的文化倾向，更有利于文化创意的发展。然而，与西方发达数字创意产业强国相比，我国文化企业仍然存在散、弱、小等发展问题，文化企业内部科研机构匮乏。据统计，我国文化企业内部创建科研机构的比例仅占万分之三，与发达国家60%的比例，差距悬殊实在太大。[①] 除此之外，我国科技创新能力扶持方式存在缺陷，国家重点扶持只负责科技研发，而不负责创新扩散的科研院校，对于文化企业研发的投入力度小，致使大量科研成果无法转化成文化产品，造成了科技资源的浪费。因此，如何从制度生态与科技环境上引导中小文化企业加快提升创新能力，走向专业化、精细化、特色化、新颖化，是亟须思考的现实难题。

其次，数字创意产业科技创新能力实现的载体是数字创意产业园区。研究表明，国际化程度高、文化包容性强、科技与教育发达、创新环境良好的城市区域对文化企业具有更强的吸引力，是文化企业聚集的生态系统。[②] 在科技创新能力主体中，数字创意产业园区是政府和文化企业之间的联结纽带。数字创意产业园区自身作为一个场域，形成了网

[①] 秦丽娜、白晓君：《文化产业技术创新体系构建：基于辽宁的实践研究》，经济管理出版社2015年版，第22页。

[②] 向勇：《转型期我国文化产业发展模式研究》，《东岳论丛》2016年第2期。

络结构、自组织、地域根植性、创新网络、创新驱动是数字创意产业园区的四大助推因素。① 数字创意产业园区具有资源配置功能、交换功能、孵化功能和培育功能，它凭借便利性的基础设施、优惠的政策支持、优越的地理位置等优势，吸引和容纳其他文化相关企业的入驻，产生了具有孵化效应和整体辐射力的文化企业群落，借助集群创新实现了产业链上中下游的对接。目前，数字创意产业园区因发展重点不同主要分为文化科技园区和文化创意园区两类，同时发展具有特色化、差异化的数字创意产业园区成为新趋势，在"一带一路"的发展契机下，以当地文化资源带动数字创意产业带的发展成为新的园区探索和发展模式。

最后，数字创意产业科技创新能力实现的保障是建立在国家及各级政府努力完善制度生态基础上的。政府在数字创意产业发展历程中，既是规范规则的制定者，又是解释和执行规则的裁判者，还是规则运行的监督者。② 在数字创意产业科技创新能力构建过程中，政府主要通过雄厚的财政支持、良好的社会环境、健全的法律体系提供创新环境，使政策工具的适配性和功能嵌位得到充分的发挥，对于数字创意产业科技创新能力体系的构建起着重要的保障作用。国家及各级政府对于数字创意产业科技创新能力构建的贡献，主要表现在两个方面：一是通过加强制度创新力度，在制度创新聚焦科技创新的科研投入、企业融资、财税减免、知识产权政策等方面打破旧制度束缚，为数字创意产业科技创新能力构建提供一个宏观的生态环境。二是加强管理体制创新，推进"政产学研"四位一体的创新主体格局构建，做好顶层设计。目前，国家与各级政府已经意识到政策法规与数字创意产业发展的不协同性，意识到政府在数字创意产业管理过程中存在越位、缺位、错位等问题，亟须加快文化管理体制创新。因此，政府要重新审视自身在数字创意产业科技创新能力构建中的角色，形成大文化观和全产业链意识，争取构建一个新的创新驱动管理组织来加强对数字创意产业科技创新能力构建的推

---

① 解学芳：《文化科技产业园区企业集群生态化与绩效评估体系构建》，《社会科学研究》2014年第1期。

② [美]米尔顿·弗雷德曼：《资本主义与自由》，张瑞玉译，商务印书馆1986年版，第16页。

进，形成政府为引导、企业为主体、数字创意产业园区为载体的创新主体格局。

五 数字创意产业科技创新能力体系的四大特征

鉴于数字创意产业科技创新能力体系的多元构成要素与复杂性，进一步剖析数字创意产业科技创新能力整体特征尤为重要，其作为一个非线性系统，具有整体性、开放性、协同性、动态性四大特征。

第一，整体性。系统的整体性为数字创意产业科技创新能力提供了精神支柱。数字创意产业科技创新能力体系的各要素之间的有机集合、各主体之间的互动合作是在系统整体性条件下发生的，特别是技术创新这根主线，将文化创新、制度创新、人才创新、集聚创新等交叉融合，为无序的要素在错综复杂的网络关系中形成统一性提供了条件和前提。以爱奇艺的发展为例，在"互联网+"畅行数字创意产业各个领域的生态环境下，爱奇艺网络视频进入一个良性发展态势中，其经济效益的快速增长正是源于科技创新能力各要素整体性的发挥。

第二，开放性。数字创意产业科技创新能力体系在运行过程中，与外界进行着资源、信息的流动与交换，时刻处于开放的大系统中。一方面，数字创意产业科技创新能力通过开放的物理空间与网络空间，保证体系要素与环境要素之间的流动，确保科技创新能力紧跟数字创意产业发展趋势和潮流，促使文化企业、数字创意产业园区、政府等主体利用技术创新、制度创新、包容性生态吸引文化企业与文化科技人才等的集聚，促进自身及整个创新体系的发展。以技术要素为例，任何一个产业的技术都不是由一种技术一蹴而就的，是通过系统的开放性吸收和新技术的融合，在各种技术不断累积的过程中建立起来的，如动漫产业的发展历程就离不开新技术的促进（见图2-6）。另一方面，系统的开放性可以促使技术创新与产品创新在其他的体系中进行扩散，增强大众对新技术、新理念、新观点的接受度。可见，开放性并不会使系统整体性能减弱，反而会使系统在协同条件下更趋向于完善。

第三，非线性。非线性是协同性存在的基础，是数字创意产业科技创新能力体系的基本机制。在非线性作用下，科技创新能力的形成将会促进各构成要素、各主体的协同。哈肯在《协同学导论》中曾解释道，只有当自组织方程是非线性的，它的解才有两种存在可能：一个模式存

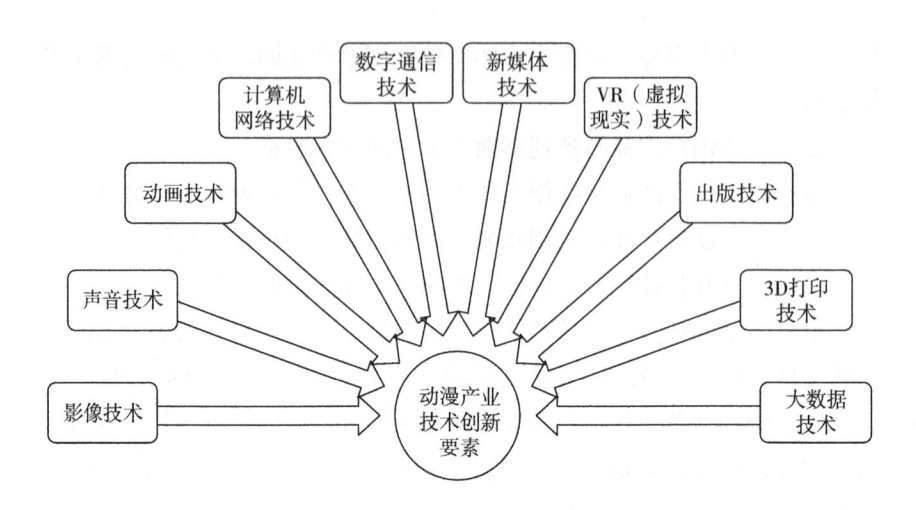

图 2-6 动漫产业发展历程中相关技术创新的开放与交互

在或者彼此共同存在。① 换言之，科技创新能力不能由单一的要素或单一的主体来完成，必须借助各要素之间的共同作用才能完成，若科技创新能力只受到技术创新要素的影响，那文化产品的多样化发展就会受限，它们必须彼此存在。要素的非线性要求数字创意产业科技创新能力诸要素与多元主体间的协同性，否则除了系统整体性被破坏、产生无序混沌外，各要素与诸主体自身作用也会受到限制，因此必须促进数字创意产业科技创新能力的构成要素协同与多元主体协同。

第四，动态性。数字创意产业在不同发展阶段，其科技创新能力的侧重点存在差异，这种动态性是根据不同发展阶段特点调整科技创新发展重点，使其符合数字创意产业发展阶段性需求的权变性。在文化工业阶段，文化企业需要借助技术创新推动产业的升级转型，国家需要围绕技术创新对宏观政策进行调控，为技术发展扫除障碍；到文化产业阶段，技术创新模式发展相对成熟，科技创新能力重点应该转移到文化创新，将其与技术创新相融合，促进产业内容的丰富；到数字创意产业发展阶段，伴随着文化产品和服务逐渐丰富，文化企业发展迅速，数字创意产业集聚模式顺应趋势开始出现，此时整个产业重点不再是单一要素

---

① ［德］哈肯：《协同学导论》，张纪岳、郭治安译，西北大学出版社1981年版，第10页。

的发展，而需转向全产业链的打造。因此，数字创意产业科技创新能力必须具有动态性，随时根据文化生产需求做出调整，符合数字创意产业的发展趋势与动态，为提高整个数字创意产业竞争力奠定动力基础。

在文化与科技融合的国家战略大背景下，在以科技创新为主的、跨越边界的、产业融合的"互联网+"时代，在以文化创新为产业发展源头的"文化+"深度开发时代，在推动"大众创业、万众创新"的人人创新时代，数字创意产业科技创新能力的构建有利于形成"文化内容为源头、科技文化融合为主线、跨界融合为方向、资源集聚为基础"的产业链，有利于实现"以文化企业创新为主、政府优化政策环境与制度创新为辅、数字创意产业园区集聚为共享平台"的多元主体治理体系，为未来数字创意产业链持久发展提供动力，为现代数字创意产业体系的形成奠定基础。

第三章

全球数字创意产业主要结构特征图谱

数字创意产业上市公司是产业内的龙头和代表,映射出产业的基本发展情况和趋势。[①] 从全球发展的视野审视数字创意产业发展,有助于系统把脉全球发展状况与主要结构,以此勾画出全球数字创意产业的结构特征图谱。

第一节　全球数字创意产业主要国家和地区结构比较

本书以数字创意产业上市公司的具体数据为分析依据。根据全球数字创意产业上市公司数量分布情况分析发现,全球数字创意产业主要集中于美国、日本、中国、英国、印度、韩国等30个国家和地区。十年间,前30名国家和地区中出现了个别国家和地区的新进或退出,但整体较为稳定。

一　2008—2017年前30名国家和地区数量结构与趋势

(一) 整体状况:数量占比保持93%以上,总量呈下降态势

从统计数据来看(见图3-1),2008—2017年,前30名国家和地区数字创意产业上市公司数量总额整体走势先缓后陡,呈波动下降趋

[①] 解学芳、臧志彭:《文化产业上市公司国有资本与民营资本控制力比较研究》,《学术论坛》2018年第1期。

势。在 2008 年国际金融危机的冲击下，前 30 名国家上市公司数量总额于 2008—2010 年略有下降。2011 年后数字创意产业逐渐走出金融危机的阴影，上市公司数量开始逐渐回升，2013 年基本恢复至危机前水平。但好景不长，2014 年开始，上市公司数量又转为持续下滑态势，且下滑幅度逐年增大。此外，前 30 名国家和地区数字创意产业上市公司数量总额占所有国家数量总额的比重在 93%—94%，虽略有波动，但整体表现较为平稳。这一比重也说明了全球数字创意产业上市公司基本稳定集中在前 30 名国家。

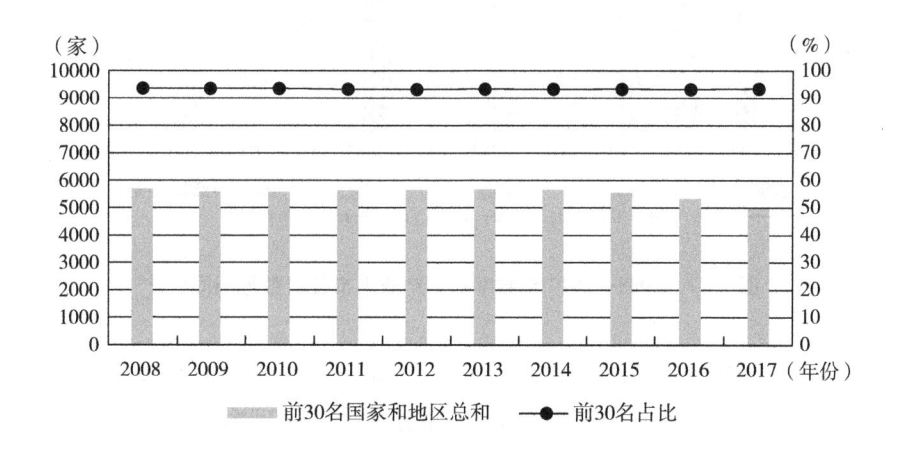

图 3-1　2008—2017 年前 30 名国家和地区数字创意产业上市公司数量总和及占比

（二）分布版图：集中于亚洲、北美洲和欧洲，发展极不均衡

从前 30 名国家和地区的洲际分布来看（见图 3-2），数字创意产业上市公司数量前 30 名国家和地区主要集中在亚洲、北美洲和欧洲，大洋洲、南美洲和非洲所占甚微。其中，亚洲数字创意产业上市公司最多，且上市公司数量整体呈现出稳步增长态势，亚洲国家和地区上市公司数量在前 30 名国家和地区总量中的比重也持续走高，十年间从 40% 上升至 50%，这就意味着亚洲数字创意产业上市公司数量几乎占据了半壁江山。北美洲数字创意产业上市公司数量仅次于亚洲，然而数量及占比持续走低，且缩减幅度较大，与排在其后的欧洲的差距逐渐缩小。

2008—2017年欧洲数字创意产业上市公司数量有小幅度的增减，整体仍呈减少趋势，但缩减的幅度不大，占比也较为稳定。

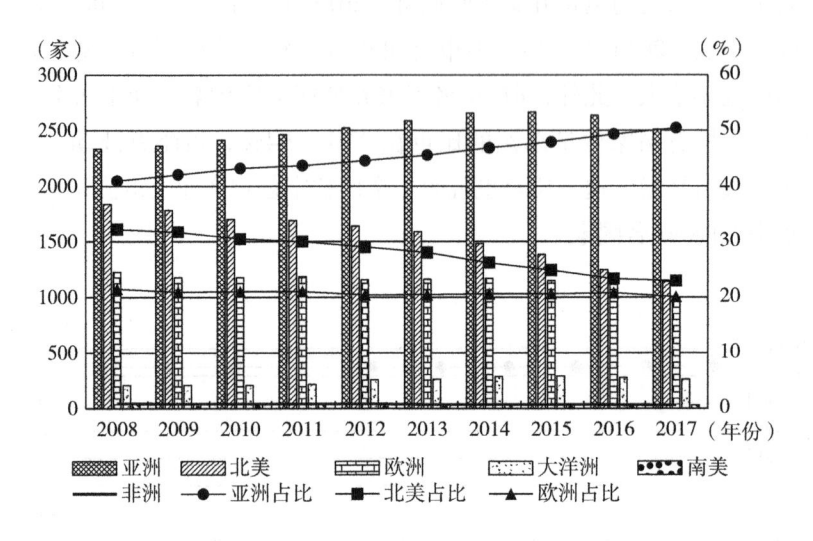

图3-2 2008—2017年数字创意产业上市公司数量洲际统计

通过对2008—2017年数字创意产业上市公司数量前30名国家和地区中的亚洲、北美洲和欧洲国家和地区单独梳理后（见图3-3、图3-4、图3-5），我们可以发现，日本、中国、韩国、印度、中国台湾及中国香港的上市公司数量总和基本占亚洲上市公司数量总和的83%—85%，因此，这6个国家和地区可以被视为亚洲数字创意产业发展的主要阵地。在前30名国家和地区榜单中，北美洲仅有美国和加拿大两国入围，且美国凭一己之力便贡献了87%—92%的上市公司，毫无争议地成为北美洲数字创意产业的"领头羊"。国家众多的欧洲平均每年有12个国家跻身前30名榜单，而英国、法国、德国、瑞典和波兰5国上市公司数量总额便占据了整个大洲77%—81%的份额。

由以上对数字创意产业上市公司区域分布的分析可以得出，全球数字创意产业发展不均衡，主要集中在以日本、中国、韩国、印度、中国台湾和中国香港为核心的亚洲地区，以美国为核心的北美洲地区，以及以英国、法国、德国、瑞典、波兰为核心的欧洲地区。

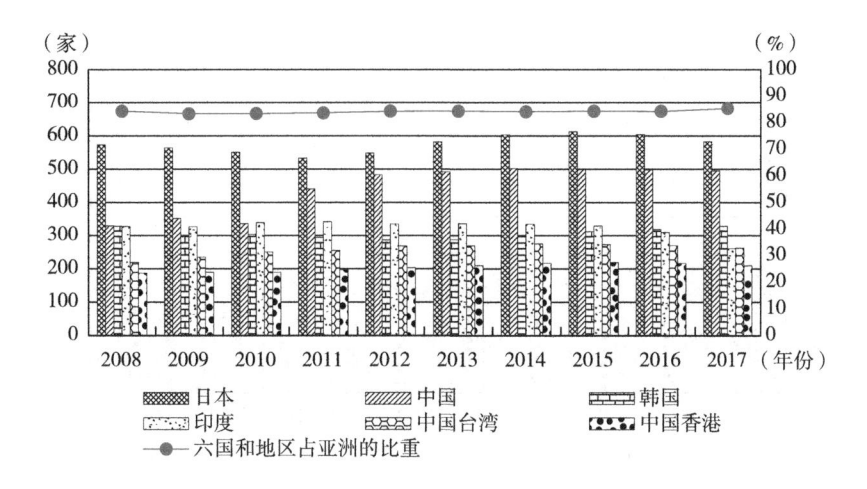

图 3-3 亚洲六国和地区数字创意产业上市公司数量及占比

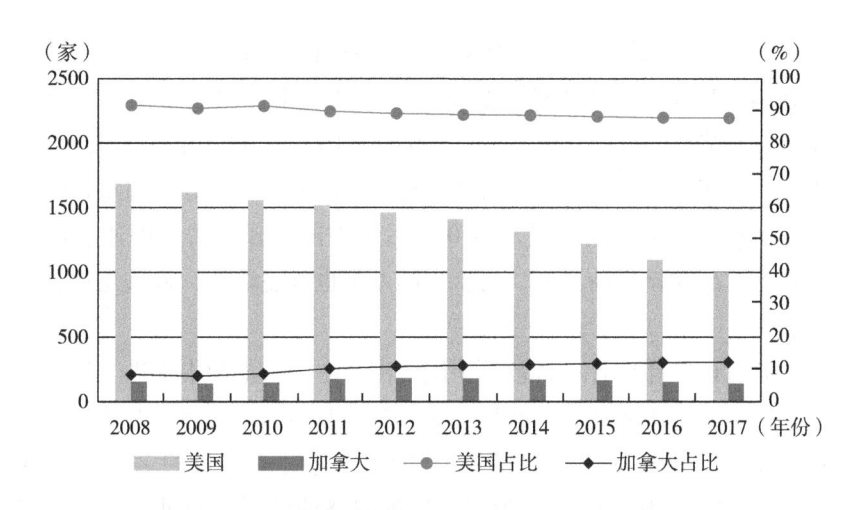

图 3-4 北美两国数字创意产业上市公司数量及占比

(三)区域比较:美日中位列前3,欧洲日渐式微

一是美、日地位稳固,中国强势跻身前三甲。凭借着其他国家难以企及的超千数量,美国始终稳居数字创意产业上市公司数量前30名国家榜首,尽管2008—2017年上市公司数量连年递减,但短时间内还不会被其他国家超越,霸主地位仍然稳固。日本作为亚洲唯一的发达国家和亚洲数字内容最发达的国家,数字创意产业始终走在亚洲乃至世界的

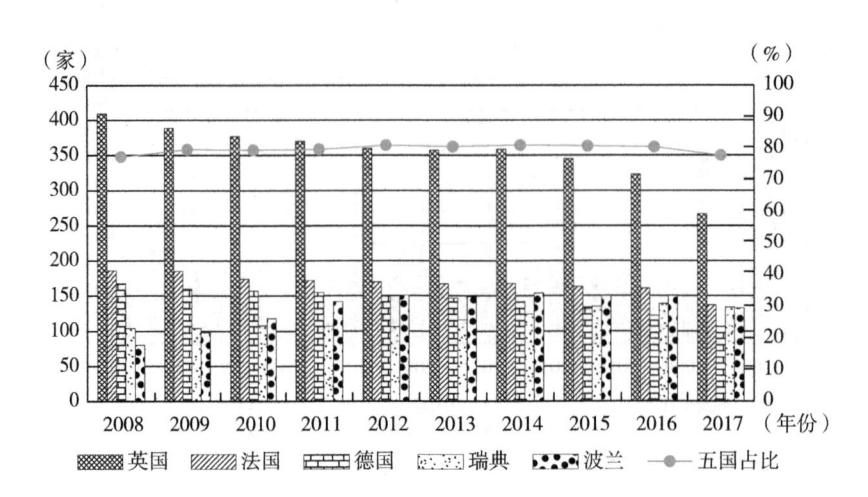

图 3-5　欧洲五国数字创意产业上市公司数量及占比

前列，上市公司数量一直遥遥领先亚洲其他国家，是仅次于美国的世界第二强国。2008—2017 年日本数字创意产业上市公司数量保持着较为稳定的增长势头，发展状况良好。2008—2009 年，榜单前 3 名被美国、日本和英国 3 个老牌发达国家占据。得益于国家的政策红利和互联网技术、数字技术的爆发式发展，2010 年后，中国以强劲的发展速度迅速赶超英国，成功挤进前三甲，与日本的差距也日益缩小，未来几年有望超越日本。

二是韩国、印度各有特色，中国台湾、中国香港稳中求进。随着数字和创意的经济重要性愈发凸显，亚洲各国和地区都加强了对数字创意产业的重视，几大强国成果斐然，纷纷打造出了各自的名片。早在 1998 年就把"文化立国"作为国家发展战略的韩国，通过大力发展以影视、电子游戏为主导的文化产业逐渐成为世界瞩目的文化强国。2008—2017 年，数字创意产业在韩国发展得有声有色，上市公司数量稳定保持在世界前列。作为发展最快的国家之一，印度始终在文化创意产业领域锐意进取，近几年已将自身打造成世界软件强国，电影、娱乐产业也颇有成就，数字创意产业上市公司数量也较为稳定，排在榜单第 5 名至第 7 名，已然成为数字创意产业的一大强国。自 2002 年中国台湾实行《数字内容发展强化行动方案》以来，中国台湾的数字创意产业在最近几年迎来了高速成长期，包括数字游戏、数字影像、数字音乐等在内的数字创意产业开始快速发展。中国香港地区向来是亚洲的创意中心，经过多年的发展，香港的数字创意产业已经形成相当大的规模，在全球数字创意产业竞争中占据一席之地。

三是欧洲强国均呈下降态势，已全面落后。英、法、德是欧洲三大核心国，也是欧洲数字创意产业发展的核心国家。英国是文化产业和创意产业发展的前沿阵地，悠久的发展历史以及优越的政策环境为数字创意产业的发展提供了丰厚的沃土，自然使得英国也成为了欧洲数字创意产业发展的先锋队，数字创意产业上市公司数量始终居于欧洲首位。法国、德国紧随英国，分别排在欧洲第2、第3名。然而，在亚洲各国数字创意产业蓬勃发展，上市公司数量逐渐攀升的同时，欧洲各国却不进反退，2008—2017年三国上市公司数量均呈下降态势，法国、德国两大传统强国也逐渐被韩国、印度等亚洲发展中国家甩在身后。究其原因，主要是由于欧洲各国普遍守旧，对待新生事物的态度过于传统、保守。此外，较低的人口增长率也导致新生代网民较少，因此欧洲在"互联网+"领域没有跟上美国和亚洲各强国的步伐，数字创意产业的发展也自然相对滞后。

二 2008—2017年前30名国家和地区营收结构与趋势

（一）整体状况：占比高达95%以上，且增势明显

2008年国际金融风暴波及数字创意产业，前30名国家和地区营业收入总额有所下滑，但整体缩减幅度不大，2010年开始恢复增长势头（见图3-6）。2015年世界经济增速再次放缓，数字创意产业前30名国家和地区营收总额又遭遇了短暂的下降，不过同样没有低迷太久，次年又转为上升趋势。前30名国家和地区营收总额占所有国家营收总额的比重集中在95%—97%，较为稳定。总体来看，2008—2017年数字创意产业上市公司营业收入前30名国家和地区总营收额整体呈上升趋势，表明十年间数字创意产业业绩表现良好，呈现稳定发展态势。

（二）洲际分布：亚洲追赶北美，欧洲业绩不佳

从前30名国家和地区所在大洲来看，全球数字创意产业上市公司营业收入主要来自北美洲、亚洲和欧洲。由于数字创意产业上市公司营业收入与全球经济形势密切相关，2008年国际金融危机和2015年全球经济的不景气都导致各大洲营收不同程度的下降（见图3-7）。2008—

2017年北美洲数字创意产业营业收入总体实现了增长，整体发展态势良好。亚洲表现更为亮眼，在2008年国际金融危机的负面影响下仍然逆势而上，逐渐缩小了与北美的差距，并于2010—2012年连续三年超越北美，跃居榜首，尽管2014—2016年略有下降，但整体而言，增长较快，涨幅最高，颇有再度反超北美之势。在北美和亚洲数字创意产业积极发展之时，欧洲的数字创意产业却在走下坡路，其上市公司营业收入在绝大部分年份呈下降趋势，且整体缩减幅度较大，业绩不佳。

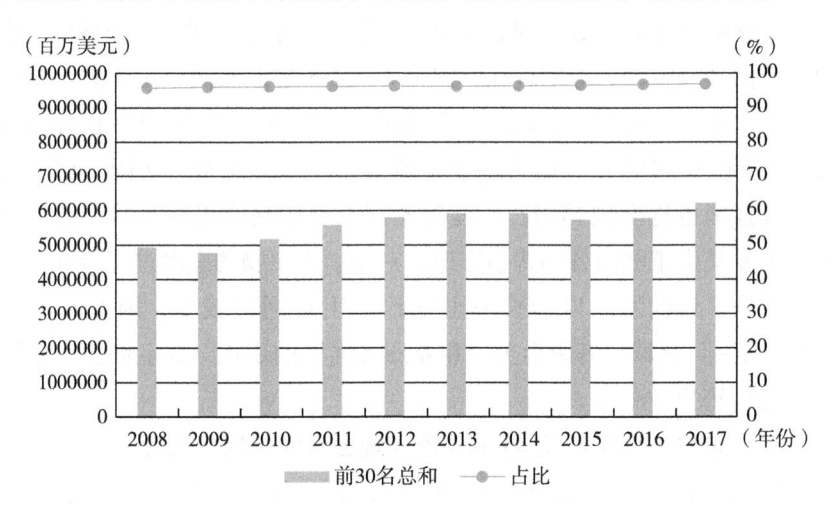

图3-6 2008—2017年前30名国家和地区数字创意产业上市公司营业收入总和及占比

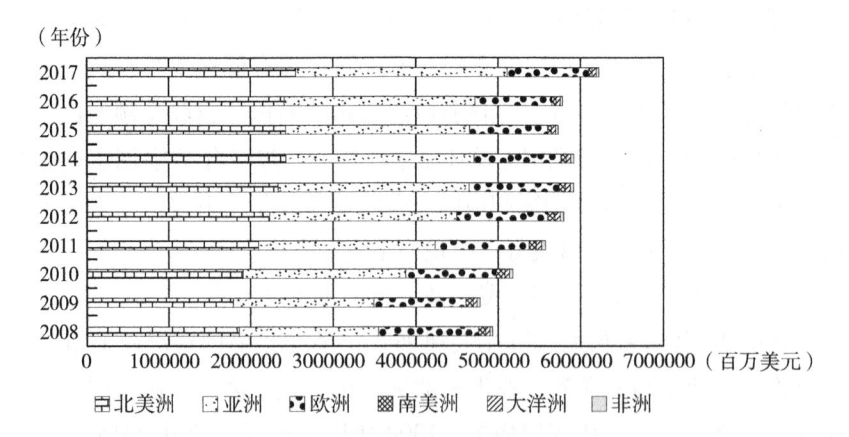

图3-7 2008—2017年数字创意产业上市公司营业收入洲际统计

(三)区域比较:美国绝对领先,亚洲三国稳居其后

一是美国遥遥领先,日本位居第2。从2008—2017年全球数字创意产业上市公司营业收入前30名国家和地区的数据来看(见图3-8),美国以超出第2名1—2倍的绝对数额优势稳坐霸主地位,其营收遥遥领先。一方面是由于其上市公司数量首屈一指,另一方面是由于许多上市公司规模较大。整体来看,2008—2017年美国数字创意产业营收呈现出稳步上升的趋势。由上文我们得知,这期间美国数字创意产业上市公司数量连年下降,上市公司数量和营业收入的此消彼长意味着美国数字创意产业出现了兼并、收购浪潮,体量和规模更大、实力更强的企业逐渐涌现。美国向来处于数字技术创新的前沿地带,同时在文化创意产业化布局深远,自然无论在产业规模还是发展势头上都大幅领先于其他国家。遥遥领先的基数和持续增长的势头,都意味着美国在数字创意产业的龙头地位还将继续保持。相较于美国的稳步增长,紧随其后的日本"低调"了许多。与上市公司数量的平稳表现相同,尽管2008—2017年营业收入时有起伏,但波动不大,业绩整体较为平稳,排名也"稳如泰山",始终位列全球第2名、亚洲首位。

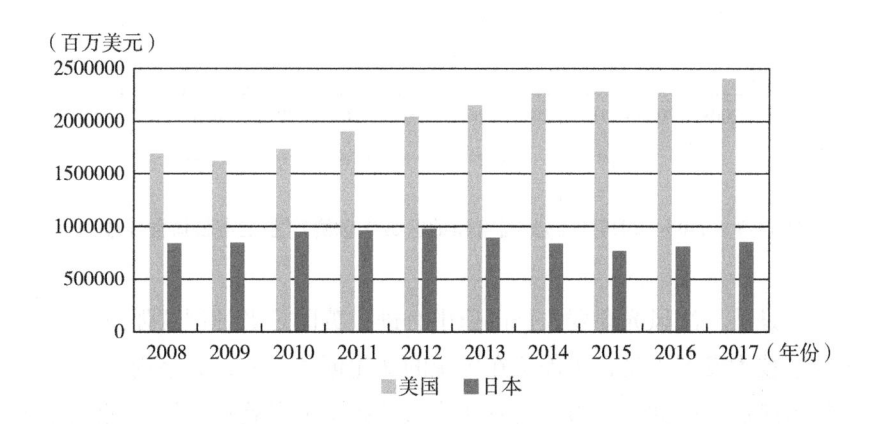

图3-8 2008—2017年美国与日本数字创意产业上市公司营业收入

二是中、韩发展迅猛,中国香港、中国台湾持续发力。在数字创意产业上市公司营业收入快速增加的亚洲国家和地区中,中国、韩国、中国香港和中国台湾表现最为突出。上市公司数量快速增加的同时,中国

数字创意产业营业收入也在持续快速见涨,增长率高达293%,排名也超越了韩、英、法、德等强国,从全球第8位跃居第3位,势头之迅猛远超其他亚洲国家。业绩的飞速增长再次印证了数字创意产业在中国发展得如火如荼,网络文学、游戏、动漫、影视等文化产品遍地开花,中国已经成为世界级的数字创意产业强国。2008—2017年,韩国数字创意产业营业收入节节攀升,整体增长显著,一度超越英国成为仅次于美国、日本的世界第三强国,在被中国超越后,位居全球第4名的位置(见图3-9)。中国台湾、中国香港地区同样在十年间保持着不错的增长势头。中国香港地区超越法、德,从第九位上升至仅次于美、日、中、韩后的前五强。中国台湾地区经过几年的发展,数字创意产业上市公司营收总额也几乎赶上英国。

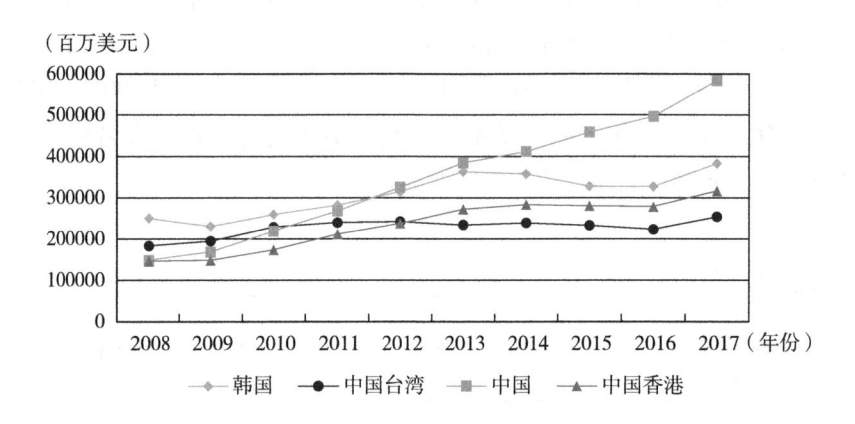

图3-9 2008—2017年部分国家和地区数字创意产业上市公司营业收入

三是英、法风光渐弱,德国稳中有进。英国是老牌创意强国,但囿于数字技术发展不足,仍停留在传统的文化创意产业,数字创意产业发展较为滞后,因此,上市公司营业收入整体呈下滑趋势。尽管其欧洲霸主的地位未来几年还不会被其他国家撼动,但世界排名逐年在下沉,2008—2010年还名列前三甲,2017年就被中国、韩国、中国香港超越,滑落至第6(见图3-10)。同样风光渐弱的还有法国,其营收总额快速被东亚各国赶超,2008年后便跌出前五强,徘徊在十强的边缘。不同于英、法的日渐衰减,德国数字创意产业的发展势头尚佳,上市公司营业收入总体稳中求进,逐渐超过法国,成为仅次于英国的欧洲第二大强国。虽然营业收入没有显著增长,但向好的态势依然使德国在整体走下坡路的欧洲显得格外亮眼。

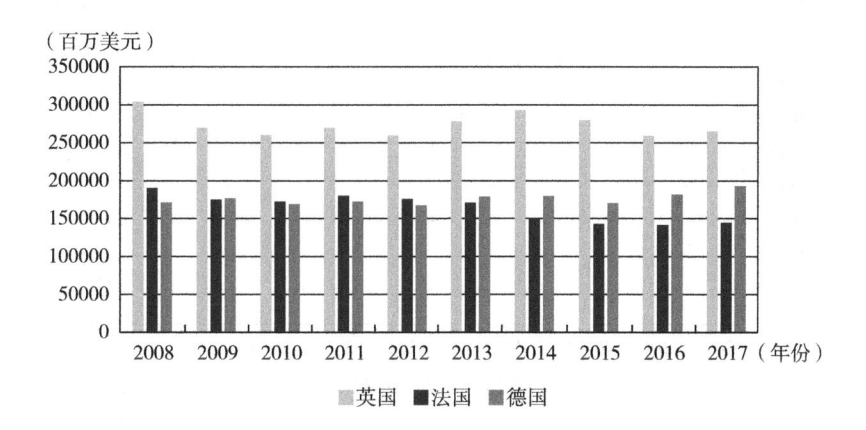

图3-10 2008—2017年英国、法国、德国数字创意产业上市公司营业收入

三 2008—2017年前30名国家和地区税前利润结构与趋势

(一)整体状况:先陡后缓,增长幅度大

从图3-11的数据来看,2008—2010年,数字创意产业上市公司税前利润前30名国家利润总额增长速度较快,2011年后增速放缓;整体而言,前30名国家利润总额呈上升态势,且增长率高达145%,上涨幅度较大。值得注意的是,2008年国际金融危机爆发,数字创意产业上市公司数量和营业收入不同程度地萎缩,而税前利润总额仍然在其后两年呈现出强劲的上升势头,2010年相较2008年总额翻了一番。

(二)洲际比较:北美洲、亚洲发展迅猛,欧洲黯然失色

与上市公司数量和营业收入一样,数字创意产业上市公司税前利润前30名国家和地区利润总额主要由北美洲、亚洲和欧洲贡献。2008—2010年,北美洲数字创意产业税前利润急剧增长,这也使得北美洲超越亚洲成为税前利润总额排名第一的大洲,地位渐趋稳固(见图3-12)。尽管亚洲数字创意产业上市公司的税前利润总额距离北美洲尚有不小的差距,但其增长势头丝毫不逊色于北美洲,十年间增长率高达193%。在北美洲和亚洲对全球市场的强势抢占下,欧洲数字创意产业

上市公司不仅业绩滑落,税前利润总额同样每况愈下。

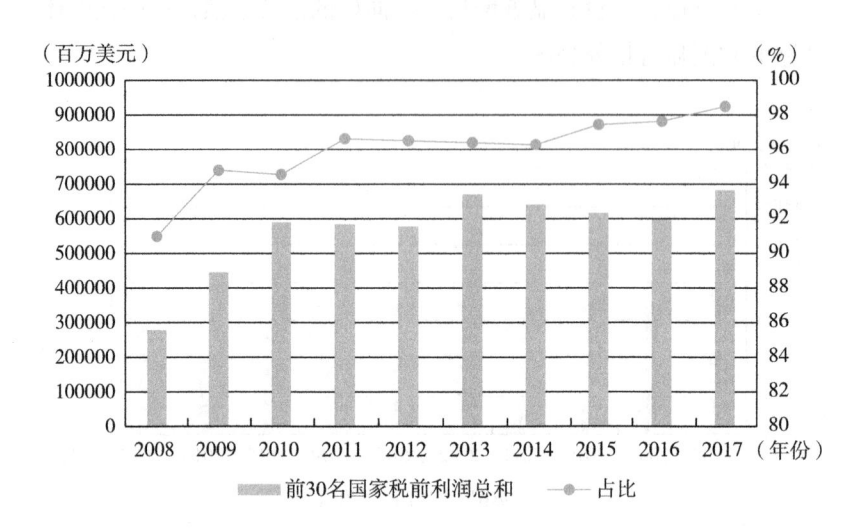

图 3-11 2008—2017 年前 30 名国家和地区数字创意产业上市公司税前利润总和及占比

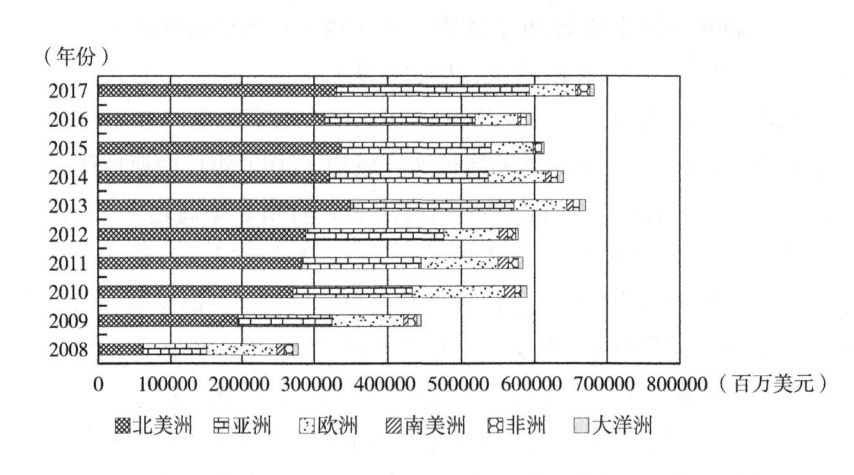

图 3-12 2008—2017 年数字创意产业上市公司税前利润洲际统计

(三)区域比较:美国霸主地位稳固,亚洲国家和地区竞争激烈

一是美国地位稳固,日本稳居第 2 位。2008—2013 年美国数字创意产业上市公司税前利润突飞猛进,2014—2017 年增速放缓,十年间的超高增长率让其他国家望尘莫及,世界霸主的地位不可动摇。排在美

国身后的依然是日本，十年间其税前利润整体于波动中上升，在亚洲无出其右。

二是中、韩相互赶超、竞争激烈。日、中、韩三国是推动亚洲，尤其是东亚数字创意产业快速崛起的主力军，也是竞争最为激烈的阵地之一。尽管日本在上市公司数量和营业收入上均是毋庸置疑的亚洲首位，但中国和韩国快速上升的增长势头也不可小觑。2008—2017年韩国数字创意产业上市公司税前利润大体为快速上升趋势，增长近7倍，从第9名上升至第3名。中国同样展现出了耀眼的增长势头，十年间增长了7倍有余，排名上也大有跃进，2008年还处在榜单中下游水平的第17名，2017年便杀出重围，名列第4。中、韩两国在激烈的竞争中互有赶超，且双双逼近日本，日、中、韩三国的差距正在逐渐缩小。

三是中国香港稳健增长，中国台湾增长缓慢。中、日、韩三国之外，中国香港表现亮眼。2008—2017年中国香港数字创意产业上市公司税前利润增长势头较快。2008—2012年中国香港的税前利润总额还领先韩国、中国，仅次于领跑亚洲的日本。在上市公司数量、营业收入上与中国香港都难分伯仲的中国台湾地区，税前利润的表现却不如前者那么理想。2008—2017年中国台湾地区数字创意产业上市公司税前利润总额较为平稳，虽有上涨，但增长幅度较小，由此可见，中国台湾正面临着数字创意产业发展的"瓶颈"。

四是英、德震荡上升，法国日渐滑落。2008—2017年英国数字创意产业上市公司税前利润波动较大。2008—2011年英国数字创意产业上市公司税前利润增长势如破竹，短短三年上涨至近9倍，世界排名也从第24名飞速跃至前5名。2011—2013年，英国数字创意产业上市公司税前利润又急转直下，跌至第12名，2013年后再次扭转局势有所回升，稳定在第6名至第7名。德国数字创意产业上市公司税前利润走势同样也不稳定，但波动幅度相对英国较小，整体仍呈上升趋势。2008年税前利润尚名列第3位的法国，在其后几年却日渐式微，税前利润大幅缩水，排名也逐渐滑落至第10名左右。

四　2008—2017年前30名国家和地区从业人数结构与趋势

（一）整体状况：稳步增长，占比高达96%以上

从数据来看（见图3-13），2008—2017年数字创意产业上市公司

从业人数前30名国家和地区从业人数总额整体呈稳步上升的趋势,其中2008—2014年较为平稳,增长幅度较小,2015年增长显著,随后3年从业人数上了新台阶。从占比来看,前30名国家和地区从业人数总额占所有国家和地区从业人数的比重在96%—98%浮动,总体较为稳定。

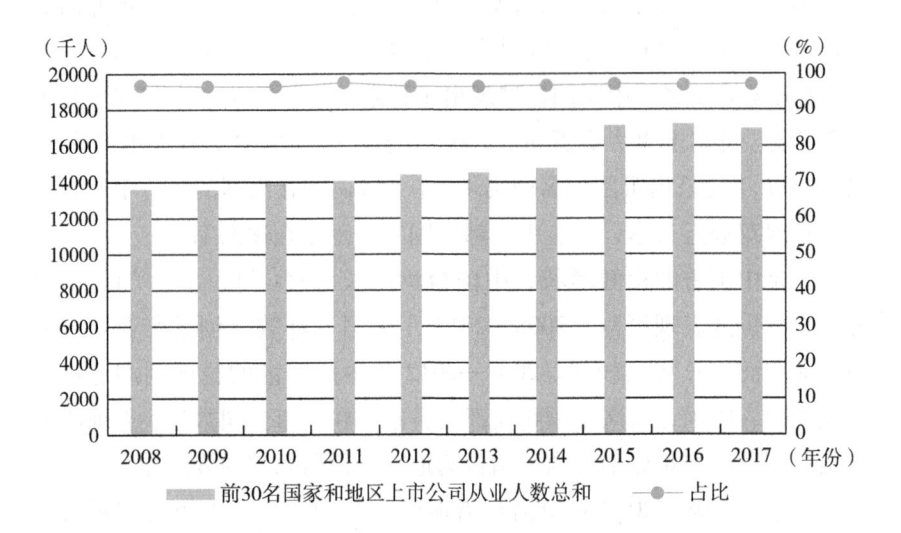

图3-13 2008—2017年数字创意产业前30名国家和地区上市公司从业人数总和及占比

(二)洲际分布:北美洲稳健增长,亚洲反超北美,欧洲维持现状

从前30名国家和地区的洲际分布可以看出(见图3-14),数字创意产业上市公司从业人数主要来自北美洲、亚洲和欧洲。2008—2017年,北美洲数字创意产业上市公司从业人数增长稳健,并于2008—2015年位居榜首。2008—2017年,亚洲数字创意产业上市公司从业人数走向先缓后陡,2008—2014年从业人数稳步爬升,2015年集中发力,从业人数大跨步增长,于2016年成功超越北美,夺得头魁。相较于北美洲和亚洲的显著上涨,欧洲数字创意产业上市公司从业人数表现平稳,每年人数增减率均不超过6%。

(三)区域比较:美国第一,中国第二

一是美国稳步增长,日本走势平稳。在数字创意产业上市公司数量、营业收入、税前利润三项指标在全球均独占鳌头的绝对优势下,数字创意产业上市公司从业人数世界第一的位置自然也毫无悬念地花落美国。2008—2017 年,美国数字创意产业上市公司从业人数除 2016 年有过一次下滑外,其余年份均有所增加,总体呈稳步增长的态势。日本数字创意产业依旧将"稳"字贯彻到底,十年间从业人数少有波动。

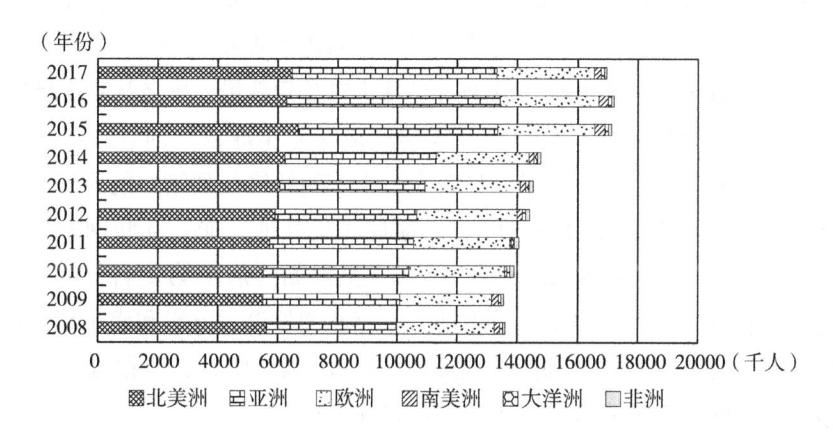

图 3-14　2008—2017 年数字创意产业上市公司从业人数洲际统计

二是中国超越日本,领跑亚洲。数字创意产业在中国方兴未艾,创造经济效益的同时,也展现着其超强的带动就业能力。2008—2017 年中国数字创意产业上市公司从业人数持续增长,后半段的迅猛增长尤为惹眼。具有强大后发潜力的中国在 2014—2017 年从业人数高速增长,并于 2015 年一举打破日本称霸亚洲的局势,成为亚洲数字创意产业从业人数最多的国家,也是仅次于美国的世界第二大强国。

三是英、法走下坡路,德国略有增长。伴随着上市公司数量的日益降低,2008—2017 年英国、法国数字创意产业上市公司从业人数相应减少。尽管十年间德国数字创意产业上市公司数量与英、法一样呈萎缩趋势,但由于其营业收入和税前利润均呈上扬态势,上市公司的整体效益向好,企业实力增强、规模扩大,德国数字创意产业从业人数在稳定中有所增长。

第二节 全球数字创意产业细分行业结构比较

本书在汇集2008—2017年数字创意产业所有细分行业上市公司数量、营业收入、税前利润和从业人数四项数据的基础上,分别依据上述四大指标筛选出前10名细分行业,并对十年间前10行业的数据结果进行汇总分析,以实现对重点行业发展状况的比较研究。

一 数字创意产业前10名细分行业上市公司数量、排名及演化趋势

从数量上看(见图3-15),2008—2017年全球数字创意产业前10名细分行业的上市公司数量差异较大。十年间始终位列第一的应用软件行业上市公司数量在829—948家,遥遥领先其他行业。互联网软件与服务行业上市公司数量在452—559家,虽然始终居于第2名,但数量几乎只有应用软件的一半。技术硬件,存储和外设、电影和娱乐行业在259—384家,综合电信服务、通信设备、出版、广告、数据处理与外包、互联网及直销零售的上市公司数量在175—281家。

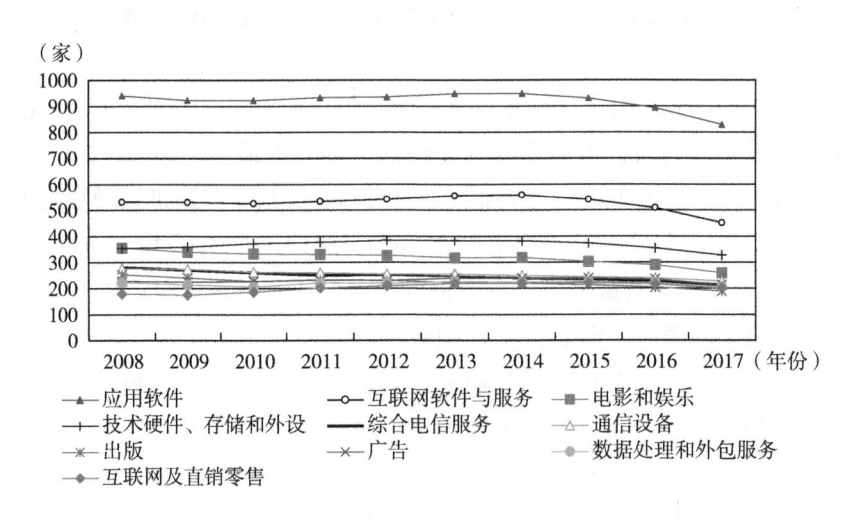

图3-15 2008—2017年数字创意产业前10名细分行业上市公司数量

从排名上看,2008—2017年全球数字创意产业细分行业上市公司数量前10名行业固定,排名波动较小。应用软件,互联网软件与服务,技术硬件、存储和外设，电影和娱乐始终位居前4，且各自排名未变。综合电信服务、通信设备、出版、广告、数据处理和外包服务、互联网及直销零售虽排名有波动，但均保持在前10名队列中。10年间，前10名行业始终为上述行业占据，无其他行业挤进。

从演化趋势上看，2008—2017年，全球数字创意产业前10名细分行业的公司数量整体呈下降态势。应用软件行业、互联网软件与服务行业的上市公司数量都在2008—2010年持续下降，2011—2014年上升，2015—2017年下降，走势完全一致。技术硬件、存储和外设行业走势于2008—2012年上升，2013—2017年下降。电影和娱乐、综合电信服务、通信设备、出版、广告行业呈波动下降趋势，互联网及直销零售行业上市公司数量整体呈先增加后减少趋势。

上市公司的数量是行业发展情况的映射，而行业的发展又与宏观经济状况密切相关。2008年国际金融危机给世界经济带来严重影响，全球的经济低迷、消费疲软导致大多数行业受挫，上市公司数量也随之减少。2010年，世界经济开始走向"病后初愈"的漫漫康复之路，[①]随着经济的复苏，数字创意产业各大行业也逐渐走出低谷，上市公司数量也随之缓慢增加。2014—2017年全球经济增速放缓，市场需求转向低迷，同时，为了应对全球市场的竞争，大型企业间发生并购浪潮，集团化趋势越来越明显，上市公司数量再次出现缩减趋势。

二 数字创意产业前10名细分行业上市公司营业收入、占比及演化趋势

从统计数据来看（见图3-16），在营收总额指标方面，综合电信服务行业的营业收入集中在10963亿—12248亿美元，技术硬件、存储和外设行业营业收入从7447亿美元升至11730亿美元，增长幅度较大。无线通信服务行业营业收入在6248亿—8159亿美元，波动不大。消费电子产品、通信设备与数据处理和外包服务行业营业收入较为稳定，波动区间分别为3125亿—3949亿美元、1276亿—1995亿美元、1164亿—2060亿美元。出版行业营业收入从1381亿美元快速持续下降至582亿

[①] 释经组：《经济复苏艰难曲折 外部环境复杂严峻——2010年世界经济形势及2011年展望》，《中国统计》2011年第2期。

美元，下滑幅度大。广播行业营业收入同样整体呈下降趋势，从1313亿美元跌落至947亿美元。电影和娱乐行业波动区间为1349亿—1071亿美元，略有下降。

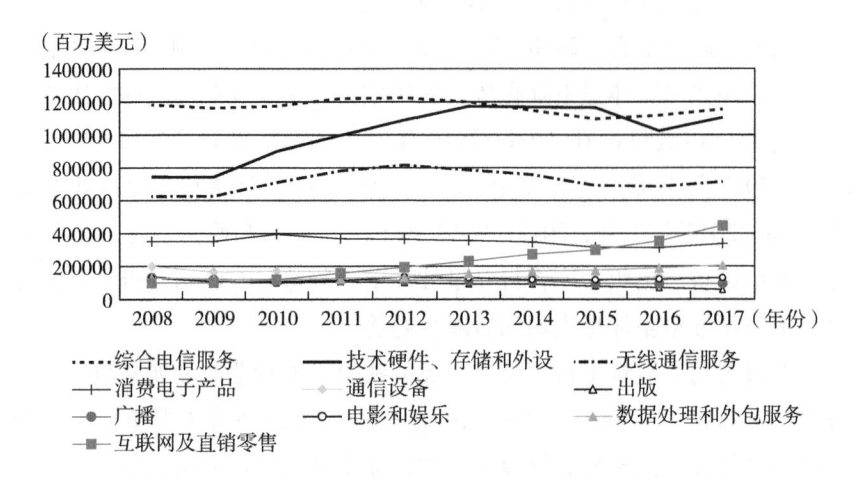

图3-16　2008—2017年数字创意产业前10名细分行业上市公司营业收入

从演化趋势上看，数字创意产业前10名细分行业上市公司营业收入呈上升趋势，前十强名单不固定，排名波动较大。从总量上看，2008—2013年，综合电信服务行业，技术硬件、存储和外设行业分别始终占据榜单第1位、第2位，综合电信服务行业营业收入较为平稳，技术硬件、存储和外设行业迅速攀升，两者差距快速缩小，2014年、2015年，后者超过前者成为第1名，2016年、2017年综合电信服务行业重回榜首。无线通信服务在2009—2012年上升，2013—2016年稍有回落，2017年反弹上升。消费电子产品行业除2010年有较为明显的增长以外，随后略有下降，整体波动不大。通信设备行业呈阶梯式下降，期间虽伴有小幅度回升，但营业收入整体降低明显，且从2013年开始跌出前10名榜单。短暂出现在前十强的还有出版和广播行业，其营业收入连年走低，且分别于2009年、2011年便已消失在前十强名单中。电影和娱乐行业的营业收入于2008—2010年快速降低，并被挤出前10，后续几年虽有反弹，但也只是短暂回到了第10名两次，2014年后再未重回前10。数据处理与外包服务行业经历了2008—2010年短暂的下降后稳步上升，排名也逐渐稳定在第 6—7 名。2008—2011 年系统软件行业营业收入呈快速上升趋势，2012—2013 年稍有回落，2014—2017 年恢复上升势头。应用软件行业除 2009 年略有降低外，随后几年营业收入连年走高，排名也从第 10 名外稳步上升至第 8 名至第 10 名。互联网及直销零售行业表现最为亮眼，营业收入全程持续、快速、大幅度攀升，排名更是从第 15 名跃至第 4 名。

对公司而言，营业收入是公司利润的来源，通常情况下，也代表了公司的市场占有率的大小。放大到整个行业，行业内上市公司的营业收入基本可反映该行业规模的大小。如果说营业收入代表行业的吸金能力，那么增长态势则说明了行业的发展势头。

作为基础设施，电信行业是社会再生产的一般条件，是经济和社会正常运转的支撑①，且由于电信基础设施技术含量高，成本大，网络协调统一性要求强，大多数国家的电信行业处于自然垄断状态，营业收入之高、行业规模之庞大自然不言而喻。过去十年，全球电信业从传统的有线电话发展到各种先进的技术，包括互联网、无线通信、卫星通信及光纤。随着话音业务收入的持续下降，数据业务的迅速发展，无线通信服务行业规模呈现不断扩大的态势。

伴随着互联网和信息技术的迅猛发展和普及，计算机已渗透到社会的各行各业，人类对计算机及其周边设备的高需求促使计算机制造行业在最近的几十年发展突飞猛进，成为众多行业中发展最快的高新领域之一，营业收入快速升高，行业规模迅速扩大，发展势头强劲。

随着传统企业大规模进入电商行业，加上移动互联网的发展促使移动网购日益便捷，网络零售市场持续扩张、用户规模不断增长，网购的价格优势和便捷性能吸引着人们从传统的线下零售逐渐转向线上渠道，互联网零售行业在近十年迎来高速发展期，发展势头十分迅猛。数字经济正在席卷全球，伴随着互联网的迅猛发展，传媒产业的结构一次次被颠覆。在传媒产业内部结构，移动互联网的市场份额逐渐扩大，传统媒体市场持续整体衰落，四大传统媒体之一的广播行业就因很难满足互联

---

① 王业平：《基于投入产出分析的我国电信业对国民经济贡献研究》，硕士学位论文，湖南大学，2009 年。

网时代受众的需求，营业收入持续下滑，有走向衰微之势。当然，包括广播行业在内的传统媒体开始与互联网深化融合，传媒产业也已经成为全球数字创意产业的重要组成部分。但面对各种新兴数字媒体、移动社交媒体对传统媒体构成的巨大挑战，传统媒体行业仍有很长的路要走。

三 数字创意产业前10名细分行业上市公司税前利润、占比及演化趋势

从数据来看（见图3-17），在税前利润总额方面，2008—2017年数字创意产业前10名行业税前利润波动较大。综合电信服务行业税前利润波动在1130亿—1570亿美元，无线通信服务行业税前利润在663亿—1334亿美元，技术硬件、存储和外设行业税前利润跨度较大，在319亿—1265亿美元，两者起伏均较大。系统软件行业、信息技术咨询与其他服务行业的税前利润分别在313亿—487亿美元、126亿—233亿美元间起伏，涨幅不大。数据处理和外包服务行业税前利润从78亿美元跃至429亿美元，增长速度快且幅度显著。互联网及直销零售行业税前利润同样增长明显，快速从84亿美元升至252亿美元。

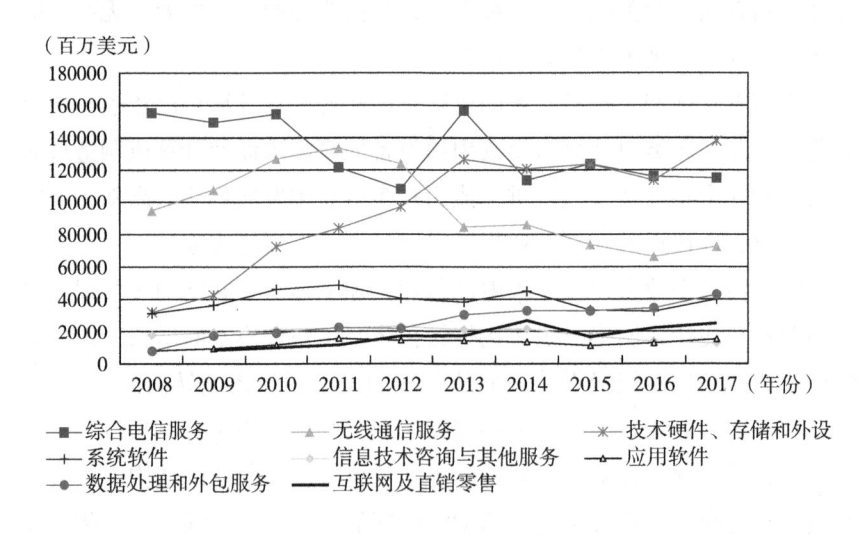

图3-17 2008—2017年数字创意产业前10名细分行业上市公司税前利润

从演化趋势上看，综合电信服务行业税前利润除2010年轻微增长以及2013年显著增高外，其余年份均呈下降趋势，且下降幅度较大。

无线通信服务行业税前利润于2008—2011年逐年上涨，2012后快速降低。技术硬件、存储和外设行业税前利润在2008—2013年急速升高，2014—2017年增速有所放缓，总体增长幅度大，2017年税前利润为2008年的4倍，并于2017年超越其他行业跃居第1位。系统软件行业基本呈平稳增长趋势，从全年增长情况看，走势基本平稳。信息技术咨询与其他服务行业于2008—2012年呈上升态势，2013—2017年转为下降，并于2016年消失在前十强名单。应用软件行业税前利润于2008—2011年上升，2012—2015年下降，2016—2017年有所回升，但排名自2011年基本稳定在第13名左右。数据处理和外包服务行业税前利润持续快速走高，增长幅度较大，排名也从第7名逐渐升高，2015—2017年保持在第4名。互联网及直销零售行业税前利润于2009—2014年快速增高，2015年陡然降低，2016—2017年又迅速回升，整体呈上升趋势。

电信服务行业步入成熟阶段。2008—2017年，综合电信服务行业营业收入虽增长速度放缓但总体波动不大，而税前利润却出现大幅下降，两者表现背离。其主要原因为全球电信资本开支的稳定增长，具体为移动宽带和主流经济体国家宽带战略推动下的有线宽带网络建设。无线通信服务行业营业收入、税前利润虽然居高，但税前利润却呈波动下降态势。这是由于数据业务虽已经成为全球电信业驱动其营收增长的最主要动力，但电信业为促进用户数据消费，普遍采取对智能终端的补贴。当前，全球电信市场正在发生深刻变革，电信业过去在通信领域的主导权正逐步被分化，而苹果、谷歌、百度、腾讯等巨头凭借着对终端平台、移动互联网入口等关键位置的掌控，改写了信息通信业的生态。① 电信行业语音业务日趋饱和，新兴互联网业务正在蚕食传统电信服务，市场竞争越来越激烈，全球综合电信服务行业步入成熟阶段已是不争事实。

软件行业发展态势景气向上。系统软件、应用软件与数据处理和外包服务行业同属于软件与服务行业大类。随着移动互联网的飞速发展，各种软件越来越频繁地在出现在大众生活中，也开始与各行各业产生更

---

① 孙宁华、张翔：《商业模式创新驱动全球价值链攀升》，《河北学刊》2018年第1期。

加密切的联系，软件行业需求巨大。也正因为强大的市场需求，催化了整个软件行业的发展，上市公司数量遥遥领先，营业收入和税前利润也都稳步升高。

计算机制造行业不仅发展快、势头猛，且活力充沛。计算机制造行业营业收入持续快速增长，税前利润在所有行业中增长幅度也最大，尤其 2008—2013 年表现最为亮眼，尽管 2013 年以来税前利润增速有所下降，但整体来看，十年间其税前利润呈上升趋势。

互联网及直销零售行业作为新兴行业，营业收入持续稳健升高的同时，税前利润也在同步快速增加。此行业具有强大的生命力，也有着良好的发展前景。

四 数字创意产业前 10 名细分行业上市公司从业人数数量、排名及演化趋势

从统计数据来看（见图 3-18），在总量指标方面，综合电信服务行业从业人数最多（284 万—358 万人），远远高于其他行业，技术硬件、存储和外设行业虽仅次于前者位列第 2，但从业人数与其差距较大（143 万—220 万人）。消费电子产品、数据处理和外包服务、无线通信服务行业从业人数数量在 70 万—160 万人，信息技术咨询与其他服务、通信设备、出版、应用软件行业从业人数集中在 30 万—80 万人。互联

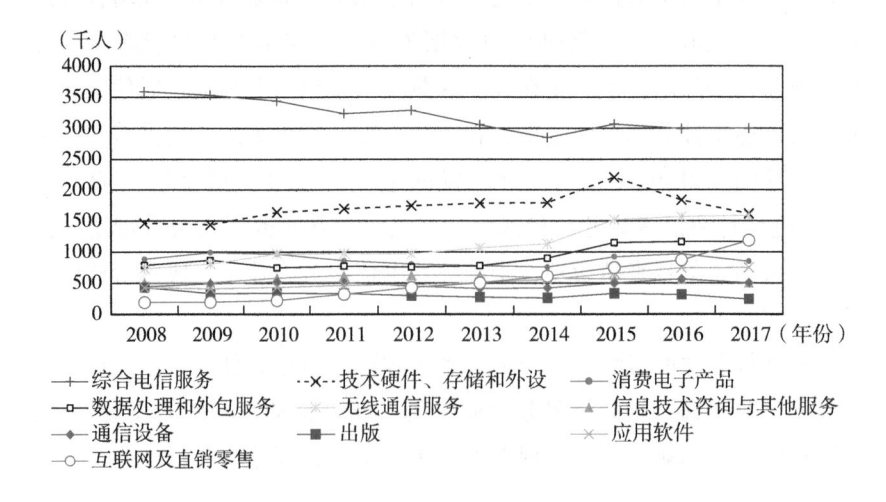

图 3-18　2008—2017 年数字创意产业前 10 名细分行业上市公司从业人数

网及直销零售行业从业人员增幅较大，从 2008 年的 18 万人快速增加至 118 万人。

整体来看，数字创意产业前 10 名细分行业上市公司从业人数呈上升趋势，前 10 名行业较为固定。综合电信服务行业从业人数始终位列第 1，但 2008—2014 年快速降低，2015—2017 年虽稍有回升，但整体仍为下降态势，且幅度较大。技术硬件、存储和外设行业、数据处理和外包服务行业从业人数整体呈上升趋势。消费电子产品行业、信息技术咨询与其他服务行业从业人数虽有波动，但整体人数变化不大。无线通信服务行业从业人数持续快速上升，十年间人数翻番。通信设备行业从业人数在波动中略有增长。出版行业从业人数总体为走低态势，且下降幅度较大，2012 年后便跌出前十强。应用软件行业从业人数除 2009 年略有下降外持续上升，增长幅度较大，排名也从第 10 位稳步上升至第 7 名至第 8 名。互联网及直销零售行业异军突起，十年间从业人数激增，2017 年是 2008 年的 6 倍有余，排名也从第 19 位一路升高至第 6 位。

从业人数是行业发展状况的重要折射，因此借助对行业从业人数的数据分析，能够更好地窥见行业现状和发展前景。综合电信服务行业和无线通信服务行业从业人数走势相反是全球电信行业升级换代的投射。综合电信服务行业体量之大是其从业人数居高的重要原因，但在整个行业活力欠缺、逐渐迈向成熟阶段的大背景下，从业人数呈下滑趋势也是大势所趋。传统话务业务大幅缩减的同时，数据业务快速增加，无线通信服务行业规模不断扩大，从业人数自然随之逐年增加。随着软件行业的迅猛发展，行业人才需求量正在逐年扩大。同时，市场经济高速发展的今天，软件行业以其超强的发展势头，成为目前最具前景的高薪行业之一，职业吸引力不断增强，越来越多的人选择从事此行业，因此，从业人数呈持续增长态势。

互联网尤其是移动互联网的发展，极大改变了传统信息获取渠道，互联网内容的时效性、免费性，使得期刊、报纸及专业图书信息等出版物提供的功能被削弱；社交媒体和多样化的娱乐形式丰富了民众休闲、娱乐的选择，争夺着消费者的注意力，一定程度上分流了大众对传统出版物的消费。尽管数字技术的快速发展也正在改变着传统出版行业，加快了其数字化转型的步伐,但目前全球各国出版业的数字化发展极不平衡,数字化转型还有很大的发展空间。出版行业在此大环境下市场不断萎缩,上市公司数量持续走低、营业收入不断萎缩、税前利润波动剧烈、从业人数持续减少正是整个行业发展不景气的数字表征。

互联网及直销零售行业就业人员数量庞大且快速增长,促进就业的同时升级了传统就业方式。全球互联网销售行业的迅猛发展以及与其他行业的深度结合,促使着越来越多的人开始从事电子商务相关的工作,这意味着该行业提供了数量庞大的就业岗位,在全球范围内有力促进了就业。更重要的是,电商岗位对传统零售行业的就业不是简单替代,而是促进了传统就业方式的升级。[①] 结合上市公司数量、营业收入、税前利润、从业人数四项指标来看,2008—2017年互联网及直销零售行业发展迅速且成果显著,未来前景仍将看涨。

五 小结

综合以上对数字创意产业前十名行业上市公司数量、营业收入、税前利润、从业人数的数据分析,我们可以大致了解各行业过去十年间的发展状况和未来发展趋势,并从中得出一些基本结论。那些诞生时便携带着数字与创意基因的产业,如软件、互联网及直销零售等行业,显然拥有远高于其他行业的发展势头和强大生命力。数字创意产业作为新兴经济领域对就业的创造效应同样显著,大量"传统产业+数字化"的跨界领域以及数字技术带动的新商业模式,催生了许多新增就业机会。可见,数字创意产业能够释放巨大的能量,将日益成为全球经济发展的新动能。

数字技术的爆炸性发展和创意发展驱动加速了对旧模式的冲击,传统行业如出版、广播等行业在近十年经历着被赶超、挤压的阵痛。但这一趋势同时也带来了机会,传统行业开始迎合时代趋势,加快与现代数字化信息技术、文化创意的深度融合,加速转型步伐,积极探索新的商业模式,这是行业未来发展的必然趋势,更是重获新生的重大机遇。

---

① 张海霞:《电子商务发展、非农就业转移与农民收入增长》,《贵州社会科学》2020年第10期。

第四章

全球数字创意产业主要国家和地区行业图谱

本部分研究在第三章的基础上,从前30名主要国家和地区中进一步选取八大数字创意产业强国,并借由分析八国表现突出的细分行业,研判典型国家数字创意产业核心行业结构及演化趋势。

第一节 美国数字创意产业行业结构及演化趋势

一 企业并购趋于频繁,数创上市公司数量普遍呈下降趋势

从统计数据来看(见图4-1),2008—2010年,美国数字创意产业上市公司数量前5名细分行业为应用软件,互联网软件与服务、数据处理和外包服务,技术硬件、存储和外设与互联网及直销零销所占据。美国拥有世界上最先进的软件和信息技术服务业。在高度发达的市场环境、丰富的技术资源、鼓励技术创新的政策大环境下,美国逐渐坐稳了世界第一软件强国的龙头位置,其软件产品占有全球60%以上的市场份额。在智能化的大趋势下,应用软件在软件产品市场中占据的比重将不断增大,行业发展十分迅速,公司数量迅速攀升,2008年上市公司数量高达303家,遥遥领先数字创意产业其他行业。

在软件行业,应用与服务、软件与硬件的结合日益紧密。产品和服务的进一步深化耦合,推动了软件、硬件、应用与服务的协同发展,这就使得相关行业全面开花。互联网软件与服务、数据处理和外包服务、技术硬件、存储和外设行业紧跟应用软件行业,上市公司数量领先其他行业。

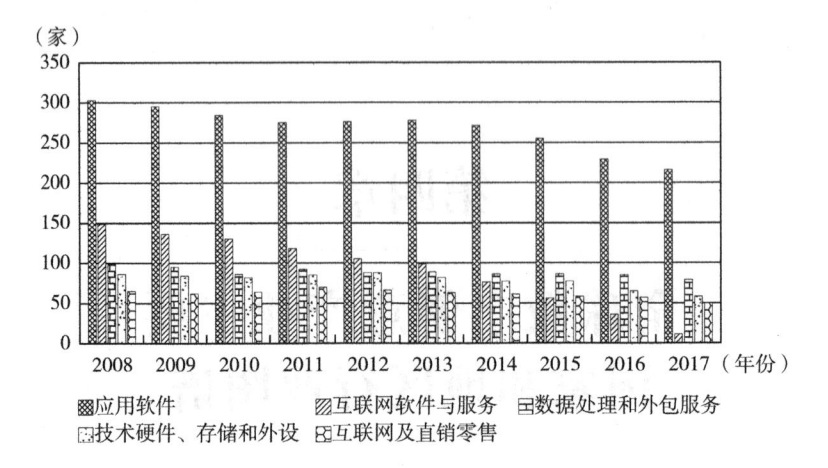

（家）
350
300
250
200
150
100
50
0
　　2008　2009　2010　2011　2012　2013　2014　2015　2016　2017（年份）
■应用软件　　　　　　　　■互联网软件与服务　　■数据处理和外包服务
■技术硬件、存储和外设　　■互联网及直销零售

图 4–1　2008—2017 年美国数字创意产业细分行业上市公司数量分布情况

在超过一个世纪的时间里，美国都以其繁荣的通信业闻名于世：从单线电话的发明，到贝尔发明现代电话，继而 AT&T 成立，成为世界上最大的电信公司之一。1996 年由克林顿政府颁布的电信法案，使美国电信市场全面开放，由垄断走向全面竞争。AT&T 不再处于垄断地位，一些小的运营商也纷纷进入市场参与竞争，这使得美国通信设备行业上市公司迅速增加。然而，在投资成本越来越高、利润越来越低、市场需求增速放缓、市场竞争压力增大的环境下，通信设备行业上市公司数量持续萎缩，彼此间兼并收购大量发生。2008 年上市公司数量尚有 80 家，2017 年就仅存留 39 家，不足 2008 年的一半。

2011—2017 年，互联网及直销零售行业上市公司数量成功超过通信设备行业挤进前五强。美国是直销这种企业产品现代营销方式的发源地，也是世界第一直销大国。随着互联网和快递行业的快速发展，网购潮流也开始席卷美国，以亚马逊、eBay 为代表的互联网零售商迅速崛起，传统零售企业也相继转型，从事电子商务的公司纷纷成立，从业公司数量增长快速。其中，在多重因素影响下，2008—2017 年美国数字创意产业各行业上市公司数量普遍降幅明显。20 世纪 90 年代美国上市公司数量达到顶峰，当时数百家初创公司利用互联网兴起的机会纷纷敲钟上市，然而在随后的互联网泡沫破灭期间，很多公司便销声匿迹。更加严格的监管要求也使得越来越多的公司不愿上市。

此外,并购市场的蓬勃发展也是上市公司数量减少的重要因素。2008年以后的并购浪潮主要是以互联网等新兴科技行业为主导。近几年,美国互联网等新兴行业的并购案例飙涨,如亚马逊从在线书商摇身一变,成为最大在线零售商、最大云服务提供商、最大有机食品超市连锁、拥有美国最有影响力的三大报纸之一;脸书将Instagram和WhatsApp两大数亿级用户体量的社交媒体收入囊中;微软将Skype、Github、LinkedIn等并购。越来越多的企业选择通过兼并收购实现跨越式发展,新股上市的速度跟不上并购的速度。2009—2017年美国数字创意产业前六名行业上市公司数量都在不同程度逐年减少,其中互联网软件与服务行业缩减最为显著,从2009年的149家迅速跌至2017年的11家,缩减率高达92.6%(见图4-2)。

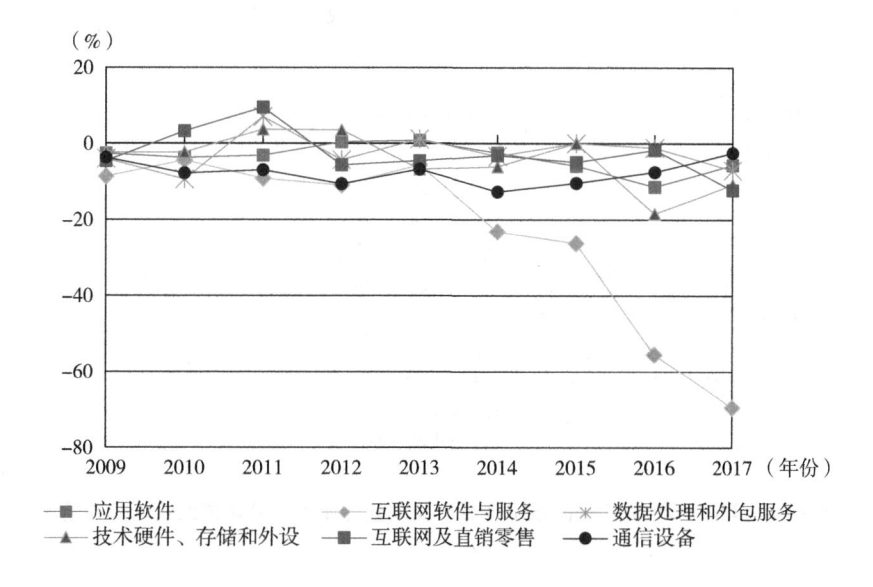

图4-2 2009—2017年美国数字创意产业细分行业上市公司数量增长率

大规模的并购对整个数字创意产业和各个细分行业势必均产生重要影响,产业结构实现调整和升级,行业市场集中不断提高。这些被拆分的公司经过竞争、聚合、拆分后成为世界一流公司继续在全球"统治"着各自的领域,同时为未来的新产业腾出发展空间。

二 电信行业积极转型，互联网行业迎来风口

从营业收入看（见图4-3），综合电信服务行业业绩总体稳中有进，除2011年略有萎缩之外，其余年份均呈增长态势。2008—2009年综合电信服务行业在各行业中营收总额称冠，尽管随后被技术硬件、存储和外设行业赶超，但仍保持着第2名的佳绩。近年来，移动互联网和宽带互联网的快速成长，尤其是OTT应用的蓬勃发展，对电信运营商来说是一个巨大的挑战，全球多国的电信服务市场在萎缩，但是美国电信市场却逆流向好，营业收入稳步上升，这得益于美国电信服务行业的积极创新和转型。随着以语音服务为代表的传统电信服务收入的持续下降，新兴数字化服务成为美国电信运营商探索新收入来源的重要机遇。美国电信运营商通过提高网速、降低资费、推出视频服务、大数据服务和物联网等创新产品的多种方式成功提高市场份额。

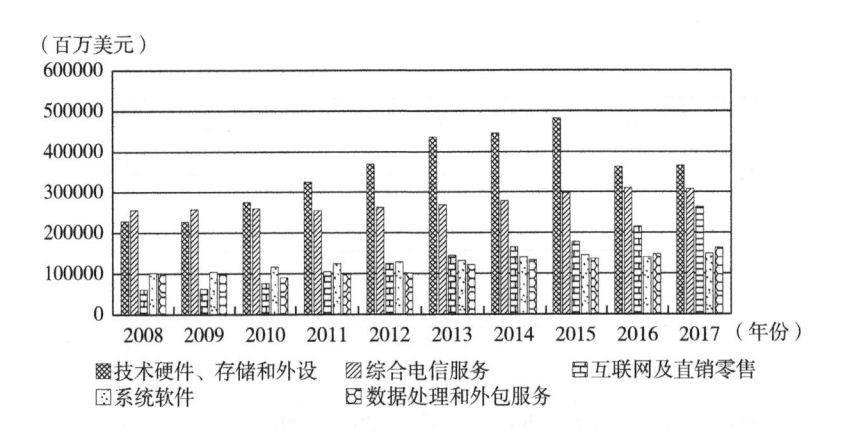

图4-3 2008—2017年美国数字创意产业细分行业上市公司营业收入分布情况

技术硬件、存储和外设行业几乎伴随着电子计算机的发展历程而来，随着计算机应用的迅速普及以及网络化、信息化应用的日益广泛，市场对技术硬件和存储器等IT基础设施的需求快速上升，近几年愈发火爆的电竞行业也持续拉高了市场外部设备的需求。在此背景下，美国技术硬件、存储和外设产业迎来了发展的新风口，2009—2013年营业收入快速增加，并于2014年达到峰值4451.02亿美元，2016年有所回落，但2017年又恢复上升势头。技术硬件、存储和外设行业在美国这

个世界第一计算机大国的热度无疑将持续。

在美国,大数据技术不断演进,应用持续深入,各行各业对数据处理的需求日益高涨。为了节约成本、提高效率和获取更专业的服务,越来越多的企业选择将数据处理业务外包给专业的公司,数据处理和外包行业得以迅速发展起来。2011年后行业营业收入总额逐年上升,行业景气度不断提升。

三 不同细化行业盈利状况悬殊,几家欢喜几家愁

技术硬件、存储和外设行业产品附加价值高,盈利能力突出。从数据来看(见图4-4),2008—2015年,技术硬件、存储和外设行业在营收不断增加的同时,税前利润也在同步增长。2010年开始,技术硬件、存储和外设行业超越综合电信服务行业,成为美国数字创意产业税前利润最高的行业,并快速拉开了与其他行业的差距,表现十分亮眼。

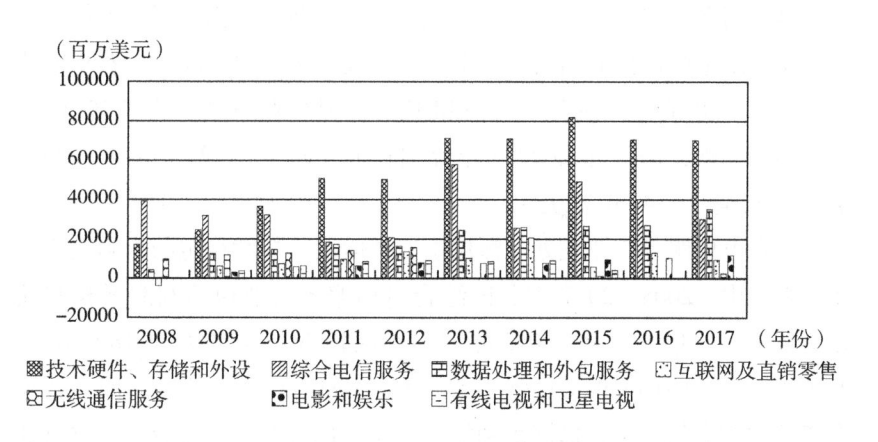

图4-4 2008—2017年美国数字创意产业细分行业上市公司税前利润分布情况

电影和娱乐行业口红效应明显。2008年9月,美国金融市场骤然动荡,引发了全球股市暴跌,美国陷入"百年一遇"的金融危机。然而经济的萧条不仅没有摧残电影和娱乐行业,反倒造就了其空前繁荣的景象。电影作为一种文化产业,受到一般经济规律和资本属性的限制,但同时作为艺术,它又有着特殊性,其兴衰与社会文化语境和接受心理有着密切联系。经济学中的典型效应"口红效应"能够解释电影和娱乐业税前利润不降反升的现象。经济不景气时,像口红一样廉价而非必

要的消费品销量反而直线上升。① 在经济低谷期的人们更有欲望去利用廉价的消费获取对于生活的信心，在消费中寻找慰藉和宣泄，电影和娱乐业正好可以帮助人们"造梦"，成为人们短暂的避风港。金融风暴过后的几年，在经济逐渐复苏、居民消费水平提高、消费习惯养成、娱乐需求日益旺盛、电影业快速发展等多重因素的共同驱动下，美国电影娱乐行业蒸蒸日上，税前利润始终保持快速增长的势头。

"掐线"潮来袭，有线电视和卫星电视行业辉煌不再。20世纪80年代以来的美国，有线电视已经开始广泛普及，有线电视频道不断增加，到2012年有线电视和卫星电视行业税前利润达到89.56亿美元，达到了它的鼎盛时期。然而近几年迅速崛起的网络视频和互联网频道直播服务给传统的有线电视和卫星电视造成了巨大打击，越来越多的美国家庭选择通过互联网来获取影视娱乐，取消了传统的有线电视和卫星电视。尽管诸多电视台纷纷推出了互联网电视服务，但仍改写不了传统电视行业注定走向没落的结局。付费用户快速流失，盈利能力自然相应骤降，2014年开始，美国有线电视和卫星电视行业盈利能力急转直下，税前利润暴跌，2015年和2016年分别较前年减少54.25%和96.52%，2017年甚至亏损4.07亿美元。

综合电信服务行业正处于深层次变革阶段，持续稳定的盈利之道尚在探索之中。2008—2017年美国综合电信服务行业税前利润增长和缩减交替出现，起伏较大，2013年税前利润较2012年增长了180.16%，但2014年相较2013年又跌落了55.75%。如何在稳住业绩的同时，探索新的利润增长动力，提高盈利能力，是美国综合电信行业急需解决的难题，也是世界各国电信业的共同挑战。有着100多年历史的美国电信业始终走在世界的前列，是先行者，也是行业改革的探路者。

四 智能革命下传统行业从业人数萎缩，信息科技业就业拉动能力突出

计算机硬件和存储外部设备是集机、光、电、磁学技术和微精密机加工于一体的高技术产品，因而不仅技术密集、资金密集，也是劳动力

---

① 余佳丽、李亦中：《金融危机背景下中美电影市场"口红效应"透视》，《现代传播—中国传媒大学学报》2009年第4期。

密集的产业。同时，市场需求高和更新换代快也使行业需要吸纳大量的从业人员。从统计数据来看（见图4-5），2008—2015年行业从业人数整体呈增长势头，并于2015年攀升至104.24万人，达到了顶峰，一度成为数字创意产业内从业人数最为集中的行业。2016年后，行业从业人数迅速下降，2017年仅为42.99万人，尚不及2008年的水平。

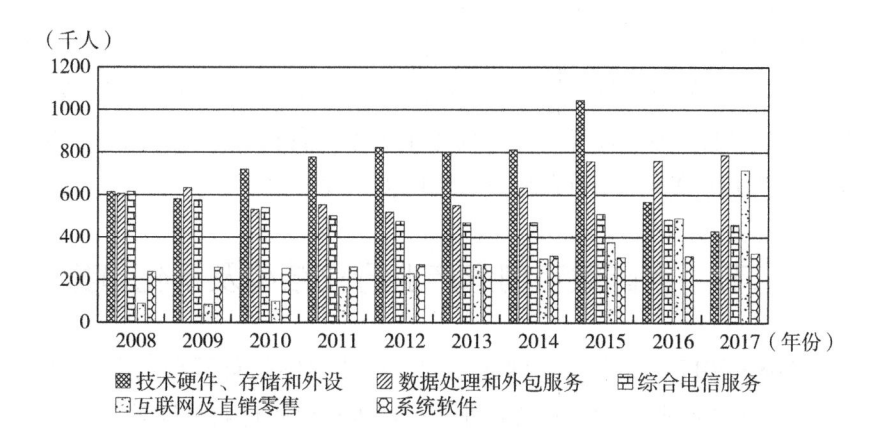

图4-5　2008—2017年数字创意产业细分行业上市公司从业人数分布情况

美国综合电信服务行业规模庞大，巨大的体量决定了从业人数众多，2008年从业人数于美国数字创意产业所有行业中位列第一。但在用户市场日趋饱和、传统业务逐渐萎缩、发展新格局尚未明确、行业活力不及新兴行业的局面下，行业对就业人口的吸引力在明显下滑。

软件业是一个强大的就业制造者，作为一个创造就业的动力源，行业以高新的特点吸引了大量受过高等教育和技术熟练的美国劳动力。除了为满足自身发展提供大量就业机会外，软件业所带来的每一项直接工作，都会带动与之相关其他行业的2.6个就业岗位的增长。软件业通过间接和引致效应，同样为其他行业增加了大量工作岗位。2009年开始，应用软件行业从业人数稳健增加，2017年已涌入29.52万人。

2008—2017年数据处理和外包服务行业从业人数呈稳步增加态势。受益于大数据技术和人工智能技术的发展，数据处理和外包服务行业就业前景依然广阔，从业人数还会继续增长。美国是世界第一直销大国，参与直销的人群也多。不过，2011年后，互联网销售在整个零售业的比重快速增大，这也促使了美国零售行业从业人数的激增，即直销零售行业快速增加的就业人数主要由电子商务这种新兴销售模式贡献。除行业本身直接带动就业外，随着线上销售与其他行业的深度融合，电子商务的间接促进就业能力愈发突出，2008—2010年，美国互联网及直销零售行业从业人数还不足10万，2011年就达到了16.56万人，增长幅度高达67.08%。随后几年，行业从业人数增长势头不减，2017年已提供71.65万个就业岗位。随着美国居民人均消费水平的不断提高、整合传统零售和电子零售优势的电子商务全渠道运营模式来临，可以预见，未来美国互联网及直销行业从业人数还将持续增加。

第二节 英国数字创意产业行业结构及演化趋势

2008—2017年，作为老牌数字创意产业强国的英国在八大强国中的表现却并不亮眼，两大核心行业——广告和出版行业都从巅峰位置滑落，呈现出明显的集中化、集团化趋势。

一 广告行业：独占鳌头，巅峰已过

英国是在欧洲甚至世界都首屈一指的传媒大国，在作为传媒行业重要分支的广告业，英国也独占鳌头，极具话语权。经过多年的发展，全球广告业已处于行业生命周期的成熟期，广告行业景气度与经济发展密切相关。

从发展脉络来看，2008年爆发的国际金融危机波及英国，英国广告业随之遭受重创。从数量指标来看（见图4-6），2008年上市公司数量为50家，2009年便减少至43家。2008年广告业营业收入和税前利润分别为256.26亿美元、22.73亿美元，2009年就暴跌至89.34亿美元、3.10亿美元，跌幅高达65.14%、86.37%，从业人数也从前一年的17.15万人缩减至5.02万人（见图4-7、图4-8、图4-9）。随后几年，金融危机的影响逐渐散去，广告业迅速重整旗鼓，行业业绩、利润、从业人数快速恢复至危机前水平。2012年欧债危机的袭来令英国经济再次元气大伤，广告行业也随之遭遇冲击，这主要是由于英国是一个对国际贸易依赖程度很高的国家，是欧洲最大的广告服务出口商，

而欧洲是英国最重要的市场。欧债危机下，英国在欧盟内的出口对象国的经济遭到重创，导致英国对欧盟出口下降。当年营业收入、税前利润仅有73.48亿美元、8.56亿美元，较前年缩减71.23%、64.09%，从业人数同样跌幅显著，仅为3.51万人。2013年脱欧被英国首相卡梅伦首次提及，政治局势的不稳定让英国广告业失去了欧洲众多国家的市场，2013年后英国广告业营业收入增长乏力，税前利润也始终徘徊在10亿美元以下，再也回不到2008年前的巅峰水平。

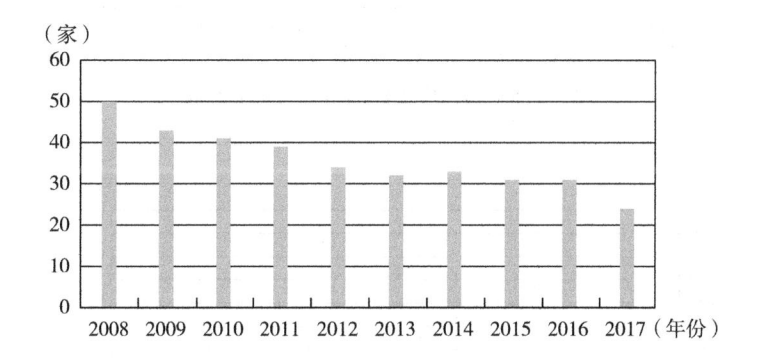

图4-6 英国广告业上市公司数量

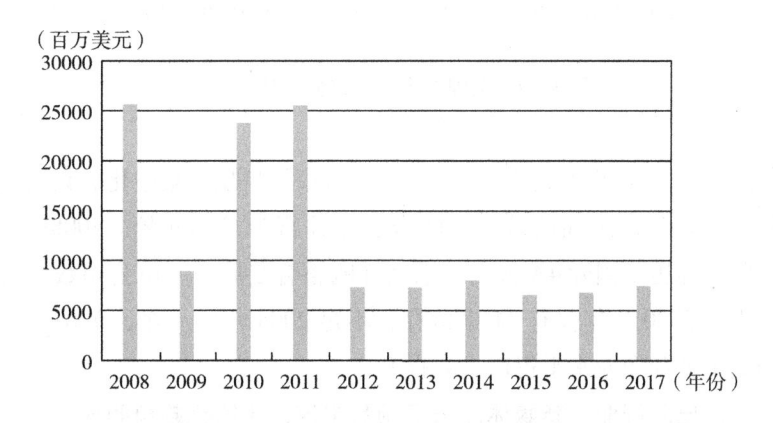

图4-7 英国广告业上市公司营业收入

（百万美元）

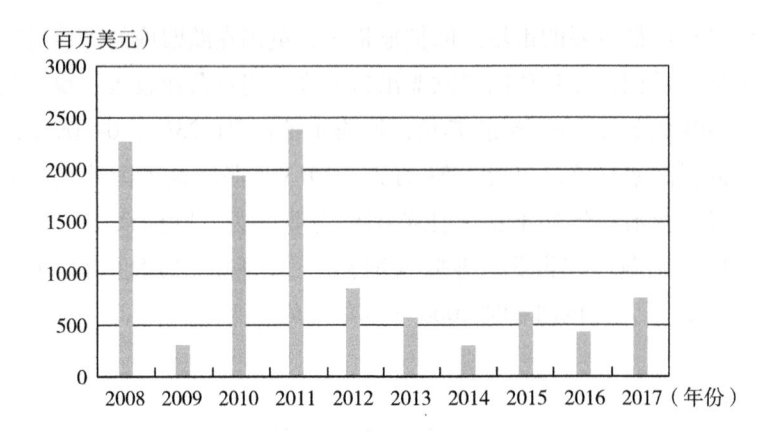

图4-8 英国广告业上市公司税前利润

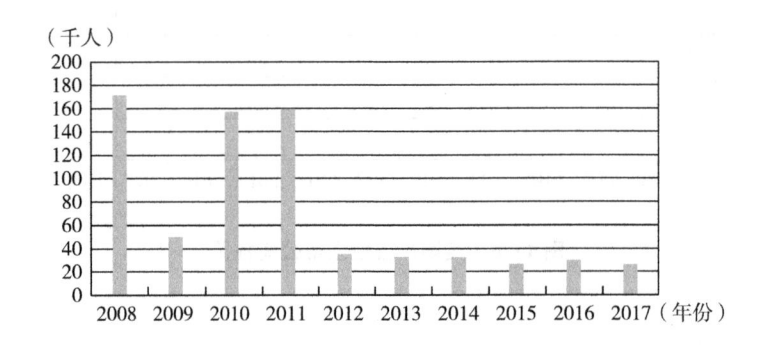

（千人）

图4-9 英国广告业上市公司从业人数

随着世界经济更加国际化，国际广告市场呈现出集中化、集约化的趋势，广告公司之间的合并、联合、兼并行为日趋频繁。2008—2017年英国在经历了国际4A公司一系列并购整合之后，上市公司数量持续性减少，到2017年仅有24家留存，不足2008年的一半，英国广告行业的集中度和专业水平得以大幅提升。

二　出版行业：新媒体冲击下颓势难掩，集团化趋势明显

作为世界现代出版业的起源国，英国是世界出版大国，更是世界出版强国，当下的发展依然领先世界。随着互联网的快速进步、新媒体的兴起，英国出版行业遭受着强烈冲击。从统计数据来看（见图4-10、图4-11），2008—2017年英国出版业营业收入整体呈快速降低趋势，

尤其 2008—2010 年和 2015—2017 年下降幅度最为明显。2008—2010 年的业绩严重下滑主要是由于国际金融危机下全球经济形势的低迷；而 2015—2017 年则是由英国自身的脱欧事件引起的。尽管公投一波三折，大局未定，但已经给出版业带来了不小的影响，英国与欧盟间的关税障碍造成出版成本上升、出口贸易下降，来自欧盟的研究资助经费大幅下降，种种原因都造成英国出版行业业绩和利润的大幅下滑。十年间英国出版行业税前利润波动频繁，2008 年国际金融危机、2012 年欧债危机以及英国脱欧都引起了行业利润的剧烈震荡。

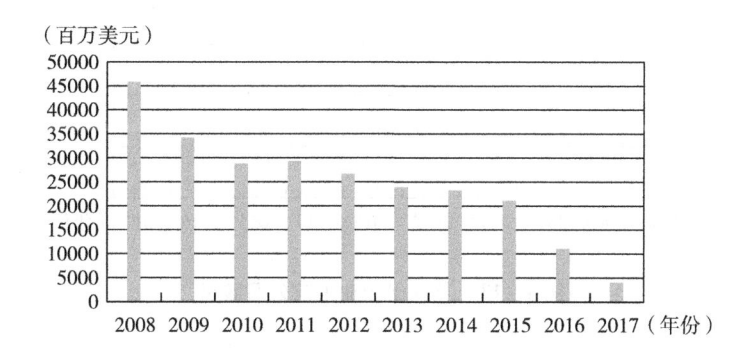

图 4－10　英国出版业上市公司营业收入

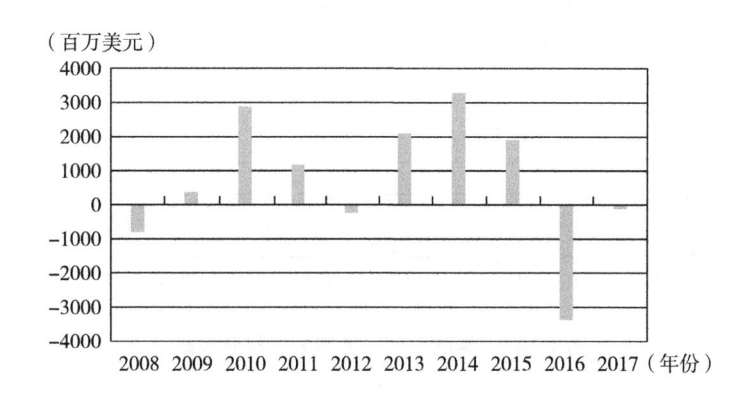

图 4－11　英国出版业上市公司税前利润

随着出版行业竞争的不断加剧，大型出版机构之间并购整合与资本运作日益增多，集团化持续加强。此外，大型出版公司为了应对脱欧产生的危机，纷纷展开重组、并购。在此背景下，英国出版行业上市公司数量呈持续下降态势（见图4-12、图4-13），2008年上市公司数量为20家，2017年仅剩10家，十年间缩减了一半的数量。重组和并购必然引发大量裁员，2008—2017年英国出版行业上市公司从业人员呈快速减少趋势，缩减幅度显著，2008年就业人数为18.26万人，而2017年仅为1.88万人，是2008年的十分之一左右。

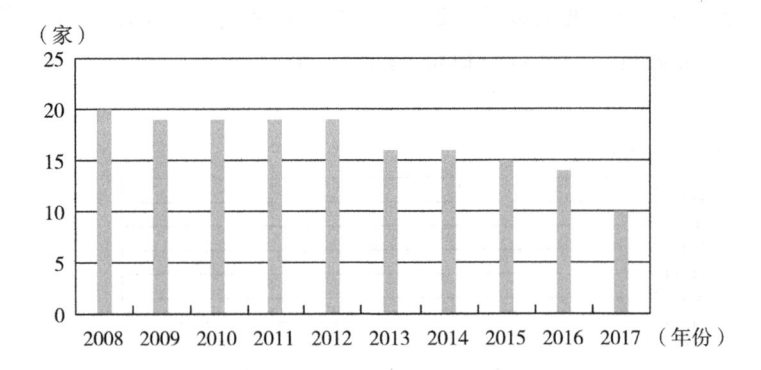

图4-12 英国出版业上市公司数量

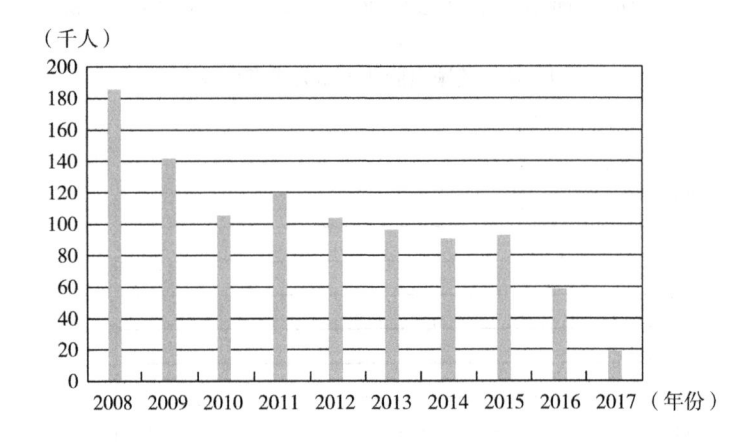

图4-13 英国出版业上市公司从业人数

第三节 德国数字创意产业行业结构及演化趋势

2008—2017年，德国的广播行业和应用软件行业在细分行业中表现亮眼，折射出德国从制造强国向文化创意强国转型的趋势。

一 广播行业：借力媒介融合，焕发新活力

德国是欧洲最大的广播市场，自 20 世纪 80 年代以来，德国便开始实行公共广播与私营广播共存的双轨广播制度，这使得广播行业形成了良好的相互竞争、相互补充的格局。随着新媒体时代的到来，传统广播在大多数国家已经变得黯然失色，而在德国，广播依然焕发着生机与活力。从统计数据来看（见图 4 - 14、图 4 - 15、图 4 - 16、图 4 - 17），2008—2017 年德国广播行业营业收入呈小幅缩减态势，但整体而言较为稳定，而税前利润高歌猛进，从 2008 年的 5.78 亿美元上升至 26.26 亿美元，增长显著。在较为景气的行业背景下，德国广播行业的就业拉动能力表现不俗，从业人数稳步上升，为德国贡献了超 10 万个的就业岗位。

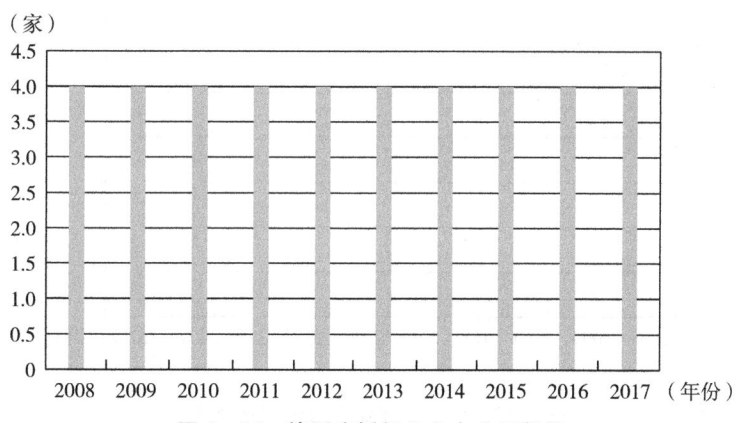

图 4 - 14　德国广播行业上市公司数量

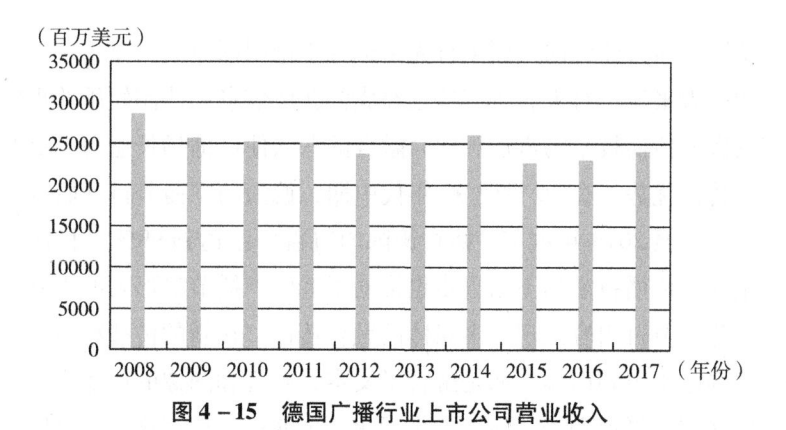

图 4 - 15　德国广播行业上市公司营业收入

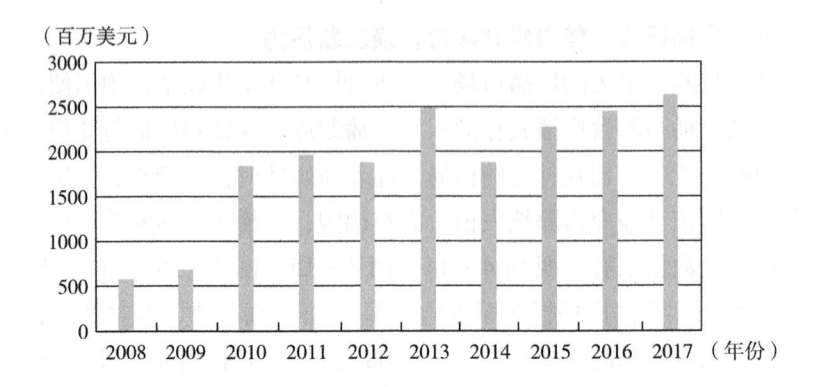

图 4-16　德国广播业上市公司税前利润

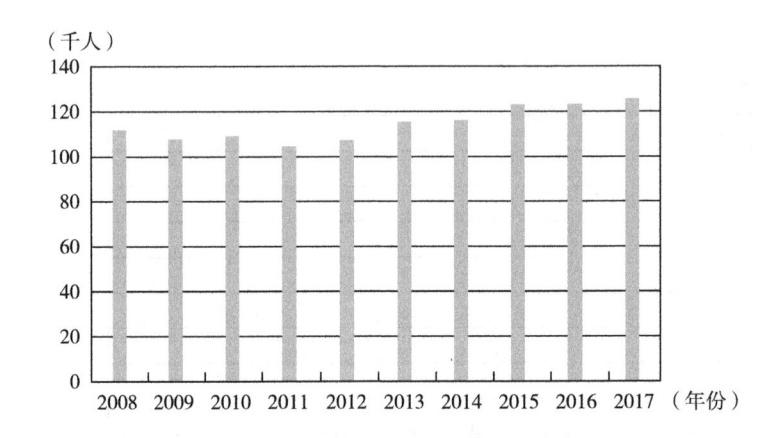

图 4-17　德国广播业上市公司从业人数

德国广播行业的向阳而生首先是根源于德国深厚的广播传统，对于多数德国人来说，每天收听广播已经成为获取信息和休闲娱乐的重要方式。其次是传播技术的进步和媒介融合的深入使广播扬长避短，更好地发挥了传播优势。在 20 世纪 90 年代中期，德国的广播节目开始进行数字化生产，至 2014 年数字广播在德国的覆盖率已达到 99%，目前已经覆盖全德。传播技术的不断进步也推动了德国广播节目形式的推陈出新和多样化，节目内容出现了多媒体的融合传播。在新的传播渠道下，广播不再局限于声频内容，而是融合了文本、声音和图像的广播内容。同时，广播传播渠道和接受终端的多元化，也使得广播逐渐成为德国人的

"贴身媒介"。

二 应用软件行业：结合传统制造业优势，力图实现"弯道超车"

长久以来，强大的工业一直都是德国的一大标签，而随着信息化时代的到来，德国也开始着眼于国家信息化的发展。雄心勃勃的德国政府自20世纪90年代末以来，便大力支持和促进国家信息化的快速发展，2003年开始更是相继出台了《信息社会德国2006》、《信息社会德国2010》、"数字德国2015"等行动方案和国家战略。为了抢占新一轮工业革命的先机，德国在2013年的德国汉诺威工业博览会上提出了工业4.0战略，旨在将传统制造业转型为电子型制造业，即在制造业中加入信息化服务，将自身优势最大化。在此背景下，德国应用软件行业迎来了发展风口。

在整合、并购的浪潮下，2008—2017年德国应用软件行业上市公司数量从33家降至25家（见图4-18）。十年间行业营业收入整体持续上升且势头稳健，税前利润也在小幅波动中有所增长（见图4-19、图4-20）。行业规模的持续扩张带动了行业从业人数的快速增长，十年间德国应用软件行业上市公司从业人员从5.72万人增加至近10万人（见图4-21），这表明应用软件行业有着较强的就业带动能力。

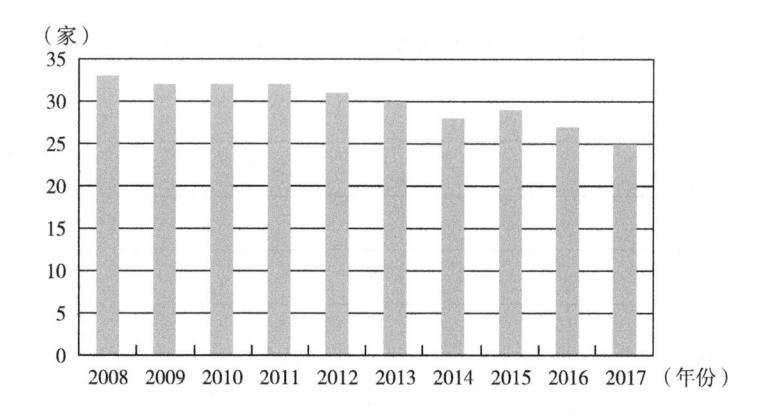

图4-18 德国应用软件业上市公司数量

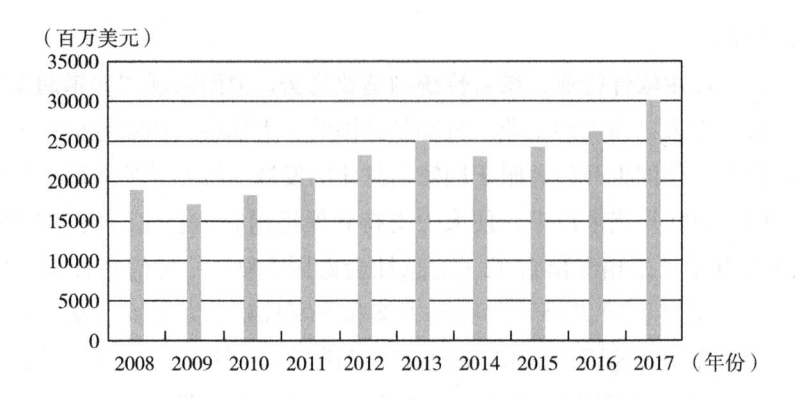

图 4-19　德国应用软件业上市公司营业收入

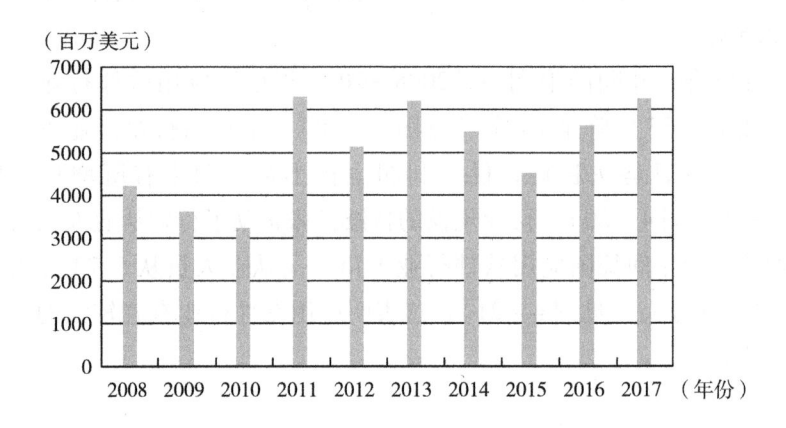

图 4-20　德国应用软件业上市公司税前利润

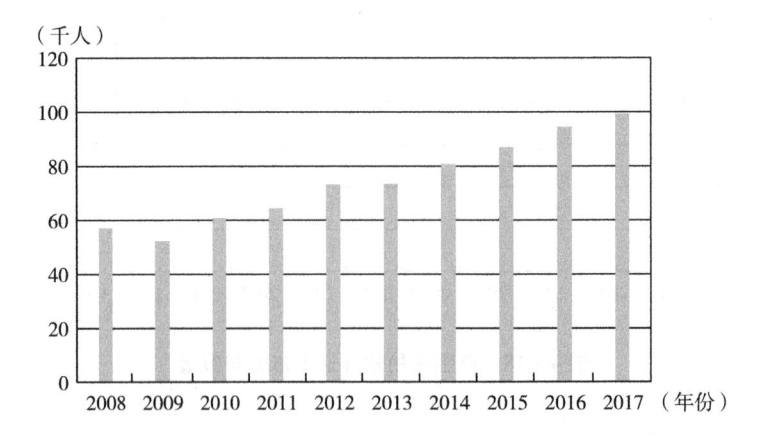

图 4-21　德国应用软件业上市公司从业人数

第四节 法国数字创意产业行业结构及演化趋势

从数据来看,2008—2017 年,法国影视娱乐行业受好莱坞电影的强势挤压,面临着巨大的转型压力。综合电信服务行业也受多重因素的影响,市场低迷,增速缓慢。

一 影视娱乐行业:好莱坞电影大举入侵,转型迫在眉睫

法国是全球最活跃的影视娱乐市场之一。2009 年法国政府通过了《创作与互联网法》,并成立了一个独立的公共机构——网络著作传播与权利保护高级机构,致力于促进电影、音乐、书籍等一切形式的著作在互联网上的合法供应。版权保护之外,电影税收抵免政策以及财政支持也为法国电影在国际环境中取得竞争优势提供了有效保障。

从数据来看(见图 4-22、图 4-23、图 4-24、图 4-25),2008—2011 年法国影视娱乐行业发展势头良好,上市公司营业收入稳中有进,税前利润也在除 2009 年受金融危机影响而下降之外均保持增长态势。但 2011 年后情况便急转直下,2011—2015 年行业营业收入持续锐减,2011 年营业收入为 407.51 亿美元,而 2015 年便暴跌至 124.64 亿美元。2011—2013 年行业税前利润更是经历了"大跳水",2011 年税前利润尚处于峰值的 70.82 亿美元,两年后的 2013 年便亏损了 19.18 亿美元。其间,法国影视娱乐行业的快速衰退固然与法国经济的

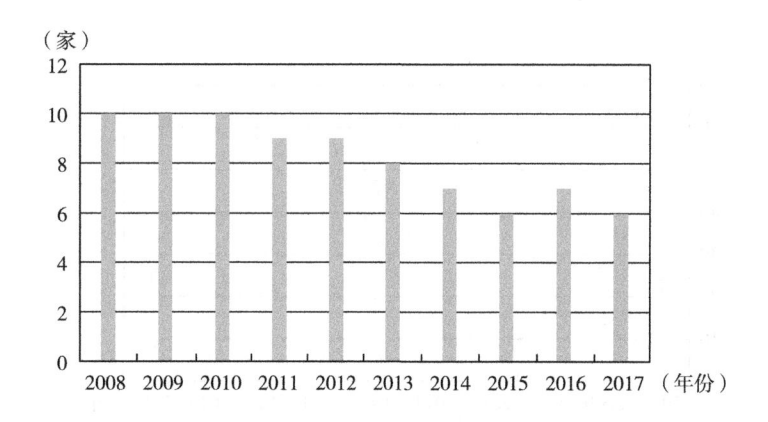

图 4-22 法国影视娱乐业上市公司数量

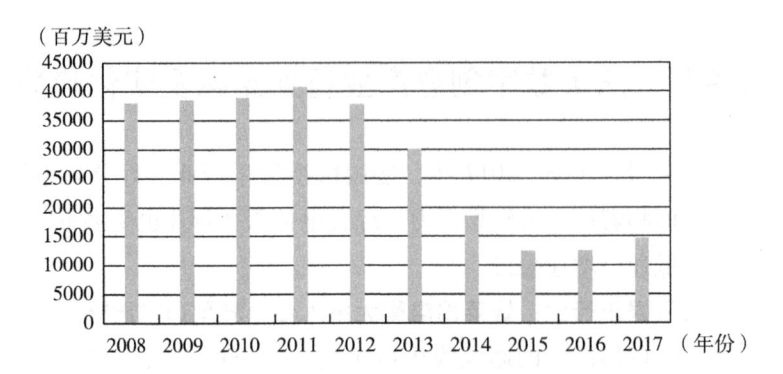

图 4-23　法国影视娱乐业上市公司营业收入

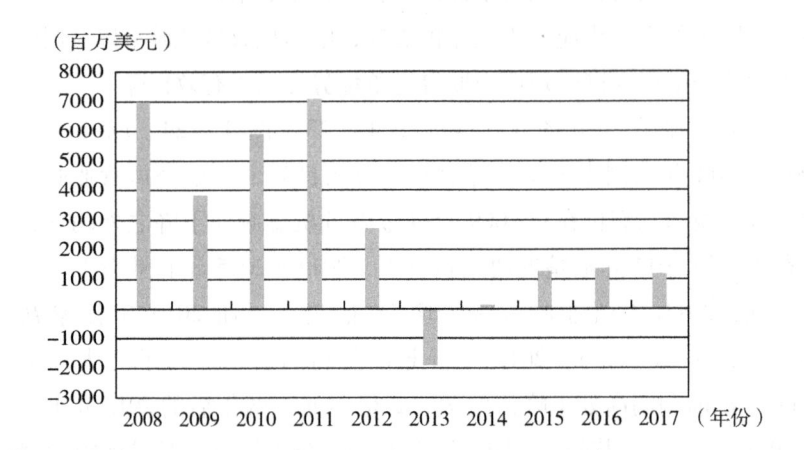

图 4-24　法国影视娱乐行业上市公司税前利润

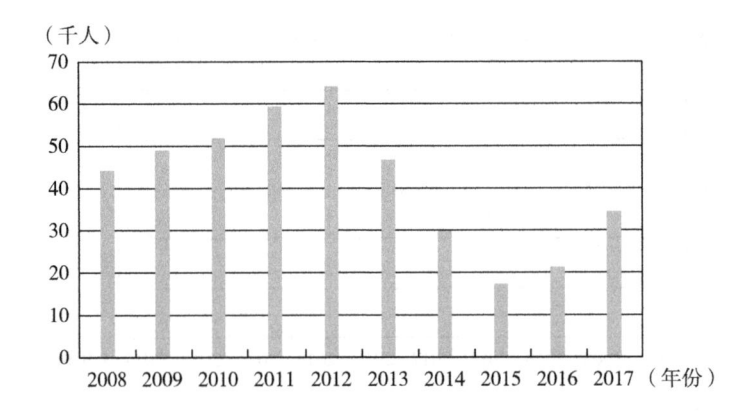

图 4-25　法国影视娱乐业上市公司从业人数

停滞有关,但最主要的原因还是好莱坞电影的强势入侵导致法国本土电影遭受重击。为了将本国影视娱乐业从困境中解救出来,法国政府和影视娱乐业人士采取了一系列积极措施力求提高本土影片质量,振兴本土电影业的发展,加大资金投入的同时,积极推动影视娱乐行业的转型。多方努力下,2015—2017 年法国影视娱乐行业有所回暖,业绩缓慢回升,税前利润有好转趋势,行业从业人员数量也转为增加。

二 综合电信服务行业:增速放缓,寒冬来袭

欧洲电信行业发展较早,法国便是电信市场成熟度较高的国家之一。与其他国家一样,法国的综合电信服务行业处于寡头垄断状态。从统计数据来看(见图 4-26、图 4-27、图 4-28、图 4-29),2008—2010 年上市公司数量仅有 7 家,数量起伏较小。2008—2017 年先后历经了国际金融危机和欧债危机的法国电信业发展速度明显放缓,营业收入于 2008—2014 年持续下滑,2015—2017 年略有回涨。十年间税前利润也呈"跳崖式"下降趋势,2008 年税前利润高达 101.32 亿美元,而 2017 年仅为 26.05 亿美元,缩水幅度较大。这都表明法国电信行业的寒冬已然来袭。随着经济的低迷、新型互联网企业的纷纷崛起、电信市场的竞争加剧,曾经吸纳了大批就业者的法国电信行业上市公司也开始通过精简人员来降低人力资源成本,十年间行业上市公司从业人数逐步减少。

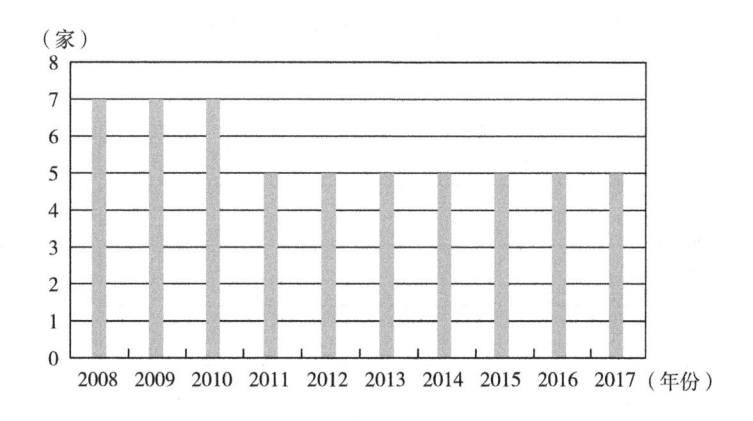

图 4-26 法国综合电信服务业上市公司数量

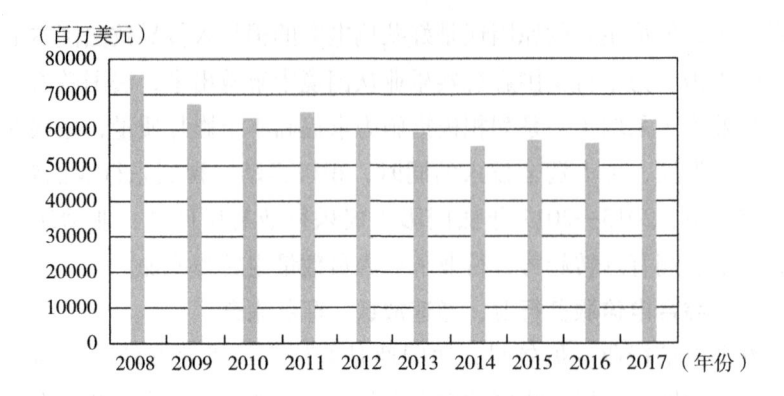

图 4-27 法国综合电信服务业上市公司营业收入

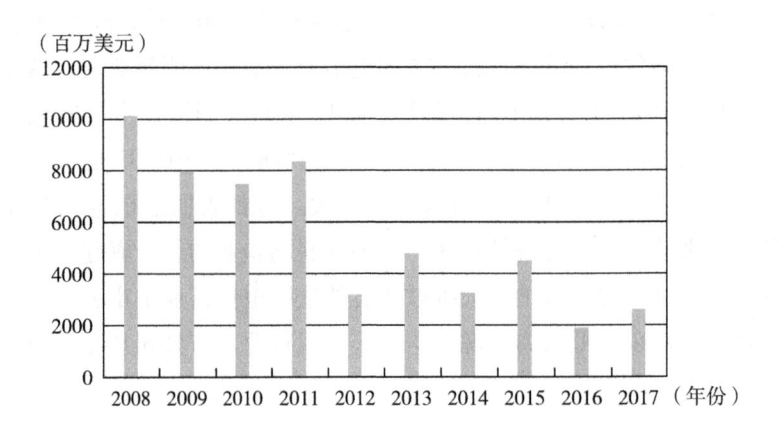

图 4-28 法国综合电信服务业上市公司税前利润

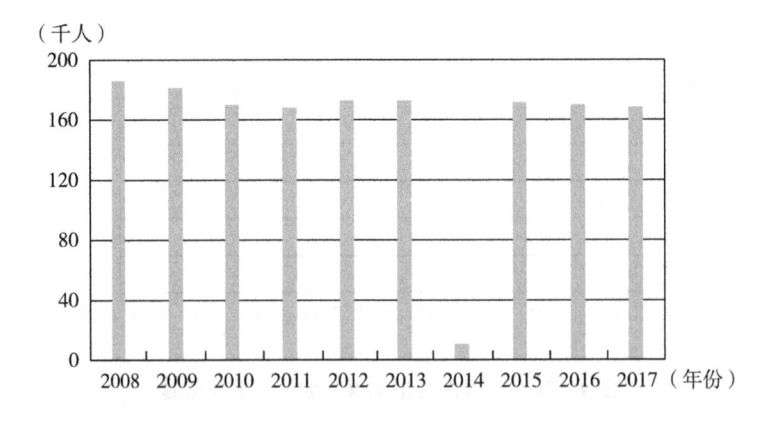

图 4-29 法国综合电信服务业上市公司从业人数

第五节 日本数字创意产业行业结构及演化趋势

2008—2017年，日本的消费电子行业作为本国支柱性产业在国际市场上稍显颓势，但整体地位屹立不倒。商业印刷行业则危机重重，前景并不乐观。

一 消费电子产品行业：业绩下滑，实力犹存

日本消费电子产品行业是日本工业一张亮丽的名片，涌现了一批以技术闻名的行业巨擘，如被称为日本电子产业五大巨头的日本电气、松下、富士通、夏普和索尼，日本在消费电子产业的国际市场上占据着重要地位。

2008年，在全球性金融危机的负面影响下，日本消费电子产品行业亏损惨重。从统计数据来看（见图4-30、图4-31、图4-32），2008—2017年，日本消费电子产业上市公司数量总体呈现下降趋势；在营业收入与税前利润方面也表现不佳，其中2008年税前利润为-98.28亿美元。随后的2009年和2010年，行业逐渐恢复，业绩稳步增加，效益也在2010年扭亏为盈。然而，2011年突如其来的东日本大地震和海啸打破了这一向好的趋势，日本经济遭受重创，消费电子产品行业也难逃打击，当年亏损128.12亿美元，损失程度超过2008年国际金融危机。尽管随后几年由于日元高企、行业国际竞争加剧、出口量缩水等因素，行

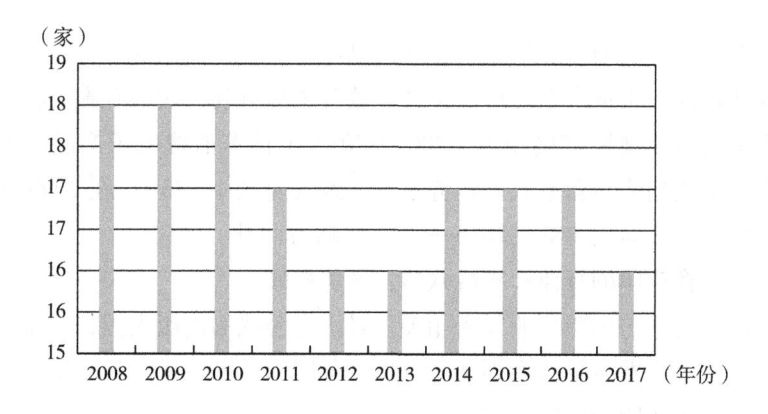

图4-30 日本消费电子产品业上市公司数量

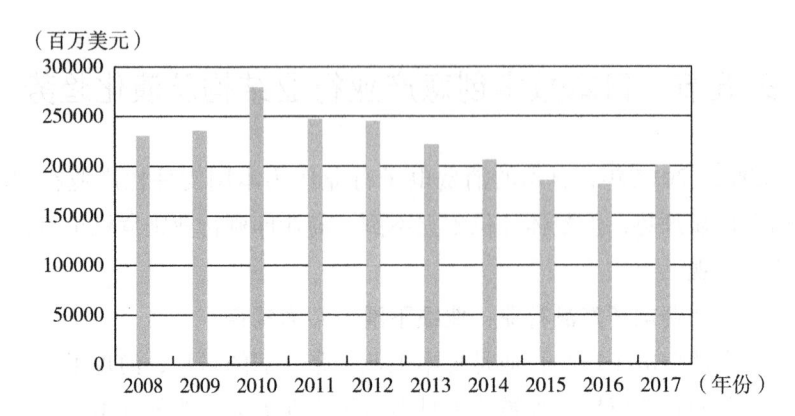

图 4-31　日本消费电子产品业上市公司营业收入

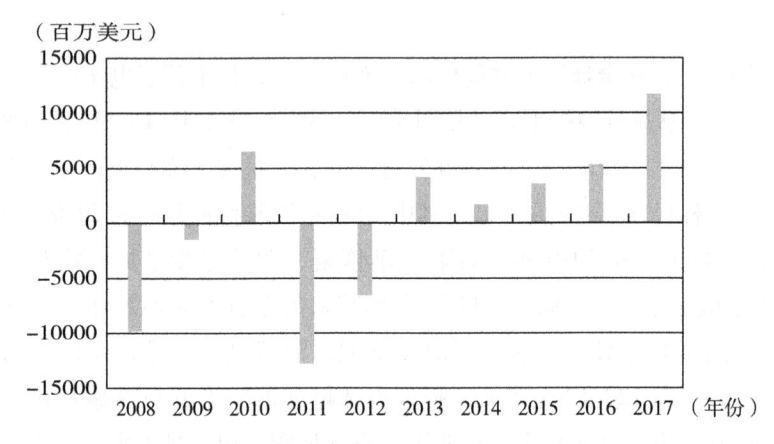

图 4-32　日本消费电子产品业上市公司税前利润

业营业收入下滑明显，但得益于在产品高附加值方面的优势，行业税前利润快速回归正常水平并稳步走高，效益仍然可观，实力犹在。行业从业人数与行业规模直接相关，2008—2017 年日本消费电子产品行业从业人数变化趋势与营业收入走势基本一致（见图 4-33），在 2009 年达到峰值后便呈萎缩态势，2016—2017 年略有回升。

二　商业印刷行业：挑战众多，形势严峻

印刷行业与出版行业紧密相关。日本是公认的出版大国，其报业尤其发达，报纸发行量居高不下，在世界范围内举足轻重的日本出版行业直接带动了印刷行业的发展。

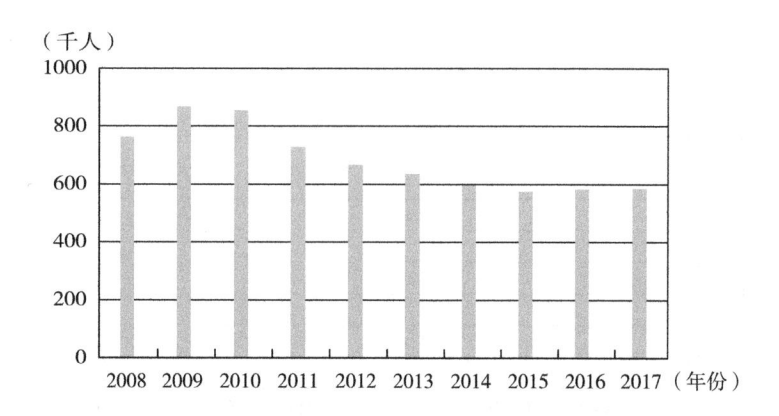

图 4-33 日本消费电子产品业上市公司从业人数

从统计数据来看，2008—2017 年，日本商业印刷行业上市公司数量在 24—26 家波动，浮动很小（见图 4-34）。营业收入在 2008—2011 年为稳健上升态势，并在 2011 年达到了峰值 468.57 亿美元（见图 4-35）。受大地震影响，日本经济在 2012 年减速明显，商业印刷行业业绩转为下滑状态，税前利润和从业人数也走向了下坡路（见图 4-36、图 4-37）。受"安倍经济学"和强劲的美国经济影响，2015 年日本经济复苏，日元在外汇市场持续贬值，商业印刷行业业绩、盈利和从业人数皆有回升。然而，2016 年 2 月形势逆转，日元兑美元升值，强势的日元之外，多元化的媒体、低迷的个人消费和紧张的国际局势，都让日本

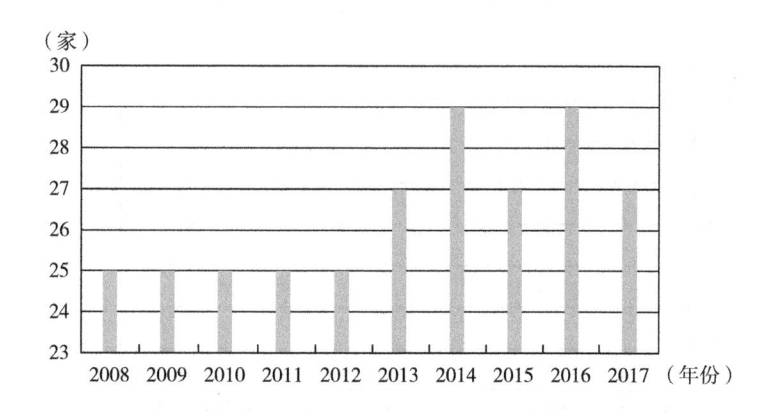

图 4-34 日本商业印刷业上市公司数量

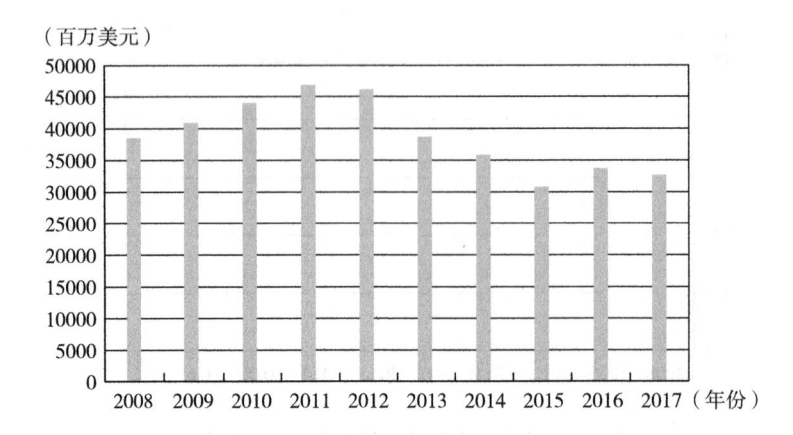

图4-35　日本商业印刷业上市公司营业收入

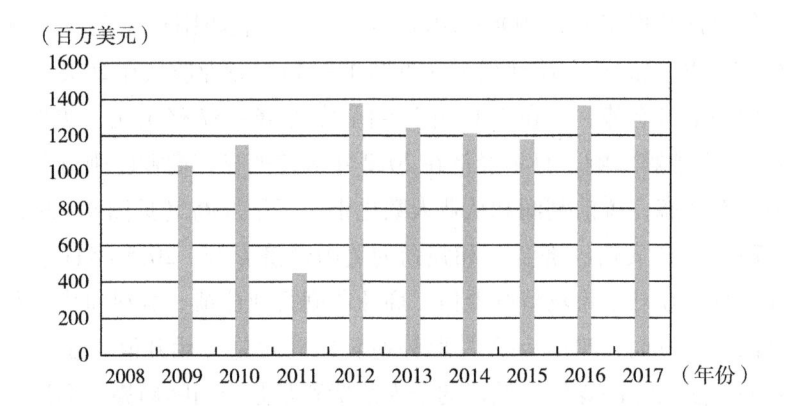

图4-36　日本商业印刷业上市公司税前利润

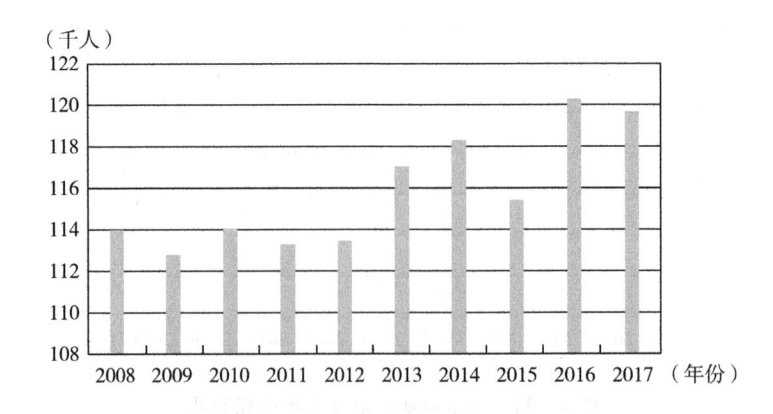

图4-37　日本商业印刷业上市公司从业人数

的商业印刷行业再度遇冷，上市公司数量、营收、利润和从业人数均走低。新媒体的持续冲击之外，日本的商业印刷行业还面临着生育率降低、人口老龄化引起的市场萎缩等多种慢性问题，可以预见，未来日本商业印刷行业的环境将会更加严峻。

第六节 韩国数字创意产业行业结构及演化趋势

2008—2017 年，韩国技术硬件、存储和外设行业发展态势向好，逐渐比肩美国和日本两大强国。韩国消费电子行业在与日本的激烈竞争中站稳头部位置。

一 技术硬件、存储和外设行业：发展迅猛，挤入世界第一梯队

早在 1975 年，韩国政府公布了扶持半导体产业的六年计划，强调实现电子配件及半导体生产的本土化，这为未来韩国技术硬件、存储和外设产业的自主发展奠定了坚实的基础。随后韩国的技术硬件、存储和外设行业从仿制、研发走向自主创新，并持续在内存芯片领域发力。进入 21 世纪以来，伴随着全球信息化的快速推进，韩国技术硬件、存储和外设行业迎来了良好的发展机遇，逐渐在技术和市场上赶上美、日等强国。

2008 年国际金融危机袭来，世界上大部分国家深受打击，出口萎缩，而韩国企业通过解雇员工成功缓解了劳动力负担，快速平稳地渡过了危机，以三星为代表的韩国企业变得更具全球竞争力，韩国也因此得以独善其身，国内经济一直表现亮眼。从数据来看（见图 4 - 38、图 4 - 39、图 4 - 40），2008—2017 年，韩国技术硬件、存储和外设行业上市公司数量呈上升趋势，从 2008 年的 22 家上升到近 30 家。2008—2013 年韩国技术硬件、存储和外设行业呈蓬勃发展态势，上市公司营业收入持续上升、几乎翻番，税前利润也在急速攀升，2013 年税前利润 351.51 亿美元，而 2008 年这一数字尚为 61.28 亿美元。2014—2015 年，韩国经济增速有所放缓，经济的疲软使得技术硬件、存储和外设行业的营业收入和税前利润双双走低。2016 年韩国政府制定了"半导体产业发展战略"，旨在促进芯片产业的发展，同时提高硬件产业的附加值，技术硬件、存储和外设行业恢复了上升势头，业绩和利润增长显著。

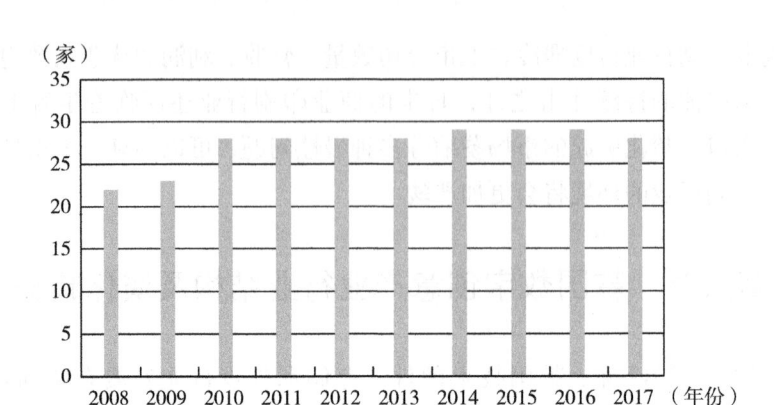

图 4-38　韩国技术硬件、存储和外设业上市公司数量

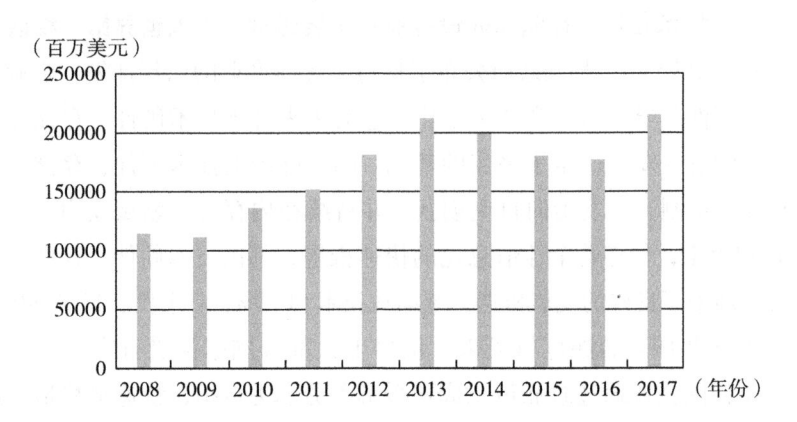

图 4-39　韩国技术硬件、存储和外设业上市公司营业收入

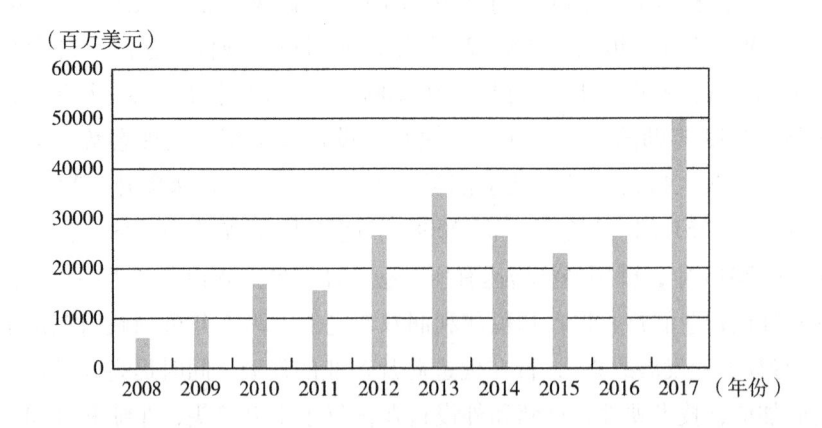

图 4-40　韩国技术硬件、存储和外设业上市公司税前利润

二 消费电子产品行业：比肩日本，激烈竞争中波动前进

韩国是亚洲电子行业的先行者，自20世纪80年代以来便强力推行电子产业战略，基于国家力量和全民支持的共识，韩国成为与日本并肩的亚洲消费电子产品强国，培养出一批以三星、LG为代表的具有国际竞争力的大型企业。

十年来，消费电子行业的竞争日趋激烈，这在推动了行业的资源整合的同时，也提高了消费电子行业的进入门槛，全球消费电子品牌的数量正在不断减少，品牌集中度越来越高。从统计数据来看（见图4-41），2008—2017年韩国消费电子产品行业上市公司数量逐渐从30家减少至20家左右。

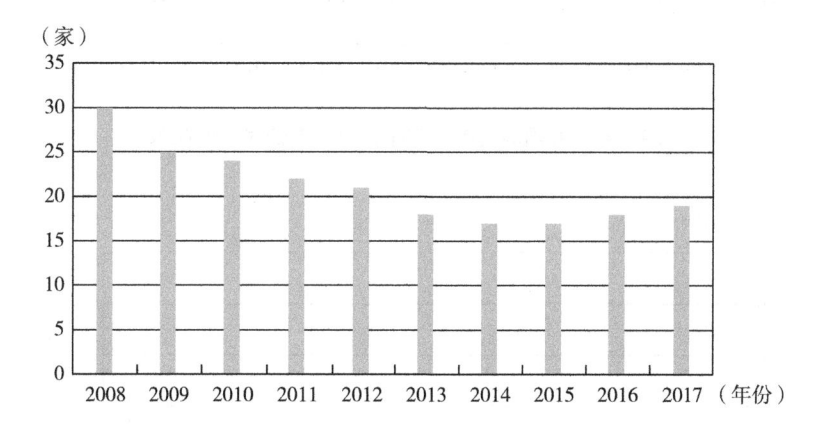

图4-41 韩国消费电子产品行业上市公司数量

在2008年国际金融危机后，以三星和LG为代表的韩国企业利用了韩元对日元贬值的窗口时间，从竞争对手日本那里争到了一定的市场份额，这使得韩国消费电子产品行业在全球萧条的经济环境中逆势而上。从统计数据来看（见图4-42、图4-43），2008—2009年行业营业收入依然坚挺，税前利润从2008年的12.20亿美元激增至2009年的27.50亿美元。2010—2012年受欧债危机等全球经济利空因素影响，韩国经济增速明显放缓，同时，日本的消费电子产品行业从2008年的经济危机中快速挣脱出来，重新抢占市场，因此，这期间韩国的消费电子产品行业业绩增长势头停滞，税前利润暴跌，2011年税前利润仅为0.39亿

美元。2013—2017 年，随着全球经济的复苏，韩国的消费电子产品行业先后迎来了 2014 年和 2017 年两个小高峰，整体发展呈向好态势，营业收入和税前利润都有增加势头，尤其 2017 年税前利润增长显著。

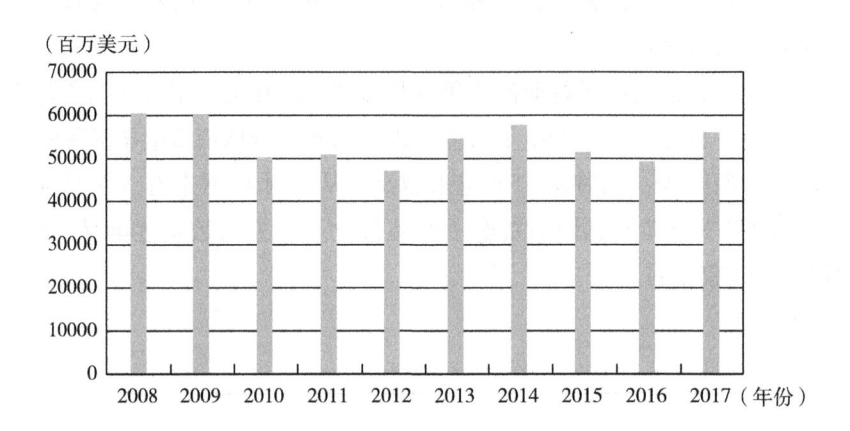

图 4-42　韩国消费电子产品行业上市公司营业收入

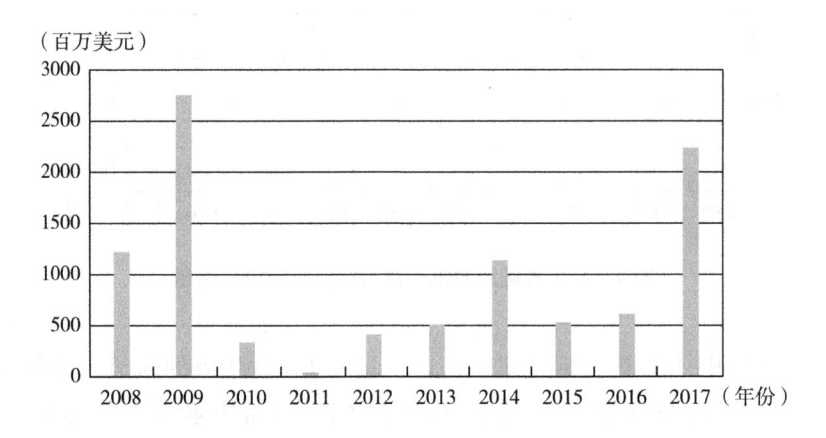

图 4-43　韩国消费电子产品行业上市公司税前利润

第七节　印度数字创意产业行业结构及演化趋势

影视娱乐行业、应用软件行业以及数据处理和外包行业是印度数字创意产业中的核心行业。2008—2017 年，印度影视娱乐行业市场繁荣，但也存在营收和利润不对等的困境；应用软件行业发展态势平稳，已成为印度数字创意产业的名片；数据处理与外包行业体量庞大，但由于缺乏核心竞争力，该行业的未来发展之路并不明朗。

一 影视娱乐行业：营收与利润不对等，喜忧参半

印度作为历史悠久的宗教国家，民众向来崇尚精神生活，电影便是印度民众一项重要的娱乐活动。随着人均收入提高和中产阶级数量的增长，印度居民对娱乐的需求日益旺盛，得益于庞大的人口规模和热烈的观影氛围，印度影视娱乐行业市场规模不断扩大。目前，印度每年影片发行量、观影人数和电影从业人员数量等均居全球之冠，仅次于美国电影业，被誉为当今世界的"电影王国"。[①] 印度影视娱乐行业的迅速发展离不开政府的高度重视，1999年便把电影纳入官方认可的产业范围，畅通了电影融资渠道。2016年印度联邦院通过商品与服务税第122号宪法修正案，扫除了阻碍印度国内实施统一税制的最大障碍，降低了制片商制片成本。

从统计数据来看（见图4-44、图4-45、图4-46、图4-47），2008—2017年，印度影视娱乐行业上市公司数量在50—72家波动，于数字创意产业所有细分行业中稳居榜首。2008—2015年，印度影视娱乐行业营业收入持续走高，2016—2017年略有回落。行业从业人数也在波动中增长显著，2008年从业人员还不到1万人，2016年人数就已突破2万人。尽管影视娱乐行业的业绩十分亮眼，但税前利润的表现却并不理想，2008—2017年税前利润始终为负，未实现盈利。这主要是由于印度影视娱乐行业面临着一系列挑战。首先是院线基础设施差，2017年印度每10万人只有0.9块屏幕，而同期的美国和中国分别为14块和2.5块屏幕。此外是票价增长缓慢，此前电影票中还包含了20%—60%不等的娱乐税，而当印度各地区对本国影片降低甚至取消了该税之后，印度电影票价进一步大幅降低，使印度几乎是平均票价最低的国家。同时，成本增长却缺少投资、盗版猖獗、严格的审查许可标准都让印度影视娱乐行业盈利之日的到来变得遥遥无期。

---

① 谭政：《2019年印度电影产业观察》，《电影评介》2020年第1期。

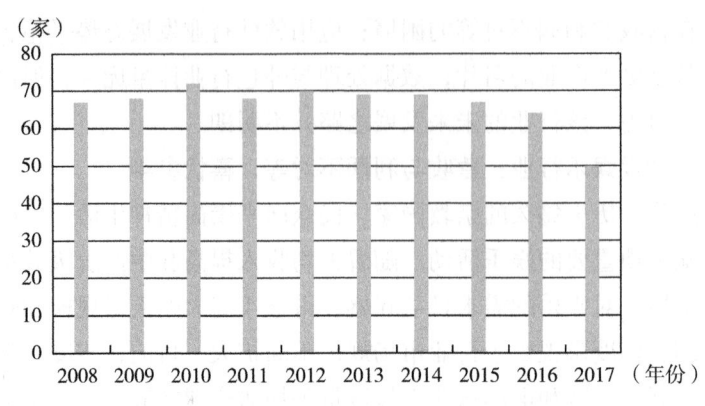

图4-44 印度影视娱乐业上市公司数量

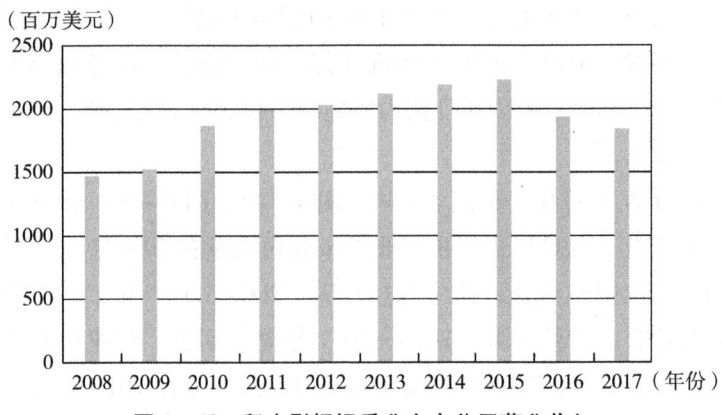

图4-45 印度影视娱乐业上市公司营业收入

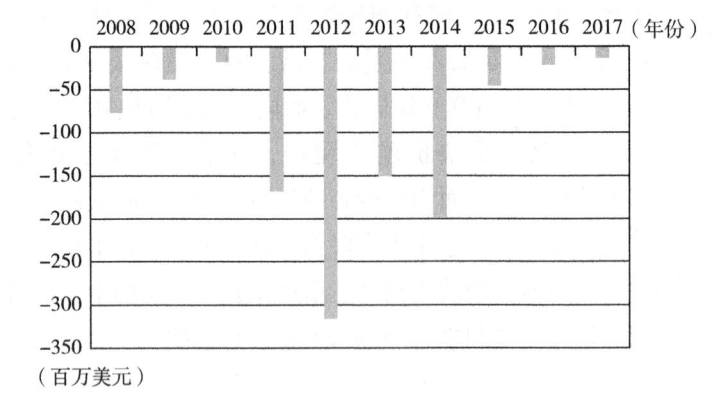

图4-46 印度影视娱乐业上市公司税前利润

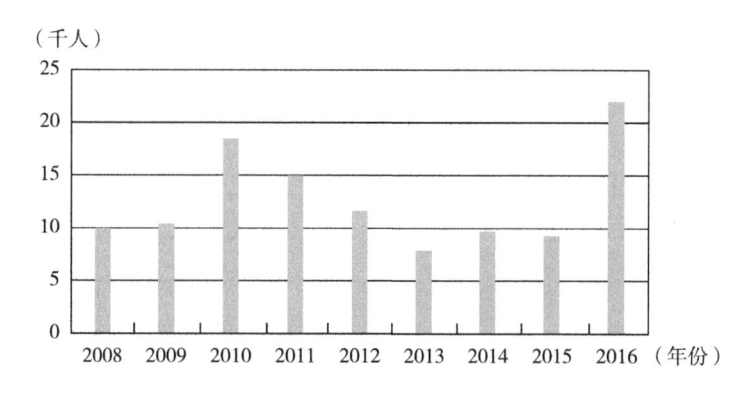

图 4-47　印度影视娱乐业上市公司从业人数

二　应用软件行业：产业发达，行业发展渐趋平稳

早在 20 世纪末，印度就提出了"要用电子革命把印度带入 21 世纪"的治国方略，并认识到一个国家软件产业的兴衰将决定其在 21 世纪国家竞争中的地位。1991 年，印度政府就在软件业实现了"零税赋"，并享有银行贷款的优先权。同时，政府还对包括"印度硅谷"班加罗尔在内的多个软件园和出口加工区制定了优惠政策，并注重知识产权保护，为软件业发展创造了有利的法律环境。

旺盛的市场需求以及政府的大力支持吸引了大量公司投身于此，这使得印度应用软件行业内聚集了大批上市公司。从统计数据来看（见图 4-48），2008 年上市公司数量高达 65 家，尽管随后几年上市公司数量逐渐下降，但 2017 年仍有 47 家留存，十年间应用软件行业上市公司数量仅次于影视娱乐行业排在印度数字创意产业所有细分行业中的第 2 位。2008—2017 年印度应用软件行业上市公司营业收入和税前利润变动趋势基本一致（见图 4-49、图 4-50）。受 2008 年国际金融危机影响，2008—2009 年业绩和利润双双跌落，2009—2011 年，行业复苏，两项指标同步升高。2012—2013 年印度经济增长率大幅下降，通货膨胀，卢比贬值，外贸逆差居高不下，应用软件行业发展受阻，营业收入和税前利润持续下滑。随后几年，印度经济趋于平稳，应用软件行业的下行状态也随之消失，营业收入和税前利润走势稳定，波动较小。

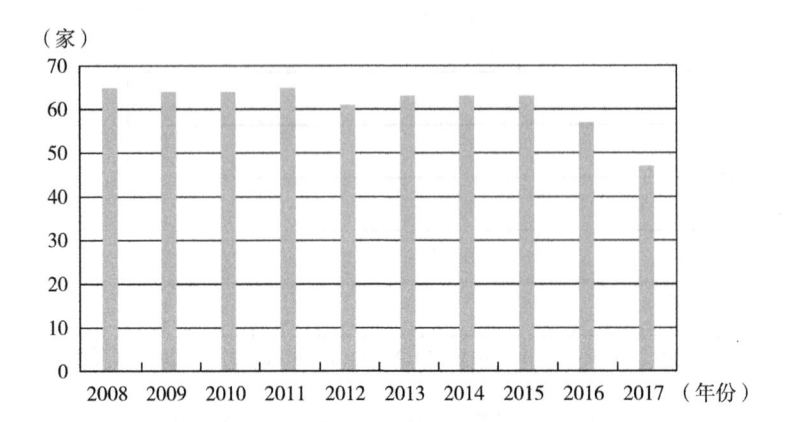

图 4-48　印度应用软件业上市公司数量

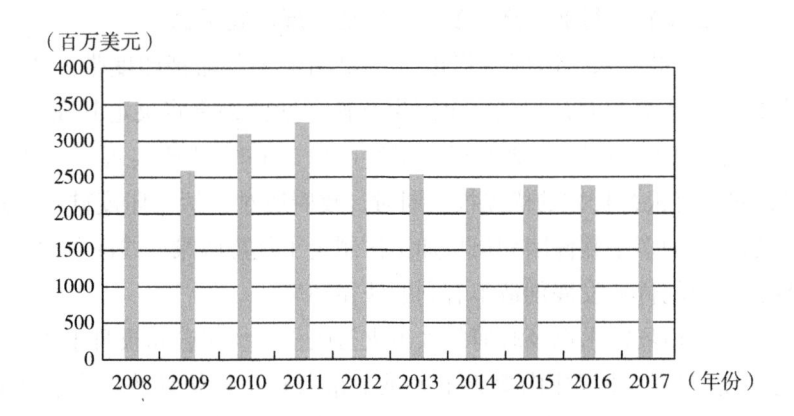

图 4-49　印度应用软件业上市公司营业收入

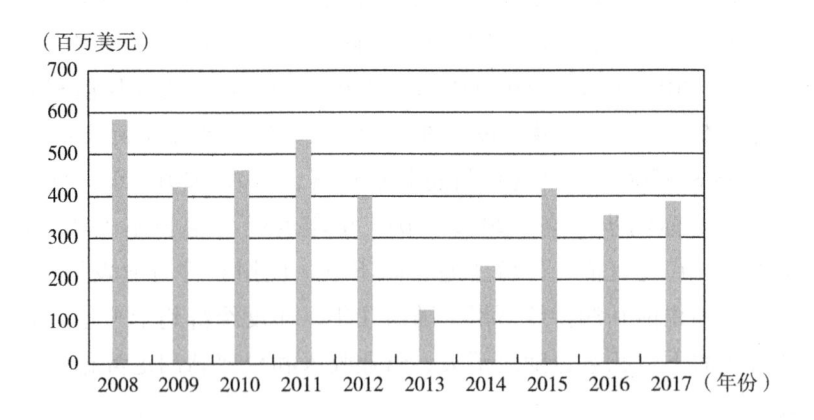

图 4-50　印度应用软件业上市公司税前利润

近年来，AI 数字化和自动化给传统的岗位带来了冲击，这意味着大多数印度软件公司为了继续在市场中生存，必须进行人事变动。2008—2014 年印度应用软件行业上市公司从业人数波动较小（见图 4-51），而 2014 年后，下降趋势明显增大，2017 年从业人数仅为 1.02 万人，尚不及 2014 年的三分之一。

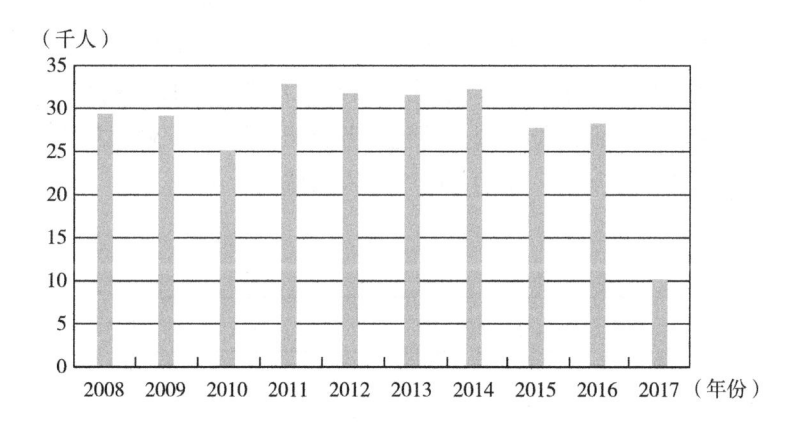

图 4-51 印度应用软件业上市公司从业人数

三 数据处理和外包行业：规模庞大，任重道远

印度是全球最大的数据处理和外包市场，每年承接了全球服务外包市场近一半的业务，因此印度被形象地称为服务世界的"世界办公室"。印度数据处理和外包行业的高速发展首先得益于语言优势，印度曾为英属殖民地，英语是印度的官方语言，这使得印度相较于其他国家在学习欧美国家开发的软件教程上更具优势。随着互联网行业的发展，印度本土也开始重视 IT 人才的培养，除高等教育之外，IT 培训机构也在印度呈爆发式增长。由此印度已成为全球软件人才的硅谷，为全球提供了大量优秀的 IT 精英，且其人力成本远低于其他国家，优质且廉价的劳动力使得印度成为全球外包的最佳地区。此外，印度政府也为数据处理和外包行业给予了很大的政策倾斜。例如，在技术服务方面，提供 10%—25% 的咨询和版权税费减免，并为吸引欧美软件企业在印度建立分公司提供高额补贴。此外，印度 IT 公司遵循全球质量认证标准以及印度人吃苦耐劳的精神和对劳动的热情，都是印度在外包行业的加分项。

从数据来看（见图4-52、图4-53、图4-54、图4-55），2008—2017年，印度数据处理和外包行业上市公司数量总体稳健，但从2013年开始趋向下滑，上市公司数量逐年减少；而印度数据处理和外包行业营业收入整体呈稳步上升态势，受2018年国际金融危机和2012年印度经济增速严重下行影响，印度数据处理和外包行业税前利润分别经历了两次较大幅度的下滑，但总体仍是升高趋势。2008—2016年，随着产业规模的持续扩大，印度数据处理和外包行业从业人员基本呈增加趋势，2017年行业受数字化和自动化的普及，以及特朗普上台以后为保护美国就业岗位而减少外包业务影响，印度IT业大规模裁员，致使行业从业人员从前一年的10.65万人缩减至6.47万人。

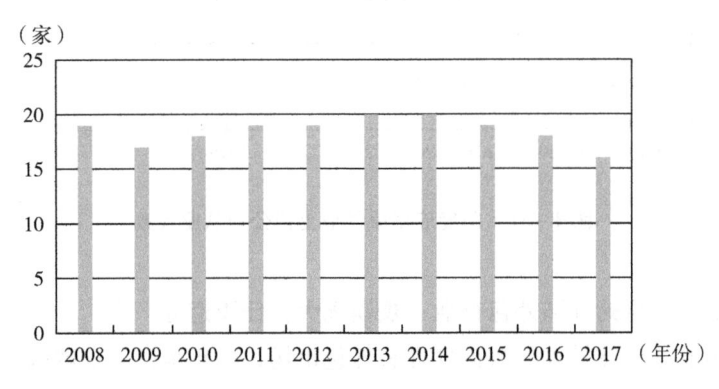

图4-52 印度数据处理和外包业上市公司数量

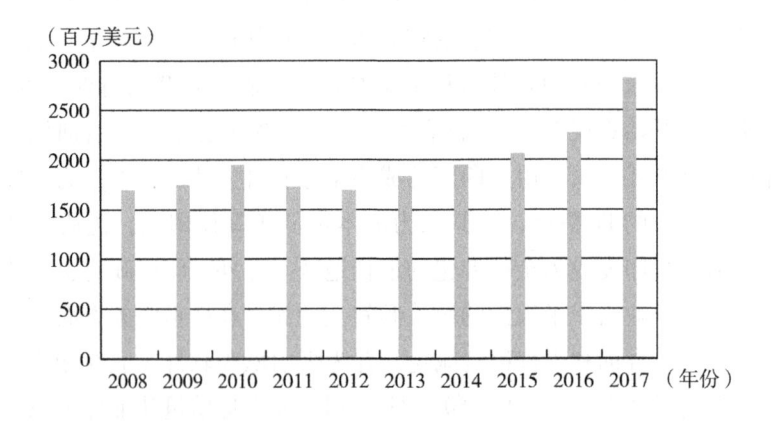

图4-53 印度数据处理和外包业上市公司营业收入

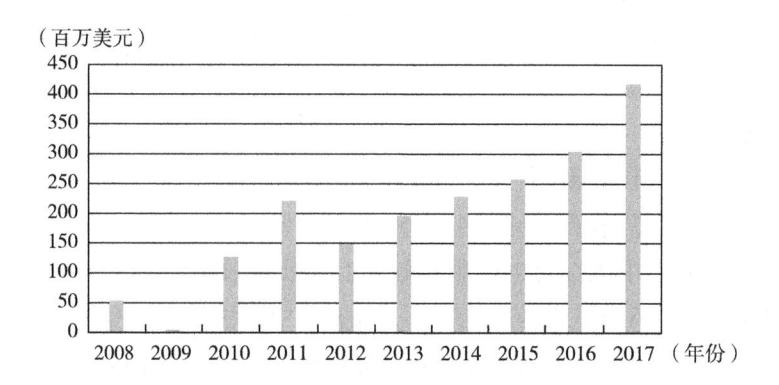

图 4-54　印度数据处理和外包业上市公司税前利润

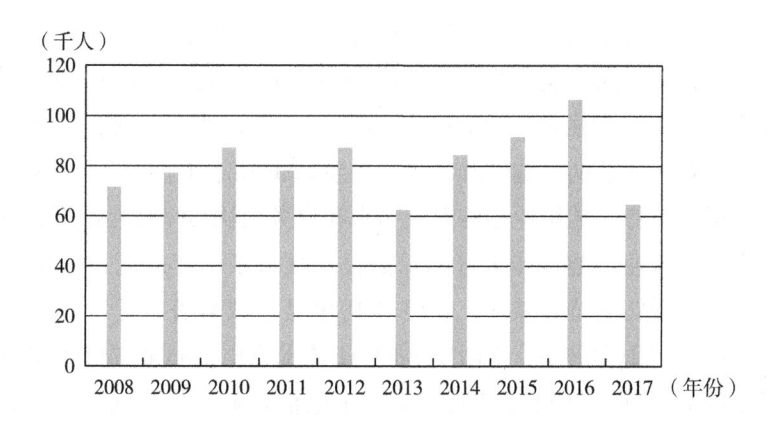

图 4-55　印度数据处理和外包业上市公司从业人数

数据处理和外包本质上是缺乏核心竞争力的低端业务，因此尽管行业在印度发展势头迅猛，但是随着人工智能的发展和大数据时代到来，发达国家的数据主权意识不断增强，留给数据处理和外包这种附加值较低产业的生存空间将会日益狭窄，印度的数据处理和外包行业的发展任重道远。

第八节　中国数字创意产业行业结构及演化趋势

2008—2017 年，综合电信服务行业、软件行业、互联网及直销零售行业是中国数字创意产业中的三大核心行业。其中，综合电信服务行业在 5G 到来的当下,迎来重大发展机遇;软件行业发展态势迅猛,行业未来向好;互联网及直销零售行业在繁荣的局面下亟待突破盈利困难的"瓶颈"。

一 综合电信服务行业:体量庞大,机遇来临

从统计数据来看(见图 4-56、图 4-57、图 4-58、图 4-59),2008—2010 年中国综合电信服务行业上市公司数量始终为 4 家,2011 年开始增加至 6 家,总体变化很小,仅有以中国移动、中国联通、中国电信为代表的屈指可数的几家企业瓜分市场,从行业集中度来看,是典型的寡头垄断。随着移动设备的快速普及,电信业面临着被互联网业务异质替代的挑战,传统语音话务业务持续萎缩,收入结构向数字化服务业务倾斜。但由于我国人口基数大且增长快,国内对于电信通信的需求依然极大,十年间行业营业收入整体呈持续上升走向;2008—2013 年,营收增长势头较为强劲,而 2013—2017 年,增速明显放缓,走势趋于平稳。相较于业绩的稳健攀升,行业税前利润则时有小幅波动,但基本上仍呈增加态势。传统业务的大幅缩水和业务结构转型也在影响着行业从业人数,就业人数稳步上升的局面仅仅维持了三年时间,2011 年开始从业人数便转向持续减少,2013 年后更是缩减显著。近年来,AI 技术在中国取得重大进展,不断发展的 AI 技术为电信行业的降本增效提供了新的突破点,AI 已经开始被应用于电信行业,传统低端劳动力逐渐被人工智能替代,未来行业从业人数将进一步精简。[①]

图 4-56 中国综合电信服务业上市公司数量

[①] 梁杨等:《人工智能关键技术在电信行业的应用体系研究》,《互联网天地》2019 年第 2 期。

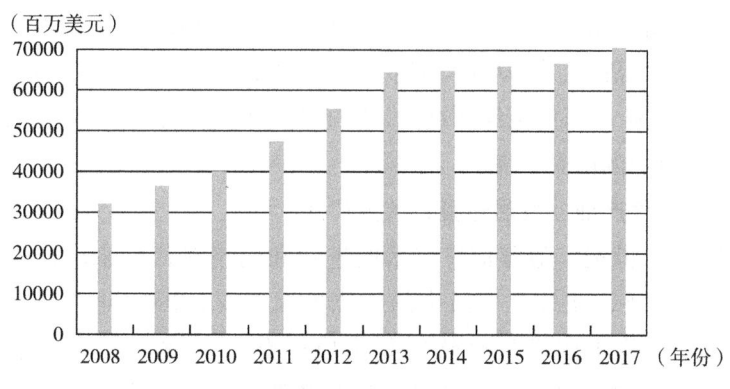

图 4-57 中国综合电信服务业上市公司营业收入

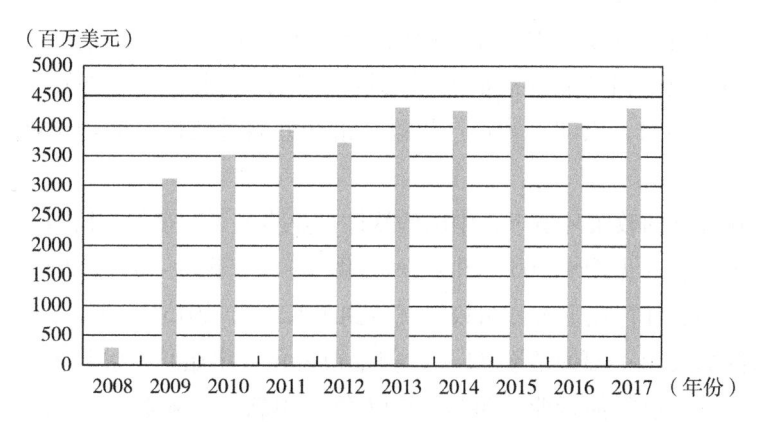

图 4-58 中国综合电信服务业上市公司税前利润

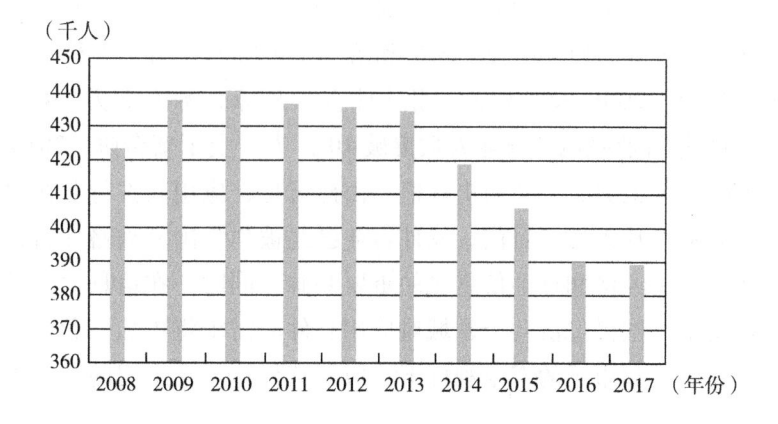

图 4-59 中国综合电信服务业上市公司从业人数

"十三五"规划纲要提出,"积极推进第五代移动通信(5G)和超宽带关键技术研究,启动5G商用",预计2020年中国将迎来5G时代,5G的到来意味着新的机遇和挑战,势必为中国电信行业带来新的生机与变革,行业的前景看涨。

二 软件产业:发展迅猛,前景广阔

进入21世纪,随着信息技术的进步和网络时代的来临,软件的应用愈发广泛,在社会生活中的地位愈发重要。2000年,国家发布了《国务院关于印发鼓励软件和集成电路产业发展若干政策的通知》,对软件产业从投融资政策、税收政策、产业技术政策、出口政策等方面给予支持,软件行业开始在中国迎来了重大发展机遇。2011年,为了持续推动软件产业的健康发展,国务院下发了《进一步鼓励软件和集成电路产业发展的若干政策》,继续在财税、投融资、研究开发、进出口、人才、知识产权以及市场方面对软件产业给予鼓励和支持。

在大好的政策环境下,中国的软件行业步入了高速发展阶段。从统计数据来看(见图4-60、图4-61、图4-62、图4-63),2008年中国的应用软件行业上市公司数量就达到了52家,2013年增加至78家,尽管随后几年小幅回落至72家,但上市公司数量始终遥遥领先于中国数字创意产业其他行业;2008—2017年应用软件行业收入和效益同步加快增长,均增加至5倍左右。2015—2016年,《中国制造2025》《积极推进"互联网+"行动的指导意见》和《加快推进网络信息技术自主创新》等国策的相继出台、推进和落实,再次为应用软件行业带来了勃勃生机。2008—2014年应用软件行业从业人数在2万—4万波动,2015年行业吸纳的就业人数突破10万人,上了新台阶,2016年突破150万人大关,到达历史峰值。由此可见,应用软件行业在中国的运行态势一片大好。目前,软件行业已经被列为国家战略性新兴产业,成为国民经济和社会信息化的重要基础,同时,在信息化建设的持续推动下,国民经济各个领域对应用软件的需求将更加强劲,由此可见,在政策和市场的双重利好下,应用软件行业在中国的未来十分光明。

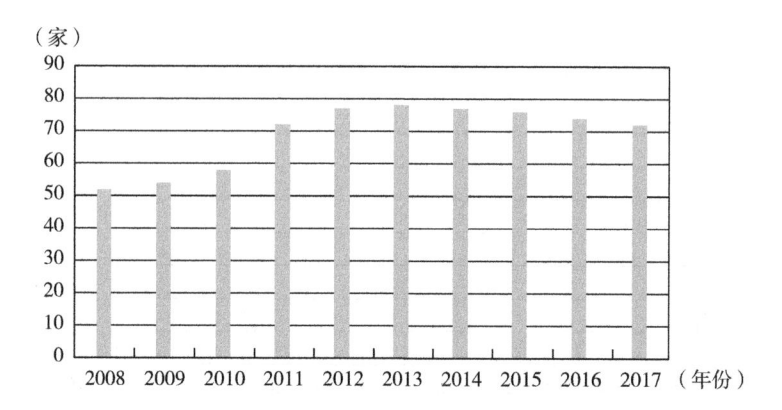

图 4-60 中国应用软件业上市公司数量

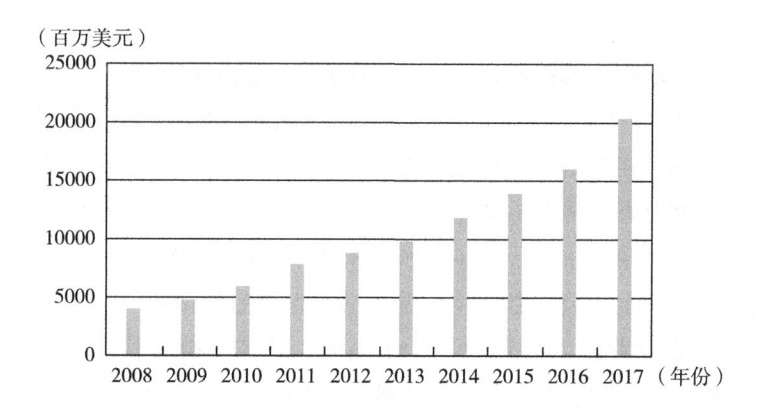

图 4-61 中国应用软件业上市公司营业收入

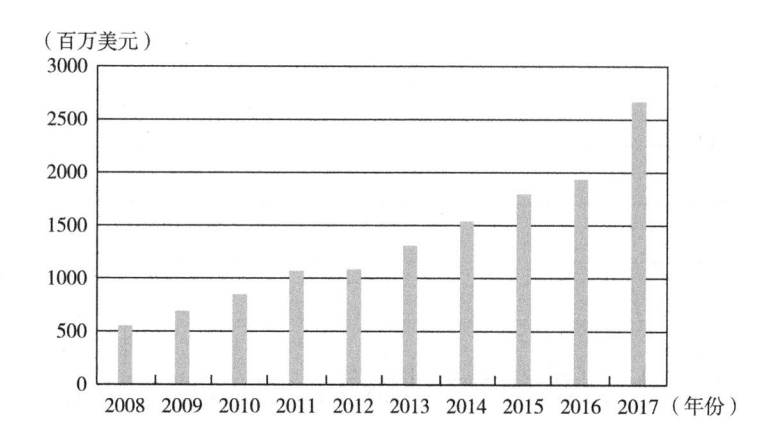

图 4-62 中国应用软件业上市公司税前利润

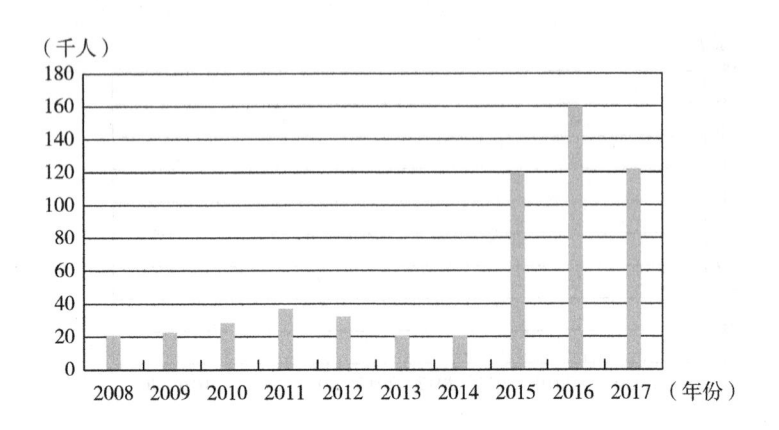

图 4-63　中国应用软件业上市公司从业人数

三　互联网及直销零售行业：表面繁荣，盈利困难

21世纪的中国是网络信息的时代，互联网发展使得中国的网民数量大大增加，在线购物用户也呈现出快速上升的趋势，这些都标志着我国的互联网及直销零售行业正处于蓬勃发展的阶段。从统计数据来看（见图4-64、图4-65、图4-66、图4-67），2008年中国互联网及直销零售行业上市公司数量尚仅有8家，5年后的2013年便达到峰值20家。行业营业收入表现更是十足亮眼，整体呈持续快速上扬态势，尤其2011年后业绩增长势头十分强劲。2008年营业收入仅为8.03亿美元，2017年营业收入高达793.67亿美元，几乎是2008年的百倍。

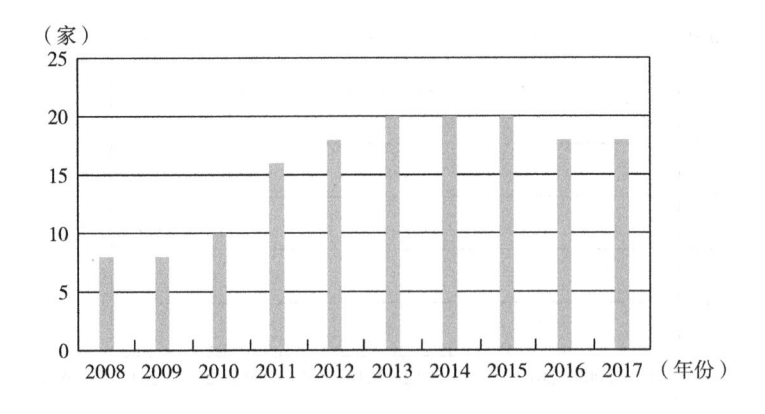

图 4-64　中国互联网及直销零售业上市公司数量

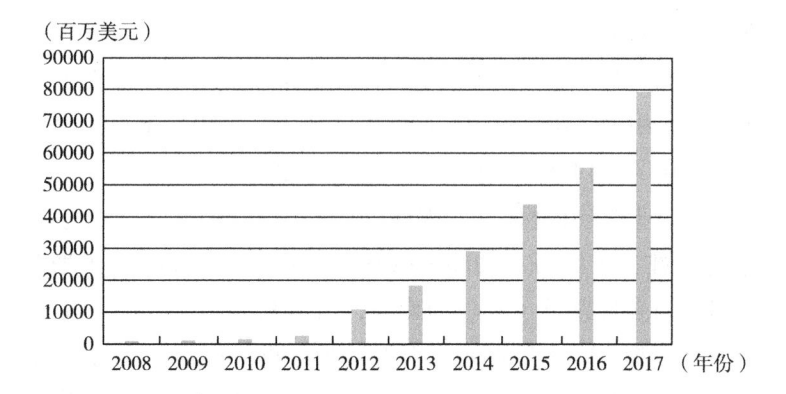

图 4-65　中国互联网及直销零售业上市公司营业收入

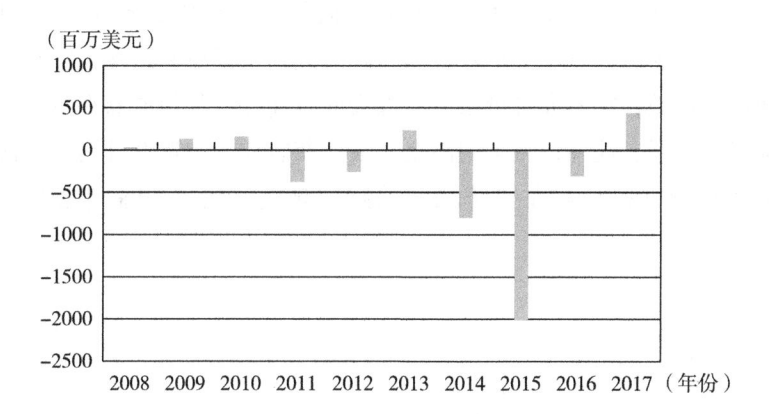

图 4-66　中国互联网及直销零售业上市公司税前利润

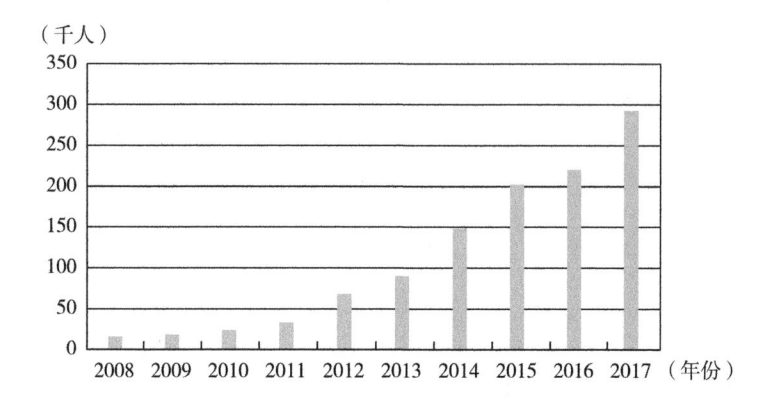

图 4-67　中国互联网及直销零售业上市公司从业人数

作为数字经济的重要组成部分，互联网及直销零售行业在为国民经济做出巨大贡献的同时，也在带动就业方面发挥了积极作用，行业规模的迅速扩张带动了相关就业岗位的快速增加，十年间行业就业人员数量持续走高，从 2008 年的 1.62 万人增加至 2017 年的 29.27 万人。

然而在行业业绩高歌猛进、从业人员队伍不断壮大的繁荣背后，盈利却愈发困难。在经历了 2008—2010 年前三年短暂的稳步增长后，2011 年开始行业便跌进了亏损的旋涡，后续几年始终挣扎在盈亏线附近，2016 年亏损 20.16 亿美元，损失最为严重。这种营收与利润极度不对等的现象是由多重因素共同导致，首先是互联网红利的消失：电商刚刚兴起时，资本大潮蜂拥而至，然而随着行业的逐渐成熟，资本逐渐回归理性。其次是市场竞争的激烈：电商行业具有高度垄断性，阿里、京东、苏宁等几大电商平台就占据了超八成的市场份额，几大寡头为了争夺市场份额，频繁大打价格战，寡头尚且如此，其他电商平台更是只能烧钱换客源。此外，流量的高企、线上获客成本的逐渐升高，都使互联网及直销零售行业在"烧钱"的路上越走越远，而盈利之路坎坷万分。

第五章

全球数字创意产业集聚的城市图谱[①]

经济结构的转型、产业模式的更新与文化消费的拓展助推文化创意产业成为世界各国经济发展的支柱性产业。而科技更迭与技术创新在推动文化创意落地成为商品和服务的同时,也强化了科技在文化创意产业发展中的核心驱动力。伴随互联网技术快速革新,文化创意产业渐次开启数字化与网络化进程,促使以科技和创意融合为核心效用的数字创意产业应运而生,成为新产业升级和文化生态发展的新风口。新经济与数字化时代,复合型文化形态不断增值,数字创意产业在路径发展中呈现出崭新态势。作为核心科技和文化创意驱动的跨界产业,数字创意产业成为国家经济繁荣的发展基石,成为社会文化发展的科技标识,成为城市精神的文化符号。在数字创意产业发展的全新场域中,各个国家正不遗余力地进行着新一轮的经济硬实力与文化软实力的比拼,各地区各城市都掀起了发展热潮。数字创意产业以高新技术为驱动,逐步实现资源优化再生和生产要素的协同创新,企业模式革新和产业结构升级,以及产品文化附加值提升,从而全方位促进社会文化生活的优化,带来全新的文化与科技体验。数字创意产业已然成为当前驱动城市经济增长方式转变的本源动力之一。

[①] 解学芳、李琳:《全球数字创意产业集聚的城市图谱与中国创新路径研究》,《同济大学学报》(社会科学版) 2020 年第 5 期。

在文化与科技深入融合的视野下，数字创意产业发展具有战略性和紧迫性。但作为一个新兴的产业门类，尚未受到足够的关注，当前国内学术界的系统研究较少，本书通过数字创意产业集聚的内涵研究与最新全球城市数字创意产业集聚数据，来系统探究数字创意产业分布的区位规律与区域图谱，以更大程度上探寻数字创意产业的城市格局与价值链演化趋势。

第一节 全球格局中的数字创意产业集聚研究脉络

作为一个新兴概念，学术界对数字创意产业尚未给予明确而清晰的界定。目前使用的词汇有数字文化产业、数码创意产业、数字内容产业等。国内关于数字创意产业整体层面的专题学术研究始于2004年，在2017年出现了质和量上的飞跃；研究内容聚焦"文化创意产业、战略性新兴产业、数字创意、数字媒体、数字娱乐、数字媒体艺术"等关键词。与此同时，伴随国家颁布的相关政策与规划，数字创意产业的基本特点、产业分类、战略地位得以确立。2016年11月29日，《"十三五"国家战略性新兴产业发展规划》明确提出"数字创意产业为战略性新兴产业之一"，2017年4月文化部颁布《关于推动数字文化产业创新发展的指导意见》，2020年文化和旅游部颁布《关于推动数字文化产业高质量发展的意见》，为数字创意产业的规范发展提供制度保障，并体现出制度创新从"发展"到"高质量发展"的进阶。

现有文献研究涉及数字创意产业的兴起、意义、内涵、业态、要素等维度。数字创意产业的兴起和快速成长，源于新一轮科技革命、产业变革以及数字经济与文化产业深度交融，更源于我国战略性新兴产业在国民经济发展中地位的提升。[1] 数字技术的革新改变着每一个行业，数字文化中的审美与创造性反应存在逻辑关联。[2] 数字创意产业是一种创

---

[1] 范恒山：《加快发展数字创意产业培育壮大新动能》，《宏观经济管理》2017年第10期。

[2] Madeleine, S., "Sustainability and Learning: Aesthetic and Creative Responses in a Digital Culture", *Research in Comparative & International Education*, Vol. 13, 2018, pp. 135–151.

意内容与数字技术融合发展的新业态①，基于计算机处理基础，作用于人的听觉、触觉、视觉等全部感官，具有知识产权属性②，强调借助某种或多种先进技术、创意、文化等要素进行数字内容开发等创意活动或服务，主要集中在高度反映创意思维的领域。③ 数字创意产业在国家发展的战略布局中占有重要地位，对国家、区域经济的发展产生重要影响。④ 数字技术在促进创意产业不同部门的商业模式创新方面起着关键作用，提供创造和获取价值的新方法，以实现更大范围的商业部署和模式架构。⑤

虽然关于数字创意产业的研究较少，与数字创意产业集聚相关的文献鲜见，但可以尝试通过与数字创意产业极为相近的文化创意产业集聚的研究切入，一定程度上可以为数字创意产业的集聚研究提供阐释与佐证。文化创意产业集聚的早期相关研究可追溯到1990年迈克尔·波特的《国家竞争优势》，产业集聚理论正式进入学界研究领域，先后有马歇尔的产业集聚理论、韦伯的区位理论、增长极理论、新产业区理论、新经济地理学中的产业集聚理论、新竞争优势经济学等产业集聚理论诞生。相关研究内容可划分为三个维度：其一，探究文化创意产业集聚的内在逻辑。城市基础设施、城市文化与环境、创意阶层、制度与政策四个方面是影响创意产业集聚的主要因素。⑥ 不同创意企业对区位的基础设施网络、治理和市场的感知和体验是不同的，产业与其区位的关系是多种因素之间的复杂平衡，地理区位同样是创意产业的塑造者。⑦ 产业集聚竞争力并非是固定的，而是随着集聚内部文化资源的累积、文化消

---

① 臧志彭：《数字创意产业全球价值链重构——战略地位与中国路径》，《科学学研究》2018年第5期。
② 熊澄宇：《共建全球数字创意产业生态圈》，《新闻春秋》2019年第4期。
③ 何卫华、熊正德：《数字创意产业的跨界融合：内外动因与作用机制》，《湖南社会科学》2019年第6期。
④ 周荣庭、张欣宇：《数字创意产业融合发展研究》，《江淮论坛》2020年第2期。
⑤ Feng Li, "The Digital Transformation of Business Models in the Creative Industries: A Holistic Framework and Emerging Trends", *Technovation*, Vol. 4-5, 2020, pp. 92-93.
⑥ 马仁锋：《创意产业区演化与大都市空间重构机理研究》，博士学位论文，华东师范大学，2011年。
⑦ Comunian, R., et al., "Location, Location, Location: Exploring the Complex Relationship between Creative Industries and Place", *Creative Industries Journal*, Vol. 3, 2010, pp. 5-10.

费需求的增减、创新能力的提升、集聚机制的完善以及政策的导向性发生变化。① 其二，凝练文化创意产业集聚的整体特征。发展成熟的产业因集聚可强化规模报酬递增优势，而新兴产业因集聚可加强产业间的知识交流和扩散。② 文化创意产业集聚形成和发展是长期过程，受到社会、经济、文化等众多因素的影响，如文化企业、非营利机构和个体创意者的地理集聚和集体互动形成了独特生态。③ 其三，确定文化创意产业的集聚具有城市倾向。文化产品的生产与消费具有向大城市集聚的特点，而消费具有面向更广阔地域市场空间的特性。④ 创意产业主要集中在大都市，在人才聚集地和相关生产者之间的支持下，能够有效进行创意的创新和交叉应用。⑤ 大都市具有显著的区位优势、强大的要素配置能力和稳定的市场需求，能有效地解决文化创意产业难题，降低交易成本，促进知识外溢。⑥

从现有文献研究内容来看，目前学界针对数字创意产业的研究不足，侧重围绕我国数字创意产业的发展状况展开，探讨数字与文化融合，以及科技变革在产业发展中的重要作用；直面全球数字创意产业集聚以及产业价值链的专题研究和系统研究缺乏，而这正是全方位了解数字创意产业全球发展情势，认清与确定我国在全球数字创意产业价值链中的定位，以对症下药提升我国数字创意产业核心竞争力必不可少的研究痛点。在研究方法上，当前对产业集聚的测度方法主要有区位熵、空间基尼系数、E-G指数、M-S指数、K函数、D-O指数、M函数以及Moran's I指数等多种。在研究路径上，学界现有成果多是针对国内文化产业集聚研究，全球研究成果较少，尤其缺少全球城市布局与比对

---

① 熊建练等：《我国城市文化产业集聚竞争力比较研究》，《统计与决策》2017年第1期。
② 孙鑫：《高技术产业集聚对经济增长的影响研究》，硕士学位论文，中国海洋大学，2015年。
③ 华正伟：《我国创意产业集群与区域经济发展研究》，博士学位论文，东北师范大学，2012年。
④ 苏雪串：《文化产业在中心城市空间集聚的经济机理和模式探析》，《学习与实践》2012年第9期。
⑤ Fahmi, F. Z., et al., "The Location of Creative Industries in a Developing Country: The Case of Indonesia", *Cities*, Vol. 59, 2016, pp. 66 – 79.
⑥ Scott, A. J., "Capitalism, Cities and the Production of Symbolic Forms", *Transaction of the Institute of British Geographers*, 2001, Vol. 26, 2001, pp. 11 – 23.

的相关研究,且主要是通过对文化创意产业集聚研究进行探索,而缺乏对数字创意产业集聚研究的定量识别与预测。

综上所述,本书将根据全球数字创意产业相关数据,以全球城市格局研究来描绘数字创意产业城市图谱,立足定性与定量的结合,以系统性的分类与数据对比分析来呈现全球数字创意产业的城市发展形势,探究全球数字创意产业的城市分布格局及价值链图谱。

第二节 全球数字创意产业集聚的城市图谱与演化规律

数字化与技术化是数字创意产业发展的鲜明属性与核心驱动力,数字创意产业新业态的发展才刚刚起步。一方面,数字创意产业具有强烈的城市集聚倾向,研究数字创意产业在全球城市中的布局将有助于厘清一国数字创意产业在全球所处的位置以及未来发展定位。另一方面,在城市发展布局中,数字创意产业作为城市战略发展的新指引,是城市文创经济发展的坚实载体。数字创意产业发展与城市发展相辅相成,构成了全球城市数字创意产业发展新航向。而在产业价值链研究中,将着眼于全球城市的发展对比,通过利用数字技术为我国城市的文化经济增值,全方位增强国内数字创意产业的竞争优势,提升在国际产业价值链中的位置。鉴于此,为客观、科学把脉全球数字创意产业发展格局与演化轨迹,将基于美国标准普尔Compustat数据库、上市公司年报和官方网站等相关渠道收集数字创意产业上市公司数据,并结合标准产业分类体系(SIC)及北美产业分类系统(NAICS)筛选并整理2008—2017年全球数字创意产业上市公司数据,探究全球数字创意产业发展全貌、城市分布及其演化格局。

一 集聚效应:全球数字创意产业呈现先增后减的演化格局

其一,全球城市数字创意产业公司总量呈现先增后减的演化特征。在新兴数字技术的推动下,数字创意企业从无到有,在全球城市发展中逐渐崛起,大幅催化了数字创意产业的成长。从数据来看(见图5-1),2008—2017年,全球数字创意产业发展进入波动震荡时期,最高峰为2013年的6085家,最低谷为2017年的5327家,呈现先增后减的趋势，10年内降幅为12.46%。与此同时，数字创意产业占比也从11.53%下降至10.37%。究其根源，一方面，源于整体经济环境的不甚景气和股市震荡，全球经济发展陷入胶着态势——结构性改革滞后、有效需求不足、贸易战等多重因素导致经济增长动力减弱，新旧动能转换面临挑战，经济驱动力不足。另一方面，源于数字创意产业内部的行业调整所产生的震荡，数字创意产业作为新兴行业，在产业初期内部的资本整合与行业并购案，导致全球性的数字创意企业数量下滑。

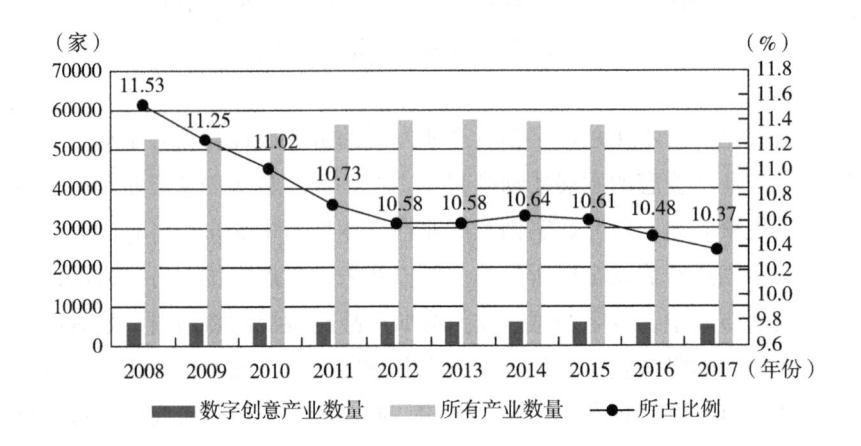

图5-1 2008—2017年全球城市数字创意产业公司数量及演化

其二，全球城市数字创意产业整体营收呈现稳定增长态势，且占总产业比例不断扩大。随着全球文化消费诉求的释放，科技创新能力的不断提升，以及互联网全面数字化的进阶，数字创意产业在塑造与传播文化价值的同时带来了巨大的经济效益。从数据来看（见图5-2），2008—2017年，全球城市数字创意产业营收指标与企业数量下降的趋势相反，保持着波动上升的发展态势。其中，最低值是2009年的49.85千亿美元，最高值为2017年的64.23千亿美元，全距达到了14.38千亿美元，10年内增幅高达24.48%。与全球所有产业营业收入大幅波动形成鲜明对比的是，数字创意产业营收稳定，占总产业营收比例呈现扩大趋势，从2008年的7.88%上升至2017年的8.67%。实际上，企业数量的下滑与营业收入的坚挺佐证了数字创意产业正在经历内部调整与结构优化,特别是新技术为行业的持续发展提供了保障。

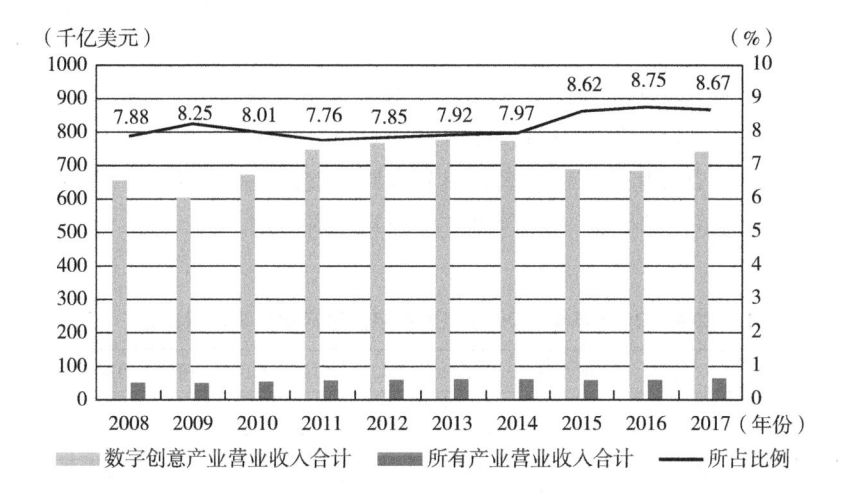

图 5-2 2008—2017 年全球城市数字创意产业营收总额及演化

二 分布图谱：全球数字创意产业依托城市高度集聚的特征凸显

全球数字创意产业发展依托城市形成了层级化与结构化分布格局，呈现两大明显特征。

其一，全球城市数字创意产业结构化层级格局形成。全球城市数字创意产业发展正逐渐分化——核心城市、重点城市、新兴城市与发展中城市的结构化层级已经形成，头部城市较为稳定，变动较少。将全球数字创意产业 30 强城市划分为三大梯队（见表 5-1），第一梯队是前 10 强的核心城市，第二梯队是 11—20 强的重点城市，第三梯队是 21—30 强的新兴城市。一方面，数字创意产业公司数量指标说明，2008—2017 年各个梯队间的层级关系较为稳定，大部分城市的企业数量波动和排名变化仅在本梯队内更替，表明全球城市数字创意产业发展已呈现结构化态势。尤以第一梯队的核心城市为甚，前三甲东京、中国香港、首尔排名稳定，其中北京从 2008 年的第 7 名上升至 2017 年的第 4 名，在 10 强城市中增速最快。总体而言，10 强城市大多是国家乃至国际文化创意中心，发展数字创意产业的优势显著。第二梯队共有 5 座亚洲城市、3 座欧洲城市、1 座美洲城市、1 座大洋洲城市，均是各个国家的经济中心。其中上海增长速度最快,从 2008 年的第 28 位跃升至 2017 年的第 15 位。与上海形成鲜明对比的是巴黎,从 2008 年的第 10 位下滑至第 18 位,究其原因,与其主导产业定位及其互联网关联产业较弱有关。第三梯队城市多是资源丰富且历史悠久的文化城市,如米兰是意大利的时尚创意之都,印度的海得拉巴(Hyderabad)以其富饶的历史和建筑、手工艺、历史文化遗产而著名,墨尔本则是澳洲文化与工业中心,其艺术、音乐、电视制作、电影等潮流文化均享誉全球。

表 5-1　2008—2017 年全球 30 强城市数字创意产业公司数量排名

城市	2008 年	2009 年	2010 年	2011 年	2012 年	2013 年	2014 年	2015 年	2016 年	2017 年
东京(Tokyo)	1	1	1	1	1	1	1	1	1	1
香港(Hong Kong)	3	2	2	2	2	2	2	2	2	2
首尔(Seoul)	2	3	3	3	3	3	3	3	3	3
北京(Beijing)	7	7	7	5	5	5	5	5	5	4
伦敦(London)	4	4	4	4	4	4	4	4	4	5
台北(Taipei)	8	8	8	8	8	8	7	7	6	6
孟买(Mumbai)	6	6	6	7	7	6	6	6	7	7
纽约(New York)	5	5	5	6	6	7	8	8	8	8
新北(New Taipei City)	9	9	9	10	10	10	10	10	10	9
深圳(Shenzhen)	14	15	15	13	11	11	11	11	11	10
华沙(Warsaw)	13	12	10	9	9	9	9	9	9	11
斯德哥尔摩(Stockholm)	12	13	13	14	15	15	15	13	12	12
曼谷(Bangkok)	15	14	14	15	14	14	13	14	14	13
新加坡(Singapore)	11	11	12	11	13	13	12	12	13	14
上海(Shanghai)	28	25	18	16	16	17	17	18	15	15
城南(Seongnam)	19	18	17	17	18	18	18	17	18	16
悉尼(Sydney)	17	16	16	17	16	16	16	16	17	17
巴黎(Paris)	10	10	11	12	12	13	14	15	18	
吉隆坡(Kuala Lumpur)	16	17	19	20	21	20	19	19	19	19

续表

城市	2008年	2009年	2010年	2011年	2012年	2013年	2014年	2015年	2016年	2017年
多伦多（Toronto）	22	26	24	19	19	22	20	22	20	20
八打灵再也（Petaling Jaya）	24	23	22	24	23	21	22	21	22	21
墨尔本（Melbourne）	31	32	35	31	30	29	24	23	23	22
大阪（Osaka）	23	24	27	26	26	24	26	26	24	23
杭州（Hangzhou）	36	36	33	29	28	26	25	25	25	24
海得拉巴（Hyderabad）	20	19	20	21	20	19	21	20	21	25
拉斯维加斯（Las Vegas）	21	22	21	22	22	23	23	24	26	26
旧金山（San Francisco）	26	28	30	27	29	28	28	29	28	27
新德里（New Delhi）	32	30	28	30	25	30	27	28	27	28
米兰（Milan）	44	43	44	42	44	36	33	31	31	29
广州（Guangzhou）	68	51	38	37	35	32	32	33	32	30

其二，全球数字创意产业集聚中的亚洲城市基因凸显。悠久的历史和丰富的文化资源、新兴城市的建设以及政府政策红利的释放赋能亚洲城市数字创意产业快速兴起与发展。从营收指标来看（见表5-2），亚洲城市占据全球数字创意产业的半壁江山，其中日本东京处于绝对优势。2008—2017年全球数字创意产业城市前10强中，50%为亚洲城市，其营收占总营收的61.78%，支撑起全球数字创意产业营收的半壁江山。其中日本仅东京入选，公司数量上独占鳌头的东京在营业收入上同样遥遥领先，占总营收比例为29.54%，成为全球数字创意产业最为发达的城市。韩国水原（Suwon）名列第5名，其经济实力和工业基础雄厚，主要产业涉及电子、电器等，科技巨头三星电子最大的生产基地和研发中心均坐落于水原。此外，美国有4个城市上榜，分别是纽约、库比蒂诺（Cupertino）、达拉斯（Dallas）、帕罗奥多（Palo Alto），占总营收比例为31.84%，位居国家排名第一。其中，库比蒂诺及帕罗奥多均坐落于美国加利福尼亚州旧金山湾区，皆是硅谷核心城市，库比蒂诺

是苹果公司（Apple Inc.）、赛门铁克（Symantec）、MySQL AB 与 Zend 公司等大公司总部所在地。施乐帕罗奥多研究中心则坐落于帕罗奥多，以太网、Smalltalk 程式语言、激光打印机等都为该研究中心的产品。总的来看，亚洲城市彰显出数字创意产业发展的优势，在当前亚洲各国大力支持移动互联网、大数据、人工智能与区块链新技术发展的政策背景下，数字创意产业将爆发出持续的发展潜力。

表 5-2 2008—2017 年全球数字创意产业城市分布营业收入前 30 强及排名

排序	城市	2008年	2009年	2010年	2011年	2012年	2013年	2014年	2015年	2016年	2017年
1	东京（Tokyo）	1	1	1	1	1	1	1	1	1	1
2	北京（Beijing）	14	14	10	6	5	4	4	4	4	2
3	香港（Hong Kong）	5	3	3	3	3	3	3	3	3	3
4	纽约（New York）	2	2	2	2	2	2	2	2	2	4
5	库佩提诺（Cupertino）	34	25	18	11	6	6	6	5	5	5
6	水原（Suwon）	8	9	4	4	4	5	5	6	6	6
7	西雅图（Seattle）	52	42	37	27	24	20	14	11	10	7
8	达拉斯（Dallas）	6	6	6	9	8	10	10	10	7	8
9	台北（Taipei）	12	8	9	8	7	9	9	9	9	9
10	伦敦（London）	3	5	7	7	10	8	8	7	8	10
11	山景城（Mountain View）	35	32	29	26	23	21	17	15	12	11
12	首尔（Seoul）	9	13	13	15	13	12	11	12	11	12
13	巴黎（Paris）	4	4	5	5	9	11	12	13	13	13
14	波恩（Bonn）	13	12	15	16	17	16	16	18	16	14
15	雷德蒙德（Redmond）	19	19	19	19	19	19	15	14	15	15
16	费城（Philadelphia）	31	29	32	23	22	23	22	19	17	16
17	深圳（Shenzhen）	46	33	20	20	18	17	21	17	19	17
18	帕罗奥多（Palo Alto）	7	7	8	10	11	7	7	8	14	18
19	阿蒙克（Armonk）	10	10	11	12	12	13	13	16	18	19
20	门真（Kadoma）	15	15	11	13	14	18	20	21	20	20
21	恩格尔伍德（Englewood）	22	21	23	28	26	25	24	24	22	21
22	马德里（Madrid）	11	11	14	14	15	15	19	22	21	22

续表

排序	城市	2008年	2009年	2010年	2011年	2012年	2013年	2014年	2015年	2016年	2017年
23	墨西哥城（Mexico City）	18	16	17	17	16	14	18	20	23	23
24	纽伯里（Newbury）	16	17	16	18	20	24	23	23	25	24
25	圣何塞（San Jose）	43	45	45	44	37	26	25	26	27	25
26	伯班克（Burbank）	29	28	33	32	32	29	26	25	24	26
27	阿姆斯特丹（Amsterdam）	36	39	41	33	30	33	31	28	26	27
28	贝尔维尤（Bellevue）	98	98	98	99	99	42	36	31	28	28
29	旧金山（San Francisco）	68	65	65	57	51	47	44	34	30	29
30	斯坦福德（Stamford）	64	66	66	62	59	59	52	49	31	30

三 扩散效应："创意+技术"成为全球城市数字创意产业聚焦的助推器

在"创意+技术"的双重加持下，数字创意产业在全球各城市迅速崛起，并迅速分化形成不同的发展特征。实际上，数字创意产业的企业数量及营收总额显示出较强的正相关性，彰显出头部资源垄断、强势资源集聚、新进城市激烈竞争的特质。从2017年营收总额排名来看，全球城市数字创意产业营收总额的层级关系较为稳定，且与数量指标30强城市大多在相同的层级内，表明数字创意产业的数量及营业收入存在较强的相关性。首先，第一梯队城市中层级分化明显，东京自成一档，营业收入高达6754.80亿美元，以绝对优势领先，其次是北京、香港、纽约。其中北京从第14名逐步攀升至第2名，成为第一梯队中增幅最大的城市，美国城市库佩提诺和西雅图（Seattle）同样增幅显著，这均得益于其重视新兴科技与数字创意产业的良性联动。其次，第二梯队中，共有5家美国城市、3家亚洲城市与2家欧洲城市。其中值得关注的是法国巴黎和德国波恩（Bonn）裹足不前，欧洲城市数字创意产业在数量及营收上已呈现整体落后于美洲与亚洲的发展窘状，这与欧洲重创意轻技术、错失互联网机遇以及移动互联网契机等有关。最后，第三梯队的美国上榜城市值得关注。圣何塞（San Jose）、贝尔维尤（Bellevue）攀升迅速，其中圣何塞从第43名升至第25名，贝尔维尤从第98名升至第28名，究其原因，均与数字创意产业的巨头企业联系紧密：贝尔维尤是西雅图都会区第三大城市，美国第三大运营商T - Mobile、微软、清华和华大合办的全球创新学院均坐落于此,科技巨头的集聚效应吸引了更多数字创意企业入驻,彰显出技术基因的优势。

第三节 基于区位熵的全球城市数字创意产业集聚规律

为对全球城市数字创意产业的集聚格局进行系统把脉,本书采用区位熵(Location Quotient,LQ)来测度区域聚集和专业化程度。区位熵是由哈盖特(P. Haggett)提出,反映某一区域专业化水平的指标,即"某个部门(产业)在某区域所占的比重与同一部门(产业)在全国/全球的比重之比值"[①],能对不同地区某一产业集聚情况进行比较分析。

区位熵的计算公式为:

$$LQ_{ij} = \frac{\frac{q_{ij}}{q_j}}{\frac{q_i}{q}} \tag{5-1}$$

式(5-1)中,LQ_{ij} 是 j 地区的 i 产业在全国的区位熵,q_{ij} 为 j 地区 i 产业指标;q_j 为 j 地区所有产业指标;q_i 指在全国范围内 i 产业指标;q 为全国所有产业指标。LQ_{ij} 值越高,表明该地区产业集聚水平越高。一般来说,当 $LQ_{ij} > 1$ 时,认为 j 地区经济在全国具有优势;当 $LQ_{ij} < 1$ 时,认为 j 地区经济在全国具有劣势。[②] 区位熵在产业层面的统计数据获取容易,计算方法简单易行,能较好地直观反映地区层面产业集聚水平。

根据全球数字创意产业集聚数量,区位熵的计算公式为:

$$LQ_m = \frac{\frac{q_a}{q_b}}{\frac{q_c}{q_d}} \tag{5-2}$$

---

① 周锦、顾江:《基于区位商理论的区域文化产业发展分析》,《统计与决策》2013 年第 17 期。

② 解学芳、胡晨楠:《全球城市数字创意产业集聚机理与中国路径——基于全球数据的实证研究》,《社会科学研究》2020 年第 2 期。

式 (5-2) 中，LQ_m 代表全球数字创意产业公司数量区位熵，q_a 代表某城市或地区创意产业公司数量，q_b 代表某城市或地区所有公司数量，q_c 代表全球数字创意产业公司数量，q_d 代表全球所有公司数量。

全球数字创意产业营收总额区位熵的计算公式为：

$$LQ_n = \frac{\dfrac{q_e}{q_f}}{\dfrac{q_g}{q_h}} \tag{5-3}$$

式 (5-3) 中，LQ_n 代表全球数字创意产业公司营业收入区位熵，q_e 代表某城市或地区创意产业公司营业收入，q_f 代表某城市或地区所有公司合计营业收入，q_g 代表全球数字创意产业公司营业收入，q_h 代表全球所有公司合计营业收入。

需提及的是，区位熵数据也会产生些微问题，如某地区数字创意产业空间集聚不显著，但区位熵指数却较高，可能源于未考虑数创企业规模因素影响和区域经济发展水平的差异。[①] 鉴于此，拟选取全球城市数字创意产业公司数量与全球数字创意产业营收总额两个指标，选取样本为 2008—2017 年数字创意产业公司数量总数在 10 个及以上的城市，且以 2017 年排名为前 50 位的城市，进行企业数量与企业营收的双向印证来展现真实的全球数字创意产业的城市集聚格局。

一 企业数量维度：全球城市数字创意产业集聚谱系形成

城市是自我构建的复杂系统，文化多样性是城市创新的源泉，也是数字创意产业集聚的文化生态。从数字创意企业数量集聚的区位熵来看[②]，整体数值偏大，表明数字创意产业已在全球范围内兴起。具体来看（见表 5-3），18 座城市的区位熵值大于 2 以上，其中来自韩国的城南（Seongnam）以 3.68 位居第 1，其次是中国北京（2.38）[③]、韩国

---

① 王欢芳等：《产业空间集聚水平测度的模型运用与比较》，《统计与决策》2018 年第 11 期。

② 基于 2008—2017 年全球数字创意产业公司数量和营收总额两个指标区位熵结果，将区位熵分为 5 个等级，依次是区位熵数值为 2 以上、1.5—2 区间、1—1.5 区间、0.5—1 区间、0—0.5 区间。

③ 北京（2.38/12），2.38 表示北京的区位熵值，12 表示该区位熵值在全球城市中的排名，下同。

表5-3 全球城市数字创意产业数量区位熵前50强

排序	城市	国家	2008年	2009年	2010年	2011年	2012年	2013年	2014年	2015年	2016年	2017年
1	城南（Seongnam）	韩国	3.32	3.42	3.39	3.59	3.69	3.73	3.75	3.68	3.66	3.68
2	赖斯顿（Reston）	美国	3.59	3.76	3.33	3.61	3.71	3.15	3.23	3.24	3.18	3.57
3	圣莫尼卡（Santa Monica）	美国	3.82	2.96	2.93	3.28	3.08	2.79	3.06	3.14	3.35	3.51
4	拉斯维加斯（Las Vegas）	美国	2.84	2.88	2.92	2.54	2.2	2.33	2.65	2.82	3.11	3.47
5	恩格尔伍德（Englewood）	美国	3.07	3.02	3.27	3.33	3.48	3.35	3.27	3.33	3.08	3.33
6	柏林（Berlin）	德国	2.89	2.84	2.99	2.95	2.95	3.03	2.77	2.64	2.69	3.05
7	南悉尼（North Sydney）	澳大利亚	2.35	2.27	2.27	2.33	2.4	2.32	2.35	2.47	2.43	2.84
8	米兰（Milan）	意大利	1.96	2.03	2	2.3	2.39	2.61	2.57	2.61	2.67	2.68
9	华沙（Warsaw）	波兰	2.19	2.32	2.36	2.45	2.53	2.54	2.62	2.6	2.72	2.61
10	斯德哥尔摩（Stockholm）	瑞典	2.21	2.26	2.31	2.29	2.19	2.26	2.29	2.45	2.54	2.55
11	八打灵再也（Petaling Jaya）	马来西亚	1.95	2.01	2.25	2.19	2.28	2.47	2.46	2.39	2.29	2.39
12	北京（Beijing）	中国	1.84	1.83	1.98	2.22	2.3	2.3	2.29	2.37	2.36	2.38
13	森尼韦尔（Sunnyvale）	美国	1.69	1.67	1.7	1.51	1.53	1.62	1.7	2.11	2.33	2.35
14	福州（Fuzhou）	中国	2.41	2.28	2.21	2.63	2.14	2.23	2.31	2.31	2.24	2.31
15	圣安东尼奥（San Antonio）	美国	2.08	2.48	2.47	2.33	2.46	2.46	2.44	2.55	2.49	2.31
16	首尔（Seoul）	韩国	2.04	1.9	1.93	1.96	1.97	2.08	2.13	2.2	2.24	2.28
17	新北市（New Taipei City）	中国	2.48	2.41	2.42	2.34	2.25	2.23	2.17	2.17	2.18	2.15
18	东京（Tokyo）	日本	1.65	1.72	1.78	1.82	1.9	1.99	2.01	2.03	2.04	2.06

续表

排序	城市	国家	2008年	2009年	2010年	2011年	2012年	2013年	2014年	2015年	2016年	2017年
19	慕尼黑（Munich）	德国	1.31	1.36	1.37	1.43	1.61	1.73	1.79	1.88	1.99	2.02
20	巴黎（Paris）	法国	1.98	2.03	2.02	2.02	2.16	2.06	2.1	2.02	2.03	1.98
21	圣何塞（San Jose）	美国	1.98	2.18	2.36	2.2	2.2	2.15	2.03	2.17	2.09	1.98
22	杭州（Hangzhou）	中国	2.17	2.15	2.23	2.19	1.98	1.99	1.99	1.98	1.95	1.98
23	奥斯陆（Oslo）	挪威	1.4	1.32	1.37	1.37	1.43	1.52	1.47	1.63	1.87	1.97
24	阿姆斯特丹（Amsterdam）	荷兰	1.37	1.44	1.63	1.75	1.58	1.71	1.7	1.78	1.96	1.96
25	深圳（Shenzhen）	中国	1.64	1.63	1.7	1.74	1.91	1.96	1.91	1.88	1.9	1.93
26	斯坦福德（Stamford）	美国	2.44	2.7	2.59	2.52	2.44	2.33	2.1	2.05	2.2	1.8
27	广州（Guangzhou）	中国	1.4	1.53	1.88	1.83	1.76	1.92	1.91	1.64	1.71	1.75
28	诺伊达（Noida）	印度	1.88	1.84	1.86	2.07	2	1.85	1.9	1.9	1.89	1.75
29	墨尔本（Melbourne）	澳大利亚	1.19	1.1	1.04	1.17	1.42	1.44	1.6	1.76	1.75	1.74
30	奥克兰（Auckland）	美国	1.51	1.53	1.45	1.62	1.8	1.68	1.69	1.73	1.69	1.73
31	海得拉巴（Hyderabad）	印度	1.45	1.57	1.54	1.6	1.61	1.62	1.64	1.66	1.73	1.68
32	西雅图（Seattle）	美国	1.93	1.87	2.08	1.72	2.3	2.07	1.78	1.83	1.83	1.68
33	台北（Taipei）	中国	1.22	1.32	1.41	1.47	1.53	1.52	1.55	1.56	1.58	1.59
34	赫尔辛基（Helsinki）	芬兰	1.6	1.53	1.71	1.72	1.6	1.62	1.55	1.67	1.59	1.56
35	伦敦（London）	英国	1.34	1.39	1.44	1.47	1.5	1.56	1.61	1.65	1.59	1.53
36	卢森堡市（Luxembourg City）	卢森堡	1.39	1.41	1.33	1.64	1.46	1.24	1.38	1.27	1.44	1.52

续表

排序	城市	国家	2008年	2009年	2010年	2011年	2012年	2013年	2014年	2015年	2016年	2017年
37	马德里（Madrid）	西班牙	1.24	1.41	1.3	1.36	1.52	1.48	1.33	1.24	1.34	1.44
38	悉尼（Sydney）	澳大利亚	0.92	0.99	1.03	1.08	1.15	1.24	1.33	1.35	1.32	1.42
39	桃园（Taoyuan）	中国	1.18	1.06	1.14	1.24	1.25	1.24	1.29	1.33	1.38	1.41
40	香港（Hong Kong）	中国	1.31	1.34	1.35	1.38	1.38	1.38	1.37	1.38	1.39	1.41
41	金奈（Chennai）	印度	1.34	1.33	1.42	1.48	1.33	1.26	1.3	1.28	1.38	1.39
42	吉隆坡（Kuala Lumpur）	马来西亚	1.05	1.08	1.04	1.08	1.09	1.14	1.24	1.32	1.35	1.35
43	班加罗尔（Bengaluru）	印度	1.42	1.38	1.33	1.44	1.32	1.35	1.37	1.4	1.46	1.32
44	特拉维夫（Tel Aviv）	以色列	1.17	1.14	1.35	1.33	1.17	1.19	1.15	1.14	1.22	1.3
45	奥斯汀（Austin）	美国	1.89	1.78	1.81	1.97	2.03	1.96	1.68	1.46	1.29	1.26
46	上海（Shanghai）	中国	0.86	0.89	1.04	1.15	1.11	1.12	1.14	1.12	1.24	1.26
47	亚特兰大（Atlanta）	美国	1.82	1.79	1.75	1.58	1.42	1.44	1.45	1.35	1.41	1.23
48	墨西哥城（Mexico City）	墨西哥	1.53	1.57	1.3	1.26	1.16	1.11	1.1	1.12	1.17	1.19
49	名古屋（Nagoya）	日本	0.88	0.94	0.91	0.96	0.92	0.99	1.03	1.07	1.1	1.15
50	新竹（Hsinchu）	中国	1.26	1.19	1.15	1.19	1.15	1.15	1.16	1.18	1.15	1.13

首尔（2.28）、日本东京（2.06）等均具有高度集聚优势，欧洲区域的米兰、华沙及斯德哥尔摩的数字创意产业数量集聚度也很高。其中城南是韩国京畿道中央的卫星城市，比邻首尔，是韩国首都圈高速发展的新起之秀，由于地理优势和租金低廉，成为数字创意产业集聚地。不可否认，部分城市高数值的区位熵可能与当地巨头产业相关，即企业较少而呈现出伪"高集聚性"，故对于城市数量集聚的判断还需多方数据佐证。区位熵在1.5—2区间共有16座城市，中国（不含港、澳、台）占据3席——杭州（1.98）、深圳（1.93）及广州（1.75），其原因在于具有较好的互联网产业基础，汇聚阿里巴巴、腾讯、网易等知名数字创意企业，为数字创意产业的崛起奠定产业基础。与此同时，印度海得拉巴、法国巴黎、澳大利亚墨尔本、美国西雅图、英国伦敦也均呈现出明显集聚优势。此外，美国纽约未进入50位，排名第69位，区位熵值逐年下跌，从2008年的1.26降至2017年的0.65。究其原因，纽约向外辐射力度加强，产业迁移及转移趋势显著，一定程度上导致实际集聚效果减弱，但纽约作为数字创意产业核心城市的象征作用仍然较强。总的来看，大型城市的资本要素丰富、制度完善、交通便利、人才丰富，为数字创意产业空间集聚提供保障；一旦产业发展成熟，不再过度依赖大型城市提供的条件，或大型城市因集聚导致租金、空间、竞争等条件加剧，也会使产业及企业转移成为一种趋势。

二 营收指标维度：全球城市数字创意产业集聚的差异格局成常态

对于新兴数字创意产业而言，全球城市存在明显的区域竞争差异。作为数字创意产业的物理载体，城市伊始就存在各种软硬件设施上的差距，倘若未抓住发展数字创意产业的机遇，不同国家城市间的文化与经济差异将进一步分化。亚洲核心城市的集聚力度较强，而美国呈现多城市中心凸起，其综合集聚能力强。从营收总额集聚的区位熵来看，全球城市整体数值偏小，可以划分为五大梯队（见表5-4）：一是区位熵大于2的城市，其中，美国的恩格尔伍德、拉斯维加斯、达拉斯、圣何塞的集聚优势突出；米兰则在欧洲城市的集聚优势突出，深厚的历史积淀与艺术熏陶使意大利米兰将"文化"基因嵌入产业语境中，建起了数字创意产业的生态系统，成为国际设计创意中心之一。二是区位熵1.5—2区间的城市，普遍具有高集聚优势，如柏林、纽约及深圳表现较

表5-4　全球城市数字创意产业营业收入区位熵前50强

排序	城市	国家	2008年	2009年	2010年	2011年	2012年	2013年	2014年	2015年	2016年	2017年
1	恩格尔伍德（Englewood）	美国	10.07	9.64	10	8.35	8.37	8.57	8.64	8.09	8.17	8.92
2	拉斯维加斯（Las Vegas）	美国	9.09	8.39	9.03	9.42	9.33	10.11	9.6	7.99	7.93	8.48
3	桃园（Taoyuan）	中国	9.3	8.96	9.32	9.94	9.57	9.12	9.04	8.44	8.04	8.17
4	达拉斯（Dallas）	美国	4.9	5.07	4.73	5.07	4.79	4.06	3.75	4.02	4.59	4.46
5	圣何塞（San Jose）	美国	2.95	2.88	3.03	3.27	3.62	4.25	4.42	3.89	3.76	4.23
6	城南（Seongnam）	韩国	4.49	4.43	4.14	4.15	3.99	4.01	4.27	4.16	4.08	4.13
7	台北（Taipei）	中国	4.24	4.61	4.3	4.37	4.26	4.27	4.31	4.04	3.74	3.71
8	香港（Hong Kong）	中国	2.71	2.54	2.47	2.53	2.5	2.52	2.41	2.3	2.21	2.31
9	米兰（Milan）	意大利	2.15	2.37	2.4	2.26	2.24	1.95	1.96	1.82	1.93	2.14
10	墨西哥城（Mexico City）	墨西哥	2.15	2.43	2.2	2.1	2.16	2.16	2.07	2.02	2.02	1.87
11	柏林（Berlin）	德国	0.75	0.77	0.84	0.98	1.23	1.25	1.4	1.42	1.47	1.85
12	纽约（New York）	美国	2.13	1.74	1.65	1.77	1.93	2.08	2.12	2.01	1.91	1.81
13	温哥华（Vancouver）	美国	2.18	2.26	2.13	2.03	2.02	2.03	2.01	1.88	1.84	1.71
14	深圳（Shenzhen）	中国	2.65	3.02	3.74	3.32	3.16	2.69	2.09	1.78	1.65	1.52
15	吉隆坡（Kuala Lumpur）	马来西亚	1.51	1.54	1.46	1.49	1.43	1.49	1.49	1.49	1.47	1.49
16	新北（New Taipei City）	中国	3.56	3.38	2.92	2.32	2.02	1.86	1.73	1.45	1.47	1.48
17	雅典（Athens）	美国	1.91	1.86	1.94	2.54	1.37	1.33	1.36	1.38	1.34	1.45
18	华沙（Warsaw）	波兰	1.58	1.44	1.43	1.35	1.38	1.3	1.71	1.57	1.47	1.42

第五章 全球数字创意产业集聚的城市图谱

续表

排序	城市	国家	2008年	2009年	2010年	2011年	2012年	2013年	2014年	2015年	2016年	2017年
19	东京（Tokyo）	日本	1.34	1.35	1.38	1.39	1.39	1.35	1.37	1.35	1.35	1.39
20	广州（Guangzhou）	中国	0.34	0.37	0.41	0.6	0.66	0.8	1.04	1.04	1.15	1.29
21	阿姆斯特丹（Amsterdam）	荷兰	0.7	0.68	0.65	0.81	0.85	0.9	0.97	1	1.11	1.25
22	墨尔本（Melbourne）	澳大利亚	1.05	1.01	1.19	1.14	1.12	1.07	1.41	1.19	1.28	1.24
23	斯德哥尔摩（Stockholm）	瑞典	1.77	1.62	1.67	1.88	1.83	1.7	1.58	1.46	1.36	1.24
24	杭州（Hangzhou）	中国	1.74	1.22	1.07	1.07	0.94	1.05	1.19	1.08	1.16	1.07
25	马德里（Madrid）	西班牙	1.18	1.15	1.2	1.17	1.09	1.08	1.05	0.93	1	1.03
26	旧金山（San Francisco）	美国	0.34	0.4	0.49	0.58	0.64	0.73	0.78	0.8	0.91	1.02
27	首尔（Seoul）	韩国	1.04	0.91	0.8	0.92	0.88	0.98	0.98	0.95	0.91	0.93
28	芝加哥（Chicago）	美国	1.73	1.44	1.26	1.06	1.05	0.99	1.08	1	0.9	0.92
29	北京（Beijing）	中国	0.68	0.65	0.58	0.59	0.64	0.68	0.71	0.8	0.89	0.91
30	约翰内斯堡（Johannesburg）	南非	1.24	1.28	1.5	1.45	1.35	1.11	1.12	1.04	0.91	0.76
31	亚特兰大（Atlanta）	美国	0.85	0.85	0.87	0.9	0.81	0.82	0.9	0.72	0.69	0.68
32	布宜诺斯艾利斯（Buenos Aires）	阿根廷	1.58	1.7	1.71	1.8	1.59	1.49	1.29	1.47	1.02	0.68
33	新加坡（Singapore）	新加坡	0.69	0.78	0.83	0.8	0.75	0.67	0.66	0.62	0.66	0.67
34	新德里（New Delhi）	印度	0.75	0.72	0.87	0.84	0.86	0.81	0.88	0.95	0.91	0.66
35	名古屋（Nagoya）	日本	0.58	0.6	0.61	0.61	0.59	0.58	0.58	0.56	0.57	0.59

续表

排序	城市	国家	2008	2009	2010	2011	2012	2013	2014	2015	2016	2017
36	巴黎（Paris）	法国	0.82	0.74	0.74	0.77	0.68	0.62	0.54	0.56	0.58	0.58
37	伦敦（London）	英国	0.64	0.53	0.51	0.5	0.46	0.52	0.58	0.63	0.63	0.58
38	曼谷（Bangkok）	泰国	0.6	0.64	0.61	0.6	0.56	0.55	0.55	0.58	0.58	0.55
39	多伦多（Toronto）	加拿大	0.7	0.71	0.67	0.65	0.66	0.68	0.61	0.67	0.6	0.54
40	赫尔辛基（Helsinki）	芬兰	0.63	0.66	0.64	0.63	0.55	0.57	0.58	0.52	0.53	0.51
41	伊斯坦布尔（Istanbul）	土耳其	0.68	0.64	0.62	0.62	0.6	0.51	0.46	0.46	0.44	0.41
42	上海（Shanghai）	中国	0.29	0.31	0.25	0.21	0.21	0.19	0.21	0.27	0.33	0.4
43	蒙特利尔（Montreal）	加拿大	0.67	0.68	0.63	0.64	0.6	0.57	0.47	0.45	0.4	0.37
44	都柏林（Dublin）	爱尔兰	0.48	0.44	0.5	0.43	0.56	0.57	0.54	0.49	0.36	0.34
45	圣保罗（Sao Paulo）	美国	0.76	0.64	0.67	0.55	0.54	0.49	0.35	0.32	0.33	0.32
46	悉尼（Sydney）	澳大利亚	0.33	0.27	0.24	0.23	0.22	0.22	0.23	0.23	0.25	0.25
47	孟买（Mumbai）	印度	0.39	0.37	0.39	0.34	0.28	0.34	0.35	0.34	0.31	0.23
48	卡尔加里（Calgary）	加拿大	0.17	0.28	0.26	0.27	0.27	0.25	0.22	0.28	0.25	0.2
49	慕尼黑（Munich）	德国	0.02	0.1	0.12	0.13	0.13	0.13	0.15	0.18	0.18	0.17
50	大阪（Osaka）	日本	0.57	0.5	0.45	0.16	0.15	0.14	0.13	0.13	0.13	0.13

好,其中柏林 2013 年公布的 2030 年城市发展规划方案,强调了利用创意释放城市潜能,使柏林成为世界创意中心。三是区位熵 1—1.5 区间的城市,如新北、东京、广州具有较好集聚优势。四是区位熵 0.5—1 区间的城市,首尔、北京、新加坡,巴黎及伦敦等重要城市在此区间。而上海、悉尼及孟买等城市的区位熵均在 0.5 以下,与全球其他城市相比存在明显弱势。总的来看,在营收总额方面区位熵值大体与全球城市数字创意产业营收总额一致,具有较强相关性。不少美国城市尽管数量区位熵较低,但营收区位熵较高,彰显了巨头产业对数字创意产业集聚效应的重要影响;与此同时,资源集聚带来的扩散效应助推地理位置相近的城市连点成片,从而不断提高城市数字创意产业的集聚竞争力。

三 洲际比较维度:结构分化态势与高度集聚优势并存

数字创意产业的洲际差异呈现两极分化态势。地理区位差异是全球产业动态发展的结果,发达的洲际和城市会优先选择高端产业链和先进的主导产业,以控制成本和保持领先,而落后的洲际与城市则分散在低端产业链,从而带来数字创意产业的发展差距,并逐步转化为城市差距、国家差距乃至洲际差距。以洲际为标准进行企业数量区位熵计算可知(见图 5-3),亚洲城市数量及区位熵位居第 1,前 50 位中占 22 位,总区位熵达 39.65;但均值最低,说明亚洲城市尽管数创上市公司数量最多,但规模相对较小,未能形成强集聚效应。美洲城市数量及区位熵位居第 2,前 50 位中占 13 位,总区位熵达到 29.41,且均值最高,达到 2.26,表明美国数字创意产业城市集聚绝对优势突出。欧洲城市数量及区位熵与亚洲、美洲存在差距,欧洲城市呈现出向国家首都和中心城市集聚的倾向,但各国间城市集聚规模较小。大洋洲仅有 3 座城市入选,核心城市较少,尚处于发展中;而非洲没有城市入选。此外,以洲际为标准进行营收总额区位熵计算可知,美洲城市独占鳌头,尽管上榜城市 15 座,但区位熵总计及均值遥遥领先于其他洲,特别是美国数字创意产业营收处于强势垄断地位。亚洲以 20 座城市上榜,31.38 的营业收入及 1.57 的均值位居第 2,亚洲与美洲城市营收能力的差异显示出亚洲城市数字创意企业综合竞争力的不足。欧洲上榜城市 12 位,遥遥落后于美洲与亚洲。近年来欧洲在互联网发展及新经济发展下颓势不断,直接影响了数字创意产业等新兴产业的发展。大洋洲入选2座城市,非洲仅有南非的约翰内斯堡(Johannesburg)入选,可见当下洲际间数字创意产业竞争已呈严重分化态势。

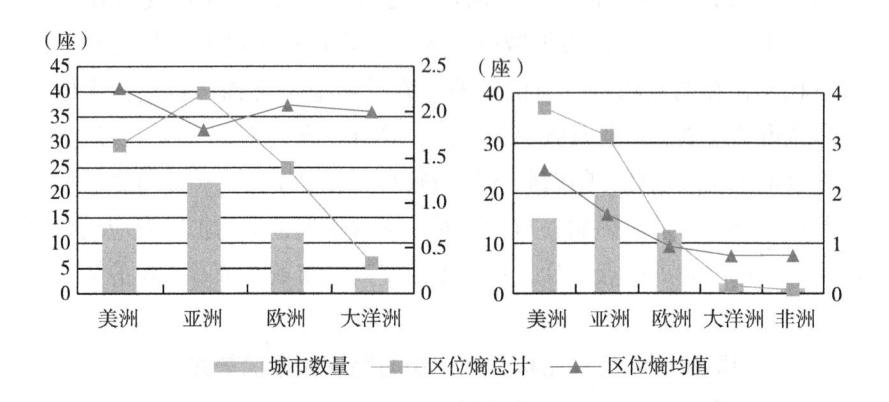

图 5-3 洲际城市数字创意产业企业数量集聚与营收集聚对比

区位熵数据进一步佐证了当前数字创意产业的全球分布格局与演化规律。一是数字创意产业集聚具有典型的产业迁徙特征,一旦企业进入成熟期具有发展能动性,不再依赖大型城市提供的便利,低廉的租金与更广阔的空间将吸引产业与企业进行转移。究其原因,主要源于数字创意企业本身所处的发展阶段和能动性。二是在数字创意产业发展中,巨头数字创意企业的影响更大,城市或可通过提供租金减免等多种方式为巨头企业进驻提供便利,并很大程度上推进城市更新与城市发展。三是在洲际维度全球数字创意产业集聚分化较为严重,亚洲城市数字创意产业数量占据优势,美洲城市则在营收集聚上遥遥领先;同时全球核心城市数字创意产业集聚结构存在差异,美国城市综合实力较强,而日本城市个体突出,中国城市则表现出强势发展潜力。综上来看,全球数字创意产业向大型城市集聚的演化趋势明显,依托于核心城市的丰富资源与区位辐射,周边城市数字创意产业逐渐兴起,为数字创意产业空间集聚提供了条件。

第四节　全球数字创意产业集聚语境下的中国创新路径

基于全球数字创意产业发展集聚格局与演化规律，下面立足规模竞争力与营收竞争力两大维度研判我国数字创意产业发展潜力，明晰中国在全球格局中的地位与所处全球价值链的位置，探索适合我国数字创意产业发展的竞合路径。

一　中国定位：厘清数字创意产业在全球格局的优劣势

对于发展中国家而言，数字创意产业是新一轮全球竞争的场域，在全新的语境中，需要实时把脉全球发展趋势与整体产业价值链格局，将自身发展同全球局势接轨。我国数字创意产业发展相对较好，在全球百强中上榜数量及营业收入处于优势位置。从统计数据来看（见表5-5），在数量维度，香港、北京、台北、新北、深圳、上海、杭州、广州等城市均上榜百强名单。其中北京处于我国数字创意产业发展的第一梯队，企业数量及营收均居中国城市首位；上海作为世界六大城市群之一的长三角的核心城市，在数字创意产业发展中并未占得先机，相较于国际城市群的其他城市，上海的数量区位熵仅名列第46位，营收区位熵也较低，与上海建设国际大都市和建设科技创新中心的定位还有较大差距；上海周边城市如杭州、苏州在互联网及创意产业上发展较好，意味着长三角数字创意产业的发展潜力巨大。相较之下，粤港澳大湾区的深圳、香港及澳门等核心城市的集聚优势显著，应继续推进与港、澳、台地区的数字创意产业协同发展。总体而言，中国城市发展数字创意产业的优势在于企业基数大，部分城市群的数量集聚度高，但与美国核心城市相比，企业巨头缺乏与营收总体实力不足的弱势明显，距离国际一流城市尚有落差。与此同时，在全球数字创意产业头部竞争态势中，我国尚处于全球数字创意产业价值链的后端，在分布结构上城市间协同效应不显著[①]，亟待不断提升集聚水平和集聚质量以及优化产业价值链。

---

① 臧志彭、伍倩颖：《世界四大湾区文化创意产业结构演化比较——基于2001—2016年全球文创上市公司的实证研究》，《山东大学学报》（哲学社会科学版）2019年第1期。

表5-5　中国城市数字创意产业数量区位熵与营收区位熵[①]

数量区位熵	2008年	2009年	2010年	2011年	2012年	2013年	2014年	2015年	2016年	2017年
北京（Beijing）	1.84	1.83	1.98	2.22	2.30	2.30	2.29	2.37	2.36	2.38
福州（Fuzhou）	2.41	2.28	2.21	2.63	2.14	2.23	2.31	2.31	2.24	2.31
杭州（Hangzhou）	2.17	2.15	2.23	2.19	1.98	1.99	1.99	1.98	1.95	1.98
深圳（Shenzhen）	1.64	1.63	1.70	1.74	1.91	1.96	1.91	1.88	1.90	1.93
广州（Guangzhou）	1.40	1.53	1.88	1.83	1.76	1.92	1.91	1.64	1.71	1.75
台北（Taipei）	1.22	1.32	1.41	1.47	1.53	1.52	1.55	1.56	1.58	1.59
武汉（Wuhan）	1.37	1.36	1.43	1.41	1.41	1.41	1.40	1.35	1.38	1.42
桃园（Taoyuan）	1.18	1.06	1.14	1.24	1.25	1.24	1.29	1.33	1.38	1.41
香港（Hong Kong）	1.31	1.34	1.35	1.38	1.38	1.38	1.37	1.38	1.39	1.41
上海（Shanghai）	0.86	0.89	1.04	1.15	1.11	1.12	1.14	1.12	1.24	1.26
南京（Nanjing）	0.88	0.97	0.98	1.10	1.08	1.18	1.14	1.14	1.17	1.21
成都（Chengdu）	0.56	0.68	0.67	0.73	0.95	0.83	0.93	1.04	1.05	1.06
台中（Taichung）	0.58	0.60	0.58	0.66	0.78	0.71	0.76	0.78	0.86	0.87
台南（Tainan）	0.52	0.49	0.59	0.59	0.57	0.55	0.54	0.55	0.57	0.60
营业收入区位熵	2008年	2009年	2010年	2011年	2012年	2013年	2014年	2015年	2016年	2017年
惠州（Huizhou）	11.61	11.07	11.40	11.85	10.98	11.01	11.05	10.22	9.93	9.96
桃园（Taoyuan）	9.30	8.96	9.32	9.94	9.57	9.12	9.04	8.44	8.04	8.17
台北（Taipei）	4.24	4.61	4.30	4.37	4.26	4.27	4.31	4.04	3.74	3.71
香港（Hong Kong）	2.71	2.54	2.47	2.53	2.50	2.52	2.41	2.30	2.21	2.31
深圳（Shenzhen）	2.65	3.02	3.74	3.32	3.16	2.69	2.09	1.78	1.65	1.52
新北（New Taipei）	3.56	3.38	2.92	2.32	2.02	1.86	1.73	1.45	1.47	1.48
广州（Guangzhou）	0.34	0.37	0.41	0.60	0.66	0.80	1.04	1.04	1.15	1.29
杭州（Hangzhou）	1.74	1.22	1.07	1.07	0.94	1.05	1.19	1.08	1.16	1.07
北京（Beijing）	0.68	0.65	0.58	0.59	0.64	0.68	0.71	0.80	0.89	0.91
上海（Shanghai）	0.29	0.31	0.25	0.21	0.21	0.19	0.21	0.27	0.33	0.40

二　跃升路径：中国数字创意产业集聚优化及其价值链跃升

通过对全球数字创意产业集聚的相关数据进行分析，从企业数量维

---

① 此区位熵数据基于2008—2017年进入全球区位熵数据前100的中国城市。部分城市可能由于巨头企业导致集聚区位熵较高。

度、营收指标维度、洲际比较维度对全球数字创意产业集聚进行了深入描述,且采用区位熵的定量研究方法,研判了现今全球数字创意产业发展的情况与特征。与此同时,比对中国数字创意产业集聚发展中出现的问题,明晰了中国在全球数字创意产业发展的地位。鉴于此,层层递进的论证过程,最后将从核心城市集聚优化、数字创意产业价值链攀升、创意集群与产业集群协同、城市布局与治理优化四维度提出建议,以促进我国数字创意产业核心竞争力在全球格局中的进一步跃升。

其一,强化北上广深核心城市聚焦优势,推动制度创新与产业创新协同发展。数字创意产业集聚和城市经济增长相辅相成,在产业集聚下规模经济和范围经济与扶持制度的叠加带来城市经济规模报酬的递增变化,从而全面推动数字创意产业的发展。当下我国数字创意产业正处于发展期,亟须制度创新与产业创新协同发展。一是优化数字创意产业相关的制度体系,推动数字创意产业多元化多层次集聚。前沿科技应用落后、文化市场流通不畅、产业集聚度低和文化企业自主创新能力不足是当前制约数字创意产业发展的重要因素。鉴于此,应加快出台一系列制度设计与政策支持,引导和整合上下游文化科技资源,优化集聚模式与集聚效应,并通过财税减免等政策红利大幅提升数字创意企业基数、刺激企业创新行为,为数字创意产业后续发展提供支撑。二是将数字创意产业发展的宏观政策体系与城市发展规划并置,推进三方协同发展。当前国内文化政策体系众多,加之各个城市的发展规划,产业政策繁杂且具有交叉性。鉴于此,应确定各个规划的优先层级和先后次序,以顶层设计为数字创意产业发展指导方向,以城市发展为建设指南,以培育数字创意产业主功能为核心,合理拓展地缘空间,形成强劲的城市数字创意产业集聚网络,发挥协同效应,从而提升城市竞争力。三是厘清北上广深核心城市的发展痛点,推动城市数字创意产业发展的差异化定位。北上广深作为中国最高能级城市,不应陷入同质化发展陷阱,而应根据各城市文化生产要素禀赋状况、文化科技资源的开发潜力以及新兴产业布局,制定针对各个城市的科学发展规划,实现数字创意产业发展的多元化格局,更应凸显产业的梯度化,以形成城市群间数字创意产业的协同与优势互补。

其二,利用 AI + 5G 深耕"科技 + 创意",助推我国数字创意产业价值链攀升。数字创意产业的创新能力与综合竞争力的构建是发展的根本。科技创新被公认为决定一国或地区经济走势的最关键因素,左右着未来全球产业竞争格局。鉴于此,一是加快前沿科技创新与数字创意产业的耦合化、跨界化及智能化的融合。文化数字化与创意科技化已经成为数字创意产业的核心驱动力,推动传统制造转向文化创造再到创意智造的产业转型迫在眉睫。二是紧抓5G、人工智能、物联网、VR/AR等科技创新机遇。一方面,利用AI、5G变革数字创意产业内容生产、运营环节,优化主体创新,推动创新扩散,夯实制度支撑,重构全球数字创意产业价值链;[①] 另一方面,利用苹果和谷歌两大应用商店全覆盖的优势,在推广优质数字创意产品或文化APP的同时,加大"卡脖子"技术研发力度,在全球文化市场建立我国数字创意产业价值链网络。三是鉴于新一代科技革命浪潮以及新的国际政治经济形势为我国重构数字创意产业全球价值链提供了绝佳契机,在中美科技博弈的大背景下,应加快利用科技创新集聚优势赋能数字创意产业发展,积极嵌入全球产业价值链,打破现有欧美垄断格局,实现数字创意产业价值的生命周期增值循环,向全球价值链上端游走。

其三,加强数字创意产业竞争力,推进产业集聚向创意集群与产业集群协同进化。数字创意产业作为新兴产业还停留在产业集聚状态,加快助力产业集聚进化为"产业集群"和"创意集群"是关键。挖掘技术创新能力和打造品牌能力是全球领先企业的优势所在,也是决定全球价值链上价值分配的决定性因素,积极嵌入全球价值链有利于我国数创企业短期内实现文化生产能力的提升,并连接全球市场、打通技术通道。[②] 一方面,扶持数字创意产业龙头企业和培育中小微企业协同以形成城市集聚效应。发挥龙头企业的带头、聚集和辐射作用,实现数字创意产业向外衍生和辐射,带动整个区域数字创意产业的繁荣;利用数字创意产业的文化属性和对知识投入更加依赖的特性,加快核心企业知识溢出效应的发挥,提高周边数创企业的吸收和学习效率,从而扩大城市

---

① 解学芳:《人工智能时代的文化创意产业智能化创新:范式与边界》,《同济大学学报》(社会科学版)2019年第1期。

② 梅丽霞、王缉慈:《权力集中化、生产片断化与全球价值链下本土产业的升级》,《人文地理》2009年第4期。

数字创意产业创新规模。另一方面，打造创新集群，从产业集聚迈向产业集群和创意集群，培育核心创新能力。低廉适宜的租金、建筑空间优势、数字创意产业的人力资源优势、完善的产业链、政府及城市给予的制度优势与优惠政策均是数字创意产业发展的关键要素，但要跨越集聚进化到产业集群和创意集群，还需构建数创企业、科研机构、高校、创意阶层等创新主体所构成的城市创新合作网络和文化创新外溢生态，确保创新的可持续性。

其四，优化城市布局和治理能力，探索城市治理与数字创意产业联动方略。以高速增长的城市群为核心的数字创意产业集聚经济圈已成为我国参与国际经济竞争的重要载体。一是借鉴全球发达城市群发展模式与治理经验，提升长三角城市群、粤港澳大湾区、环渤海城市群的协同治理能力。从发达国家的实践经验来看，高能级城市在后福特体制下正在迅速成为文化生产的重要中心，而通过对美国的硅谷、西雅图，英国伦敦，日本东京，韩国首尔，印度孟买城市群发展模式的借鉴，将有助于探索更符合中国地缘特色的城市群发展模式和治理体系。二是立足数字创意产业发展特色加快城市文化新基建进程，特别是加大5G通信、智能设施、快捷交通等新型基础设施投入，降低知识搜索和知识溢出成本，培育城市创新生态，引导研发资源向数字创意产业聚集。三是优化城市布局，提升城市现代化治理能力，促进城市数字创意产业深度转型与城市更新协同推进。随着城市群战略转型的开启，文化要素、创意要素与互联网要素全面融入城市建设，加速着城市内部产业的渗透与融合，并带来数字创意产业更大范围、更高程度的集聚，最大限度发挥结构关联效应与近邻效应，增加文化资源贡献率与利用率，并提高专业化协同水平，形成高质量、特色化数字创意产业集聚；与此同时，提升城市文化认同感，在城市内打造可供创意人才永居永留的生活保障与精神家园。

第六章

城市数字创意产业全球价值链格局

在经济全球化背景下,世界价值创造体系出现了前所未有的垂直分离和再构。一方面,发达国家将竞争力重心由生产制造转移到了创新、设计、市场营销、服务和制造业中高附加值环节等方面;另一方面,发展中国家由于接受了大量从发达国家转移出来的生产制造等价值环节,从而获得了千载难逢的发展机会。然而与此同时,边缘化的地区越来越多,经济的贫困化程度也越来越深;融入全球产业体系的地区经过几十年的发展也发现,不但产业升级压力越来越大,而且产业再次转移或地方经济空心化的趋势也日益明显。

如何理解全球化下这种新的国际分工体系,在经济学、管理学、社会学和地理学等诸多学科交叉发展的基础上,全球价值链作为一种新的研究思路应运而生。从全球价值链的角度研究链条上诸多地方产业,虽然研究的落脚点很多,但最终都会归结到地方产业集群如何沿着所在价值链向上攀登或升级。地方产业集群沿着全球价值链往上升级,并不是一个自然而然的过程,而是在"不进则退"的激烈竞争中进行的。[①] 全球价值链价值环节在空间分离后导致产业集群的等级体系出现,而城市一般又可看作一个或多个产业集群综合体。

城市成为世界经济的价值环节的空间载体。近年来,不少学者将全

---

① 张辉:《全球价值链下地方产业集群转型和升级》,经济科学出版社 2007 年版,第 222 页。

球价值链引入城市研究,深化了对城市价值创造和增值过程的认识。本书基于全球产业分类标准(GICS)构建统一的数字创意产业统计范围,借助国际权威的美国标准普尔全球上市公司数据库、上市公司年报和官方网站、雅虎财经及谷歌财经等渠道收集整理筛选了2008—2017年全球数字创意产业上市公司经过审计的公开财报数据(数据检索截至2018年12月),并从数字创意内容生产行业、产品传输流通类行业、设备制造行业三大价值链环节进行重点解析,最后对中国城市的所处位置进行判断,提出价值链导向的城市发展建议,以明确当前中国数字创意产业的城市价值链分布格局,进一步提高对新一轮全球产业转移和国际分工的认识,并为政府、企业和相关研究者提供借鉴与参考。

第一节 城市视角下数字创意产业全球价值链分工

城市是人类社会的主要表现形式和经济发展的空间力量。随着城市功能的不断演化,发展知识密集、高附加值、高辐射性的创意产业成为衡量城市发展的重要指标[①],创意产业集群更有助于提升城市品牌认知度、知名度和美誉度。[②] 有产业集群的出现,相应地就有价值链上的功能分工。在价值链分工日益成为城市间经济联系的主要形式以及塑造城市网络体系的主要力量的背景下,王宝平从全球价值链视角切入世界城市网络研究[③],周韬关注城市群空间价值链,他认为城市群中的核心城市处于标准制定、创新、研发和设计等价值链高端,而外围中小城市则处于相对低端的制造环节。[④]

价值链即企业创造价值过程中各个环节的完整组合。价值链最早是由美国经济学者迈克尔·波特在《竞争优势》一书中总结企业相关经营管理活动而提出的概念模型,包括基本生产经营活动(从原材料采

---

① 李亚薇:《文化创意产业视角下的城市发展——以北京市和上海市文化创意产业发展为例》,《特区经济》2012年第11期。
② 潘登、蒋丽丽:《城市空间理论视角下文化创意产业集群提升城市品牌路径研究》,《当代经济》2017年第21期。
③ 王宝平:《基于全球价值链的多元城市网络与价值空间分异研究》,博士学位论文,华东师范大学,2014年。
④ 周韬:《基于分工与价值链的城市群空间组织机理研究》,《财会研究》2018年第7期。

购，到生产活动，再到售后服务）和一系列支持性活动（生产性和非生产性的开发与管理环节）。① 国内外学者关于全球价值链升级，主要总结出两大战略路径：一是聚焦在原有价值链体系中的升级。如 John 与 Hubert 认为，处于全球价值链低端的企业可通过工艺、产品、功能的升级来实现链的升级；② Kaplinsky 提出应建设国家创新体系，并采取财政激励政策促进升级的实现。③ 二是寻找和建构新的全球价值链或区域价值链。如 Lee 和 Gereffi 建议发展中国家企业建立区域供应链和零售网络；④ 戴翔、郑岚⑤、毛蕴诗等⑥认为，应抓住跨国公司"逆向创新"机遇，利用全球资源与智慧促使全球竞争格局发生结构性变化。

然而现有全球价值链理论建构于以生产制造环节为重心的传统行业的逻辑框架。⑦ 郭梅君结合创意产业的特点总结认为，创意产业价值链环节包括内容创意、生产制造、营销推广、传播分销和消费交换等。⑧ 创意产业价值链的相关研究较多，大体可分为两类：一类是偏向宏观的理论分析，如马凤娟⑨、王熙元⑩、黄志锋⑪等学者结合时代背景对创意产业价值链开发、塑造、结构乃至重构的研究；另一类则聚焦国家、地

---

① 刘彦平：《城市价值链与价值网络》，《山东社会科学》2007 年第 6 期。
② John, H., Hubert, S., "How does Insertion in Global Value Chains Affect Upgrading in Industrial Clusters?", *Regional Studies*, Vol. 36, No. 9, 2002.
③ Kaplinsky, R., "Technological Upgrading in Global Value Chains and Clusters and Their Contribution to Sustaining Economic Growth in Low and Middle Income Economies", *UNU – MERIT Working Paper*, No. 27, 2015.
④ Lee, J., Gereffi, G., "Global Value Chains, Rising Power Firms and Economic and Social Upgrading", *Social Science Electronic Publishing*, Vol. 11, No. 3/4, 2015.
⑤ 戴翔、郑岚：《制度质量如何影响中国攀升全球价值链》，《国际贸易问题》2015 年第 12 期。
⑥ 毛蕴诗等：《重构全球价值链：中国管理研究的前沿领域——基于 SSCI 和 CSSCI（2002—2015 年）的文献研究》，《学术研究》2015 年第 11 期。
⑦ 俞荣建、文凯：《揭开 GVC 治理"黑箱"：结构、模式、机制及其影响——基于 12 个浙商代工关系的跨案例研究》，《管理世界》2011 年第 8 期。
⑧ 郭梅君：《创意产业发展与中国经济转型的互动研究》，博士学位论文，上海社会科学院，2011 年。
⑨ 马凤娟：《"互联网+"语境下文化创意产业价值链的重构》，《中国文化产业评论》2016 年第 1 期。
⑩ 王熙元：《创意产业的价值塑造结构研究》，《理论与改革》2015 年第 4 期。
⑪ 黄志锋：《创意产业的价值链开发及其运行机制》，《科技和产业》2016 年第 8 期。

区、城市、民族或产业,代表学者有魏鸿宇①、范宇鹏②、王腾飞③、魏超玉、肖龙④、胡林荣、刘冰峰⑤,侧重对创意产业价值链具体案例进行分析。

2016年12月,数字创意产业在《"十三五"国家战略性新兴产业发展规划》中被确立为与新一代信息技术、新能源汽车、生物技术、绿色低碳、高端装备与材料并列的国家战略性新兴产业。目前学界对于数字创意产业有不同的提法,如数码创意产业、数字内容产业、数字创意产业等。对数字创意产业细分领域如游戏⑥、动漫⑦、创意设计⑧、网络文学⑨等的价值链研究正日益增多,但从整个产业层面,对数字创意产业全球价值链进行的研究尚不多见。臧志彭认为,数字创意产业是内容、技术与制度三维协同创新驱动的新型业态⑩,数字创意产业价值链从上而下可分为三个层次(见图6-1):数字创意内容生产(核心层)、传输通道和消费平台(中间层)、技术开发(第三层)。⑪

---

① 魏鸿宇:《创意产业时代下的英国"时装设计"产品价值链研究》,《艺术科技》2018年第11期。
② 范宇鹏:《粤港澳文化创意产业协调发展研究——基于价值链系统视角》,《科技管理研究》2016年第5期。
③ 王腾飞:《牡丹花导引下的菏泽地域创意产业价值链建构》,《中国地理学会经济地理学专业委员会2016第六届海峡两岸经济地理学研讨会摘要集》,2016年。
④ 魏超玉、肖龙:《重塑客家文化创意产业的"地方性"》,《山东工艺美术学院学报》2017年第6期。
⑤ 胡林荣、刘冰峰:《景德镇陶瓷文化创意产业价值链模式研究》,《科技创业月刊》2015年第22期。
⑥ 杨永忠、陈睿:《基于价值链的游戏创意产品文化、技术、经济的融合研究——以竞争战略为调节变量》,《四川大学学报》(哲学社会科学版)2017年第3期。
⑦ 刘斌:《IP运营视角下动漫产业价值链创新》,《中国出版》2019年第3期。
⑧ 赵岳峻、程利杰:《大数据时代创意设计服务平台建设研究》,《文化产业研究》2015年第3期。
⑨ 吴赟、陈思:《基于价值链理论的网络文学IP版权价值开发困境与对策研究——以阅文集团为例》,《出版广角》2018年第21期。
⑩ 臧志彭:《数字创意产业全球价值链重构战略研究——基于内容、技术与制度三维协同创新》,《社会科学研究》2018年第2期。
⑪ 臧志彭:《数字创意产业全球价值链:世界格局审视与中国重构策略》,《中国科技论坛》2018年第7期。

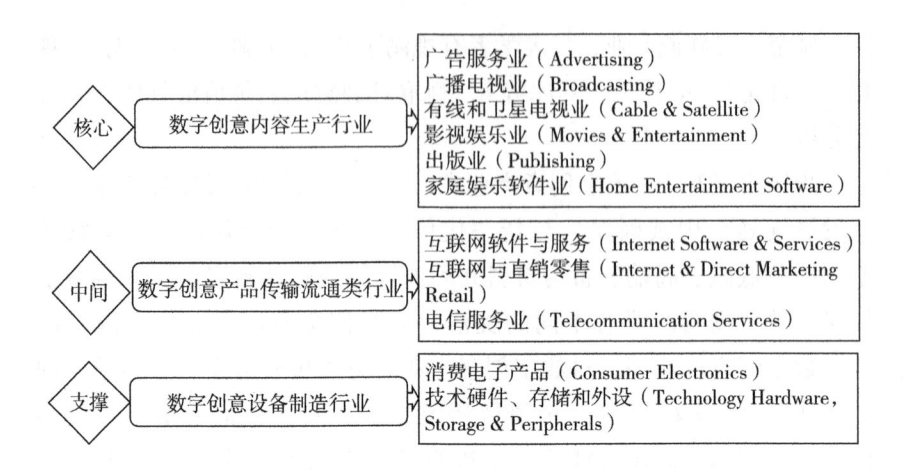

核心	数字创意内容生产行业	广告服务业（Advertising） 广播电视业（Broadcasting） 有线和卫星电视业（Cable & Satellite） 影视娱乐业（Movies & Entertainment） 出版业（Publishing） 家庭娱乐软件业（Home Entertainment Software）
中间	数字创意产品传输流通类行业	互联网软件与服务（Internet Software & Services） 互联网与直销零售（Internet & Direct Marketing Retail） 电信服务业（Telecommunication Services）
支撑	数字创意设备制造行业	消费电子产品（Consumer Electronics） 技术硬件、存储和外设（Technology Hardware, Storage & Peripherals）

图 6–1　数字创意产业价值链环节及细分行业部分列举

总的来说，全球价值链和城市发展的互动研究在学界已经引起了足够的重视，但针对数字创意产业这一新兴业态的此类研究尚不多见，故研究空间较大。本书以 2008—2017 年全球各城市的数字创意产业上市公司数据为入手点，参考前人研究，主要从数字创意产业的核心层即数字创意内容生产行业，位于中间层的数字创意产品传输流通类行业，以及支撑层数字创意设备制造行业三个价值链环节，对全球城市的功能定位和集聚格局进行定量与定性的分析，并从价值链角度明确中国城市的功能定位，提出未来发展的升级策略，研究视野较广，创新性较强。

第二节　数字创意内容生产行业全球城市集聚格局

数字创意内容生产行业为消费者提供创意内容，是数字创意产业最为核心的价值所在，它决定了数字创意产业链的形成、衍生与增值能力，代表性企业如美国的华特迪士尼（Walt Disney Co）、时代华纳（Time Warner Inc）、21 世纪福克斯（Twenty–First Century Fox Inc）、康卡斯特（Comcast Corp）、宏盟集团（Omnicom Group Inc）等。下面主要从上市公司数量、营收总值、营收均值三个维度，重点分析广告服务业、广播电视业、有线和卫星电视业、影视娱乐业、出版业、家庭娱乐软件业六个内容类行业的全球城市集聚格局。

一 广告服务业：东京、伦敦集聚效应显著，城市梯队特征明显

广告服务业伴随商品经济的发展和传播媒体的进步而逐渐兴起，整合营销传播和数字传播技术则进一步推动其从内容到模式的重构与转型，在引导消费生产、推动经济增长和发展社会文化等方面发挥着不可或缺的重要作用。[①] 2008—2017 年共有 2220 家披露营业收入的广告服务业上市公司，主要分布在全球 114 个城市中，总营业收入约为8005.45 亿美元，均值约为 3.61 亿美元。对公司数量在 20 家以上的 14座城市进行比较分析，发现广告服务业的集聚特征明显，尤以东京、伦敦为首。东京以 379 家企业的集聚和 3789.31 亿美元的营收总值收获"双料冠军"，堪称广告服务业的"超级巨头"；伦敦以 235 家企业的集聚和 1230.28 亿美元的营收总值双双位列第 2。

广告服务业的城市集聚梯队特征明显。从数据来看（见图 6-2），中国香港 160 家，法国巴黎 101 家，泰国曼谷 99 家，此为第一梯队；

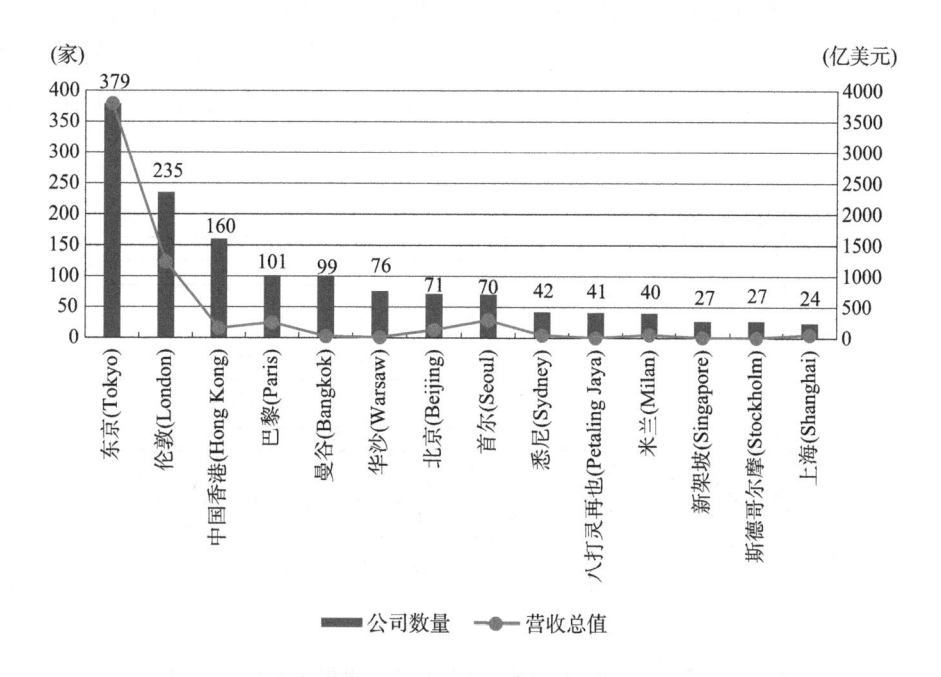

图 6-2 2008—2017 年全球部分城市广告服务业上市公司数量

---

① 李亦宁：《大数据时代广告业的机遇与挑战》，《新闻界》2016 年第 18 期。

华沙76家,北京71家,首尔70家,归为第二梯队;悉尼42家,吉隆坡的八打灵再也41家,米兰40家,位列第三梯队;新加坡27家,斯德哥尔摩27家,上海24家,此为第四梯队;其他不足20家企业的城市则属于最后的第五梯队。

值得注意的是,泰国首都曼谷跻身第一梯队,堪称广告服务业"大城"。近年来泰国广告异军突起,在亚太地区乃至全球的广告服务业中都居于领先地位,多次荣获"世界五大广告奖"(克里奥国际广告奖、纽约广告奖、戛纳广告奖、伦敦广告奖、莫比广告奖),兼具创意性与剧情性。坐落于泰国曼谷的广告公司众多,包括国际知名广告公司如智威汤逊(J. Walter Thompson,JWT)、电通集团(Dentsu Group)、李奥贝纳(Leo Burnett Company Inc.)等,以及泰国本土著名广告公司如CJworx、SOUR、Illusion等。

二 广播电视业:亚洲城市集聚较多,德国城市居特斯洛遥遥领先

随着各国对创新发展的重视,广播电视业正试图调整产业布局新架构,以期实现广播电视高质量、创新性的发展,满足受众日益增长的视听需求。[①] 从数据来看(见图6-3),2008—2017年广播电视业共有1330

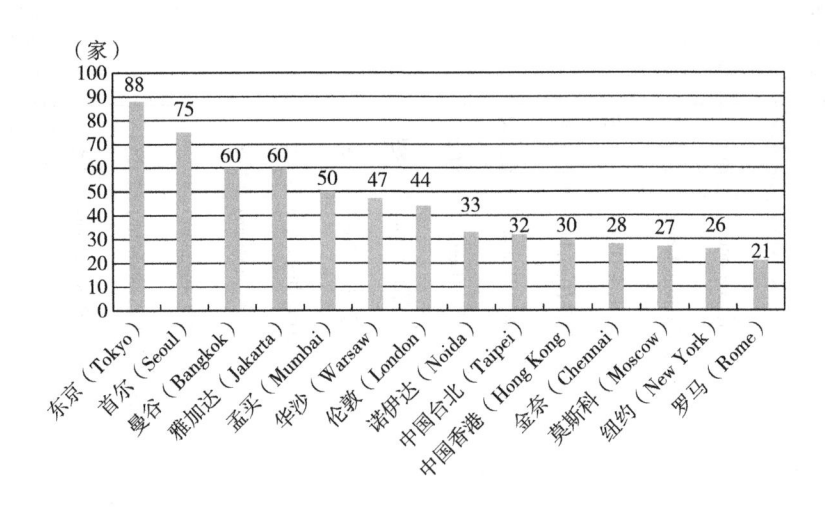

图6-3 2008—2017年全球部分城市广播电视业上市公司数量

---

① 张君昌:《"5G+"赋能广电新动能》,《传媒》2019年第10期。

家上市公司，分布在全球95个城市中，营收总值约为11095.32亿美元，均值约为8.34亿美元。在对上市公司数量在20家以上的14座城市进行比较分析后，发现整体分布较为均匀，数量差距不太大，亚洲城市相对集聚较多，如前三名城市：东京88家，首尔75家，曼谷60家。

从综合营收均值、总值和公司数量来看（见表6-1），公司数量最多的东京均值排名第10位，营收总值以1953.62亿美元位列第2，仅落后于德国中部城市居特斯洛（Gutersloh）的2102.19亿美元。居特斯洛的上市公司数量仅有10家，但以210.22亿美元的营收均值雄踞第一，远远超过其他城市，这与总部位于居特斯洛、拥有184年历史、全球著名的内容制作和传播公司贝塔斯曼集团（Bertelsmann AG）密切相关。贝塔斯曼是德国第一大媒体集团，旗下业务涵盖影视（UFA影视公司，RTL集团，VOX电视台）、出版（兰登书屋RandomHouse）、杂志（古纳雅尔G+J）、服务（欧唯特集团arvato）和媒体俱乐部等众多领域，实力雄厚。①

表6-1　2008—2017年全球广播电视业营收均值前10强的城市情况

均值排名	城市名称	营收均值（亿美元）	公司数量（家）	营收总值（亿美元）
1	居特斯洛（Gutersloh）	210.22	10	2102.19
2	卢森堡市（Luxembourg City）	75.51	10	755.10
3	恩格尔伍德（Englewood）	58.60	6	351.61
4	温特弗灵（Unterfohring）	38.89	10	388.94
5	米兰（Milan）	32.46	15	486.94
6	温尼伯（Winnipeg）	27.49	2	54.97
7	布洛尼比扬古（Boulogne-Billancourt）	27.00	10	270.02
8	伊西莱穆利诺（Issy-les-Moulineaux）	24.91	7	174.40
9	诺克斯维尔（Knoxville）	24.76	10	247.56
10	东京（Tokyo）	22.20	88	1953.62

---

① 王才勇：《德国广播电视业及传媒集团的构成现状》，《德国研究》2002年第1期。

三 有线和卫星电视业：产业面临转型升级，头部城市"以少胜多"

随着"互联网+"时代的到来，相较传统的有线和卫星电视业与新兴媒体同台竞技，正面临着巨大的冲击和挑战。从数据来看（见图6-4），2008—2017年有线和卫星电视业的582家上市公司分布在全球65个城市中，总营收收入约为9575.69亿美元，营收均值约为16.45亿美元。披露营业收入且上市公司数量在20家以上的仅有5座城市，其中，孟买数量最多，为34家，位列其后的首尔、北京、诺伊达、中国香港均在20家左右。其余60座城市的上市公司数量均不足20家，可见有线和卫星电视业的企业数量较少，且总体分布较为零散，有产业衰退之势。根据eMarketer的数据，2015年传统电视用户数量为2.054亿户，预计2022年这一数字将降至1.697亿户。①

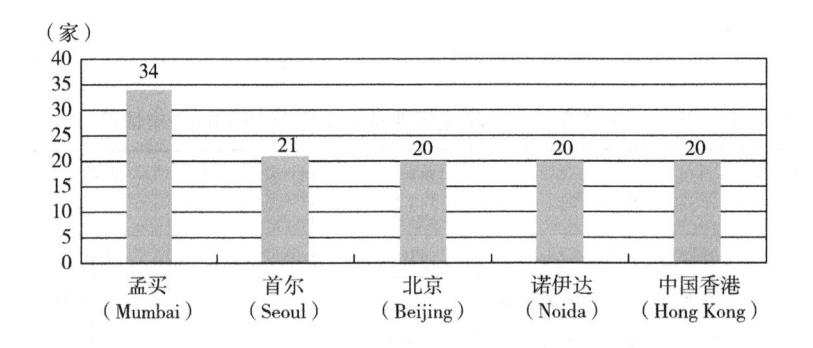

图6-4 2008—2017年全球部分城市有线和卫星电视业上市公司数量

考察有线和卫星电视业上市公司的营收总值和均值排名，发现前五名城市的排名完全一致，说明头部城市的发展形势相对稳定（见表6-2）。前五名城市有美国的埃尔塞贡多、纽约和贝斯佩奇，英国的艾尔沃思，荷兰的阿姆斯特丹，其企业数量均不超过10家，可谓"以少胜多"，更见其经济实力。尽管如此，有线和卫星电视业依然亟须转型与升级，应加强有线无线一体化融合创新，推进服务形态差异化、多样

---

① 西外译新社：《美国有关有线电视的调查》，网易，http://dy.163.com/v2/article/detail/E1AVCHKM0525AR75.html。

化,满足用户多屏收视的视听需求①,努力实现长足存续均衡的发展。

表 6 – 2　　　　2008—2017 年全球有线和卫星电视业营收
总值/均值前五名城市

总值/均值排名	城市名称	公司数量（家）	营收总值（亿美元）	营收均值（亿美元）
1	埃尔塞贡多（El Segundo）	7	1873.40	267.63
2	纽约（New York）	10	1664.88	166.49
3	艾尔沃思（Isleworth）	9	1108.85	123.21
4	阿姆斯特丹（Amsterdam）	8	753.18	94.15
5	贝斯佩奇（Bethpage）	10	680.94	68.09

四　影视娱乐业：孟买集聚最多,纽约实力最强

影视娱乐业当前正处于高速成长期,在粉丝经济带动下,与动漫、游戏、出版、网络文学等不断融合,经营效益和发展趋势较好,上升空间巨大。② 从数据来看（见图 6 – 5）,2008—2017 年共有 3034 家影视娱

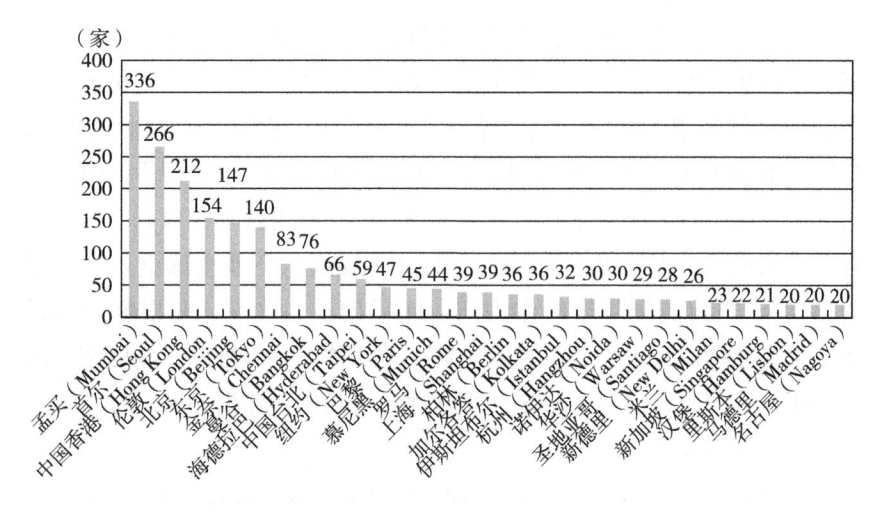

图 6 – 5　2008—2017 年全球部分城市影视娱乐业上市公司数量

---

① 施玉海:《有线无线卫星协同覆盖总体思考》,《中国有线电视》2017 年第 5 期。
② 朱晓燕、赵慧群:《影视娱乐业上市公司经营绩效分析》,《北京印刷学院学报》2017 年第 8 期。

乐业公司分布在全球149个城市中，营收总值约12122.03亿美元，均值约为4.00亿美元。影视娱乐业的公司数量较多，披露营业收入且上市公司数量在20家以上的就有29座城市，其中孟买数量最多，高达336家；首尔次之，有266家；中国香港有212家，位列第3。

孟买是印度的商业和娱乐业之都，是印度最大的电影生产基地，也是印度最大的电影城宝莱坞的大本营。印度的大牌电影演员、主要电影明星都居住在孟买，相当一部分最具代表性的印度影片就在这里生产。韩流（K-wave or Hallyu），即韩国流行文化，如电视剧、电影、流行音乐、时尚和网络游戏等，随着社交媒体的普及在世界范围内广泛传播，对改善国家形象、促进经济发展有极大的正向作用。当前韩国约有1000家娱乐机构①，韩国"三大娱乐公司"即韩国SM娱乐有限公司、韩国YG娱乐有限公司、韩国JYP娱乐有限公司的总部均位于首尔。作为亚洲的金融中心、创意中心，中国香港的影视娱乐上市公司数量较多，除了产业基础稳固外，还与资本环境良好、上市政策优惠、文化包容性高等因素有关②，未来将充分借助香港影视人才优势，共同推动粤港澳大湾区影视创作生产。

从影视娱乐业的营收总值和均值排名来看（见图6-6），发现前两名城市位次不变，纽约稳居第1，巴黎位列第2。纽约的影视娱乐业上市公司数量和巴黎不相上下，但却以5022.72亿美元的营收总值和106.87亿美元的营收均值远超巴黎，堪称绝对的"超级巨头"。纽约的百老汇是美国戏剧和音乐剧的重要发扬地，也是美国现代歌舞艺术和娱乐业的象征。根据美国商务部发布的《传媒娱乐产业全球重要市场研究报告》，当前美国将纽约作为产业布局的核心之一，并根据拍摄设备、拍摄激励以及电影、电视剧和数字流媒体内容等维度，高度细分出了多个产业中心，已然成为全球影视娱乐市场的产业引领者。③

---

① JoongHo, A., et al., "Korean Pop Takes Off! Social Media Strategy of Korean Entertainment Industry", 2013 10th International Conference on Service Systems and Service Management (IC-SSSM), 2013, pp. 774–777.

② 范宇鹏：《粤港澳文化创意产业协调发展研究——基于价值链系统视角》，《科技管理研究》2016年第5期。

③ 浙商总会影视文化娱乐委员会：《美国商务部最新报告揭示传媒影视业仍是全球经济发动机》，微信，https://mp.weixin.qq.com/s/x2khasoGaAuRoqLaSasA0w。

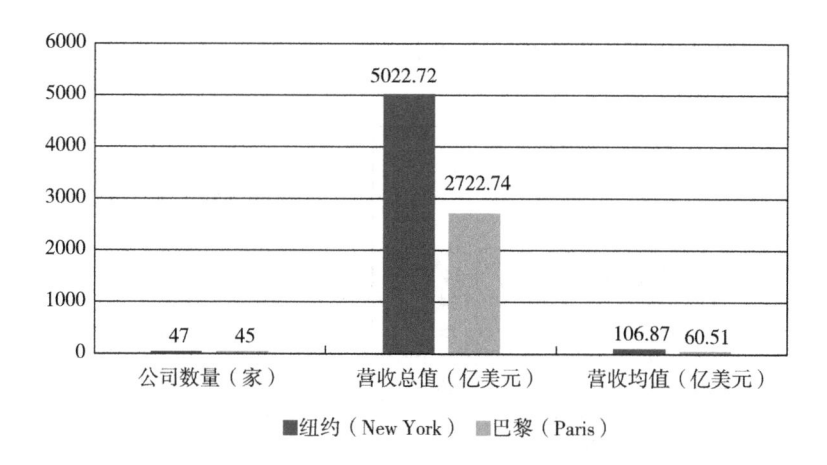

图 6-6　全球影视娱乐业营收总值和均值前两名城市

五　出版业：伦敦集聚效应最显著，巴黎产业实力最强

大数据背景下，出版业的出版形式、内容选题、编辑创作、传播形式都发生了重大的变革，传播更具时效性、共享性和广泛性。[①] 从数据来看（见图 6-7），2008—2017 年出版业共计 2163 家公司分布在全球 150 个城市中，营收总值约 9449.18 亿美元，均值约为 4.37 亿美元。上市公司在 20 家以上的有 25 座城市，其中，东京数量最多，高达 144 家，但营收总值为 353.26 亿美元，排名第 5 位，均值为 2.45 亿美元，排名第 58 位；伦敦的上市公司数量为 126 家，总值为 2009.85 亿美元，排名第 1 位，均值为 15.95 亿美元，排名第 10 位。总的来说，伦敦的集聚效应最强。

从全球出版业营收总值和均值前 10 强来看（见表 6-3），巴黎虽然上市公司数量不多，仅有 17 家，但总值以 970.99 亿美元位列第 2，均值以 57.12 亿美元位列第 1，总体产业实力最强。法国出版业历史悠久，以高质量和创造力为主要特色，全国主要出版社都集中在巴黎附近。随着全球市场对法语读物需求量的增长，以巴黎为首的法国出版业也迎来了新的发展机遇。与此同时，5G 时代的到来，也为其他出版商

[①] 石朝雄：《数字化时代传统出版社的变革与编辑转型》，《出版广角》2019 年第 7 期。

提供了政策和技术上的支持,加速了出版行业的更新与成长。①

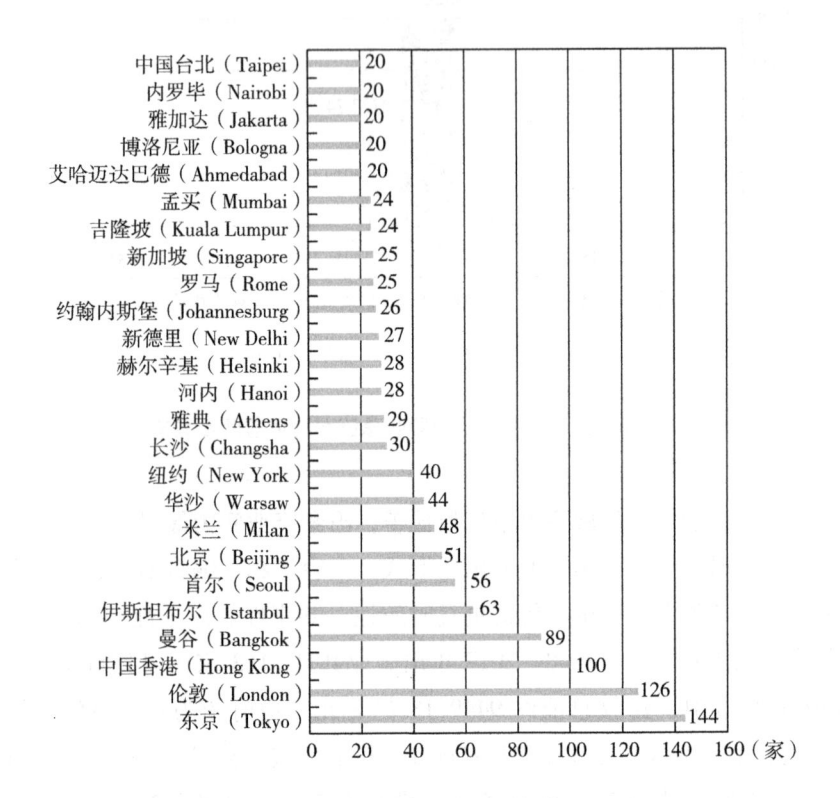

城市	数量(家)
中国台北(Taipei)	20
内罗毕(Nairobi)	20
雅加达(Jakarta)	20
博洛尼亚(Bologna)	20
艾哈迈达巴德(Ahmedabad)	20
孟买(Mumbai)	24
吉隆坡(Kuala Lumpur)	24
新加坡(Singapore)	25
罗马(Rome)	25
约翰内斯堡(Johannesburg)	26
新德里(New Delhi)	27
赫尔辛基(Helsinki)	28
河内(Hanoi)	28
雅典(Athens)	29
长沙(Changsha)	30
纽约(New York)	40
华沙(Warsaw)	44
米兰(Milan)	48
北京(Beijing)	51
首尔(Seoul)	56
伊斯坦布尔(Istanbul)	63
曼谷(Bangkok)	89
中国香港(Hong Kong)	100
伦敦(London)	126
东京(Tokyo)	144

图6-7 2008—2017年全球部分城市出版业上市公司数量

表6-3   2008—2017年全球出版业营收总值和均值前10强城市

排名	城市名称	公司数量(家)	营收总值(亿美元)	排名	城市名称	公司数量(家)	营收均值(亿美元)
1	伦敦(London)	126	2009.85	1	巴黎(Paris)	17	57.12
2	巴黎(Paris)	17	970.99	2	马德里(Madrid)	1	53.58

① 英欢超:《5G时代出版业发展的研究论述》,《传媒论坛》2019年第9期。

续表

排名	城市名称	公司数量（家）	营收总值（亿美元）	排名	城市名称	公司数量（家）	营收均值（亿美元）
3	纽约（New York）	40	522.60	3	柏林（Berlin）	10	39.26
4	柏林（Berlin）	10	392.57	4	雷丁（Reading）	5	30.78
5	东京（Tokyo）	144	353.26	5	利沃尼亚（Livonia）	5	22.72
6	赫尔辛基（Helsinki）	28	346.10	6	奥斯陆（Oslo）	10	22.69
7	米兰（Milan）	48	274.55	7	赛格拉特（Segrate）	10	18.15
8	奥斯陆（Oslo）	10	226.95	8	达拉斯-沃思堡（DFW）	7	16.93
9	悉尼（Sydney）	15	194.33	9	达拉斯（Dallas）	6	16.26
10	赛格拉特（Segrate）	10	181.46	10	伦敦（London）	126	15.95

六 家庭娱乐软件业：中日韩优势明显，法国蒙特勒伊实力突围

自 21 世纪以来，家庭娱乐软件业内部经历了残酷的新旧迭代，传统家庭娱乐方式被逐渐淘汰，以互联网、新媒体、智能手机、平板电脑等带来的新兴娱乐方式成为家庭娱乐新宠。[①] 从数据来看（见图 6-8），2008—2017 年家庭娱乐软件业共有 981 家公司，分布在全球 63 个城市中，总营收约 1439.91 亿美元，均值约 1.47 亿美元。上市公司数量在 20 家以上的有 11 座城市，其中，中国城市有 5 座，分别是台北、

---

① 臧志彭、解学芳：《三次爆发式增长，文化创意产业进"稳定期"》，经济观察网，http://www.eeo.com.cn/2018/0913/336972.shtml.

上海、北京、新北、深圳。此外，日本东京的企业数量最多，高达107家，韩国的城南和首尔分别有93家、67家，名次靠前。故总的来说，中日韩的家庭娱乐软件业城市集聚较多，优势明显。

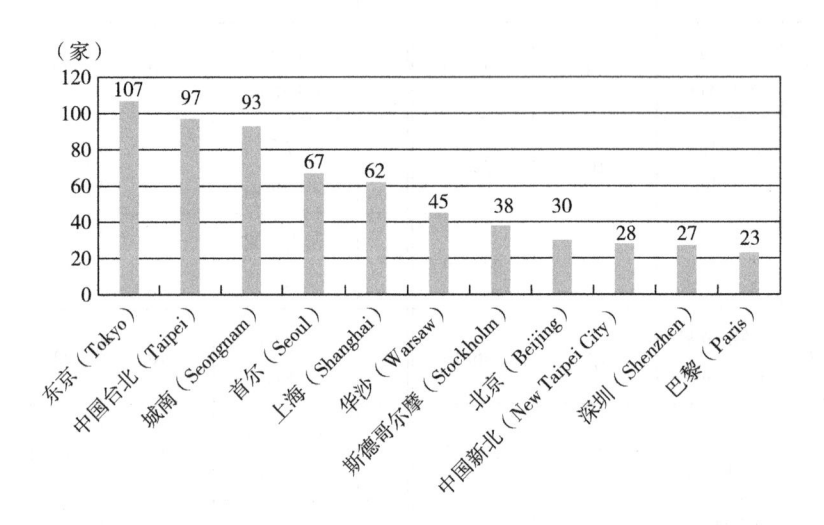

图6-8 2008—2017年全球部分城市家庭娱乐软件业上市公司数量

据统计，2017年全球内容类家庭娱乐产品在数字和实物产品的消费为478亿美元，较2016年上升了11%，其中数字家庭娱乐产品的增长最大。① 观察家庭娱乐软件业的营收总值和均值前10强城市（见表6-4）发现，中日韩城市依然成绩瞩目，但法国的蒙特勒伊以156.40亿美元的营收总值位列第3，更以15.64亿美元的营收均值雄踞第一，以将近两倍的姿态"完胜"位列第2的日本大阪，表现出强大的产业实力。总部位于蒙特勒伊的育碧娱乐软件公司是一家跨国游戏制作、发行和代销商，旗下拥有丰富多元的全球知名品牌，代表作品有《雷曼》《刺客信条》系列等。育碧在和各老牌游戏公司合作的基础上，也在不断拓展业务，推出新产品，加强自身在国际市场上的影响力。

---

① 中国电影报：《2017年全球影院和家庭娱乐市场情况报告》，中国电影网，https://www.chinafilm.com/hygc/4372.jhtml。

表6-4　　2008—2017年全球家庭娱乐软件业营收总值和均值前10强城市

总值排名	城市名称	营收总值（亿美元）	均值排名	城市名称	营收均值（亿美元）
1	东京（Tokyo）	426.45	1	蒙特勒伊（Montreuil）	15.64
2	城南（Seongnam）	201.65	2	大阪（Osaka）	8.88
3	蒙特勒伊（Montreuil）	156.40	3	亚哥拉山（Agoura Hills）	8.06
4	上海（Shanghai）	153.97	4	东京（Tokyo）	3.99
5	大阪（Osaka）	88.79	5	横滨（Yokohama）	3.64
6	北京（Beijing）	56.92	6	高雄（Kaohsiung）	3.64
7	中国台北（Taipei）	41.49	7	上海（Shanghai）	2.48
8	横滨（Yokohama）	36.38	8	芝加哥（Chicago）	2.20
9	高雄（Kaohsiung）	36.34	9	城南（Seongnam）	2.17
10	亚哥拉山（Agoura Hills）	32.25	10	新加坡（Singapore）	2.14

第三节　数创产品传输流通行业全球城市集聚格局

处于中间层的数字创意产品传输流通类行业主要通过软硬件开发，为创意内容提供传输通道和消费平台，代表企业有谷歌、亚马逊、瑞典爱立信等。20世纪90年代以来，科技革命浪潮的爆发式普及与创新应用催生了网络游戏、动漫、电影、新闻、出版、音乐等一系列数字内容业态的出现与变革，其营销手段与消费方式也发生了颠覆性的变化。下面主要从上市公司数量、营收总值、营收均值三个维度，重点分析互联网软件与服务、互联网与直销零售、电信服务业等信号传输（电信类）、数字化信息分发与交易平台（互联网类、电子商务类）行业的全球城市集聚格局。

一　互联网软件与服务业：东京集聚效应强，深圳产业实力强

在物联网、大数据、云计算、人工智能等信息技术和资本力量的共同催化下，共享经济、数字支付、跨境电商等新兴业态不断发展壮大，互联网软件与服务业获得了飞速发展，对经济社会发展的引领作用越来越显著。① 从数据来看（见图6-9），2008—2017年互联网软件与服务业共有4916家企业，分布在全球300个城市中，营收总值约为6557.75亿美元，营收均值约为1.33亿美元。46个城市的上市公司数量在20家以上，且数量差距明显（见图6-9）。位列第1的东京有884家，远远超过全球其他城市；公司数量在100家以上的城市共有5座：华沙、伦敦、首尔、悉尼、北京；其他城市的上市公司数量均不超过100家。

从数据来看（见表6-5），互联网软件与服务业营收总值和均值的城市排名显示，日本东京的经济总量庞大，以1514.90亿美元的营收总值高居首位，集聚效应显著；但营收均值1.71亿美元，仅位列第44。反观中国深圳和德国蒙塔鲍尔，这两座城市的上市公司数量均不超过20家，但营收总值分别位列第2、第3，均值又分别位列第1、第2，其经济实力不容小觑。其中，深圳的营收总值是蒙塔鲍尔的3倍多，均值是其近2倍。深圳作为全国科技创新中心，是国内互联网产业发展最活跃的地区之一，目前已建成互联网产业园区14个，三网融合产业规模突破3000亿元，并聚集腾讯、华为、迅雷网络、思贝克等知名互联网软件与服务业公司。据统计，深圳从事互联网的主体已达96000多家。2014年全市互联网产业增加值实现571亿元，比2013年增长了15.3%。②

二 互联网与直销零售业：东京集聚优势尚未形成，西雅图实力最强

互联网与直销零售业即充分利用互联网优势来实现企业与客户之间的信息沟通、产品定制、产品传递等功能，是直销企业向互联网方向转型的新行业模式。③ 从数据来看（见图6-10），2008—2017年互联网与直销零售业共计1791家上市公司分布在全球155个城市中，营收总值约为22722.09亿美元，营收均值约为12.69亿美元。在上市公司数量上，有19座城市超过20家，其中日本东京"一枝独秀"，以163家

---

① 陈南旭等：《互联网时代软件服务业市场竞争行为的路径依赖分析》，《经济问题探索》2018年第3期。
② 张洁：《国内主要城市发展互联网经济比较分析》，《改革与开放》2016年第7期。
③ 董校志：《互联网直销的C2M模式分析》，《重庆科技学院学报》（社会科学版）2016年第12期。

企业位列第1，集聚特征明显，其他城市均不超过70家。

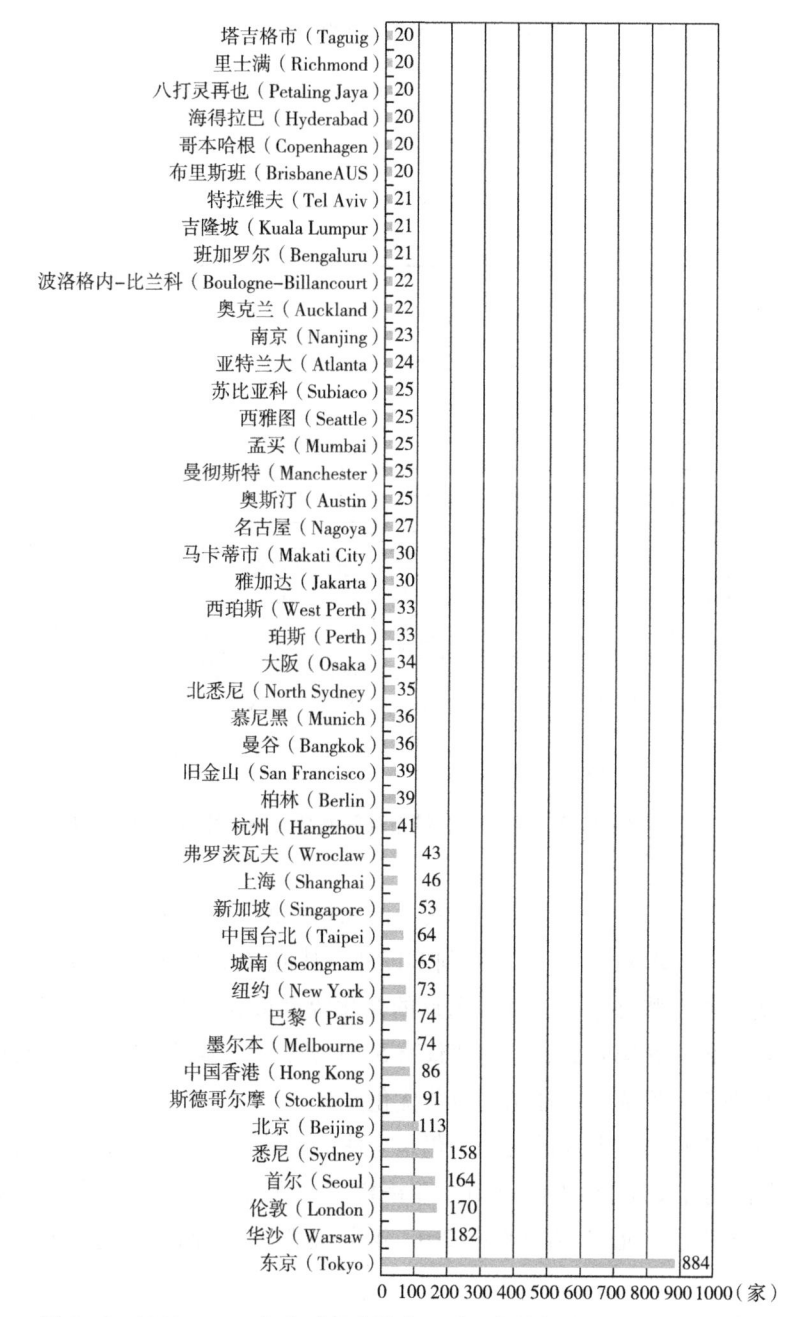

城市	数量
塔吉格市（Taguig）	20
里士满（Richmond）	20
八打灵再也（Petaling Jaya）	20
海得拉巴（Hyderabad）	20
哥本哈根（Copenhagen）	20
布里斯班（BrisbaneAUS）	20
特拉维夫（Tel Aviv）	21
吉隆坡（Kuala Lumpur）	21
班加罗尔（Bengaluru）	21
波洛格内-比兰科（Boulogne-Billancourt）	22
奥克兰（Auckland）	22
南京（Nanjing）	23
亚特兰大（Atlanta）	24
苏比亚科（Subiaco）	25
西雅图（Seattle）	25
孟买（Mumbai）	25
曼彻斯特（Manchester）	25
奥斯汀（Austin）	25
名古屋（Nagoya）	27
马卡蒂市（Makati City）	30
雅加达（Jakarta）	30
西珀斯（West Perth）	33
珀斯（Perth）	33
大阪（Osaka）	34
北悉尼（North Sydney）	35
慕尼黑（Munich）	36
曼谷（Bangkok）	36
旧金山（San Francisco）	39
柏林（Berlin）	39
杭州（Hangzhou）	41
弗罗茨瓦夫（Wroclaw）	43
上海（Shanghai）	46
新加坡（Singapore）	53
中国台北（Taipei）	64
城南（Seongnam）	65
纽约（New York）	73
巴黎（Paris）	74
墨尔本（Melbourne）	74
中国香港（Hong Kong）	86
斯德哥尔摩（Stockholm）	91
北京（Beijing）	113
悉尼（Sydney）	158
首尔（Seoul）	164
伦敦（London）	170
华沙（Warsaw）	182
东京（Tokyo）	884

图6-9 2008—2017年全球部分城市互联网软件与服务业上市公司数量

表 6-5　　2008—2017 年全球城市互联网软件与服务业前三强及均值排名

城市名称	公司数量（家）	营收总值（亿美元）	总值排名	营收均值（亿美元）	均值排名
东京（Tokyo）	884	1514.90	1	1.71	44
深圳（Shenzhen）	16	1039.70	2	64.98	1
蒙塔鲍尔（Montabaur）	10	341.06	3	34.11	2

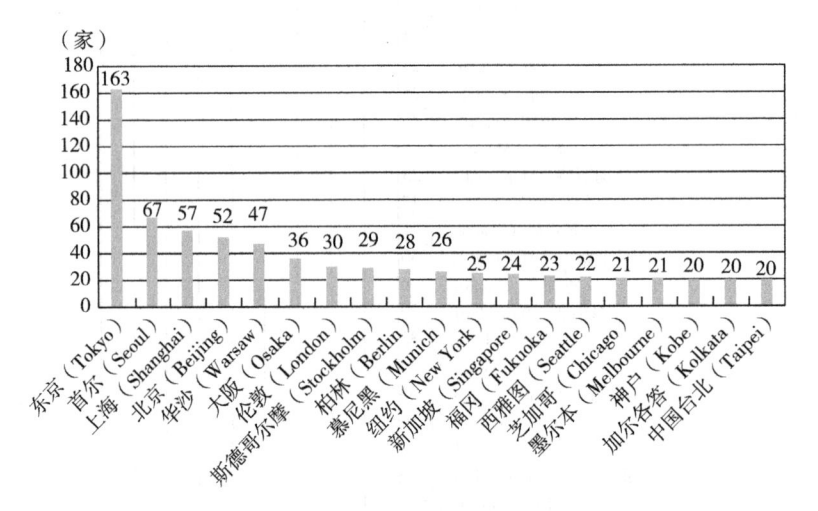

图 6-10　2008—2017 年全球部分城市互联网与直销零售业上市公司数量

东京（Tokyo）163；首尔（Seoul）67；上海（Shanghai）57；北京（Beijing）52；华沙（Warsaw）47；大阪（Osaka）36；伦敦（London）30；斯德哥尔摩（Stockholm）29；柏林（Berlin）28；慕尼黑（Munich）26；纽约（New York）25；新加坡（Singapore）24；福冈（Fukuoka）23；西雅图（Seattle）22；芝加哥（Chicago）21；墨尔本（Melbourne）21；神户（Kobe）20；加尔各答（Kolkata）20；中国台北（Taipei）20

从互联网与直销零售业的营收总值和均值的 10 强排名来看（见表 6-6），除美国城市西雅图和圣何塞以外，其他 10 强城市在总值和均值的排名上都有些许浮动，其中东京的变化幅度最大。东京以 914.29 亿美元的总值排在第六名，但均值仅有 5.61 亿美元，居第 42 位，可见其集聚优势尚未形成，产业结构有待优化升级。

作为直销业起源地的美国，仍是全球最大的直销市场。美国直销协会数据显示，2017 年美国直销行业销售规模维持较高水平，全年总销售额为 349 亿美元。① 在 2008—2017 年全球城市互联网与直销零售业营

---

① 前瞻产业研究院：《2018 年全球直销行业市场现状与发展趋势分析美国仍居全球首位》，前瞻网，http://stock.10jqka.com.cn/20190304/c610052141.shtml。

收总值和均值前10强中,美国城市西雅图总值、均值都高居第1位,圣何塞总值、均值都位列第3,排名靠前且稳定。亚马逊是美国最大的一家互联网直销零售公司,总部位于华盛顿州的西雅图。而加利福尼亚州的圣何塞被誉为"硅谷之心",世界知名的线上拍卖及购物网站、电子商务公司易贝(eBay)即坐落于此。

表6-6　　2008—2017年全球城市互联网与直销零售业营收总值和均值前10强

总值排名	城市名称	公司数量（家）	营收总值（亿美元）	均值排名	城市名称	公司数量（家）	营收均值（亿美元）
1	西雅图（Seattle）	22	7768.00	1	西雅图（Seattle）	22	353.09
2	北京（Beijing）	52	1760.40	2	香港（Hong Kong）	9	120.06
3	圣何塞（San Jose）	10	1132.36	3	圣何塞（San Jose）	10	113.24
4	香港（Hong Kong）	9	1080.55	4	米尔顿凯恩斯（Milton Keynes）	8	89.73
5	恩格尔伍德（Englewood）	14	1078.40	5	西切斯特（West Chester）	7	86.29
6	东京（Tokyo）	163	914.29	6	恩格尔伍德（Englewood）	14	77.03
7	米尔顿凯恩斯（Milton Keynes）	8	717.81	7	诺沃克（Norwalk）	13	50.38
8	诺沃克（Norwalk）	13	654.96	8	贝尔维尤（Bellevue）	13	41.54
9	西切斯特（West Chester）	7	604.04	9	广州（Guangzhou）	8	39.98
10	纽约（New York）	25	542.86	10	北京（Beijing）	52	33.85

三 电信服务业：作为战略新兴产业发展迅速

国际金融危机以后，欧、美、日等主要发达国家纷纷推出以信息通信技术为核心的经济发展计划，电信服务业逐渐成为全球范围内新兴战略产业的重要组成部分，有助于促进知识溢出，加快技术创新，挖掘经济发展潜力。[①] 从范畴来讲，本书的电信服务业主要包括非传统电信运营商业、综合电信服务业和无线电信服务业。

（一）非传统电信运营商业：美国城市门罗和布鲁姆菲尔德较为突出

20世纪80年代中期，技术进步、需求变化以及传统电信垄断体制自身的弱点，最终促使电信服务业开启了从垄断到竞争的变革，非传统电信运营商业由此出现。从数据来看（见图6-11），2008—2017年非传统电信运营商业共有1129家上市公司，分布在全球115个城市中，营收总值约为6399.15亿美元，营收均值约为5.67亿美元。公司数量在20家以上的城市仅有10个，其中伦敦最多，有52家，中国香港位列第2，共有41家上市公司。

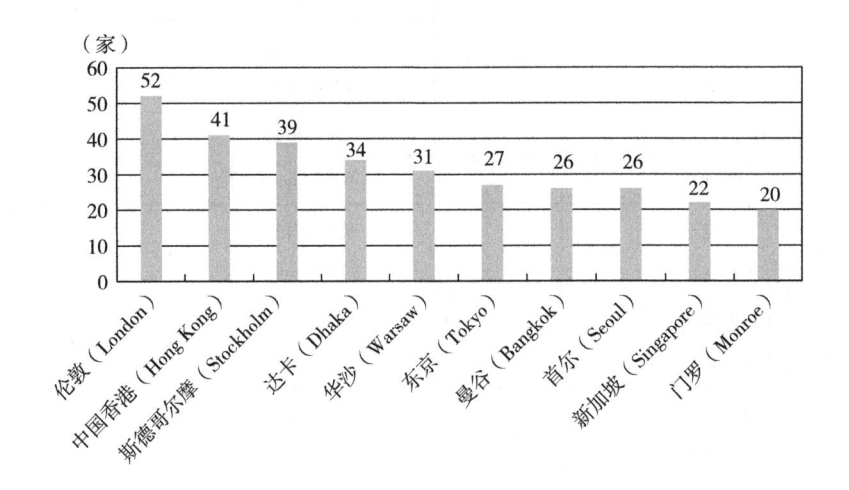

图6-11 2008—2017年全球部分城市非传统电信运营商业上市公司数量

---

① 金刚、沈坤荣：《服务业技术效率再评价与解构：管理无效还是环境无效——以我国电信服务业为例》，《产业经济研究》2018年第2期。

将全球非传统电信运营商业的城市营收总值和均值进行排名（见表6－7），发现美国路易斯安那州东北部城市门罗和科罗拉多州布鲁姆菲尔德市的排名分别是第1位、第2位。总部位于门罗的CenturyLink，Inc.是服务全球企业客户的美国第二大电信运营商，目前已覆盖超过350个城市群。[1] 总部位于布鲁姆菲尔德的Level 3 Communications是美国最大的竞争性本地交换运营商（CLEC）和第三大光纤互联网接入提供商（基于覆盖范围）。[2]

表6－7　2008—2017年全球非传统电信运营商业营收总值和均值前两名的城市情况

总值/均值排名	城市名称	公司数量（家）	营收总值（亿美元）	营收均值（亿美元）
1	门罗（Monroe）	20	2286.48	114.32
2	布鲁姆菲尔德（Broomfield）	16	598.02	37.38

（二）综合电信服务业：美国城市达拉斯实力最强

全业务运营局面下，综合电信服务业的运营商主要提供固定电话、移动通信、卫星通信、互联网接入及应用等综合信息服务，并尝试发展网络融合的新业务[3]，代表企业如日本最大的电信服务提供商电报电话公司（Nippon Telegraph & Telephone Corp，NTT）等。从数据来看（见图6－12），2008—2017年综合电信服务业共计2024家上市公司分布在全球183个城市中，营收总值约为116768.96亿美元，均值约为57.69亿美元。企业数量在20家以上的共有26座城市，华沙最多，有57家，中国香港紧随其后，有55家，其余城市均不足50家。

---

[1] 美通社：《CenturyLink完成收购Level 3－手机专区》，IT168，http：//mobile.it168.com/a2017/1102/3177/000003177479.shtml。

[2] Level 3 Communications，Wikipedia（https：//en.wikipedia.org/wiki/Level_3_Communications）。

[3] 王运兵等：《全业务运营下电信业务发展趋势》，《信息安全与通信保密》2013年第8期。

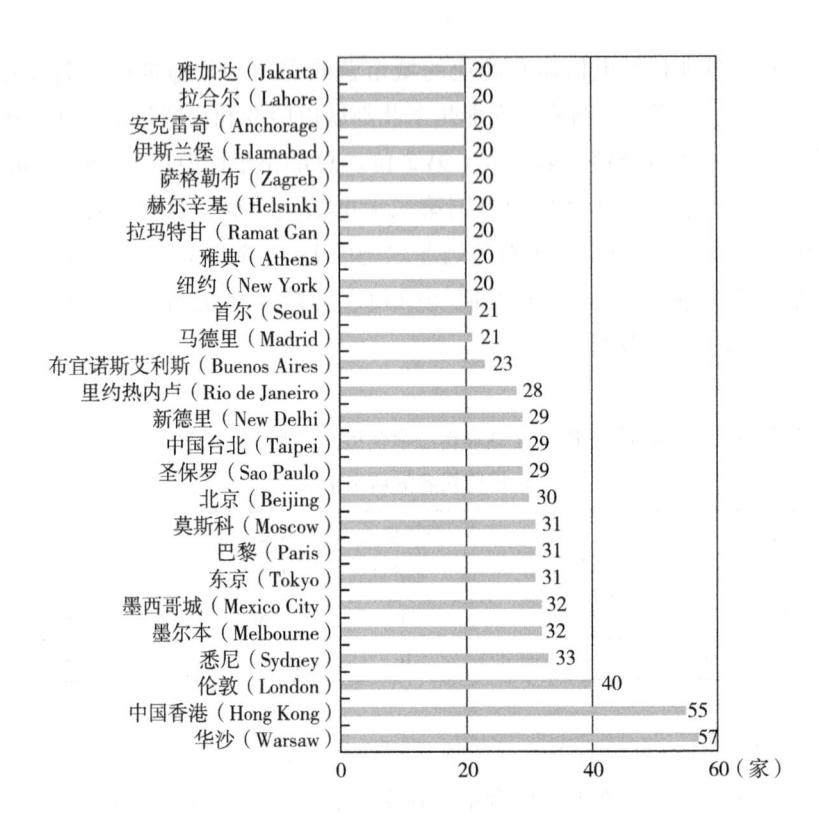

城市	数量
雅加达（Jakarta）	20
拉合尔（Lahore）	20
安克雷奇（Anchorage）	20
伊斯兰堡（Islamabad）	20
萨格勒布（Zagreb）	20
赫尔辛基（Helsinki）	20
拉玛特甘（Ramat Gan）	20
雅典（Athens）	20
纽约（New York）	20
首尔（Seoul）	21
马德里（Madrid）	21
布宜诺斯艾利斯（Buenos Aires）	23
里约热内卢（Rio de Janeiro）	28
新德里（New Delhi）	29
中国台北（Taipei）	29
圣保罗（Sao Paulo）	29
北京（Beijing）	30
莫斯科（Moscow）	31
巴黎（Paris）	31
东京（Tokyo）	31
墨西哥城（Mexico City）	32
墨尔本（Melbourne）	32
悉尼（Sydney）	33
伦敦（London）	40
中国香港（Hong Kong）	55
华沙（Warsaw）	57

图6-12　2008—2017年全球部分城市综合电信服务业上市公司数量

从全球城市综合电信服务业前五强的总值和均值排名来看（见表6-8），整体来看变动不大，较为稳定。值得注意的是，美国城市达拉斯营收总值和均值均位列第1。美国第一大电信运营商、世界顶尖数字通信公司之一的美国电话电报公司（AT&T）于2008年搬迁至得克萨斯州北部大城市达拉斯，该公司创建于1877年，曾长期垄断美国长途和本地电话市场，在2018年世界品牌500强排行榜中位列第5。

表6-8　2008—2017年全球城市综合电信服务业营收总值和均值前五强

城市名称	公司数量（家）	营收总值（亿美元）	总值排名	营收均值（亿美元）	均值排名
达拉斯（Dallas）	10	13580.35	1	1358.04	1
纽约（New York）	20	11702.21	2	585.11	3

续表

城市名称	公司数量（家）	营收总值（亿美元）	总值排名	营收均值（亿美元）	均值排名
东京（Tokyo）	31	11491.56	3	370.70	4
波恩（Bonn）	10	8358.44	4	835.84	2
马德里（Madrid）	21	7333.59	5	349.22	5

（三）无线电信服务业：东京、中国香港产业体积大，纽伯里、巴斯金里奇营收均值高

随着无线通信与互联网技术的应用，具有敏锐眼光和雄厚实力的电信运营商发现市场蓝海，并迅速抢占市场份额，无线电信服务业备受青睐。电信行业由话音时代步入万物互联时代，发展边界持续扩大。[①] 从数据来看（见图6-13），2008—2017年无线电信服务业的1149家企业分布在全球105座城市里，营收总值约为71968.62亿美元，营收均值约为62.64亿美元。拥有20家公司以上的城市有20个，其中日本东京以54家企业数量位列第1，中国香港以48家紧随其后，排名第2位。

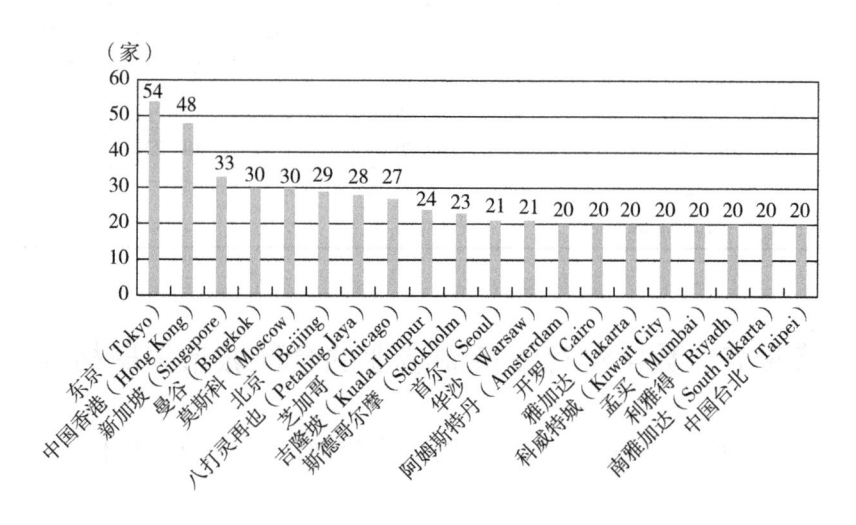

图6-13　2008—2017年全球部分城市无线电信服务业上市公司数量

[①] 刘洁：《国外电信运营商新领域拓展对我国运营商的启示》，《世界电信》2016年第4期。

从数据来看（见表6-9），东京、中国香港的营收总值也分别位列第1名、第2名，产业体积较大，均值排名则有所落后，分别降为第5名、第6名，而总值第3名的英国城市纽伯里（Newbury），均值排名第1位，总值第8名的美国新泽西州城市巴斯金里奇（Basking Ridge），均值排名第2位。世界上最大的流动通信网络公司之一沃达丰（Vodafone LSE）总部位于纽伯里，在2018年《财富》世界500强中位列第158。总部位于巴斯金里奇的威瑞森是美国最大的无线通信公司之一，在2017年《BrandZ最具价值全球品牌100强》中排在第11位。[①] 为美国情报界、国防部提供服务的私人防务承包商Vencore, Inc. 总部也位于巴斯金里奇，Vencore实验室一直以来为美国陆军提供支持，解决战术商业无线网络移动性和安全性的关键难题。[②] 此外，私营软件开发公司CardSmart Technologies, Inc. 由Mike McClain和Dave Fisher于1999年创立，其使命是成为基于安全身份管理的应用程序整体解决方案的主要提供商，总部也位于此。[③]

表6-9　　2008—2017年全球部分城市无线电信服务业营收总值和均值排名变化

城市名称	公司数量（家）	营收总值（亿美元）	总值排名	营收均值（亿美元）	均值排名
东京（Tokyo）	54	14500.16	1	268.52	5
香港（Hong Kong）	48	9370.39	2	195.22	6
纽伯里（Newbury）	10	6557.31	3	655.73	1
巴斯金里奇（Basking Ridge）	5	3214.04	8	642.81	2

第四节　数字创意设备制造业的全球城市集聚格局

数字创意设备制造行业是支撑整个数字创意产业发展的技术开发环

---

① 巴斯金里奇是威瑞森（Verizon）的总部之一。
② 中国国防科技信息中心：《Vencore实验室为美国防部开发蜂窝遥测网络技术》，http://www.sohu.com/a/131108845_313834，2019-04-07。
③ About CST - CardSmart Technologies，https://www.yourcardsolution.com/about-us/，2019-04-07。

节，包括制定产业技术标准、研发数字设备操作系统等，是国民经济的先导性和支柱性产业。下面主要从上市公司数量、营收总值、营收均值三个维度重点分析消费电子产品，技术硬件、存储和外设这两个设备制造行业的全球城市集聚格局。

一 消费电子产品业：中国城市集聚明显，惠州发展亮眼，日本行业实力最强

消费电子产品用户基础广泛、应用场景丰富、兼领时尚风向，是创新最活跃、应用转化最快的领域。[①] 从数据来看（见图6-14），2008—2017年消费电子产品业共计1461家企业，分布在全球109座城市中，总营业收入约为34967.28亿美元，营收均值约为23.93亿美元。上市公司数量在20家以上的城市有16个，其中有10个都是中国城市，中国香港以128家企业的集聚位列第一，集聚特征明显。

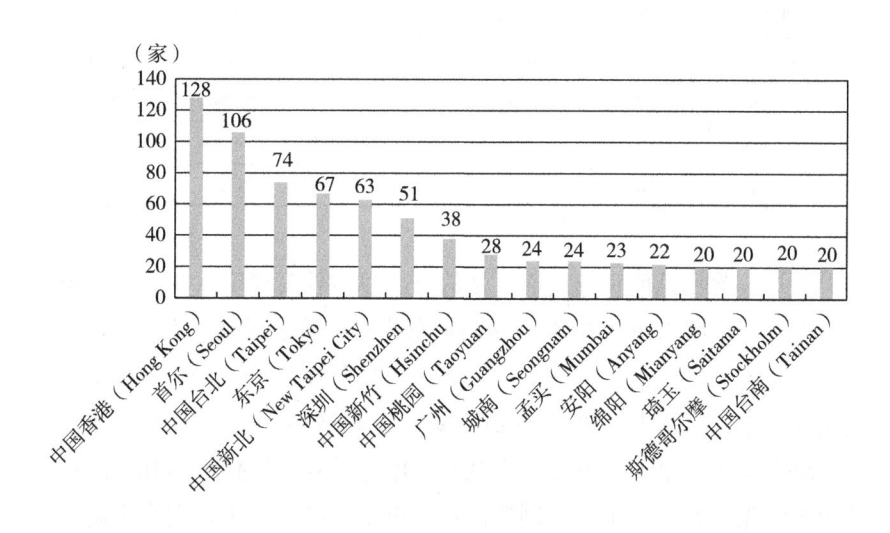

图6-14 2008—2017年全球部分城市消费电子产品业上市公司数量

中国城市的企业数量排名靠前，然而观察消费电子产品业营收总值和均值前五强（见表6-10），仅有惠州入围，总值排名第5位，均值

---

① 温晓君等：《从CES2019看全球消费电子产业发展趋势》，《互联网经济》2019年第3期。

排名第6位。广东省惠州市是全球最大的电话机、彩电、激光头生产基地,亚洲最大的组合音响生产基地,也是中国最大的汽车音响、DVD、手机生产基地之一,培育了TCL、德赛、华阳、侨兴等一批全国知名消费电子产品企业;另外还引进了美国通用电气(General Electric Company,GE)、日本索尼(Sony Corporation)、韩国三星(Samsung)和乐金电子(LG Electronics)、荷兰皇家飞利浦(ROYAL PHILIPS)等跨国公司在惠州合作生产与经营。

表6-10　　2008—2017年全球城市消费电子产品业营收总值和均值前五强

城市名称	公司数量(家)	营收总值(亿美元)	总值排名	营收均值(亿美元)	均值排名
东京(Tokyo)	67	9383.30	1	140.05	3
门真(Kadoma)	10	8155.55	2	815.56	1
首尔(Seoul)	106	5289.89	3	49.90	5
堺市(Sakai)	10	2744.54	4	274.45	2
惠州(Huizhou)	16	1209.76	5	75.61	4

此外,营收总值和均值前五强的排名总体较为稳定(见表6-10),而日本有三座城市进入榜单,分别是东京、门真、堺市,且排名靠前,整体行业实力最强。日本的消费类电子产品业在20世纪80—90年代独领风骚,孕育了索尼、松下电器、夏普、亚马达、尼康等国际知名企业。总部位于东京的索尼是世界视听、电子游戏、通信产品和信息技术等领域的先导者,除了生产制造消费类电子产品,旗下还拥有米高梅影业、哥伦比亚影业、哥伦比亚唱片、百代唱片版权库等,实力雄厚。

二　技术硬件、存储和外设业:中国台湾表现瞩目,韩国水原和美国库比蒂诺实力最强

技术硬件、存储和外设业是一个需求市场广阔、利润相当丰厚、不断发展变化的行业,在日常生活中随处可见。从数据来看(见图6-15),2008—2017年技术硬件、存储和外设业的3266家企业分布在全球168座城市中,营收总值约为101101.13亿美元,均值约为30.96亿

城市	数量
珠海（Zhuhai）	20
中国竹北（Zhubei）	20
武汉（Wuhan）	20
中国桃园区（TaoYuan）	20
中国台南（Tainan）	20
上海（Shanghai）	20
城南（Seongnam）	20
圣保罗（Sao Paulo）	20
奥斯陆（Oslo）	20
名古屋（Nagoya）	20
隆德（Lund）	20
伊斯坦布尔（Istanbul）	20
伊尼（Igny）	20
广州（Guangzhou）	20
新孟买（Navi Mumbai）	24
圣迭戈（San Diego）	25
仁川（Incheon）	27
孟买（Mumbai）	28
新加坡（Singapore）	30
大阪（Osaka）	30
圣何塞（San Jose）	50
中国新竹（Hsinchu）	59
中国桃园（Taoyuan）	90
北京（Beijing）	104
深圳（Shenzhen）	105
中国香港（Hong Kong）	107
首尔（Seoul）	121
东京（Tokyo）	158
中国台北（Taipei）	356
中国新北（New Taipei City）	462

图6–15　2008—2017年全球部分城市技术硬件、
存储和外设业上市公司数量

美元。上市公司数量在20家以上的城市有30个，其中，中国城市占14席，仅中国台湾就有新北、台北、桃园、新竹、台南、竹北6座城市。其中，中国台湾的技术硬件、存储和外设业实力相当雄厚，知名企业众多，如总部位于新北市鸿海精密集团是专业研发生产精密电子设备、仪器及元器件的高新科技企业，是全球唯一能连续六年位列美国商业周刊科技百强（IT100）前十名的公司。总部同样位于新北的新金宝集团（New Kinpo Group）版图已遍及泰国、马来西亚、菲律宾、新加坡、美国、巴西和墨西哥等国，全球共有14个制造据点，产品涵盖电脑周边、通信、光电、电源管理及消费性电子等领域。此外，和硕联合

(Pegatron）创立于2008年，由华硕分离而来，总部位于台北（Taipei），目前在上海、苏州、昆山设有iPhone组装工厂，公司50%以上的利润来自为苹果公司代工。纬创资通（Wistron）专注于信息与通信产品，包括笔记本电脑、桌上型电脑系统、服务器和存储设备、信息设备、网络及通信产品，总部位于桃园，其分部遍及亚洲、北美洲和欧洲。此外，新竹的明泰科技、台湾积体电路制造股份有限公司（简称"台积电"），高雄的华泰电子，都为中国台湾的技术硬件、存储和外设业发展做出了不小的贡献。①

从总值前10强数据来看，中国入选城市最多，占据后六位；但未有一个进入均值前10强榜单（见表6-11）。而韩国京畿道的首府城市水原和美国硅谷核心城市之一的库比蒂诺稳居总值、均值前两名。三星电子是韩国最大的电子工业企业，同时也是三星集团旗下最大的子公司，其最大的生产基地和研发中心均位于水原。全球知名的高科技公司苹果、全球领先的网络安全软件及硬件服务提供商赛门铁克（Symantec）、互联网基础架构软件公司Zend的总部都位于库比蒂诺，全球最大的硬盘、磁盘和读写磁头制造商希捷（Seagate Technology Cor），高成长性的跨国信息安全软件公司趋势科技（TMIC/Trend Macro），数据库软件公司甲骨文（Oracle Corporation）的分部也位于此。

表6-11　　2008—2017年全球城市技术硬件、存储和外设业营收总值和均值前10强

总值排名	城市名称	公司数量（家）	营收总值（亿美元）	均值排名	城市名称	公司数量（家）	营收均值（亿美元）
1	水原（Suwon）	10	16517.11	1	水原（Suwon）	10	1651.71
2	库比蒂诺（Cupertino）	10	14371.11	2	库比蒂诺（Cupertino）	10	1437.11

① 2018年全球EMS代工厂50强榜单，猎芯网，https://mp.weixin.qq.com/s/Sm41yNS4eViQJVwwki-E7g。

续表

总值排名	城市名称	公司数量（家）	营收总值（亿美元）	均值排名	城市名称	公司数量（家）	营收均值（亿美元）
3	东京（Tokyo）	158	13309.79	3	帕罗奥图（Palo Alto）	15	851.70
4	帕罗奥图（Palo Alto）	15	12775.47	4	霍普金顿（Hopkinton）	8	200.10
5	台北（Taipei）	356	11690.29	5	诺沃克（Norwalk）	10	179.61
6	香港（Hong Kong）	107	4558.51	6	都柏林（Dublin）	10	123.56
7	北京（Beijing）	104	4469.98	7	诹访（Suwa）	10	103.16
8	桃园（Taoyuan）	90	4278.41	8	东京（Tokyo）	158	84.24
9	新北（New Taipei City）	462	2629.25	9	亚特兰大（Atlanta）	10	58.07
10	深圳（Shenzhen）	105	2225.59	10	森尼韦尔（Sunnyvale）	10	54.58

第五节　数字创意产业全球价值链下中国城市地位

西方发达国家凭借多年累积的知识产权优势、市场优势、资本优势和制度优势在传统行业全球价值链中牢牢占据了高附加值的主导地位。然而近年来，华为、阿里巴巴、腾讯、百度、网易、字节跳动等中国企业在欧洲、北美、南美、亚洲等世界范围内的电影、游戏、新闻、VR等数字创意产业领域攻城略地，使国人看到了中国企业在数字创意产业全球价值链重构中的希望。

一　中国城市的地位

对中国城市来说，欲在数字创意产业全球价值链中从低附加值环节向高附加值环节攀升，需明确当前所处价值链位置，以及城市数字创意产业的发展现状，特别是优势和不足，这样才能对症下药，实现快速有效可持续的发展。

在核心层的数字创意内容生产行业，其一，中国香港和北京上市公司数量优势明显。如中国香港有160家广告服务业上市公司，位列第3；北京有71家，位列第6。中国香港有212家影视娱乐业上市公司，位列第3；北京有147家，位列第5。中国香港有100家出版业上市公司，位列第3；北京有51家，位列第7。其二，中国城市的家庭娱乐软件业相对实力较强。观察家庭娱乐软件业的营收总值和均值发现：从总值来看，上海以153.97亿美元位列第4，北京以56.92亿美元位列第6，台北以41.49亿美元位列第7，高雄以36.34亿美元位列第9；从均值来看，高雄以3.63亿美元位列第6，上海以2.48亿美元位列第7。

在中间层的数字创意产品传输流通类行业，其一，深圳互联网软件与服务业发展迅猛，以1039.70亿美元的营收总值位列第2；以64.98亿美元的营收均值位列第1。其二，北京、中国香港、广州的互联网与直销零售业发展较好。在2008—2017年全球城市互联网与直销零售业营收总值和均值前10强，北京以1760.40亿美元的营收总值位列第2，以33.85亿美元的营收均值位列第10；中国香港以1080.55亿美元的营收总值位列第4，以120.06亿美元的营收均值位列第2；广州以39.98亿美元的营收均值位列第9。其三，中国香港的电信服务业上市公司数量较多。中国香港共有41家非传统电信运营商业上市公司，55家综合电信服务上市公司，48家无线电信服务业上市公司，数量排名均为第2位。

在支撑层的数字创意设备制造行业，其一，消费电子产品业中国城市的企业多而不强。在16个上市公司数量在20家以上的城市中有10个都是中国城市，其中，香港以128家企业位列第1。然而仅有惠州进入消费电子产品业营收总值和均值前五强，总值1209.76亿美元，排名第5位，均值75.61亿美元，排名第6位。其二，中国台湾的技术硬件、存储和外设业较为发达。30个上市公司数量在20家以上的城市中，中国城市占14席，仅台湾就有新北、台北、桃园、新竹、台南、竹北等城市入围。

总的来说，中国城市的创意内容竞争力明显不足，广播电视业、有线和卫星电视业、影视娱乐业、出版业与欧美国家均有不小差距。虽然某些城市具备一定的行业影响力，但对于形成与欧美数创相抗衡的全球竞争力尚有很长一段路要走。中国城市在第二层的数字创意产品传输流通类行业形成了较为完善的线上线下软硬件媒介载体，但电信服务业与美国、英国、日本相比仍处于劣势。中国城市在数字创意设备制造行业的集聚特征明显，中国台湾优势突出，但总体处于数字创意产业价值链的末端。

二 中国城市地位的升级战略

（一）继续发挥城市自身现有优势

城市升级是一个动态改善的过程，只有适合本阶段和自身发展实际的创新才能推动城市产业升级，因此识别并管理城市内部的价值增值机会和环节，继续发挥城市自身现有优势，成为城市发展战略的基本思路之一。[1] 就数字创意内容生产行业而言，位于价值高端环节的创意内容由欧美发达国家的高科技城市控制，但广州、长沙的广告服务业，上海、北京、台北、高雄等城市的家庭娱乐软件业已经形成了一定的竞争优势，应继续保持并与时俱进。在数字创意产品传输流通类行业，深圳的互联网软件与服务业发展亮眼，北京、香港、广州的互联网与直销零售业发展较好，可加大科研投入，乘胜追击，促进产业结构优化升级。在数字创意设备制造行业，惠州的消费电子产品业，台湾的技术硬件、存储和外设业在核心部件制造生产、代工与组装等环节占据一定的地位，应努力发挥城市的辐射作用，带动周边地区的协同发展。

（二）基于价值链进行城市升级

在全球化时代，评价一个城市的地位与竞争力，不在于人口规模大小，而在于各城市参与全球产业分工的程度以及占有、处理和支配资本和信息的能力。基于价值链的城市空间演化是实现城市可持续发展和提高国际竞争力的有效模式，城市化与城市发展只有建立在产业价值链分工角度才能提高城市全要素生产率，实现城市的可持续发展。[2] 当前数

---

[1] 刘彦平：《城市价值链与价值网络》，《山东社会科学》2007 年第 6 期。
[2] 周韬：《基于价值链的城市空间演化机理及经济效应研究》，博士学位论文，兰州大学，2015 年。

字网络技术、裸眼 3D 技术、全息成像技术、可穿戴技术、VR/AR（虚拟现实/增强现实）技术、人工智能技术等新一轮科技革新浪潮正在对初步形成的数字创意产业全球价值链格局带来冲击与影响；美国政府强力推行的新贸易保护主义、欧洲局势的动荡不安以及中国政府提出"一带一路"的政策红利等国际政治经济新形势，为中国数字创意产业的全球价值链重构战略提供了绝佳的历史机遇期。[1] 中国城市应正视自身创意内容竞争力较弱、数字创意产品传输流通类行业与欧美日韩相比仍有差距、数字创意设备制造核心技术被发达国家城市控制等不足，充分挖掘自身特色文化资源，整合优质内容资源，实施差异化数字创意内容开发策略，通过国内自主科技研发、跨界创新或对外联系获得技术溢出效应，如引进跨国公司、外资企业等方式，来带动城市产业沿着全球价值链向上攀升。

（三）重视核心城市，推动城市群发展

重视核心城市的作用，增强核心城市的辐射能力，推动城市数字创意产业集群发展，有助于城市定位好自身的空间归属，促使城市数字创意产业价值链不断优化，实现城市可持续发展，好莱坞电影、秋叶原动漫都是成功案例。中国城市群发展主要以长三角、珠三角和环渤海三大城市群作为典型代表，这些庞大的城市群不仅仅是城市价值创造活动的多发区，也是中国与世界价值创造活动的重要对接窗口。城市群作为城市间谋求共同发展的主要形式，良好的城市群发展能为个体城市带来"1+1＞2"的协同发展效应[2]，如美国硅谷数字高科技城市群、中国台湾的技术硬件、存储和外设业城市群。为此，中国各城市之间应根据自身数字创意产业发展现状有意识地融入城市群发展体系中，树立全球视野与区域协调发展意识，通过城市群发展的规模效应、辐射效应等推动自身数字创意产业价值创造力的提高。

---

[1] 臧志彭：《数字创意产业全球价值链：世界格局审视与中国重构策略》，《中国科技论坛》2018 年第 7 期。

[2] 廖望：《城市价值创造力评价研究》，硕士学位论文，武汉理工大学，2015 年。

第七章

典型行业：全球城市数字媒体产业集聚图谱[①]

20世纪70年代以来，随着工业城市向知识经济城市的逐步转型，西方对"知识型城市"（KC）的兴趣越发浓厚，而新经济的出现，特别是文化创意产业的勃兴，成为西方城市发展变迁的重要支撑力量，[②]文化创意产业作为文化产品和服务在工商业层面上的创造、大规模生产和分配的综合过程[③]，成为知识经济下的主要门类。[④] 伴随信息时代的到来，数字电视、移动手机、互联网等新兴媒体的盛行促进了文化经济的蓬勃发展，同时也给数字媒体产业带来了更广阔的发展前景[⑤]，数字媒体产业逐渐成为文化创意产业发展的关键行业，也越来越影响一个国家在全球政治经济中的地位。[⑥] 数字媒体产业的基本特征是数字化，其中数字媒体技术有收敛性、超文本性、分布式、普适性、算法性、非对

[①] 解学芳、胡晨楠：《全球城市数字媒体产业集聚机理与中国路径——基于全球数据的实证研究》，《社会科学研究》2020年第2期。

[②] Hanson, R., "US Cities in Transformation: Urban Policy in Advanced Economy", *Futures June*, No. 3, 1985.

[③] Mele, V., "Cultural Industries", *In The Wiley - Blackwell Encyclopedia of Social Theory*, No. 12, 2017.

[④] Zhao, P., "Building Knowledge City in Transformation Era: Knowledge - based Urban Development in Beijing in the Context of Globalisation and Decentralisation", *Asia Pacific Viewpoint*, No. 1, 2010.

[⑤] 常琳颖：《浅析数字媒体在文化创意产业中的应用与研究》，《新闻研究导刊》2018年第4期。

[⑥] 冯俏俏等：《数字媒体艺术与文化创意产业发展的关系研究》，《艺术研究》2012年第2期。

称性、短暂性和永久性并存等特征。①

科技创新的层出不穷牵引着数字媒体产业的变革，软硬件的高度融合发展趋势则逐渐成为主流。在此背景下，加速数字媒体资源开发，融入文化"一带一路"，创新中国数字媒体产业发展模式，完善中国数字媒体产业全球价值链的策略体系成为新时代的诉求。数字媒体产业以新媒体为主要要素，不仅为艺术提供了更大的可能性，而且在数字媒体技术方面也为科技的美学应用和社会影响提供了新见解；② 在数字媒体产业要素与人工智能等新技术加持下，智媒体业成为更具竞争力与活力的产业形态。③ 作为战略性新兴产业，中国数字媒体产业正面临着美国、欧洲等西方国家以及日韩等亚洲国家的价值链低端锁定，以制造业为基础的传统价值链理论已不能适用于新兴的数字创意产业模式。④ 鉴于此，科学把脉中国数字媒体产业在全球的战略地位，研判全球城市数字媒体产业发展格局与态势，对于我国重构数字媒体产业全球定位，突破传统发展路径、加速升级至关重要。

第一节 基于区位熵的全球城市数字媒体产业集聚格局

为了更加科学审视全球城市数字媒体产业集聚格局，本书采用区位熵进行测度。从国内外区域经济学的研究来看，区位熵的研究方法可以用来评价产业集群、优势产业、主导产业，以及产业竞争力等，是分析不同产业在区域经济发展中所处地位的有效方法。

一 研究方法与数据来源

关于区位熵的计算方法，详见前面"第五章全球数字创意产业集

---

① Delfanti, A., Arvidsson, A., "Media and Digital Technologies", In Introduction to Digital Media, No. 11, 2018.
② Shanken, E. A., "Contemporary Art and New Media: Digital Divide or Hybrid Discourse?", In A Companion to Digital Art, No. 3, 2016.
③ 解学芳、臧志彭：《人工智能在文化创意产业的科技创新能力》，《社会科学研究》2019年第1期。
④ 臧志彭：《数字创意产业全球价值链：世界格局审视与中国重构策略》，《中国科技论坛》2018年第7期。

聚的城市图谱"中的"基于区位熵的全球城市数字创意产业集聚规律"中关于区位熵的原理与公式。具体来讲，本书针对全球数字媒体产业集聚数量区位熵的计算公式为：全球数字媒体产业集聚数量区位熵＝（某城市或地区数字媒体产业公司数量/该城市或地区所有公司数量）/（全球数字媒体产业公司数量/全球所有公司数量）。全球数字媒体产业公司营收总额区位熵的计算公式为：全球数字媒体产业公司营业收入区位熵＝（某城市或地区数字媒体产业公司营业收入/该城市或地区所有公司共计营业收入）/（全球数字媒体产业公司营业收入数量/全球所有公司共计营业收入）。以此分析全球数字媒体产业集聚与空间分布格局，从而得出基于数据处理与计算的分析结果。一方面，遴选全球城市数字媒体产业公司数量与全球数字媒体产业营收总额两个指标，另一方面，选取有代表性的全球范围内前二十城市，通过区位熵计算结果，将两组结果数据排名后，据区位熵值等级进行分析。①

需要强调的是，本书实证研究所采用的数字媒体产业范畴主要基于"北美行业分类 NAICS"中编号为"519130"的行业，即互联网出版和广播及网络搜索门户（Internet Publishing and Broadcasting and Web Search Portals），该行业主要包括：一是专门在互联网上发布或广播内容；二是运营网站，使用搜索引擎以一种易于搜索的格式生成和维护广泛的互联网地址和内容数据库（称为 Web 搜索门户）。② 研究数据主要基于国际权威的美国标准普尔全球上市公司数据库、上市公司年报和官方网站、雅虎财经及谷歌财经等渠道，收集、整理并筛选了 2008—2017 年全球数字媒体产业上市公司经过审计的公开财报数据（数据检索截至 2018 年 12 月）。

二 基于区位熵的全球数字媒体产业集聚的城市格局

全球数字媒体产业集聚通常是基于城市群的圈域经济一体化、文化市场一体化、交通网络一体化的优势，在"互联网＋"时代，互联网

---

① 臧志彭、谢铭炀：《世界四大湾区传媒产业集聚优势与演化趋势——基于 2008—2017 年全球上市公司的实证比较》，《南京社会科学》2019 年第 8 期。

② 该行业的出版和广播机构不提供其出版或广播内容的传统（非互联网）版本，而是提供互联网独家文本、音频、视频内容等。称为 Web 搜索门户的机构通常提供额外的 Internet 服务，例如电子邮件、到其他 Web 站点的连接、拍卖、新闻和其他有限的内容，并作为 Internet 用户的基础。

经济红利与政策红利的叠加,数字媒体产业在城市群内形成了最佳的集聚生态。从区位熵计算结果来看,无论是公司数量还是营收总额,全球城市的数字媒体产业发展都呈缓慢上升态势。其中,美国城市数字媒体产业发展占据世界领先地位;欧洲、澳洲城市不甘示弱,数字媒体产业链搭建趋于成熟;亚洲城市表现也较为突出,其中北京、上海、香港等近十年数字媒体产业上市公司区位熵值持续走高,产业聚集与专业化程度逐步提升,带动着中国数字媒体产业的整体发展;而与之相比,东京、首尔在缓慢增速的同时也进入了资源饱和的境地。

1. 全球数字媒体产业集聚于资源禀赋的国际性大城市

在科技勃兴的牵引下,以数字媒体技术为特色的数字媒体产业在全球迅速崛起,占全球产业中的企业数量及营收比重逐年增加,不但丰富了现代文化生产体系,也推动了新兴文化业态的快速发展。从数据结果分析来看(见图7-1),全球城市数字媒体产业在2008—2017年呈现前期平稳上升、后期略微下滑的趋势。其中,2008—2015年上升趋势明显,8年间全球城市数字媒体产业公司总量从560家增长至847家,增长51.3%。总体来看,全球绝大多数城市拥有数字媒体产业上市公司的数量在10家以内;一些特大城市如纽约、北京等拥有数字媒体产业上市公司的数量30家左右。从美国与亚洲的比较来看,美国城市的大型数字媒体企业专业化、集聚性程度高,运行机制完善;而亚洲城市在数字媒体产业上市公司数量上处于优势地位,但产业发展规模相对较小,产业链较为松散,短时间内尚无法打破美国数字媒体产业在全球的垄断地位。

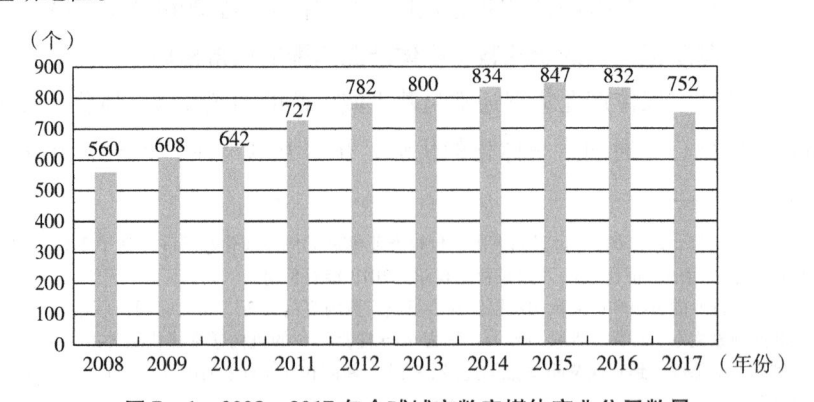

图7-1 2008—2017年全球城市数字媒体产业公司数量

依托快速发展的数字媒体产业，日本成为继美国之后的世界第二大文化内容强国，其世界一流的竞争力主要表现在游戏、动画、卡通、漫画等领域。从数据来看（见图7-2），东京在数字媒体产业方面具有良好的发展基础与行业优势，2008年拥有59家数字媒体产业上市公司，发展势头较其他城市更为强劲；2015年上市公司数量达到94家后开始进入平稳发展阶段，但依然稳居全球数字媒体产业公司数量榜首位置，占同年全球数字媒体产业上市公司总量的11.84%。总体来看，东京在2008—2017年数字媒体产业上市公司数量增幅约50%，顺应了全球数字媒体产业发展趋势。究其原因，与东京长期以来在财政、审批等方面实施放宽管制的政策，利用城市文化与环境吸引全球创新资源的战略，以及文化企业沿袭的崇拜新技术与研发的基因息息相关。值得注意的是，纽约作为2008年公司数量"三巨头"之一，其数字媒体产业公司数量却一直处于衰减状态，2008—2015年数字媒体产业公司数量平均34家，但之后进入缓慢发展期，在全球数字媒体产业公司数量排名中跌至第6，居于首尔之后，这与进入互联网时代纽约的主导产业选择与定位的偏差，以及受到传统优势产业辐射影响有关。2008年位列第三的首尔基本处于缓慢上升态势，但仍不敌后起之秀，北京、伦敦、华沙迎头赶上，分别跃居2017年数字媒体产业上市公司数量前五行列。从全球数字媒体产业上市公司数量十年间的演化趋势来看，2008—2015年是数字媒体产业发展的高潮时期，伴随着科技进步，大众文化消费习惯的数字化、网络化，以及消费水平的提升，数字媒体产业迎来新的发展高峰期，但是全球性的数字媒体产业的集体爆发也将慢慢褪去高潮与狂热，进入稳步发展状态。

2. 欧洲与澳洲的城市数字媒体产业集聚度高

数字媒体产业的原始集聚很大程度上源于产业链相关企业形成的非正式协作网络，在竞合关系的形成中不断吸引更多关联企业融入网络，进一步强化地理集群的衍生机制，从而吸引更多优质交通资源、智力资源、金融资源、制度资源等的匹配。从全球数字媒体产业上市公司数量的区位熵值来看（见表7-1），区位熵值越高，说明某一城市的数字媒体产业越密集，集聚程度越高。从数据来看，亚欧两洲的大城市及特大城市均表现出较强的集聚度，全球数字媒体产业在渡过了产业爆发阶段

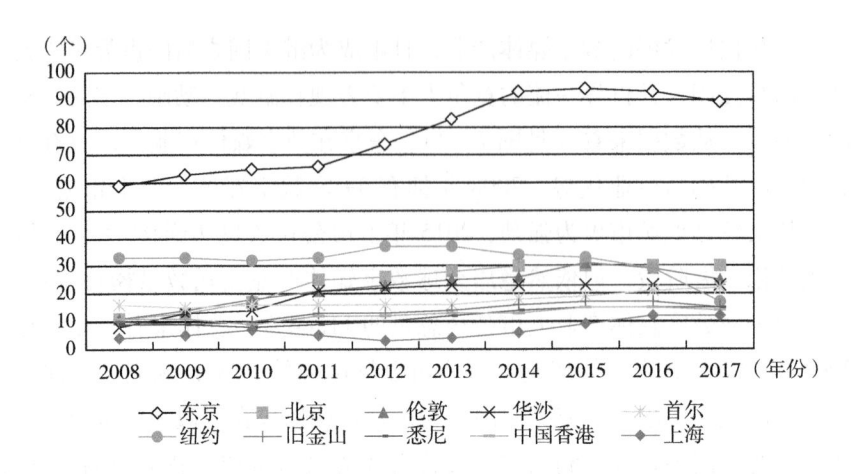

```
(个)
100
 90
 80
 70
 60
 50
 40
 30
 20
 10
  0
     2008  2009  2010  2011  2012  2013  2014  2015  2016  2017（年份）
         ─◇─东京    ─■─北京    ─▲─伦敦    ─✕─华沙    ─✱─首尔
         ─●─纽约    ─+─旧金山  ──── 悉尼   ──── 中国香港 ─◆─上海
```

图 7-2　2008—2017 年全球不同城市数字媒体产业公司数量

注：限于篇幅，在此仅列示全球数字媒体产业上市公司数量前十位的城市。

后逐渐成熟，并迎来创新型的产业变革期。作为波兰首都、历史名城的华沙，在工业与贸易上表现突出，也是全国最大的科学文化中心与交通运输枢纽中心、中欧诸国贸易的通商要道。传统文化沿革与现代科技的交流碰撞给华沙带来了新的发展机遇，华沙数字媒体产业发展迅猛，在经历了 2011—2016 年的平稳期后数字媒体产业上市公司聚集程度在 2017 年达到 5.91。与之相比，韩国城南近十年上市公司区位熵值持续走低，数字媒体产业公司聚集程度不断下滑，但 2017 年仍然处于 5.41 的高位；而韩国首尔虽然处于平稳发展状态，但集聚度不高（1.74/2017）。与韩国相比，2008—2017 年，日本东京数字媒体产业上市公司区位熵值介于 2—4，总体呈现稳步增长趋势，说明东京拥有深厚的数字媒体产业发展基础。此外，墨尔本与悉尼在数字媒体产业上的突出成绩离不开澳大利亚政府的大力支持。在澳大利亚文化部委员会颁布《打造创意、创新的经济》之后，文化创意产业成为澳大利亚增长速度最快的产业。一方面，澳大利亚政府积极引导文创资金流动、鼓励与协调民间机构参与、扶持推进创意产业发展，为澳大利亚数字媒体产业保驾护航；另一方面，澳大利亚重视科技与创意，重视知识产权保护，给数字媒体产业带来更大发展空间。

表7-1　　2008—2017年全球不同城市数字媒体产业
公司数量区位熵值

年份 城市	2008	2009	2010	2011	2012	2013	2014	2015	2016	2017
华沙（Warsaw）	3.81	4.94	4.52	5.48	5.14	5.28	5.05	4.95	5.12	5.91
城南（Seongnam）	8.32	8.01	7.34	6.63	6.84	6.65	6.12	5.48	5.43	5.41
北京（Beijing）	2.13	2.16	2.63	3.29	3.03	3.18	3.3	3.23	3.23	3.4
墨尔本（Melbourne）	0.89	0.83	0.84	2.24	3.19	2.47	2.66	3.59	3.44	3.27
东京（Tokyo）	2.63	2.68	2.75	2.64	2.79	3	3.14	3.06	3.03	3.16
特拉维夫（Tel Aviv）	1.91	1.77	3.29	3.37	2.28	2.26	2.21	2.22	2.66	2.91
悉尼（Sydney）	2.08	2.0	1.7	1.8	1.87	2.13	2.38	2.5	2.57	2.84
斯德哥尔摩（Stockholm）	1.65	1.56	1.53	1.7	1.89	2.11	2.43	2.29	2.5	2.78
伦敦（London）	0.97	1.18	1.48	1.6	1.67	1.81	1.81	2.14	2.03	2.07
旧金山（San Francisco）	2.88	2.25	2.17	2.42	2.14	2.09	2.27	2.22	2.12	1.93
上海（Shanghai）	1.13	1.26	1.65	0.98	0.52	0.68	0.94	1.37	1.77	1.85
芝加哥（Chicago）	0.75	0.73	0.92	1.25	1.18	1.42	1.48	1.65	1.7	1.83
首尔（Seoul）	1.71	1.55	1.6	1.49	1.43	1.44	1.52	1.52	1.62	1.74
深圳（Shenzhen）	0.37	0.63	0.6	0.71	1.06	1.19	1.3	1.25	1.43	1.52
纽约（New York）	3	2.81	2.53	2.2	2.33	2.26	1.94	1.72	1.53	0.97
中国台北（Taipei）	0.52	0.74	0.69	0.62	0.67	0.65	0.71	0.79	0.9	0.95
中国香港（Hong Kong）	0.81	0.74	0.58	0.68	0.62	0.63	0.58	0.64	0.64	0.65
新加坡（Singapore）	0	0	0.32	0.3	0.39	0.63	0.71	0.55	0.62	
温哥华（Vancouver）	0.66	0.56	0.56	0.38	0.62	0.62	0.55	0.49	0.5	0.55
多伦多（Toronto）	0.55	0.51	0.41	0.38	0.4	0.38	0.46	0.45	0.44	0.42

注：此表格样本中城市先后顺序为2017年全球数字媒体产业公司数量区位熵数值排序。

3. 中国深圳在全球数字媒体产业营收区位熵值中居首位

全球各城市数字媒体产业营收总额区位熵值虽然存在较大差异，但是与公司数量区位熵值不同的是，营收总额区位熵值大体与全球城市数字媒体产业营收总额呈正相关。分析全球数字媒体产业营收额区位熵值20强城市数据可知（见表7-2），深圳在全球20强城市中位居首位，2017年区位熵值高达6.26。究其原因，一方面，深圳被赋予推进粤港澳大湾区和推进"一带一路"建设的双重战略机遇,特别是在《粤港澳大湾区发展规划纲要》中,深圳提出"加快建成现代化国际化城市,努力成为具有世界影响力的创新创意之都";而且自2004年起文化产业便成为深圳四大支柱产业之一,2018年文化创意产业被列入深圳七大战略性新兴产业,开启了快速发展之路。另一方面,深圳作为中国首个"设计之都",通过"设计+科技""设计+品牌""设计+金融""设计+时尚"等多领域创新,不断引领产业向产业链高端攀升,促成"深圳制造"向"深圳创造"飞跃。在这一时代背景下,深圳借助国内外诸多优势为自己开辟了数字媒体产业链的整合与运行新路径,依靠强大的战略机遇与自身变革创新能力带动了国内一系列富有生命力的数媒企业的崛起。从最新数据来看,2018年深圳文化创意产业实现增加值2621.77亿元,占GDP的比重超过10%,占比高出全国的5.8%。① 从深圳最新定位来看,根据2019年7月中共中央、国务院发布的《关于支持深圳建设中国特色社会主义先行示范区的意见》,深圳将高举新时代改革开放旗帜、建设中国特色社会主义先行示范区,率先建设体现高质量发展要求的现代化经济体。而数字媒体产业是现代化经济体系的重要构成与未来发展方向,在政策红利与深圳加快建设5G、人工智能、网络空间科技创新的协同背景下,将会迎来全新发展格局。鉴于此,深圳在未来的发展中应积极实施数字媒体产业集群战略,通过创新技术、产业融合和制度创新,发展中国特色社会主义文化主导的"数字媒体产业长廊",形成植根深圳、联动湾区的新数字媒体产业集群品牌。

表7-2 2008—2017年全球不同城市数字媒体产业营收总额区位熵值

年份 城市	2008	2009	2010	2011	2012	2013	2014	2015	2016	2017
深圳(Shenzhen)	2.7	3.73	4.23	4.68	5.83	5.95	5.87	5.42	5.64	6.26
圣马特奥(San Mateo)	3.3	6.68	6.15	4.1	4.19	1.1	1.85	2.31	3.67	4.32

---

① 陈文华:《探索深圳文化产业竞争优势提升路径》,《深圳特区报》2019年5月14日B06版。

续表

年份 城市	2008	2009	2010	2011	2012	2013	2014	2015	2016	2017
中国香港（Hong Kong）	0.06	0.06	0.09	0.89	1.25	1.46	1.75	1.97	2.46	3.49
南泰尔（Nanterre）	4.35	6.03	4.83	4.58	4.31	4.17	3.72	3.55	3.45	3.16
芝加哥（Chicago）	0.72	0.83	1.1	2.25	2.32	2.16	2.9	2.59	2.36	2.36
多伦多（Toronto）	5.77	6.66	6.52	5.65	5.15	4.76	3.88	3.83	2.82	2.31
恩格尔伍德（Englewood）	0.18	0.12	0.06	0.09	0.63	2.9	3.24	3.18	2.53	2.25
杰克逊维（Jacksonville）	0.76	0.64	0.69	1.09	1.57	2.37	2.3	1.97	2.11	2.24
上海（Shanghai）	0.62	0.89	0.82	0.17	0.11	0.15	0.46	0.94	1.41	1.97
旧金山（San Francisco）	0.04	0.06	0.11	0.26	0.56	0.86	1.17	1.37	1.87	1.91
广州（Guangzhou）	0.53	0.71	0.76	0.79	0.89	1.1	1.37	1.44	1.59	1.9
洛杉矶（Los Angeles）	1.45	1.47	1.49	1.8	1.83	1.61	1.8	2	2.07	1.9
北京（Beijing）	0.37	0.4	0.48	0.61	0.66	0.77	0.95	1.23	1.23	1.33
特拉维夫（Tel Aviv）	0.27	0.26	0.36	0.54	0.7	0.79	0.68	0.78	0.96	1.29
珀斯（Perth）	0.93	0.8	0.75	1.18	2.71	2.18	1.83	1.5	1.32	1.11
奥斯陆（Oslo）	0.2	0.28	0.31	0.33	0.5	0.74	0.96	1.28	1.06	0.87
波士顿（Boston）	0.06	0.12	0.25	0.32	0.37	0.41	0.42	0.47	0.5	0.87
中国台北（Taipei）	0.41	1.06	1.08	1.11	0.9	0.75	1.27	1.17	0.96	0.86
东京（Tokyo）	0.33	0.36	0.37	0.38	0.42	0.39	0.43	0.48	0.52	0.49
首尔（Seoul）	0.19	0.18	0.47	0.72	0.67	0.69	0.59	0.58	0.54	0.45

注：此样本中城市先后顺序为2017年全球数字媒体产业营收总额区位熵数值排序。

此外，东京、首尔等日韩城市在产业聚集上占据一定的优势，但是数字创意产业营收总额区位熵值近十年均处于0—1，呈波动式发展，说明其数字媒体产业产值在全球城市中优势并不明显。实际上，营收总额的区位熵值大小可反映出某一城市在全球数字创意产值上的营收优劣，从而体现某一城市数字媒体产业集聚度的高低，也一定程度上反映专业化程度的高低以及城市运行机制的完善。我国除了深圳优势突出，香港也较为亮眼，而上海则开始赶超北京，数字媒体产业集聚度不断提升。2015年北京的区位熵值为1.23，超过上海的0.94，但其后上海发展更为迅猛，2017年区位熵值达1.97，逐步建构起数字媒体产业的竞争优势。

第二节 全球城市群视角下数字媒体产业集聚演化机理

基于区位熵审视全球不同城市数字媒体产业可以研判城市个体的全球地位，而基于集聚视角研判城市群数字媒体产业的演化则为把脉全球城市增加了一个新视角，并有助于挖掘其特有的由资源禀赋主导的演化机理。"城市群"理论由牛津大学的法国地理学家戈特曼（Jean Gottmann）提出，1961年出版的《都市群：美国城市化的东北部海岸》中首次提出了"都市群"的概念，其术语为希腊词汇"megalopolis"，意为"巨大的城市"，而都市群也被叫作城市群、都市带等，因为城市的聚集使企业不断靠拢与整合，从而推动产业集群的出现。[①] 现有国外五大城市群分别是美国东北部大西洋沿岸城市群、北美五大湖城市群、日本太平洋沿岸城市群、欧洲西北部城市群、英国以伦敦为核心的城市群。我国在世界上比较有影响力的城市群为以上海、南京、杭州、合肥为中心的长三角城市群，以广州、佛山、东莞、香港为中心的珠三角城市群和以北京、沈阳、天津为中心的环渤海城市群。城市群加速了创意流通、科技融合与商业模式创新，在一定程度上形成了更加完整的产业链，从而带动数字媒体产业朝着专业化与高集聚度发展。实际上，高度依赖技术创新的数字媒体产业发展是动态演变的，是创新资源生态式集聚造就了数字媒体产业的高度集群；而高度集群下的新兴数字媒体产业亟须形成可持续创新的产业模式，这意味着地理空间上的创新资源集聚，模式与内容上的科技文化高效耦合，以及新经济定位下形成全新治理范式成为数字媒体产业集群演化的内在机理。

一 基于创新资源的生态式集聚机理

城市群集聚为数字媒体产业聚集和交互提供了条件。迈克尔·波特

[①] 巫细波、赖长强：《基于POI大数据的城市群功能空间结构特征研究——以粤港澳大湾区为例》，《城市观察》2019年第3期。

提出产业集群，即某特定领域中一群在地理上邻近、有交互关联性的企业与相关法人机构形成彼此共通与互补的现象。① 数字媒体产业在不同城市群高度集聚状况与态势反映了媒体创新资源禀赋的特色。从全球数字媒体产业营收额数据来看，2008—2017 年全球营收额处于持续上升状态，十年间增长率近 140%，其中，美国城市毋庸置疑占据绝大部分份额，达到行业垄断地位。仅就 2017 年来说，美国旧金山湾区城市群的三大城市，即山景城（Mountain View）、阿蒙克（Armonk）与门洛帕克（Menlo Park）位列全球城市营收榜前三，数字媒体产业营收规模占全球的 42% 以上。究其原因，数字媒体产业在运作过程离不开高科技的支撑与创新以及创意人才的培养。美国西海岸城市群是 20 世纪后期发展起来的特大城市群，是以科技、娱乐、旅游等产业为特色的城市群，主要城市有旧金山、奥克兰、圣何塞、拉斯维加斯、洛杉矶、长滩、圣迭戈等。其中旧金山湾区城市群在数字媒体产业中优势突出，这得益于其长期积累的资源禀赋——山景城是硅谷的核心城市，位于旧金山湾区西南部，全球财富 1000 强公司包括 Google 公司、赛门铁克（Symantec）和 Intuit 公司的总部均位于此；另外 Mozilla 基金会/Mozilla 公司、微软的 MSN、Hotmail、Xbox、MSNTV 部门、SGI 等许多著名机构位于该市；门洛帕克是 Facebook 总部，圣荷西东南郊的圣克拉拉谷地则有"硅谷"之称，新经济业态发达，均为数字媒体产业提供了良好的科技基础。

数字媒体产业地理集聚现象在美国东北部大西洋沿岸城市群也较为突出，在空间分布上形成了高度集中、在媒体产业链上呈现互补发展的竞合格局。美国东北部大西洋沿岸城市群起始于制造业，以波士顿、纽约、费城、华盛顿等几个大城市为核心，其制造业产值占全美 70%，城市化水平达 90% 以上，是世界最大的金融中心；与此同时，依托强大的经济优势，以及强势的技术、文化、政策等各种软性条件形成了完整、成熟的数字媒体产业链；同时美国数字媒体产业中的资本投入与产出、高素质人才集聚以及科技的创新都居世界榜首，由此美国城市在数

---

① Michael E. Porter, *The Competitive Advantage of Nations*, New York: The Free Press, 1998, p. 148.

字媒体产业上的营收总额远超其他各国城市。虽然美国数字媒体产业公司数量不多,但均值高,绝大多数为垄断性龙头企业,这得益于美国拥有全球"文化巨无霸企业"的半数以上,控制了全球75%以上的电视节目的生产和制作。当然,资源禀赋与产业特色和时代发展是否匹配也影响了数字媒体产业的发展趋势,虽然美国东北部大西洋沿岸城市群经济实力雄厚,但是纽约从2008年开始在数字媒体产业领域下滑,公司数量持续下降,从2008年的33家减少到如今的17家,营业收入也急速下滑,这反映出纽约所具有的强势资源与互联网时代的数字媒体产业所亟须的互联网基因资源有所偏差。总体来看,全球核心城市群数字媒体产业的强大离不开雄厚的经济实力基础、全球科技领跑能力以及人才资源的聚集,特别是数字媒体产业发展所依托的城市群通常发展成熟,商业模式也趋于稳定,二者协同作用下的数字媒体产业构建起产业化、专业化发展模式,并获得持续的垄断能力,从而引领全球数字媒体产业发展。

二 基于科技与文化深度耦合的集聚机理

数字媒体产业深谙科技创新能力的重要性,为了在日益白热化的竞争中获得最优的生态位,不断通过并购、重组等资本运作方式获取最新科技创新资源,并与其优势的文化因子深度融合,主导城市更新与产业创新的方向。亚洲新兴城市群在数字媒体产业领域异军突起,特别是日本、韩国两国的城市群孕育着大量数字创意龙头企业。20世纪80年代以来,随着日本经济的发展,人口、政治、经济、社会职能等开始向东京集中,东京城市群成为交通便利、区位互动紧密,产业联动性强、创新力突出与商业一体化发展的"东京圈"。2018年,根据世界知识产权组织(WIPO)发布的全球创新指数报告(GII),在"最佳科技集群"排名中,日本的东京—横滨地区超越纽约与伦敦,凭借全球第一的PCT专利与科学出版物数量位居世界科技集群的首位——东京深谙最新科技与文化融合的重要性,立足建设智能城市,积极实施国家"社会5.0"(原名超智慧社会)计划,致力于营造开放、包容与协同的创新生态,客观上助推了数字媒体产业的崛起。此外,日本具有浓厚的"动漫情节",在良好的科技创新氛围加持下,其动漫文化基因与新兴互联网经济的联姻塑造了东京城市群数字媒体产业的新图景,即东京的动漫文化与新媒体产业高度联动,从动画到IP的发掘、游戏新媒体化,形成了一条完整的产业链；在运作过程中，通过"圈子"文化（二次元文化）扩大受众群，利用特定语言、文化、审美形成独特的"系统符号"，利用共同的"圈子"文化打破年龄、国界等樊篱，从而形成全新的文化话语方式，并迅速占据国际市场；与此同时，东京政府重视游戏，将其定位为创造具有国际竞争力的媒体内容的主要来源，并不断优化制度环境，使创新公司能够专注技能和专长，并加强对海外知识产权的保护[1]，为东京数字媒体产业发展提供了保障。

数字媒体产业自带互联网基因，基于开放、互联的网络独特性形成了新技术主导的更新范式，重塑着传统媒体产业的产业链与生存模式，释放出加乘赋值的潜力。[2] 从中国的北上广深四大城市所依托的新兴城市群来看，形成了环渤海、长三角与珠三角三大城市群领跑我国数字媒体产业的发展格局。无论是公司数量还是营收总额，北上广深在全球城市数字媒体产业中都占有一席之地。以北京为中心的环渤海城市群作为经济文化重镇，给数字媒体产业发展营造了良好的科技、文化基础；以上海为中心的长江三角洲城市群，在人才集聚、产业环境、经济基础等方面拥有较强优势，给数字媒体产业集聚发展提供了保障；以深圳、香港、广州为中心的珠江三角洲城市群是我国三大城市群中经济最有活力，数字媒体产业高度聚集的城市群。从数据来看（见表7-3），香港虽在公司数量上略有减少，但营收额增长迅速，2016—2017年同比增长72%，2017年香港数字媒体产业营业收入总值超越北京，仅次于美国的山景城、阿蒙克、门洛帕克；而同年数字媒体产业营收总额仅次于北京的深圳近十年呈持续上升趋势，从2008年的10.28亿美元至2017年的294.66亿美元；广州作为珠三角城市群的重要一员，虽不及香港与深圳，但其增速最快。总之，在移动互联网和大数据、人工智能等新技术牵引下，数字媒体产业跨界融合发展趋势越发明显，推动着数字媒体产业的新业态、新方式层出不穷，新内容与新技术的联姻成为数字媒体产业集聚发展的主线。

---

[1] Yoshimatsu, H., "The State and Industrial Evolution: The Development of the Game Industry in Japan and Korea", *Pacific Focus*, Vol. 20, No. 1, 2005.

[2] ［西］曼纽尔·卡斯特：《网络社会的崛起》，夏铸九、王志弘等译，社会科学出版社2011年版，第117页。

表7-3　　2008—2017年全球不同城市数字媒体产业营收总额

单位：亿美元

年份 城市	2008	2009	2010	2011	2012	2013	2014	2015	2016	2017
山景城 （Mountain View）	217.96	237.71	295.64	384.27	513.00	616.27	685.74	784.53	910.01	1116.82
阿蒙克 （Armonk）	1036.30	957.58	998.71	1069.16	1045.07	997.51	927.93	817.41	799.20	791.39
门洛帕克 （Menlo Park）	0.01	0.01	19.74	37.11	50.89	78.72	124.66	179.28	276.38	406.53
中国香港 （Hong Kong）	1.45	1.58	2.86	35.40	60.98	88.70	127.69	161.92	235.75	405.39
北京 （Beijing）	19.87	24.50	38.14	66.94	93.57	132.68	189.41	259.90	289.04	397.90
深圳 （Shenzhen）	10.28	18.29	29.13	44.08	70.89	99.66	126.60	158.39	206.15	294.66
东京 （Tokyo）	66.79	73.48	80.76	95.46	118.74	113.56	129.27	146.68	190.89	201.37
诺沃克 （Norwalk）	24.60	29.60	38.97	53.07	63.59	76.51	93.62	102.31	118.70	139.02
上海 （Shanghai）	5.89	8.93	11.10	3.19	2.61	4.50	16.35	44.03	78.53	138.05
多伦多 （Toronto）	119.18	132.58	133.58	140.89	135.50	130.46	130.34	129.17	121.23	125.18

注：限于篇幅，在此仅列示全球范围内营收总额前十位的城市数据。

三　基于新经济定位与治理范式协同驱动的聚集机理

数字媒体产业在发展过程中依靠数字科技与创新意识，以及文化赋能与传播形态的变革而不断演进。数字媒体产业竞争力的形成不是一日之功，是在长期的文化国际影响力建构中积淀而成，即它的形成需要历史文化因素、价值观念、制度环境、创新环境等特定的文化生态。随着美国文化在全球影响力的不断提升，美国数字媒体产业占据了全球数字文化输出高地，这与美国作为互联网经济的缘起国与长期实施互联网强国战略息息相关——数字媒体产业是美国互联网经济中的主导产业，具有天然的跨界性与扩散效应，对相关衍生产业会释放明显的旁侧效应，从而带动周边产业的跨界发展；与此同时，数字媒体产业基于技术与文化的双重属性也会发挥前瞻效应，既促进新媒体形态的层出不穷，又带来了城市群治理结构的调整与更新。[①] 美国是立足国家层面将数字媒体产业相关领域作为新经济进行战略定位的典范，近年陆续实施了一系列的政策法规，包括《信息技术管理改革法》（1996）、《联邦云计算发展战略》（2009）、《大数据与隐私：技术视角》（2014）、《美国创新战略》（2015）、《联邦大数据研发战略计划》（2016）、《美国国家人工智能研究与发展战略规划》（2019）等。由此可见，发达的互联网经济基础、完善的制度体系、深厚的传媒人文优势、高端的人才资源集聚优势与全球新技术优势的协同，是助推城市群数字媒体产业竞争力形成的重要条件；而数字媒体产业集聚扩散效应在更大地理空间的拓展则逐步构建起城市群数字媒体产业独一无二的竞争力。

与美国以市场治理为主导的自由化城市群相比，日本城市群多由政府宏观调控，且受制于其国土面积狭窄的制约，日本城市群在发展过程中多采取集约式发展和圈域经济的区域圈模式，形成了集中型的城市群空间布局。随着经济的发展与日本研究化产业的相互补充，数字媒体产业逐渐形成规模，上市公司数量剧增，在全球城市中遥遥领先，但企业间聚集密度、黏性还亟待进一步提高。与东京相同，首尔数字媒体产业上市公司数量与营收总额不成正比，区位熵值小于东京，产业聚集与竞争能力较弱。即便如此，亚洲城市在数字媒体产业方面给全球城市提供了大量的可借鉴经验，特别是城市治理绩效与新经济发展战略定位，孕育了一大批优秀的数字媒体产业上市公司，在一定程度上提供了创新型思维与产业实践新模式，成为数字媒体产业发展的新聚集范式。

---

① 解学芳、臧志彭：《"互联网+"时代文化产业上市公司空间分布与集群机理研究》，《东南学术》2018年第2期。

第三节　中国城市在全球数字媒体产业集聚格局的定位

改革开放以来，中国政治经济地位不断提升，科技能力持续增强，"中国创造"逐渐形成风潮；而互联网经济的强势崛起与中国文化产业协同创新更是助推了数字媒体产业的蓬勃发展。中国香港、北京、深圳、上海、广州等城市的数字媒体产业营收规模在全球占比不断提升；与数字媒体产业上市公司数量独占鳌头的日本东京相比，在营业收入指标维度差距不大，而且伴随国家对"北上广深"文化产业的大力扶持，中国数字媒体产业在未来的影响力不容小觑。但从全球视角来看，我国数字媒体产业只有特大城市"北上广深"榜上有名，还很难达到全球领跑的水平，中国数字媒体产业的发展在较短时间内也很难获得全球性的突破性超越——改革开放带来时代发展机遇以及开放性的商业思维，加之"互联网"20余年的积累，为数字媒体产业集聚酝酿了潜力；但是在发展过程中也存在商业模式固化、发展不平衡、聚集规模小等问题，一定程度上将中国数字媒体产业发展推入暂时的瓶颈期。基于此，探索和确立适合现阶段中国城市数字媒体产业发展集聚的战略路径是必然选择。

一　强化北上广深辐射效应，协同布局带动全国数字媒体产业发展

数字媒体产业集群具有典型的地理二元性，越是资源禀赋突出的一线城市，在互联网优势资源集聚的叠加基础上，数字创意企业间的协同效应越强。中国城市的数字媒体产业发展虽未像日本东京拥有庞大的公司数量，也不如美国旧金山城市群在营收利润上的遥遥领先，但发展势头迅猛：北京、上海、深圳、广州是数字媒体产业大量孕育的"温床"，在"互联网+"和8.5亿庞大网民规模红利的加持下拥有广阔的发展空间。在新经济时代，数字媒体产业发展依赖网络文化、科技型与创造型人才的支撑，即高素质人才带来的创造性活动与创新性技术是数字媒体产业发展的保障。一方面，加快建立文化智力资源集聚高地，重视培育综合性、专业型数字创意人才，加快培养深谙主流价值与大数据、AI、区块链等新兴科技的综合性媒体人才。我国具有悠久的文化历史，创作素材丰富，亟须创意阶层对文化内容进行深度挖掘，并发挥中国作为移动互联网大国的传播优势；同时，需要加快吸引国内外高端创意创新人才集聚，网络时代打破了传统的时空局限，也提供了汇聚全球优秀传播人才的契机，要加快优化现有人才制度设计，打破区域樊篱，鼓励优秀人才柔性流动，打造一个引进来、留得住的数字创意人才生态。另一方面，强化政府顶层设计，战略层面推动北上广深在数字媒体产业发展方面的高效协同与联动，发挥长三角、珠三角等主要城市群数字媒体产业的辐射效应，带动周边相邻城市的协同发展，不断拓展数字创意龙头企业的辐射区域、提升示范效应，带动全国数字媒体产业的协同创新、跃迁升级。

二 加大核心科技研发力度，整合数字媒体产业链与提升产业能级

当前，我国城市对数字媒体产业扶持的相关政策支持力度较强，但是关键技术创新研发投入不足。数字媒体产业集群是产业链和技术链并行的集群，需要高新技术以及相关技术产业的参与，外加创意、创新资源的加持。一方面，加速推动最新科技与核心创意的深度融合，打造文化内涵突出的数字媒体产业。数字媒体产业需要创意的交流与迸发，特别是发挥城市厚重的文化资源优势，讲好城市故事、中国故事，通过产业集群的构建强化数媒企业之间的良性互动、多方协作以及上下游的协同。另一方面，以科技为主线真正构建出一条完整的数字媒体产业链，搭建促进数字创意企业对内自我创新和自我演化、对外协同竞合发展的创新生态圈。中国数字创意企业除了少许巨头，大多在规模上持平，互动强度不足，产业链较为松散，无论是平行企业还是上下游企业之间的聚集黏度不强，缺乏龙头数字创意企业作为"领头雁"带动众多小企业互动的能力。鉴于此，亟须利用我国移动互联网建构起的数字创意应用市场巨大的优势，建立起合理的产业链分工模式，利用新技术、新平台畅通发行渠道，实现与数字媒体产业各环节的有机配合；[①] 此外，应基于大数据加快区块链与人工智能等最新技术应用，加速更新现有商业模式，不断整合、延长数字媒体产业链。特别是一线城市应积极发展智媒体，联合区块链技术将数字文化内容原创环节置于产业链中心，打造

---

① 肖永亮：《数字媒体在创意产业发展中的地位》，《现代传播》2005 年第 5 期。

一个公平分享版权价值的新平台，鼓励数字文化的可持续创新；利用区块链去中心、不可篡改与可追溯的优势实现数字版权登记、转让、拆分等场景的追溯，利用基于既定算法的智能合约提高数字文化版权交易的效率，不断提高智媒体产业发展水平与能级。

三　挖掘自身特色，形成数字媒体产业"东西互鉴"发展新模式

数字媒体产业就传播能力与受众体系来说绝不仅是封闭于一国、一城的内部产业，其具有的媒介性质使数字媒体产业拥有跨国界的渗透能力。美国数字媒体产业的垄断地位实际上是一种文化输出的表现，而这种强力的文化输出正是基于雄厚的经济实力、媒体产业全球传播力与全球性的强势的文化产业。与之相比，中国的传统文化是一座神秘的、宏大的原始宝藏，中国文化的内涵与渊源是国民的精神蕴藉，也是国家文化自信的脊梁。习近平总书记提到，中国人民是具有伟大创造精神的人民。今天，我国人民的创造精神正在前所未有地迸发出来，文化的创造与技术的革新在信息时代通过新媒介实现融合与重塑，并通过商业模式产出经济效益与文化辐射力。毫无疑问，中国数字媒体产业未来发展需要肩负文化输出的重任，肩负主流价值观的国际传播，通过构建国际话语融通体系来讲好"中国故事"[①]，这不仅是中国给全球文化贡献力量的一种全新思维方式，更是文化自信的一种表现。由此，要推动"文化+"战略在更高维度上融合新媒体要素，重视数字创意内容策划，在数字创意产品与研发以及设计中积极融入文化元素，将文化的精神属性和附加价值注入数字创意技术和产品中，提升数字媒体产业文化标准。此外，在新技术、新业态层出不穷的新经济时代，单一的数字创意企业独立完成顶级产品和技术的研发日益困难，依赖数字媒体产业链上的跨国界、跨区域协同创新与共赢是大势所趋。鉴于此，应积极以优质文化为内核、新技术为载体、数字创意为介质来加强国际合作，加速更新中国特色数字媒体产业创新模式，为全球数字媒体产业贡献中国特色，在"东西互鉴"新模式下实现"东西共赢"。

---

① 陈伟军：《人类命运共同体构建与中国价值观的国际传播》，《新闻界》2019年第3期。

第八章

典型区域:"一带一路"数字创意产业集聚图谱[①]

大数据、人工智能等数字技术的应用显著提高了传统文化产业的附加值。数字技术与创意内容跨界融合催生出新型产业业态。[②] 数字创意产业主要以文化创意内容为核心,依托数字技术进行创作、生产、传播和服务。[③]"互联网+"时代创意产业向数字创意产业发展已经成为时代的主流,对国家经济发展、社会进步均有重要影响。数字创意产业改变了信息的传播与交流方式,提高了大众文化消费水平,丰富着人们的文化生活。在数字技术的推动下,创意与"互联网+"相关产业相互渗透,淡化了产业边界,呈现多业态相互交融发展的新兴产业生态。创新驱动下的数字创意产业作为一种高附加值的新兴行业,已逐渐成为发达国家与地区的经济支柱之一,成为转变经济发展方式、全面提升经济能级的核心驱动力。

技术挖掘、激活进而提升文化资源价值,引领着数字创意产业快速发展。数字创意产业的概念原型最早出现在20世纪90年代的英国,《创意产业路径文件》(*Creative Industries Mapping Document*)首次提出

---

① 解学芳、张佳琪:《"一带一路"国家与地区数字文化产业集聚与中国全球价值链地位攀升研究》,《文化产业研究》2020年第3期。

② 臧志彭:《数字创意产业全球价值链重构——战略地位与中国路径》,《科学学研究》2018年第5期。

③ Fung, A. Y. H., Erni, J. N., "Cultural Clusters and Cultural Industries in China", *Inter-Asia Cultural Studies*, Vol. 14, No. 4, 2013.

了"创意产业"。①继英国之后,美国、日本等国家对于创意产业的理论研究不断展开,并且进行了卓有成效的实践探索。20世纪末,现代信息通信技术、互联网技术等数字技术爆发式发展,技术由此被引入数字创意产业的研究,从而产生了数字内容产业、数字文化产业、数字艺术创意产业等新的概念,尤其是2010年以来大数据、物联网、云计算等技术给数字创意产业带来颠覆性的变革。

新文化经济的地理特征是在可能发生跨部门知识溢出的特定区域会产生聚集②,而集聚区内的企业创新合作形成规模经济,从而产生强大的溢出效应。以高新技术产业为代表的集聚区是世界经济发展的重要力量。③ 数字创意产业作为典型的新文化经济,汇集了尖端的数字技术,其发展越来越受到关注。本书聚焦"一带一路"沿线国家数字创意产业发展,涉及中亚、西亚、南亚、东南亚、中东欧、非洲等60多个国家,因文化相似性以及地理因素,"一带一路"沿线国家本身存在经贸往来、文化交流的基础,差异化的文化消费需求又为数字创意产业提供了广阔的市场空间④,"一带一路"倡议更是为跨境地区的企业创建了良好的投资环境,有利于数字创意产业集聚和发展。⑤

第一节 比较维度:"一带一路"沿线国家和地区数字创意产业集聚现状

基于创新驱动推动本国经济社会发展已成为全球各国共识。创新是数字创意产业发展的驱动力,借助数字化技术崛起的数字创意产业作为一种新业态蓬勃发展。新技术的层出不穷及其在数字创意产业领域的广

---

① Higgs, P., Cunningham, S., "Creative Industries Mapping: Where Have We Come from and Where are We Going?", *Creative Industries Journal*, Vol. 1, No. 1, 2008.

② Darchen, S., Tremblay, D. G., "Policies for Creative Clusters: A Comparison Between the Video Game Industries in Melbourne and Montreal", *European Planning Studies*, Vol. 23, No. 2, 2015.

③ 石培哲:《产业集聚形成原因探析》,《经济师》2000年第3期。

④ 蔡尚伟、车南林:《"一带一路"上的文化产业挑战及对中国文化产业发展的建议》,《西南民族大学学报》(人文社科版)2016年第4期。

⑤ 陈瑛等:《"一带一路"沿边产业带的企业集聚效应研究——基于GMS经济走廊企业调查数据》,《亚太经济》2018年第3期。

泛应用与"一带一路"倡议的制度安排推动了"一带一路"沿线国家和地区数字创意产业新业态、新模式的不断涌现,引发了产业重大变革。下面选取数字创意产业的代表——数字文化上市公司,从上市公司数量、营业收入两个维度,比较2008—2017年"一带一路"沿线国家和地区的数字创意产业集聚状况。①

一 数字创意产业规模逐步扩张,中国居于龙头地位,印度紧随其后

数字创意产业已成为诸多国家新兴产业的战略方向和重要经济构成。从规模总量指标来看(见图8-1),"一带一路"沿线国家和地区数字文化上市公司数量在2008—2017年总体呈上升趋势,从1495家增长至1634家,环比增长9.23%,其中2014年达到峰值1810家。在区域分布上,2008—2017年"一带一路"沿线国家和地区数字创意产业发展存在明显不均衡性:第一梯队为中国与印度,上市公司数量保持在300家以上;第二梯队是中国香港、波兰、马来西亚、以色列、泰国、新加坡,上市公司数量在50—250家;第三梯队以印度尼西亚、菲律宾为代表,其上市公司数量在50家以下。所处梯队的差异反映了"一带一路"沿线不同国家和地区的经济体规模和数字创意产业整体发展水平。

实际上,中国与印度的数字产业发展与发达国家相比起步略晚,但自两国分别提出"互联网+""数字印度"等发展战略以来,中国与印度快速成为世界数字创意产业大国,在"一带一路"沿线国家和地区居于前列。从数据来看(见图8-1),2008年中国、印度数字文化上市公司总量分别为330家、328家,但中国自2009年《文化产业振兴规划》将文化产业提升为国家战略性支柱产业进行打造后,在"互联网+"战略的加持下,数字创意产业发展步入高速阶段,逐渐成为中国文化产业结构性调整的中坚力量,上市公司数量迅速增多;而印度作为世界电子信息产业后发国家,经过多年的快速发展,数字创意产业发

---

① 资料来源:根据"一带一路"沿线国家和地区名单,笔者结合上市公司总部所在地进行数据搜集与筛选(基于国际权威的美国标准普尔全球上市公司数据库、上市公司年报和官方网站、雅虎财经及谷歌财经等渠道),共搜集到"一带一路"沿线45个国家和地区的2008—2017年的数字文化产业上市公司数据(数据检索截至2019年2月)。

展基本稳定前行，但是 2016 年、2017 年受"废钞令"以及世界经济体消费低迷的影响，印度经济增速回落，产业发展也出现明显下降；而中国上市公司数量一直领先于印度，且差距不断拉大，2017 年达到 1.9 倍。

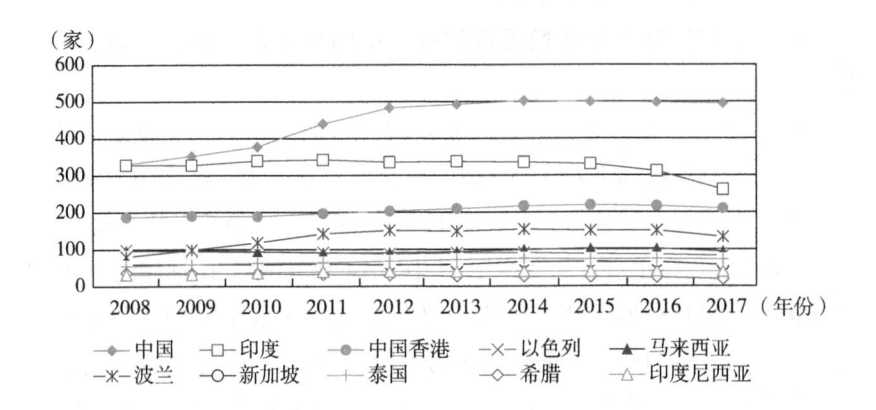

图 8-1 2008—2017 年"一带一路"沿线国家和地区数字文化上市公司总量 10 强

数字创意产业发展与国家战略息息相关。发展数字创意产业是促进国家经济转型的战略举措，为经济持续增长提供了强劲动力。从数据来看（见图 8-1），2008—2017 年，波兰在"数字波兰"国家战略推动下，经济与社会数字化转型加速，数字文化上市公司增长势头最为强劲，数量从 80 家增加到 133 家，增幅为 66.25%，其中 2014 年高达 154 家，成为波兰经济走出低谷、复苏经济的重要支柱，波兰逐渐形成了结构多样的数字创意产业发展格局，尤其是游戏与数字动画发展迅速。在"一带一路"沿线国家和地区数字创意产业普遍高速发展的背景下，2008—2017 年，希腊和俄罗斯的数字文化上市公司数量却呈持续下降，希腊从 36 家减少到 18 家，俄罗斯从 24 家减少到 14 家，降幅分别为 50%、41.67%。希腊是 2009 年欧元区金融危机的发源地，也是受打击最严重的经济体，长期深陷债务危机，大量数字文化上市公司破产倒闭。而俄罗斯自 2008 年国际金融危机以来经济增长也不够稳定，甚至出现明显的停滞与衰退，尽管俄罗斯试图通过发展高新技术与新兴产业来减少对能源领域的依赖,但并未得到实质性进展,数字创意产业大多数是一些微型和中小型企业,产业发展遭遇很大的阻力。

二 营收总额指标呈现波动上升趋势,地缘政治因素影响明显

高科技数字产业集聚对一个地区的经济发展具有重要推动作用。[①] 伴随"一带一路"倡议得到越来越多国家的认同和响应,各国积极开展文化贸易合作,搭建文化交流平台,推动着数字创意产业蓬勃发展。从数据来看(见图8-2),2008—2017年,"一带一路"沿线国家和地区的数字文化上市公司营收额总体呈波动上升趋势。

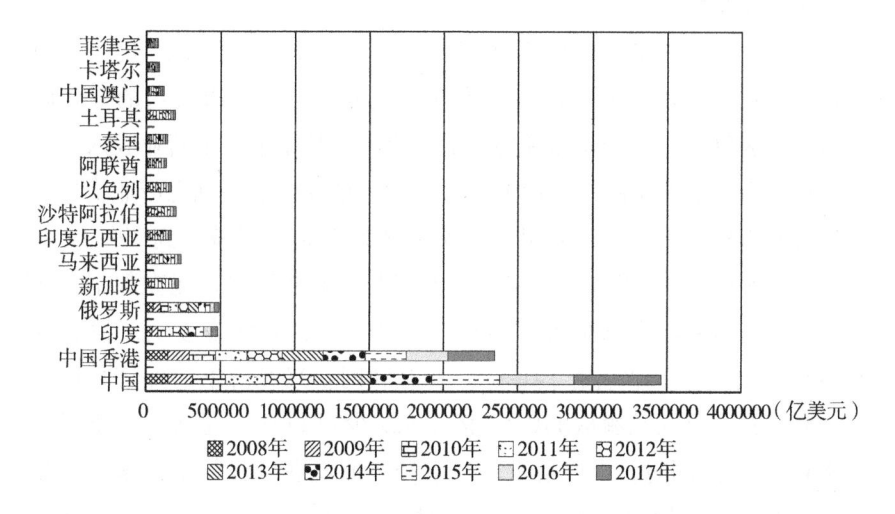

图8-2 "一带一路"沿线国家和地区数字文化上市公司营业收入总额15强

首先,2008—2013年的"一带一路"沿线国家和地区数字文化上市公司营业收入均有显著提高。中国数字文化上市公司营收额高居榜首,且增速最快,从1486.28亿美元增加到3841.08亿美元,增幅高达158.44%。中国香港数字创意产业发展迅速,数字文化上市公司的营业收入总额从1461.90亿美元增加到2722.17亿美元,增长了86.21%,其中香港绿洲游戏网络科技有限公司、Animoca Brands公司、Teeplay

---

① Boix, R., Demiguelmolina, B., Hervasoliver, J. L., "The Importance of Creative Services Firms in Explaining the Wealth of European Regions", *European Planning Studies*, Vol. 20, No. 8, 2012.

公司优势突出。俄罗斯的数字创意产业从 21 世纪初开始发展，2008—2013 年，数字文化上市公司的营业收入总额从 491.90 亿美元增加到 698.59 亿美元，增长了 42.02%，其中著名的网络服务门户 Yandex 公司在本国的市场份额已超 Google。新加坡政府在外部市场波动威胁国家经济可持续发展的背景下，寻求发展数字创意产业以化解经济震荡的消极影响，颁布了多元的文化政策，自 2005 年"文艺复兴城市"战略已进入第二、第三阶段[①]，数字创意产业发展成果显著，营业收入总额增长三成。总体而言，这个阶段"一带一路"沿线国家和地区数字创意产业保持较快发展。

其次，2014—2015 年的发达国家经济复苏不均衡，地缘政治局势紧张，导致"一带一路"沿线国家和地区数字文化上市公司的营业收入增速普遍放缓，不少国家和地区的上市公司甚至陷入了营业收入下滑的低谷。由于油价暴跌加上西方制裁加剧，俄罗斯数字创意产业受到经济危机的直接打击，上市公司营收额从 462.19 亿美元减少到 299.16 亿美元，降幅高达 35.27%。受到欧盟制裁与俄罗斯波及，捷克数字文化上市公司的营业收入总额从 24.49 亿美元减少到 21.56 亿美元，降幅为 29.49%。中国澳门产业结构单一，在互联网新兴经济下的经济衰退影响加剧，营业收入总额从 170.53 亿美元减少到 117.91 亿美元，下滑了 30.86%。与此同时，柬埔寨重视数字经济的发展，将数字技术纳入旅游行业的供应链管理、智能服务等领域，抓住"一带一路"的国际合作契机布局数字产业并取得显著成效，数字文化上市公司的营业收入仍保持 24.58% 的增速。

最后，2016—2017 年的"一带一路"沿线国家和地区数字文化上市公司在国家战略导向下发展迅速，营业收入总额逐步回升，发展最快的是柬埔寨和阿曼，增幅分别为 79.91%、29.20%。柬埔寨从国家层面关注具有战略性的新兴产业，在《2015—2025 工业发展计划》提出重点发展信息、通信业，2017 年成立国家数字经济特区，更加注重数字创意产业资源链的部署与配置。阿曼是海合会国家中发展最快的经济

[①] 屠启宇：《国际城市发展报告（2017）：丝路城市走廊——构筑"一带一路"战略主通道》，社会科学文献出版社 2017 年版，第 198—206 页。

体之一，为了维持国家财政收支平衡，国家大力支持非石油产业发展，2016年颁布的第九个五年发展规划延续了"八五"规划（2011—2015年）的重点发展产业（信息技术产业与旅游产业），大幅降低石油和天然气产业在国内生产总值中的比重，数字文化上市公司的营业收入总额逐年上升，从20.64亿美元增长至26.67亿美元。

第二节　集聚规律："一带一路"沿线国家和地区数字创意产业集聚演化

"一带一路"沿线国家和地区的数字创意产业发展存在很大差异，集聚度悬殊，这与各地区的经济、社会文化发展水平以及制度建设等因素息息相关。

一　研究方法与数据来源

为了直观比较"一带一路"沿线国家和地区数字创意产业集聚程度，本书以区位熵理论来衡量各国或地区数字创意产业的发展优势。

关于区位熵的计算方法，详见前面"第五章　全球数字创意产业集聚的城市图谱"中的"基于区位熵的全球城市数字创意产业集聚规律"中关于区位熵的原理与公式。具体来讲，本书以"一带一路"沿线总体数字创意产业占所有产业的比重作为区位熵测算的评估基准，以"一带一路"沿线国家和地区的数字创意产业在各国的相对比重作为评估对象，构建区位熵模型。为了便于衡量，下面对数字文化上市公司数量区位熵、营业收入区位熵进行考察，其计算公式分别为：数字创意产业数量区位熵=["一带一路"沿线某国（某地区）数字文化上市公司数量/"一带一路"沿线某国（某地区）所有上市公司数量]/（"一带一路"沿线国家和地区数字文化上市公司数量/"一带一路"沿线国家和地区所有上市公司数量），数字创意产业营业收入区位熵=["一带一路"沿线某国（某地区）数字文化上市公司营业收入/"一带一路"沿线某国（某地区）所有上市公司营业收入]/（"一带一路"沿线国家和地区数字文化上市公司营业收入/"一带一路"沿线国家和地区所有上市公司营业收入）。

"一带一路"沿线国家与地区的数字文化上市公司数据来源于全球

上市公司数据库。根据"中国一带一路网"的"一带一路"沿线国家和地区名单，并结合上市公司总部所在地进行数据搜集与筛选，因受全球上市公司数据库所限，仅搜集到"一带一路"沿线45个国家和地区2008—2017年的数字文化类上市公司数据。

二 "一带一路"沿线国家和地区数字文化产业集聚演化规律

法国经济学家弗郎索瓦·佩鲁提出区域内聚集具有创新能力的企业群体，形成规模经济效应，在适宜经济与人才创新发展的"硬环境"与"软环境"下能够打造增长极；通过集聚效应带动区域产业链、价值链、创新链的深度融合发展，从而产生极强的乘数效应和溢出效应。[①] 当前，数字变革正在物联网、大数据、云计算等数字技术牵引下兴起，新的创新应用呈几何级增长，催生出一大批新产业、新业态。其中新信息技术飞速发展推动了"一带一路"沿线国家和地区向数字化、网络化和智能化加速转型，引发了数字创意产业的链式突破，数字创意产业集聚的国家格局呈现出差异化演化态势。与此同时，集聚度的高低反映了不同国家和地区创新要素耦合度的差异、不同国家战略定位的差异与经济鸿沟的影响，以及技术创新与制度创新协同的助推力。

（一）数量维度：聚集程度悬殊反映出不同国家和地区创新要素耦合度的差异

自然优势、运输成本、劳动力成本、知识成本是企业集聚的重要原因。[②] 对于数字创意产业而言，集聚的动因还有创新能力、经济水平和创意产业发展基础。不同国家的投资环境、政策激励、竞争压力不同，数字创意产业的发展程度也有所不同。从2008—2017年数字文化上市公司数量区位熵来看（见表8-1），可以将"一带一路"沿线国家和地区划分为4个层级：第一层级是中国澳门，区位熵均值大于5，具有高度空间集聚优势；第二层级是以波兰、中国香港、以色列为代表的国家和地区，区位熵均值在1—2，具有明显集聚优势；第三层级是以新加坡、印度、印度尼西亚为代表的国家和地区，区位熵均值在0.5—1，

[①] 郭新茹等：《文化产业集聚、空间溢出与区域创新能力》，《江海学刊》2019年第6期。

[②] Ellison, G., et al., "What Causes Industry Agglomeration? Evidence from Coagglomeration Patterns", *American Economic Review*, Vol. 100, No. 3, 2010.

其数字文化产业相对比较集聚；第四层级是孟加拉国、越南、巴基斯坦，区位熵均值小于0.5，这些国家的数字创意产业尚未形成集聚效应。一般而言，在发展势头强劲的创新企业周围会出现相关联的发展企业，从而形成一定的企业群落。中国澳门的数字创意产业集聚程度最高，具有相对较强的比较优势，中国澳门位于亚太及珠三角经济区的中心地带，汇集了资金、技术、人才等各种生产要素，形成了一个经济增长极，但受产业转型、多元化发展的影响，极化效应削弱，数字创意产业的聚集程度有所降低。

表8-1　"一带一路"沿线国家和地区数字文化上市公司数量集聚区位熵值

年份 国家/地区	2008	2009	2010	2011	2012	2013	2014	2015	2016	2017
中国澳门	7.59	7.64	8.07	8.19	8.24	7.61	7.00	5.98	6.44	5.22
波兰	1.54	1.66	1.71	1.83	1.87	1.85	1.88	1.86	1.91	1.90
中国香港	1.61	1.63	1.58	1.55	1.55	1.54	1.51	1.50	1.50	1.50
以色列	1.57	1.51	1.43	1.38	1.31	1.36	1.38	1.34	1.36	1.38
中国	1.11	1.11	1.14	1.17	1.19	1.19	1.18	1.17	1.17	1.18
菲律宾	1.28	1.23	1.26	1.21	1.17	1.13	1.11	1.10	1.07	1.06
马来西亚	0.96	0.99	0.97	0.94	0.96	0.99	1.03	1.06	1.07	1.04
泰国	1.05	1.11	1.13	1.08	1.08	1.08	1.06	1.02	1.03	1.03
希腊	1.28	1.20	1.17	1.14	1.10	1.02	1.02	1.02	1.02	0.93
新加坡	0.91	0.92	0.88	0.90	0.86	0.87	0.94	0.96	0.98	0.93
印度	0.96	0.94	0.94	0.93	0.90	0.90	0.90	0.88	0.86	0.85
印度尼西亚	0.75	0.75	0.78	0.80	0.79	0.77	0.75	0.73	0.75	0.74
俄罗斯	0.92	0.96	0.75	0.67	0.68	0.70	0.70	0.68	0.60	0.64
科威特	0.47	0.52	0.53	0.52	0.53	0.52	0.54	0.54	0.57	0.61
土耳其	0.78	0.77	0.78	0.71	0.70	0.70	0.65	0.65	0.65	0.49
埃及	0.79	0.54	0.41	0.56	0.54	0.53	0.52	0.52	0.51	0.46
孟加拉国	0.41	0.38	0.29	0.31	0.28	0.35	0.38	0.38	0.39	0.41
越南	0.47	0.44	0.46	0.47	0.46	0.45	0.40	0.47	0.41	0.38
巴基斯坦	0.27	0.26	0.25	0.27	0.27	0.24	0.24	0.22	0.22	0.22

当一个新兴产业面临经济危机、产业结构调整时，该产业的战略意义与发展潜力尤为明显，对经济产生的作用也更加突出。2008—2017年数字创意产业集聚增速最高的是科威特，其次是波兰，均得益于抓住了产业结构升级的契机。科威特是石油储量丰富的海湾国家，其经济来源单一，严重依赖石油出口，受世界互联网发展的带动以及全球经济一体化的影响，近年来科威特采取了一系列措施发展数字经济，以《展望科威特2035》为长期战略目标，从国家层面推进新技术的部署和应用，实现了数字化转型，数字文化上市公司数量区位熵从2008年的0.47增长至2017年的0.61，聚集程度赶超了土耳其和埃及。而波兰数字文化上市公司的数量区位熵从2008年的1.54逐步增长至2017年的1.90。波兰的电信业与欧盟国家相比发展较晚，但2000年以来其消费电子市场一直保持增长态势，尤其是随着中欧班列的开行，波兰与"一带一路"的其他国家和地区之间经贸往来频繁，推动了数字创意产业在国民经济中地位的逐渐提高——在华沙城市群、上西里西亚的大都市地区以及克拉科夫和波兹南城市群形成了聚集，显示出巨大的潜力和活力。

此外，政治、经济环境是影响数字创意产业集群增长或衰退的重要因素。土耳其与埃及的数字创意产业空间集聚态势逐渐消失，区位熵降幅分别高达36.95%、41.85%。土耳其从2013年伽齐公园示威事件和腐败案等事件开始，经济持续衰退，抗议活动频发，社会呈现持续性分裂特征，受恐怖活动、叙利亚难民问题等重重危机的影响，政治安全环境急剧恶化；而埃及2011年以来政局持续动荡，社会经济秩序混乱，各种暴力活动和恐怖袭击时有发生，安全形势恶化，经济发展遭受重创，导致两国数字创意产业发展的各类风险与不确定性因素增多，产业发展放缓甚至出现了倒退的现象。

（二）营收维度：集聚程度不同反映出国家战略定位的差异与经济鸿沟的影响

从数据来看（见表8-2），"一带一路"沿线国家和地区数字创意产业发展不均衡，呈现出一定的"马太效应"。基础设施完善的国家和地区数字创意产业发展速度更快，基础薄弱的国家和地区产业集聚水平几乎处于停滞状态甚至出现不同程度的降低。中国澳门的数字创意产业在"一带一路"沿线国家和地区中集聚度最高,具有绝对优势,比第2名中国香港高出4倍,这既是中国澳门的优势,也是劣势与风险所在——中国澳门产业结构较为单一。中国香港、科威特的数字创意产业集聚水平位于全球前列。中国香港的数字创意产业区位熵虽有所起伏但维持在2.40以上,总体发展稳定。科威特因对信息通信基础设施的投资抢占了先机,2008年的聚集水平超过中国香港,但随时间发展呈小幅下降趋势,集聚化发展的势头受到一定程度遏制,2017年的区位熵为1.97,排名第3位,仍远高于第4位的马来西亚(1.17)。

表8-2 "一带一路"沿线国家和地区数字文化上市公司营业收入集聚区位熵值

年份 国家/地区	2008	2009	2010	2011	2012	2013	2014	2015	2016	2017
中国澳门	13.35	12.72	13.70	14.61	14.39	14.14	14.18	12.91	12.57	12.73
中国香港	2.77	2.61	2.59	2.71	2.67	2.67	2.62	2.49	2.40	2.56
科威特	2.92	3.21	2.62	2.77	2.71	2.51	2.60	2.26	2.18	1.97
马来西亚	1.18	1.24	1.28	1.34	1.30	1.31	1.31	1.23	1.18	1.17
希腊	1.59	1.60	1.66	1.66	1.20	1.14	1.15	1.13	1.09	1.07
印度尼西亚	1.19	1.15	1.17	1.09	1.10	1.07	1.02	1.01	1.01	0.98
以色列	0.88	0.75	0.99	1.02	0.91	0.90	0.94	1.00	0.96	0.97
孟加拉国	1.55	1.28	1.13	1.16	1.06	1.01	1.01	0.99	0.88	0.96
中国	0.75	0.74	0.75	0.74	0.77	0.80	0.81	0.85	0.89	0.90
埃及	1.74	1.86	1.63	1.47	1.37	1.40	1.40	1.10	0.97	0.86
新加坡	0.74	0.83	0.91	0.91	0.85	0.75	0.75	0.75	0.74	0.75
土耳其	0.97	0.97	0.97	0.96	0.93	0.83	0.78	0.75	0.74	0.69
菲律宾	1.62	1.46	1.33	1.16	1.02	0.90	0.76	0.76	0.73	0.66
泰国	0.64	0.70	0.68	0.68	0.62	0.61	0.61	0.64	0.62	0.60
波兰	0.86	0.78	0.77	0.69	0.63	0.66	0.71	0.67	0.62	0.59
俄罗斯	0.58	0.70	0.67	0.69	0.70	0.65	0.51	0.44	0.41	0.40
印度	0.58	0.54	0.59	0.55	0.51	0.51	0.53	0.51	0.46	0.38
巴基斯坦	0.34	0.35	0.35	0.32	0.28	0.30	0.27	0.24	0.25	0.24
越南	2.52	0.07	0.06	0.04	0.05	0.05	0.04	0.05	0.04	0.03

中国、以色列、新加坡的数字创意产业呈波动集聚趋势。中国的数字创意产业在政府引导下已进入高速发展期，尤其是2012年发布《"十二五"国家战略性新兴产业发展规划》以来，聚集速度加快，区位熵从2008年的0.75上升到了2017年的0.90。以色列数字创意产业集聚水平也呈现出总体稳定态势，从2008年的0.88增长到2017年的0.97，其中2011年达到峰值1.02。以色列数字创意产业的发展离不开国防科技产业的协同，军用投资与研发为电子、电信、计算机软件和硬件方面的高科技产业奠定了基础，也为数字创意产业发展提供了坚实的技术，应用了跨屏互动技术的电视剧、真人秀等节目频繁输出到欧美国家，例如《一站到底》《谁想成为百万富翁》等，在国际上具有举足轻重的地位。新加坡早在2006年就推出了"智能城市2015"发展蓝图，致力于建设一个以资讯通信驱动的智能化都市，2014年将其全面升级为"智慧国2025"的十年计划，数字创意产业集聚水平从2008年的0.74一直走高，2010年、2011年达到峰值0.91，之后新加坡的企业数字化转型遇到"瓶颈"，2015年的区位熵降低至0.69，政府通过加强技术应用、平台建设以及与中国等海外市场合作等手段，重塑企业在数字经济时代的核心竞争力，数字创意产业集聚水平恢复至2008年的水平。

菲律宾与越南由于基础设施落后，投资环境与邻近的马来西亚、泰国相比不具有竞争优势，导致难以吸引国际投资，又受到经济下行压力影响，数字创意产业发展缓慢，难以形成规模效应。因此，菲律宾和越南数字创意产业集聚度低，区位熵分别从2008年的1.62、2.52降到了2017年的0.66、0.03，降幅达59.66%、98.99%。究其原因，菲律宾在海关及治安方面也存在众多问题，南海仲裁案导致中菲关系紧张，受中美贸易摩擦以及国际市场环境不利等因素影响，经济形势不容乐观；而越南近年来吸收了大量从中国转移出去的劳动密集型产业，依靠电子产品的代工，本国企业缺乏自主研发能力和创新能力，加上受互联网发展水平与消费水平的制约，一定程度上影响了数字创意产业的发展。

（三）区域维度：东亚集聚程度最高映射出技术与制度协同创新的重要性

"一带一路"沿线的东亚国家和地区数字创意产业集聚程度最高

（见表8-3）。东亚的数字创意产业绝大部分集中于旅游业、娱乐业高度发达的中国澳门，2017年中国澳门数字创意产业上市公司的营业收入区位熵高达12.73，是中国香港的4.97倍。而"一带一路"沿线的欧洲国家和地区数字创意产业发展早，其总体集聚度仅次于东亚。2008—2017年"一带一路"沿线的欧洲国家的数字文化上市公司数量集中度位居第二，其中，波兰和匈牙利的数字创意产业集聚程度相对较高。究其原因，随着"一带一路"国际合作的展开，中国与匈牙利等多个国家发起了《"一带一路"数字经济国际合作倡议》，加强通信领域与数字丝绸之路合作，匈牙利的数字创意产业发展开始加速，2017年数量、营业收入区位熵分别为1.35与1.14，在"一带一路"沿线的欧洲国家和地区中位列第二。

表8-3　"一带一路"沿线区域数字文化上市公司集聚区位熵值

排序	国家/地区	数量	营业收入	排序	国家/地区	数量	营业收入
南亚				西亚			
1	孟加拉国	0.41	0.96	1	科威特	0.61	1.97
2	斯里兰卡	0.27	0.64	2	沙特阿拉伯	0.35	1.4
3	印度	0.85	0.38	3	以色列	1.38	0.97
4	巴基斯坦	0.22	0.24	4	土耳其	0.49	0.69
东南亚				欧洲			
1	马来西亚	1.04	1.17	1	克罗地亚	0.85	1.15
2	印度尼西亚	0.74	0.98	2	匈牙利	1.35	1.14
3	新加坡	0.93	0.75	3	希腊	0.93	1.07
4	菲律宾	1.06	0.66	4	波兰	1.90	0.59
5	泰国	1.03	0.6	5	俄罗斯	0.64	0.4
6	越南	0.38	0.03				
东亚				非洲			
1	中国澳门	5.22	12.73	1	埃及	0.46	0.86
2	中国香港	1.50	2.56				
3	中国	1.18	0.9				

注：由于篇幅限制，在此仅列示2017年区位熵。

东南亚国家和地区入选数字创意产业前25强的数量最多，涉及马来西亚、印度尼西亚、新加坡、菲律宾、泰国、越南6个国家。菲律宾依靠ICT基础设施建设以及互联网人口红利，数字创意产业集中度一直保持高位，但其优势不断缩小，马来西亚、泰国后来居上。2011年马来西亚数字创意产业营业收入集聚水平（1.34）超过菲律宾（1.16），2017年泰国数字创意产业数量集聚水平（1.03）与菲律宾（1.06）相差无几。究其原因，马来西亚早在2008年就提出"国家宽带经济转型倡议"，启动了建设国家级的高速宽带项目（HSBB）；泰国也在代工生产逐渐失去优势的情况下，借由科技和创意的结合实现经济转型，制定了"泰国4.0"战略，并成立了数字经济和社会部。这两个国家充分意识到了数字技术对经济发展的重大作用，积极建设基础设施，鼓励创新变革，加快了数字创意产业的发展。

南亚国家和地区相比于"一带一路"沿线的其他国家和地区来说，因民族、宗教方面的历史留存问题导致冲突频发，阻碍了经济发展，数字创意产业发展滞后，未形成明显的集聚优势。国际金融危机后，印度、斯里兰卡和孟加拉国等国的经济恢复发展速度远远高于巴基斯坦、阿富汗和尼泊尔等国。[①] 其中，印度数字创意产业集聚区位熵在南亚国家和地区中最高，Infosys、Wipro、Mphasis、Patni、Flipkart等知名公司均集中在班加罗尔；营业收入方面，孟加拉国的集中度最高，比如数字服务提供商Robi公司与Airtel公司合并极大地提高了盈利能力；而孟加拉国于2008年提出"数字孟加拉"国家战略，加大在人力、物力、财力等方面的投入，发挥了信息通信技术对经济发展的促进作用，并在库尔纳、巴里萨尔、朗布尔等城市建设高科技园区，助推了数字文化产业的迅速发展。

第三节 发展路径：我国数字创意产业向全球价值链不断攀升的革新策略

数字创意产业在不同国家高度集聚的状况与态势反映了创新资源禀赋的特色，潜含着创新资源的生态式集聚。总的来看，我国在全球数字

---

① 文富德：《近年来南亚经济发展的特点及其趋势》，《南亚研究（季刊）》2012年第2期。

创意产业集聚格局中处于中上游水平，相比发达国家以及"一带一路"沿线国家和地区的前列地区仍有一定差距。①

一 理性认识中国在"一带一路"沿线数字创意产业集聚发展中的优势

全球数字创意产业正处于高速增长期，中国的数字创意产业发展呈现出一定的后发优势。2008—2017年数字创意产业集聚水平在"一带一路"沿线国家和地区中始终领先，尤其是在数量上保持前5名。数字创意产业作为国家战略性新兴产业，受政策倾斜与扶持，成为宏观经济新常态背景下实现逆势增长的重要支柱产业，也成为企业投资风口。

中国数字创意产业发展战略可追溯至2009年的《文化产业振兴规划》，首次将发展文化产业上升到国家战略，明确指出文化产业的重点是数字内容产业。② 2016年政府工作报告中提出大力发展数字创意产业，才首次从国家层面提出了"数字创意产业"这一概念，数字创意产业的提法也应运而生并制度化。2016年年底的《"十三五"国家战略性新兴产业发展规划》将数字创意产业正式列为与新一代信息技术、高端制造、生物、绿色低碳并驾齐驱的新支柱，要求"到2020年形成文化引领、技术先进、链条完整的数字创意产业发展格局"。③ 此后，在顶层设计的指导下，针对新闻出版、网络直播、网络游戏、网络表演等数字创意产业细分行业，文化部、国家新闻出版广电总局、国家互联网信息办公室、工业和信息化部等多个部门出台了产业政策，我国数字创意产业进入高速发展的战略机遇期。在此战略规划强力推动下，我国数字创意产业政策体系不断完善，百度、阿里巴巴、腾讯等企业已经成长为国际数字化巨头，引领着网络视频、移动社交等行业的发展潮流，在全球数字化经济体系中领跑。与此同时，要客观认识我国在全球数字创意产业集聚格局中的优势，根据自身优势确定发展定位和重点，将视野面向国际，以发达国家为坐标寻找差距，找到世界先进经验作为"他山之石"。

---

① 解学芳、葛祥艳：《全球视野中"一带一路"国家文化创意产业创新能力与中国路径研究——基于2012—2016年全球数据》，《青海社会科学》2018年第4期。
② 国务院：《文化产业振兴规划》（国发〔2009〕30号），2009年9月26日。
③ 国务院：《国务院关于印发"十三五"国家战略性新兴产业发展规划的通知》（国发〔2016〕67号），2016年12月19日。

二 全面审视中国在数字创意产业全球价值链中的劣势地位

当前,全球正处在数字技术与创意历史性交汇的拐点上,以美国、英国为代表的西方发达国家凭借长期积淀的优势牢牢掌握了核心创意和知识产权,占领了数字创意产业全球价值链的前沿高地。尽管我国数字创意产业取得了一定的成绩,但主要还是加工制造型创意经济与发达国家发展相比尚有较大差距,网络文学、游戏、直播、动漫、电影、VR等数字创意产业细分领域尚处于起步阶段。整体而言,中国在数字创意产业全球价值链中尚处于劣势位置。

其一,技术对数字创意产业发展的支撑能力不足,产业集聚规模不突出。从数据可知(见图8-3),2008—2017年中国数字创意产业集聚度有所提高,数字文化上市公司数量区位熵从1.11增长到1.18,营业收入区位熵从0.75增长到0.90,增幅低于"一带一路"沿线数字创意产业集聚的平均水平。中国幅员辽阔,数字创意产业发展不平衡,相关基础薄弱,对数字创意产业整体竞争力提升的支撑能力并不足。此外,我国数字创意产业规模尚不突出,排名位于"一带一路"沿线国家和地区中的第5—15名,2013年、2014年排名有所上升。究其原因,2013年提出"一带一路"倡议以来,"一带一路"沿线国家因地缘和文化接近性成为我国开拓国际文化市场的重要场地,不少数字文化上市公司的创新产品开始大规模出海,海外市场取得了较好成果。但与数字创意产业崛起的内外部诉求相比,仍然存在数字化基础薄弱、平台能力相对不足、人才短缺严峻等诸多挑战。

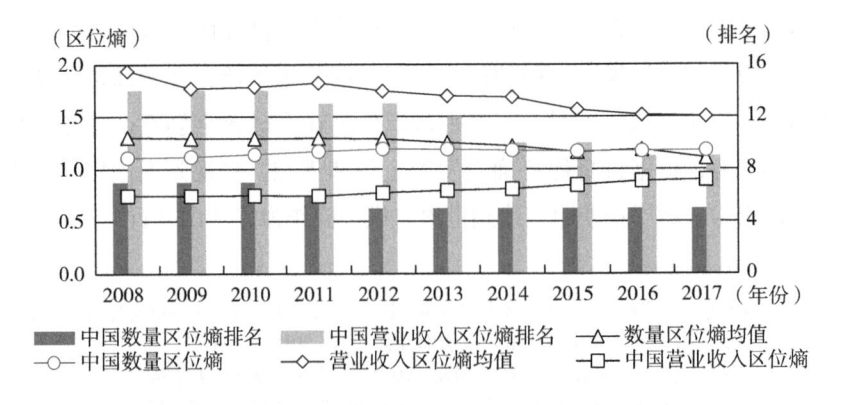

图8-3 2008—2017年中国数字文化上市公司集聚情况

其二，数字创意产业战略布局相对滞后，发达国家已占据全球价值链的有利位置，向上攀升较为困难。美国早在 2009 年就提出"大数据"战略①，2010 年提出"数字国家"（Digital Nation）概念；② 德国于 2014 年出台《数字议程（2014—2017）》，2016 年发布《数字化战略 2025》，2017 年发布《德国 5G 战略》，从国家战略层面高度对构建数字社会、建设数字强国做出了系统安排；③ 英国则在全球最早提出"创意产业"概念，并于 2015 年发布《数字经济战略（2015—2018）》；而中国直到 2016 年才首次从国家层面提出"数字创意产业"概念，相对来说战略部署较晚。美国商务部自 20 世纪末起把技术和互联网相关政策放在重要位置，构建了完备的政策体系，极大地促进了数字创意产业的全球扩张。美国电商巨头亚马逊热衷于通过互联网圈地运动获取全球市场，1998 年斥巨资收购英国 Bookpag 和德国 Telebook 两家当地最大的网上书店拓展海外市场，2004 年收购当时在中国发展势头良好的卓越网，成功进军中国市场。在政策导向下，中国的数字文化上市公司通过投资"一带一路"沿线国家和地区，努力打造全球化的"数字丝绸之路"，近年来发展迅速。阿里巴巴、华为、中兴等公司将"一带一路"沿线国家作为其战略发展重点，积极将中国本土的创新模式应用于海外市场，在全球范围内共建共享数字经济红利。鉴于此，我国需注重创新驱动，尤其要集中资源做强移动互联网优势产业，形成成熟的创新生态系统，唯有如此，追赶发达国家才有可能实现弯道超车。

三 新经济时代我国数字创意产业向全球价值链攀升的三大路径

基于大数据、区块链、人工智能等新技术推动的新经济时代到来，数字创意产业发展被赋予了重要战略机遇期与跃升期，我国应适时构建良好的数字创意产业创新生态，成为"一带一路"国家数字创意产业发展的火车头，发挥引领作用，在全球数字创意产业发展格局中缩小与

---

① 钟春平等：《中美比较视角下我国数字经济发展的对策建议》，《经济纵横》2017 年第 4 期。

② 闫德利、高晓雨：《美国数字经济战略举措和政策体系解读》，《中国信息化》2018 年第 9 期。

③ 沈忠浩：《德国数字化战略寻求与中国合作》，《经济参考报》2016 年 4 月 6 日第 4 版。

发达国家的差距，挺进主流市场，向全球价值链的中高端位置游走。

（一）突破核心技术，形成创新驱动的数字创意产业集群效应

技术创新是数字创意产业发展的重要驱动力。全球数字创意产业上市公司巨头 Apple、Microsoft、IBM 的研发机构中心分散在世界各地，实现了服务网络覆盖全球的目标。我国数字创意产业也亟须构建起强大的数字创意研发网络和全球支撑体系。首先，创造有利于技术创新的生态环境，加大科技投入力度，加快数字基础服务与公共服务平台建设，综合利用政策、资金和信息优势，形成政府、企业、科研机构相互关联协作的数字创意产业生态系统，打通科技成果转化链条。同时，强化"一带一路"科技创新合作网络，提高数字企业技术研发能力，降低研发成本。其次，加强数字创意产业领域战略性前沿技术和核心技术研究，大力开发 VR/AR 技术、大数据技术、云存储技术与区块链等关键性数字技术，创新创作、生产、传播等重点领域的技术和装备，完善数字创意产业技术和服务标准，提升数字企业的核心创新能力。再次，推进产学研深度融合，实现技术创新上下游的有机对接，攻克重点领域的核心技术，广泛集聚创新成果转化。最后，数字技术要与内容、平台相结合，洞察用户消费需求，优化用户体验，丰富数字文化创意内容和形式，实现文化资源、科技资源和各类服务资源的互利互动和有效汇聚，加快打造一批数字创意产业集群，形成集聚效应。

（二）培养与引进综合性数字创意产业人才，构建新型人才结构体系

人才始终在数字创意产业中处于关键位置，是产业发展的竞争力源泉。数字创意产业的创新发展和文化业态的升级，不仅需要技术研发人才，更需要能把技术应用到数字创意产业实践中的专业人才，即建构起技术与文化内涵兼备的复合型人才培养体系，"一带一路"沿线诸如以色列等数字创意产业发展迅速的国家无不聚集了大量数字人才。数字人才缺乏是我国数字创意产业发展的"瓶颈"，政府应从整体上规划和布局人才战略，加快创新创意人才的集聚。一方面，加快培育数字创意人才。政府应建立数字创意产业人才培训基地，在空间规划与政策上给予一定支持；高校则应调整人才培养模式，跨学科培育创新型人才，打造数字创意产业人才输出高地；数字创意产业巨头（如阿里巴巴达摩院、

百度 IDL、腾讯 AI Lab）应发挥作为优秀人才培养基地的作用，立足数字创意产业的前沿知识和技能输送人才。另一方面，吸引全球数字创意人才集聚。统筹推进与"一带一路"沿线国家的人才交流，落实柔性人才政策，吸引更多高端人才参与到中国数字创意产业研发与创新活动中。政府应不断优化文化创意生态吸引与留住高端人才，根据当地实际深入梳理、整合、提升和实施各类人才计划和政策，对创新就业、教育与住房保障等核心问题提供政策优惠；加大各类人才工程和计划向数字企业倾斜的力度，设立高端数字创意人才专项奖励资金；建立合理有效的人才资格认证制度，完善数字创意人才培育和引进配套政策体系，形成有利于人才成长与集聚、发挥人才价值和优势的人才成长环境，为数字创意产业集聚效应发挥与高质量协调发展提供人才支撑。

（三）完善自主知识产权体系接轨国际，打造"一带一路"知识产权共同体

知识产权是数字创意产业的核心和灵魂。俄罗斯数字创意产业发展的一大制约因素就是版权法未能发挥应有作用，导致盗版侵权现象严重，阻碍了中小型文化企业发展。与发达国家相比较，我国在知识产权的政策定位、政府指引、法制意识等方面也有较大差距，存在知识产权国际合作能力弱、企业知识产权保护意识不强、对投资的知识产权保护制度了解不足等问题。鉴于此，我国应高度重视知识产权保护对数字创意产业及国际经贸合作的重要作用，建立同世界接轨的完善的知识产权保护体系，包括完善的执法、维权、监督机制等。在"一带一路"沿线国家和地区，知识密集型的数字创意产业以数字技术与创新内容为核心"走出去"，必然会涉及专利权、著作权、商标权等知识产权的跨国运用，这将使知识产权的国际化更为迫切。鉴于此，一方面，亟须在"一带一路"沿线国家和地区定点建立数字创意产业知识产权服务平台，为企业在数字创意产业领域提供相关法律资源。另一方面，充分发挥我国作为倡议国的领导和协调作用，加快双边与多边合作模式的交互对接；① 加快与"一带一路"沿线国家建立数字创意产业领域知识产权

---

① 余晓钟、黄琴：《"一带一路"倡议下国际能源合作模式集成创新研究》，《科学管理研究》2019 年第 5 期。

合作备忘录，推动沿线尚未加入《贸易有关的知识产权协议》的国家尽快融入国际知识产权保护体系，建立国际知识产权合作协调机制，增强应对"一带一路"知识产权风险的水平[1]，打造"一带一路"文化共同体。[2]

---

[1] 唐全民：《"一带一路"背景下知识产权保护的国际合作、协调与展望》，《学习与实践》2018年第6期。
[2] 解学芳、葛祥艳：《全球视野中"一带一路"国家文化创意产业创新能力与中国路径研究——基于2012—2016年全球数据》，《青海社会科学》2018年第4期。

第九章

典型城市群：世界湾区数字创意产业集聚图谱

正如艾伦·斯科特所言，城市、经济、文化三者间存在一种相互融合、彼此共生的强大的垄断性力量，促使各类竞争要素源源不断地吸引汇聚。湾区作为典型城市群与独特经济模式，是区域经济在不断发展过程中形成的高级形态。[1]

第一节 湾区城市群与数字创意产业集群：融合共生机理

湾区城市群所拥有的开放经济体系和集群外溢效应，通过构建便捷的国际网络，在科技创新和产业集群方面发挥着核心作用，成为推动世界经济发展和科技进步的重要引擎。[2] 湾区经济发展过程中不断催生创意、广告、设计等现代文化服务业的孵化扩张，而文化产业所具有的强大传播能力和"虹吸"效应又持续地促使资本、人才、技术、信息等核心生产要素向湾区城市群汇合集聚，并不断扎根生长，从而不断增强湾区的核心凝聚力；文化要素也在这一过程中向湾区聚集扎根，避免湾区沦为"经济孤岛"（见图9-1），从而形成了湾区城市群与数字创意产

---

[1] 林贡钦、徐广林：《国外著名湾区发展经验及对我国的启示》，《深圳大学学报》（人文社会科学版）2017年第5期。

[2] 邓志新：《粤港澳大湾区与世界著名湾区经济的比较分析》，《对外经贸实务》2018年第4期。

业集群的融合共生关系。湾区城市群与数字创意产业集群的融合共生机理表现为文化产业与湾区经济的协同发展、湾区资源禀赋与数字创意产业集群模式的深度联动、湾区数字创意产业与区域制度创新的高度融合。

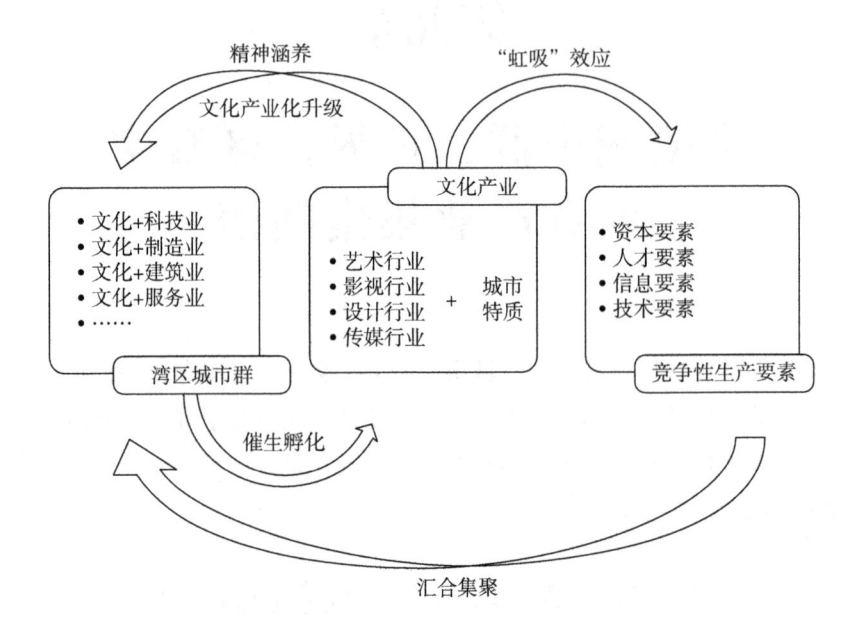

图 9-1　湾区城市群与文化产业集群融合共生

一　数字创意产业与湾区经济的协同发展

数字创意产业与湾区城市经济协同共生，不断增强湾区城市群的核心竞争力。协同学与协同优势理论是湾区数字创意产业协同发展的行动重心。协同学由哈肯（Haken）在1976年基于物理学研究提出，强调原始状态下原子发出的光是混沌无序的，但是当激光系统的控制参数达到某个阈值时，大量原子开始相互作用处于平衡状态，形成高度有序的辐射现象，产生单个原子所不能散发出的能量；并强调产生协同效应需要在整个开放的系统中确保各个部分不断进行物质交换和信息交流，实现系统内自组织有序的运转。[①] 湾区数字创意产业与湾区经济的协同发

---

① Haken, H., *Synergetics - Introduction and Advanced Topics*, Berlin: Springer - Verlag, 2004, pp. 11-31.

展有助于实现区域要素的相互作用，促进创新主体与诸要素的交互和优化，产生整体大于部分之和的协同效应。

湾区核心城市与周边城市形成了湾区经济发展特有的分工体系，既提升了湾区整体的发展水平，也确保了湾区不同城市经济发展的特色。① 数字创意产业的地域根植性是集群化的驱动性力量，需要特定的文化生态土壤，即由历史文化、社会风俗、价值理念、文化政策法规环境、文化市场、创新网络形成的共荣共通的文化氛围与制度生态，以及发达的互联网经济、高网民普及率、地理空间便利的优越性等要素的集聚，从而吸引更多优质文化资源集聚，促进其高效反应和创新扩散，提高整个数字创意产业的生产运营能力。② 湾区作为一种独特的空间组织和经济形态，以其开放高效、富有活力、创新性强等复合特征和独有的叠加效应，逐渐取代单个城市成为区域竞争主体。③ 湾区经济是典型的二元经济。按照地理性二元经济理论，发展中国家在实现产业结构转换与工业化过程中，由于部门间生产函数与劳动生产率的差异、区域间或区域内经济发展不平衡等原因，导致二元经济结构与经济增长呈现两极分化的现象。④ 数字创意产业地理集群带有明显的二元经济特色，大都集聚在经济发达的纽约湾区、旧金山湾区、东京湾等。

二 湾区资源禀赋与数字创意产业集群模式深度联动

湾区不同的资源禀赋推动其数字创意产业形成彼此不同的集群模式，成为所在湾区经济发展的重要组成部分。湾区文化资源的集聚意味着数字创意产业链参与主体不再是独立的，而是倾向于与外部各种资源进行合作，联动文化环境中的异质知识来源，在不同行业的交叉过程中产生创新效能，这恰是湾区资源禀赋与数字创意产业集群深度联动的重要目标。实际上，数字创意产业地理集群的形成，是数字创意产业依据

---

① 张晓兰：《东京和纽约都市圈经济发展的比较研究》，博士学位论文，吉林大学，2013年。
② 解学芳：《文化科技产业园区企业集群生态化与绩效评估体系构建》，《社会科学研究》2014年第1期。
③ 申勇、马忠新：《构筑湾区经济引领的对外开放新格局——基于粤港澳大湾区开放度的实证分析》，《上海行政学院学报》2017年第1期。
④ 张延吉：《论古典二元经济理论的适用性：基于正规—非正规部门的视角》，《经济问题探索》2014年第6期。

资源禀赋分布而形成的差序格局，具有叠加效应。越是经济发达的世界湾区，文化企业之间的协作与共生关联越强。例如，旧金山湾区高度聚焦科技研发资源而成为世界瞩目的数字创意产业集群；① 东京湾区数字创意产业以出版印刷与动漫产业为特色。②

根据高斯假说"具有相似环境要求的两个物种为争取有限的食物、空间等环境资源而无法长期共生共存，除非两个物种生态位分离或者竞争平衡状态被打破，否则生存竞争力较强的物种迟早会取代竞争能力弱的物种"，在数字创意产业的生态竞争格局里，按照竞争排斥原理，伴随互联网等新兴资源与文化企业的深度融合，新兴数字创意产业上市公司将是"竞争力强的物种"，从而成为未来数字创意产业的主流与主导，这似乎是互联网资源深度融合至数字创意产业的必然结果。③ 因此，旧金山湾区凭借数字创意产业集群的规模经济，共享与交流降低了数字文化企业的创新成本、促使企业主体之间形成了稳定的协作共生关系④，特别是多媒体、动漫、游戏软件开发与数字内容设计制作等新兴互联网类文化业态吸引了大批风险投资的进入，汇集了大批创新要素的集聚，为湾区数字创意产业的发展带来新的生机。而粤港澳大湾区积极发展数字创意产业对促进湾区积极发展、结构优化升级也极具战略要义。

就协同联动的优势而言，湾区数字创意产业集群系统中的诸多资源与要素从原始状态下的无序向有序态势发展，从而产生单一要素无法实现的整体效应。新闻报刊、图书出版、广播影视、广告设计等文化创意组织集聚在大城市的核心区域及其近远郊地区⑤，成为湾区城市群发展的重要特征。例如，20世纪开始纽约、费城、波士顿成为纽约湾区数

---

① 鲁志国等：《全球湾区经济比较与综合评价研究》，《科技进步与对策》2015年第11期。

② 车春鹂、高汝熹：《东京出版印刷产业集群特点、成因及启示》，《科技管理研究》2008年第12期。

③ 解学芳、臧志彭：《"互联网+"时代文化产业上市公司空间分布与集群机理研究》，《东南学术》2018年第2期。

④ 毛磊：《基于生命周期理论的文化创意产业集群演化分析》，《科技管理研究》2010年第20期。

⑤ 黄滢、陈堂发：《城市文化经济学视域下的中国文化传媒产业空间集聚发展研究》，《新闻与传播研究》2018年第8期。

字创意产业（聚焦新闻出版、广播、电视）中心，其他城市形成了与核心区域互补的发展方式，特别是在纽约湾区数字创意产业资源系统中，相关行业彼此间的业务联系紧密，各种契约关系、集群文化、集群自治组织等成为保证数字创意产业集群可持续发展的保障。实际上，在网络时代，面临新技术的层出不穷与多变的市场需求，依赖产业链上各文化企业间合作网络的形成变得更加可行，因此这些新兴文化行业在对内保持自我创新的同时，与数字创意产业生态圈里的高新科研机构、技术创新服务平台、相关文化组织进行文化信息沟通、交换与资源共享，推动其自我创生、自行演化、有序发展。①

三　湾区数字创意产业与区域制度创新高度融合

湾区数字创意产业的发展与区域战略地位和制度安排息息相关。数字创意产业制度创新的活跃会加速数字创意产业的地理集聚。特别是扶持数字创意产业发展的制度创新推动了上市公司在湾区的高度集群。从激励制度来看，粤港澳大湾区的发展就是典型代表。2015年，《推动共建丝绸之路经济带和21世纪海上丝绸之路的愿景与行动》第一次提出"打造粤港澳大湾区"；2017年，粤港澳大湾区工作计划写入十二届全国人民代表大会第五次会议的政府工作报告，并签署《深化粤港澳合作　推进大湾区建设框架协议》；2019年，《粤港澳大湾区规划纲要》颁布……一系列创新性制度的扶持助推了粤港澳大湾区的发展。特别是在金融扶持方面，湾区为数字创意产业上市公司提供金融服务，引导银行、保险机构、风险投资机构为数字创意产业上市公司提供投融资服务，并尝试通过无形资产参与分配股票期权制度来鼓励创新与创业。例如，广东省颁布的《广东省文化产业振兴计划》提出"加快建设文化投融资平台，设立广东省文化产业投资基金，支持有条件的文化企业上市融资和发行企业债券"。此外，鼓励技术创新的扶持政策的出台，则对高新技术类文化企业、小微创新型文化企业实施税收减免与研发费用减免政策，刺激与鼓励了文化产业持续创新的积极性。此外，东京湾区积极颁布区域规划政策来引导数字创意产业的发展，特别是持续扩大人

---

① 解学芳：《文化科技产业园区企业集群生态化与绩效评估体系构建》，《社会科学研究》2014年第1期。

才引进渠道，为动漫产业提供更广泛的政策与经济支持，进一步扩大了动漫等数字创意产业的全球影响力。

湾区数字创意产业发展过程中会遇到诸多新情况、新问题、新挑战，亟须调整原有的管理方式与发展思维，推进以协同协作为核心的治理变革——诉求治理目标的前瞻性，响应机制的灵活性，治理方式的多样性和综合性，形成高度整合多方利益诉求且网络化布局上下、左右、内外联动的协同治理机制，使其成为湾区文化产业协同发展的积极性力量源泉。① 从治理制度来看，湾区治理类似于区域协同，是通过建设性探索进入对方决策与行动框架中，实现信息沟通、资源共享、风险分担，超越自身狭隘利益并采取共同行动来增强互惠互利，从而实现共同的发展目标。② 例如，粤港澳大湾区有其"一国两制"的独特性③，粤港澳三地多元体制互补的优势直接推动了珠三角地区经济社会的快速发展，其"两制"的优势效应得以显现；④ 纽约湾区则通过"纽约大都市区规划"确保了湾区发展的持续性；旧金山湾区依托半官方地方政府联合机构在数字创意产业协同治理中起重要作用。⑤

第二节 世界湾区数字创意产业集聚格局：以影视娱乐业为例⑥

湾区是城市群协作参与国际竞争的重要载体，湾区独特的地理区位优势有利于优化配置全球资源、构建互补相生的产业体系。影视娱乐产

---

① 党秀云：《论合作治理中的政府能力要求及提升路径》，《中国行政管理》2017 年第 4 期。

② Ahuja, M. K., Carley, K. M., "Network Structure in Virtual Organizations", *Organization Science*, Vol. 10, 1999, pp. 741–757.

③ 李岚睿、朱振东：《粤港澳大湾区背景下澳门高端服务业升级研究》，《亚太经济》2020 年第 3 期。

④ 任思儒等：《改革开放以来粤港澳经济关系的回顾与展望》，《国际城市规划》2017 年第 3 期。

⑤ 伍倩颖：《粤港澳大湾区数字创意产业协同治理路径研究》，硕士学位论文，华东政法大学，2020 年。

⑥ 臧志彭、严艳璐：《世界湾区影视娱乐产业集聚格局与粤港澳应对策略——基于 2008—2017 全球上市公司数据的区位熵分析》，《同济大学学报》（社会科学版）2020 年第 5 期。

第九章 典型城市群：世界湾区数字创意产业集聚图谱

业与湾区经济共生共存。共通的文化渊源有利于开拓区域市场，促进区域经济合作互补，影视产业成为区域文化经济沟通交流的有力话筒①，是区域经济结构优化调整的重要抓手。粤港澳大湾区影视娱乐产业因三地文化相连、地域相近，愈加凸显出多元一体化集聚格局特征，有助于汇聚利用技术、人才等各要素，开辟升级湾区发展新路径。2019年2月18日中共中央、国务院印发《粤港澳大湾区发展规划纲要》，为促进粤港澳大湾区传统产业转型升级，提升新兴产业核心竞争力提供政策保障，以进一步加快大湾区现代服务业发展进程。影视娱乐产业作为融合新兴科技的现代服务业核心部门，在国家战略政策的指导下为粤港澳大湾区重塑经济格局、增强全球吸引力和凝聚力提供了重要支撑。基于上述分析，聚焦纽约湾区、旧金山湾区和东京湾区三大世界一流湾区研究影视娱乐产业发展前沿与建设经验，并结合比较粤港澳大湾区发展差距与存在问题，对粤港澳大湾区实现产业结构创新升级、增强全球竞争力具有重要的理论借鉴价值与现实指导意义。

产业集聚正成为区域产业经济协同发展的必由之路，发挥着"集聚效应"与正外部性的强势作用，受到了学术界广泛关注。英国经济学家马歇尔（Alfred Marshall）最早探讨产业地理集聚问题及其成因。到20世纪90年代，以克鲁格曼为代表的新经济地理学派将产业集聚研究推向了高峰。② 关于产业集聚如何产生社会与经济效益、集聚程度如何测量等学术问题随之涌现。③④ 多数学者研究发现产业集聚对企业或区域经济长期发展具有良好的促进效用。产业集群可以借助产业链打通各环节产生集聚效应，进而产生社会与经济等效益⑤，尤其是文化产业

---

① 岳淼、陈若萱：《论闽台影视产业的合作发展——开放型区域经济的视角》，《现代传播》（中国传媒大学学报）2016年第2期。
② Krugman, P., "Increasing Returns and Economic Geography", *Journal of Political Economy*, Vol. 99, 1991, pp. 483–499.
③ Schamp, E. W., "Evolution and Institution as Basics for a Dynamic Economic Geography: The Meaning of Increasing Returns for the Explanation of Geographical Concentration", *Geographische Zeitchrift*, Vol. 90, 2002, pp. 40–51.
④ 汤国儒、龚艳萍：《西部高技术产业集聚水平研究》，《科技广场》2015年第3期。
⑤ 王毅、廖卓娴：《湖南文化创意产业园区发展分析与建设路径》，《经济地理》2019年第2期。

集群在提高城市文化消费水平和增强城市生机方面起到关键作用。[①]

学术界关于影视娱乐产业集聚的研究取得初步进展。一些国外学者深入分析电影电视制作集聚演化态势发现，美国的电影和电视制作已经从好莱坞和纽约的传统集群扩展到美国、加拿大和其他海外新地点，区域电影办事处在影视制作集群中扮演着中介角色[②]，但影视部门经济影响力并非如想象般强大，国家、跨国组织在影响其规模和持久性方面比地方性网络重要。[③] 此外，Cook等人运用传统经济学研究英国广播电视产业支持集聚的过程，指出文化与制度是生产与交换的基础。[④] 国内学者深入探究影视娱乐产业集聚演化特征与趋势。影视娱乐产业集聚存在地理壁垒，需要政府与市场合力帮助打破界限。[⑤] 但国内一些影视基地因缺少企业合作、产业协同而早早夭折。[⑥] 近年来，在国家政策鼓励推动下，多地影视产业为最大限度发挥影视产业集聚效益，其产业集群逐渐常态化。[⑦] 显然，集群是影视产业快速成长的核心要素之一。[⑧] 此外，全球湾区影视娱乐产业集聚问题受到一定的关注。纽约湾区影视娱乐产业拥有众多知名媒体和华纳传媒等影视公司，影视娱乐产业发展根基深厚。[⑨] 作为美国嬉皮士文化发源中心之一，旧金山湾区艺术、音乐等知名高等学府云集，源源不断为影视娱乐产业输送大量人才，产业发展基础牢固。东京湾区影视娱乐产业的蓬勃发展则得益于动漫产业的兴盛发

[①] 詹绍文等：《文化产业集群要素特征、成长路径及案例分析——以场景理论为视角》，《江汉学术》2020年第1期。

[②] Foster, P., et al., "The Rise of Hollywood East: Regional Film Offices as Intermediaries in Film and Television Production Clusters", *Regional Studies*, Vol. 49, 2015, pp. 433–450.

[③] Turok, I., "Cities, Clusters and Creative Industries: The Case of Film and Television in Scotland", *European Planning Studies*, Vol. 11, 2003, pp. 549–565.

[④] Cook, G. A. S., et al., "Cultural and Economic Complementarities of Spatial Agglomeration in the British Television Broadcasting Industry: Some Explorations", *Environment and Planning A*, Vol. 43, 2011, pp. 2918–2933.

[⑤] 夏颖：《中国影视产业的集聚效应及发展模式》，《传媒》2011年第3期。

[⑥] 牛盼强：《电影产业集群创新研究综述》，《当代电影》2017年第2期。

[⑦] 刘汉文：《影视基地发展现状与转型升级的思考》，《当代电影》2020年第5期。

[⑧] 谈洁：《论海外影视基地的产业之路与镜鉴价值》，《电影评介》2020年第7期。

[⑨] 丁荣源：《纽约——美国影视之都一瞥》，《新闻大学》1996年第3期。

达。① 粤港澳大湾区影视娱乐产业具备一定的发展基础，三地在传统习俗、地域语言和文化渊源等方面存在共通性②，因而基于共享文化资源的粤港澳大湾区影视娱乐产业协同发展较为乐观。然而，关于全球湾区影视娱乐产业集聚问题的研究总量有限，研究视角多从某湾区个案出发分析本湾区影视娱乐产业状况，未能在比较视野下探究四大湾区影视娱乐产业全球地位与竞争格局；而且在对四大湾区影视娱乐产业的实证比较分析方面特别缺少深入的定量研究。

影视娱乐产业上市公司发展基本刻画了全球各区域影视娱乐产业的演化态势与状况。本书按照国际主流产业分类标准，建构了全球统一的影视娱乐产业分类体系③，并借助美国标准普尔全球上市公司数据库、上市公司年报及其官方网站、雅虎及谷歌财经等数据资料库搜集整理了2008—2017年世界四大湾区影视娱乐产业上市公司公开财报数据，为开展四大湾区比较研究建立可比性基础。同时，利用产业经济学经典的区位熵方法审视四大湾区影视娱乐产业集聚优势与竞争格局。基于此，对粤港澳大湾区影视娱乐产业在全球地位进行科学定位，发现其与世界一流湾区的差距与不足，为粤港澳大湾区影视娱乐产业集聚发展提供有效参考。

一 2008—2017年世界湾区影视娱乐产业发展演化表征

全球化背景下，国际间文化经济交流频繁，影视娱乐产业作为文化产业的核心层，愈加被放置于国家文化产业战略发展的关键位置，特别是因其具有的文化创意性、资本活跃性等特征而在提高文化软实力、创造经济增长新能量方面扮演着重要角色。④

（一）营收总额维度：危机后迅速恢复、稳健攀升

从影视娱乐产业自身特性来看，影视娱乐产品消费在文化娱乐消费

---

① 唐立耘：《浅谈漫画产业促进动画、电影等影视类别的开发缘由》，《艺术科技》2017年第9期。
② 唐铮：《粤港澳大湾区媒体融合的逻辑与进路》，《学术研究》2019年第10期。
③ 本书所构建的影视娱乐产业分类体系，借鉴了国家统计局《文化及相关产业分类（2018）》的产业链分类思路，既包含为直接满足人们精神需要而进行的影视娱乐节目制作、传播、展示等内容生产活动，也包含影视娱乐节目相关的发行运营、相关配套设施设备的生产制造等活动。
④ 沈鲁、王子儒：《影视业在国家文化产业战略中的地位和作用》，《青年记者》2019年第26期。

中占有较大比例，潜力无限。① 世界四大湾区影视娱乐产业上市公司营业收入总量十年间整体呈持续增长态势（见图9-2），从4578.56亿美元增加至2017年的最大值7260.72亿美元。影视娱乐消费符合当下文化消费上升趋势，不断增长的市场需求驱动影视娱乐企业生产、销售相关产品与服务，进而实现可观创收。分时间段来看，2008—2015年营业收入总额稳步上升，其中仅有2009年因受国际金融危机影响而有所下降。2013—2017年营业收入增速放缓，最低增速为2016年甚至降为负值（-2.4%），但营业收入总体变化仍呈现上升趋势，2017年达到峰值。从上述分析可以看出，2008年国际金融风暴导致国际经济下滑严重，影视娱乐产业营业收入也在2009年明显下降。但是这种下降趋势并未持续，世界湾区影视娱乐产业营业收入在2010年开始大幅反弹，展现出强劲的复苏态势，并且几乎连年保持增长态势。伴随互联网数字时代的到来，各国经济结构剧烈变化，世界各大湾区影视娱乐产业营收反弹上升趋势正反映影视娱乐产业的文化与经济双重属性能够激发产业市场创新活力，在新时期展露出经济高开发度与创收空间。

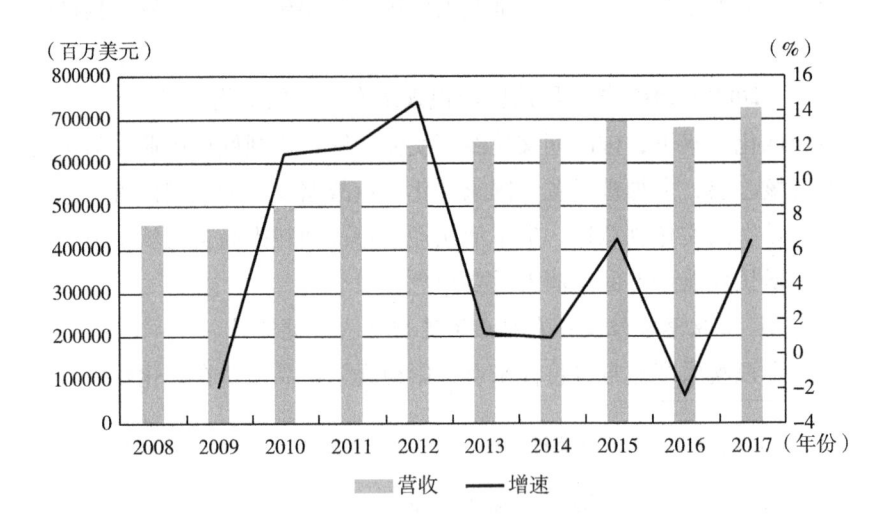

图9-2 2008—2017年世界湾区影视娱乐产业营业收入总量变化趋势

---

① 宣晓晏：《影视文化产业供给侧结构性改革的背景与路径》，《河海大学学报》（哲学社会科学版）2019年第2期。

(二)税前利润维度:总量波动增长,均量持续提升

与劳动密集型、资源密集型为主的传统产业相比较,影视娱乐产业往往表现出高风险、高利润的产业经济特征。如图9-3所示,世界四大湾区影视娱乐产业上市公司税前利润在十年间实现了较大幅度增长,由原先2008年亏损约746.31亿美元上涨至2017年税前利润近1995.46亿美元,且在2015年达到顶峰,实现2162.30亿美元的税前利润。从增长幅度来看,除了2009年因金融危机影响导致巨幅下跌以及2013年下跌2.51%、2016年下跌18.05%外,其余年份都基本保持了显著增长态势,其中2011年和2012年连续两年增幅都达到了60%以上。从上市公司数量计算的算术平均值来看,2008年四大湾区影视娱乐产业上市公司税前利润均值为负值,2009年世界湾区影视娱乐产业上市公司税前利润均值转亏为盈,达到2.04亿美元,其后连年攀升,到2017年已经高达9.50亿美元,达到了2009年的4.65倍。综上分析显示,2008—2017年,全球湾区影视娱乐产业上市公司税前利润在2008年经受了国际金融危机影响导致亏损后迅速恢复,总体保持了小幅波动大幅

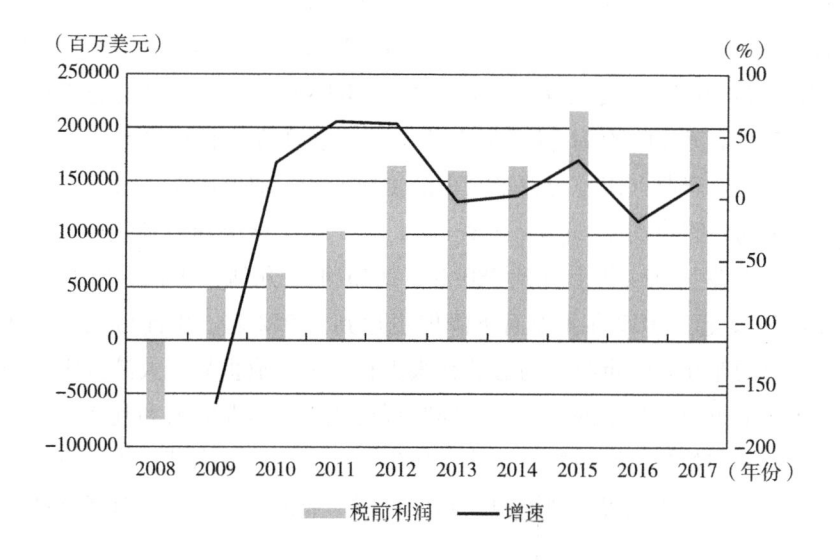

图9-3 2008—2017年世界四大湾区影视
娱乐产业上市公司税前利润变化趋势

增长态势，显示了较为强劲的发展势头；而持续增长的税前利润均值则明显表征了湾区影视娱乐企业盈利能力的稳健增长，也在很大程度上证实了世界经济低迷背景下，影视娱乐产业对于全球经济增长的拉动能力。

（三）公司数量维度：缓慢下降，兼并收购或为主因

受产业发展阶段、产业基础地位、地区经济水平等因素影响，不同新兴产业公司集聚度表现出不同状态。[①] 国家战略政策转换、传统产业与新兴产业的融合升级、人才技术要素优化配置等均可以使各地区影视娱乐产业公司集聚程度发生显著变化。根据数据显示（见图9-4），2008—2017年世界湾区影视娱乐产业上市公司总量呈波动下降趋势，尤其在2014年后，公司数量快速减少了36家，于2017年跌破250家，下探到十年间最小值247家。十年间上市公司数量总体下跌了16.27%，特别是2014—2017年下跌幅度近50%。前文研究发现四大湾区影视娱乐产业上市公司营业收入总额从2009年以来基本呈现出稳步攀升态势，然而这里关于公司数量的演化趋势分析表明四大湾区影视娱乐产业上市公司数量却在连年下降。何因致此呢？本书关注到2016年AT&T宣布以850亿美元收购时代华纳，2017年米高梅（MGM HOLDINGS）以10.32亿美元收购STUDIO 3 PARTNERS，同年12月迪士尼宣布以524亿美元收购21世纪福克斯等。为了搞清楚兼并收购是否是造成影视娱乐产业上市公司数量减少的主要原因，研究团队又进一步从全球权威的并购数据库Zephyr中查询到2013年全球电影产业发生了532起并购事件，2014年上升到780起，2015年上升到950起，2016年上升到1082起，2017年虽略有下降但也达到了952起。由此可见，如此大规模的兼并收购重组行为必然在很大程度上造成世界四大湾区影视娱乐产业上市公司数量的减少，且同时很可能带来营业收入和利润总额的提升。并购整合是影视娱乐企业转换生长动力、调整内部结构的重要手段，有利于优化配置影视资源，延伸巩固产业链，以积极应对新兴技术

---

① 胡静、赵玉林：《我国战略性新兴产业集聚度及其变动趋势研究——基于上市公司的经验证据》，《经济体制改革》2015年第6期。

浪潮对传统影视娱乐产业的冲击①,进而提高影视娱乐产业的创新效能和竞争力。

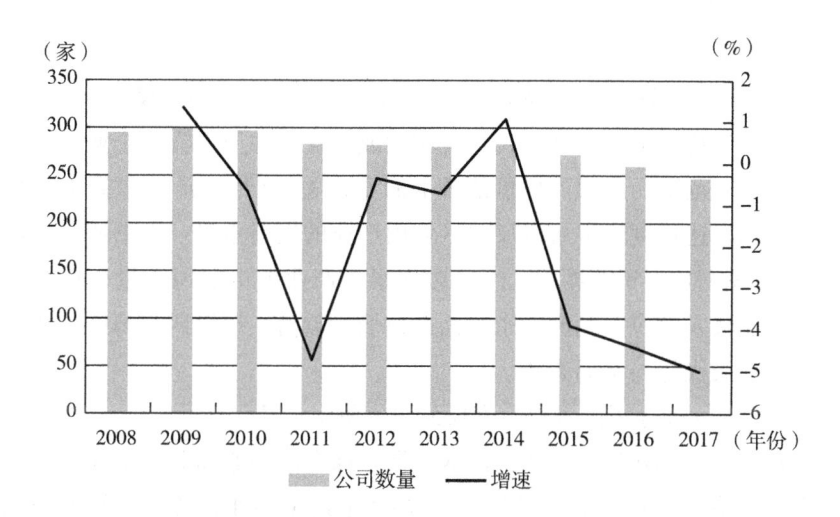

图 9-4　2008—2017 年世界湾区影视娱乐产业上市公司数量及年增长率

二　世界四大湾区影视娱乐产业集聚竞争格局测算

伴随新经济地理学的提出与发展,产业集聚度的测量越来越成为学者研究产业集聚的重要内容,一般采用行业集中度、区位熵法、空间基尼系数对产业在某区域集聚水平进行测量。其中,区位熵指数可以较好反映湾区影视娱乐产业集聚程度。因此,本书采用区位熵作为世界四大湾区影视娱乐产业集聚程度对比分析的测量模型。研究基于 2008—2017 年四大湾区影视娱乐产业上市公司数据计算区位熵,进而测量判断四大湾区影视娱乐产业集聚水平与竞争格局。区位熵公式中的区域值是指能够反映产业规模的变量,包括企业数量、从业人数、产业总产值等指标。② 因公司数量、从业人数、营业收入和税前利润四个区位熵指标可以分别反映企业数量、就业人数、产业创收和盈利能力集聚水平,因而研究采用公司数量、从业人数、营业收入和税前利润四个维度计算

---

① 焦斌龙:《新常态下我国文化产业供给侧结构性改革的思考》,《经济问题》2017 年第 5 期。

② 戴俊骋等:《中国区域文化产业发展空间格局》,《经济地理》2018 年第 9 期。

区位熵指数，从而多层次、多角度地对四大湾区影视娱乐产业集聚竞争格局进行科学客观比较论证。① 关于区位熵的计算方法，详见前面的"基于区位熵的全球城市数字创意产业集聚规律"中关于区位熵的原理与公式。②

三 2008—2017年四大湾区影视娱乐产业集聚格局比较

在某一特定地理空间上，具有相同或者互补性质的文化企业互动集聚会在区域范围内形成产业价值链上的竞合关系。③ 而产业集聚水平与竞合关系发达程度通常可以反映区域内产业的发展水平。本书通过比较分析2008—2017年世界四大湾区影视娱乐产业上市公司数量、从业人数、营业收入和税前利润四个方面区位熵指数值，探讨四大湾区影视娱乐产业集聚优势与格局态势。

（一）纽约湾区：创收能力较强，但整体集聚优势趋弱

自20世纪70年代，纽约湾区稳握全球金融中心命脉并不断加强其在全球经济的领先地位。④ 纽约湾区持续推进金融业、传媒业和电子无线通信等产业的集聚升级，最终形成了分工明确、功能鲜明的产业集聚区。⑤ 具体从数据来看（见图9-5），纽约湾区影视娱乐产业上市公司的营业收入区位熵指数十年间均大于1，说明纽约湾区影视娱乐产业营业收入集聚程度在世界四大湾区中始终具有绝对比较优势。然而从纽约湾区影视娱乐产业上市公司数量、从业人数和税前利润三个维度的区位熵指数来看，十年来基本都处于小于1.0的状态，说明纽约湾区影视娱乐产业公司数量、从业人数和税前利润这三个方面在四大湾区中没有明显的相对集聚优势。其中，上市公司数量区位熵呈上升趋势，区位熵在2016年达到最大值为0.85，纽约湾区影视娱乐产业公司集聚程度有所

---

① 刘怡等：《京津冀产业协同发展评估：基于区位熵灰色关联度的分析》，《中央财经大学学报》2017年第12期。

② 臧志彭、谢铭炀：《世界四大湾区传媒产业集聚优势与演化趋势——基于2008—2017年全球上市公司的实证比较》，《南京社会科学》2019年第8期。

③ 解学芳、臧志彭：《"互联网+"时代文化产业上市公司空间分布与集群机理研究》，《东南学术》2018年第2期。

④ 刘毅等：《世界级湾区产业发展对粤港澳大湾区建设的启示》，《中国科学院院刊》2020年第3期。

⑤ 汪彬、杨露：《世界一流湾区经验与粤港澳大湾区协同发展》，《理论视野》2020年第5期。

提高，但仍不具备显著的比较优势。自 20 世纪 90 年代末期以来，以数字化为核心的互联网经济迅猛崛起，对传统产业造成了巨大冲击，纽约湾区长期以来形成的影视娱乐产业传统业态正在经历产业转型的阵痛期与并购重组期，能否在此次以科技创新融合引领的产业变革中顺利升级成为纽约湾区未来能否持续保持竞争优势的关键。

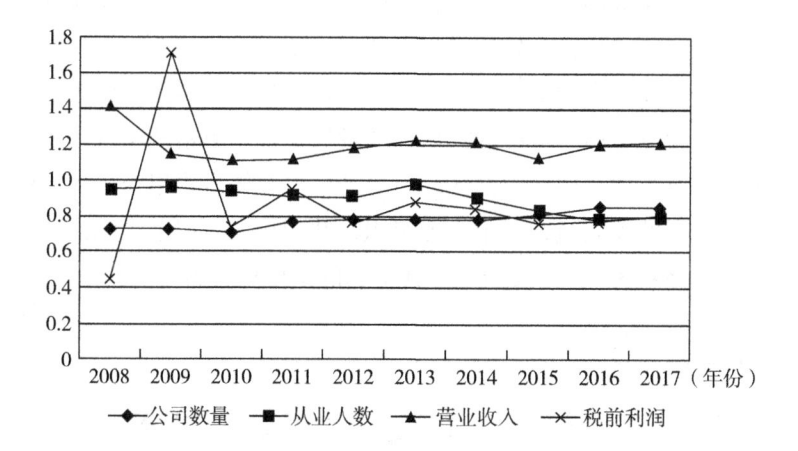

图 9-5 2008—2017 年纽约湾区影视娱乐产业不同维度区位熵演化趋势

（二）旧金山湾区：盈利能力强劲，创新生态系统稳健

旧金山湾区科技创新能力排名全球前列，高新科技企业、世界顶尖人才和全球金融资本都集聚于此，湾区影视娱乐产业依托上述优越条件创造了可观的收入与利润。如图 9-6 所示，旧金山湾区影视娱乐产业 2008—2012 年的营业收入和税前利润区位熵表现为快速高涨趋势，2012—2017 年则呈稳定特征，在 2.5 上下浮动。但整体上两项指标均实现了从不足 1.0 明显处于竞争劣势到超过 2.0 具备极强竞争优势的根本转变，分别于 2017 年上升至 2.43、2.37。与其他三大湾区相比，旧金山湾区影视娱乐产业创收与盈利集聚程度在世界四大湾区中具有明显的竞争优势。但是研究同时发现，旧金山湾区在影视娱乐产业的公司数量集聚和从业人数集聚方面并未展现出明显的竞争优势。从上市公司数量与从业人员数量区位熵值来看，十年间上市公司集聚水平持续下降，从 2008 年的 0.81 下降至 2017 年的最小值 0.59；从业人员集聚水平变

化幅度较小，从 2011 年的最小值 0.78 回升至 2017 年的最大值 0.99，但始终均未超过 1.0 而处于集聚弱势状态。上述数据分析结果表明，旧金山湾区影视娱乐产业以相对较少的公司数量和从业人数创造了营业收入和税前利润区位熵值超过 2.0 的显著竞争优势，充分展现了旧金山湾区影视娱乐产业强大的创收能力和盈利能力。究其原因，以苹果、谷歌、脸书、奈飞等影视娱乐产业相关巨头企业为旧金山湾区影视娱乐产业发展提供了前沿科技、先进设备及配套的营销分发等价值网络体系；斯坦福大学、加州大学伯克利分校、卡耐基梅隆大学硅谷校区等一批世界顶尖高校为旧金山湾区影视娱乐产业发展提供了丰富的精英人才和无限的创新创意活力；旧金山湾区政府协会、多媒体合作组织、多媒体发展协会等大量的民间组织和半官方组织，共同构成了旧金山湾区完善的创新生态网络系统[①]，持续造就了其卓越的全球竞争力。

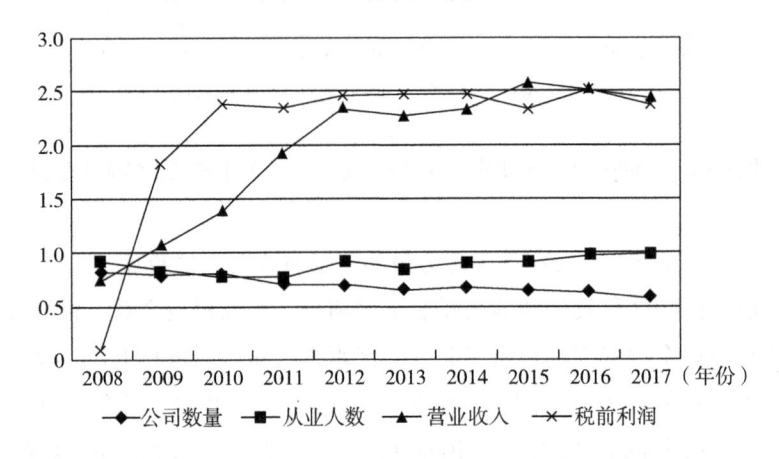

图 9-6 2008—2017 年旧金山湾区影视娱乐产业不同维度区位熵演化趋势

（三）东京湾区：产业就业效应突出，盈利能力偏弱

东京湾区作为日本经济中心与政治中心，工业实力雄厚，为影视娱乐产业发展打下稳固的经济基础。根据数据显示（见图 9-7），东京湾区影视娱乐产业公司集聚水平在逐年下降，从 2008 年的最高值 1.39 下

---

① [美] 艾伦·J. 斯科特：《城市文化经济学》，董树宝、张宁译，中国人民大学出版社 2010 年版，第 178—179 页。

降至2017年的最低值1.02。虽上市公司数量区位熵有所下降，产业集聚后劲不足，但其区位熵仍大于1，说明东京湾区企业数量集聚程度具有较强的集聚优势基础。而东京湾区影视娱乐产业从业人员集聚水平有较大程度上升，于2014年达到最大值为1.51。可见，十年间从业人数区位熵均大于1，表明东京湾区影视娱乐产业就业集聚程度远超美国湾区。然而，从东京湾区影视娱乐产业的营业收入与税前利润来看，其区位熵值均低于1，尤其是税前利润仅从负值突破正值，仍未超过0.4，说明东京湾区影视娱乐产业的盈利能力远低于旧金山湾区与纽约湾区。从行业营收结构来看，传统广告、广电、印刷等行业的营收比重在2017年仍然高达近57%[1]，行业结构老化进一步束缚了移动互联网时代影视娱乐产业的业态创新，导致其难以较好地满足年轻一代的新兴文化娱乐需求，因而导致了东京湾区影视娱乐产业近十年来虽然公司数量、就业人员大量集聚但始终无法在创收和盈利能力方面取得突破优势。

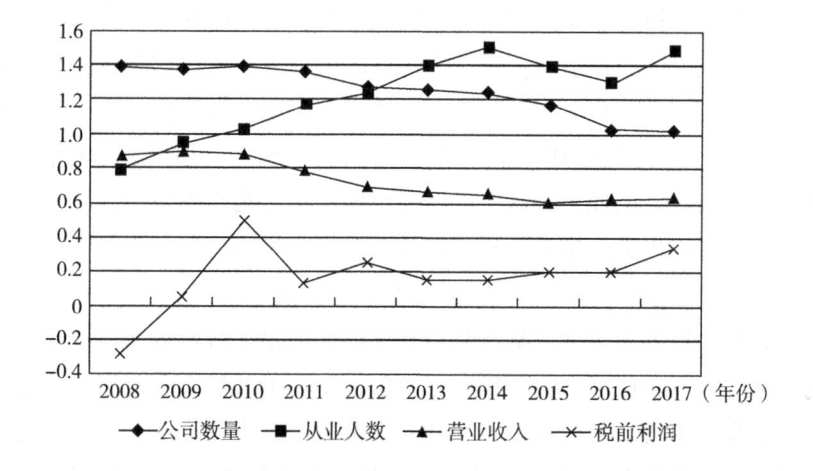

图9-7 2008—2017年东京湾区影视娱乐产业不同维度区位熵演化趋势

（四）粤港澳大湾区：公司数量优势集聚，创收盈利不足

在"一国两制"和国家政策的大力扶持下，粤港澳大湾区已初步

---

[1] 臧志彭、伍倩颖：《世界四大湾区文化创意产业结构演化比较——基于2001—2016年全球文创上市公司的实证研究》，《山东大学学报》（哲学社会科学版）2019年第1期。

形成以资本、技术密集型为主的先进制造业、高端生产性服务业和战略性新兴产业的现代产业结构。其中，以香港为代表的影视产业和澳门为代表的娱乐产业构筑了粤港澳大湾区较为深厚的影视娱乐产业发展基础。从粤港澳大湾区影视娱乐产业上市公司数量来看（见图9-8），其最大值为2017年的1.49，且区位熵值均大于1.0，说明粤港澳大湾区影视娱乐产业公司集聚已形成规模优势。基于从业人员数量维度，粤港澳大湾区影视娱乐产业的区位熵数值总体基本保持大于1.0的集聚优势状态（仅有2013年区位熵值略小于1.0），虽然如此，但从整体演化趋势来看，呈现出波动下滑态势。与美国湾区相比，粤港澳大湾区影视娱乐产业在上市公司规模和就业吸引力方面有着明显的比较优势，产业集聚程度较高。究其原因：一方面是由于近些年来受益于深圳、广州等地的迅猛发展，推动了以腾讯等互联网娱乐巨头为代表的粤港澳大湾区影视娱乐产业快速发展，滋生了大量的数字化网络化新兴影视娱乐企业；另一方面在于本书的影视娱乐产业统计范畴不仅仅包含了影视娱乐内容生产型企业，还包含了生产制造影视娱乐相关配套设施设备的劳动密集型企业，所以进一步造就了就业集聚方面的总量优势。然而从业人员数量区位熵值下降趋势侧面反映湾区影视娱乐产业在吸纳就业方面的竞争力有趋弱态势，并于2012年开始被东京湾区反超，就业集聚优势效应弱于东京湾区。造成这种状况的外部原因在于近几年来深圳、广州等地房价和用工成本大幅攀升导致制造业企业成本陡增进而逐步外迁；而内部深层原因在于，与东京湾区强大的动漫影视娱乐特色产业具有强大竞争力相比，粤港澳大湾区缺少特色支柱型影视娱乐行业集聚，产业链较为松散，未能形成产业价值链网络效应，不利于其扩大就业容量，提高就业集聚竞争力。与公司数量和从业人员数集聚程度相比，粤港澳大湾区影视娱乐产业营业收入与税前利润集聚程度则更不容乐观。数据显示，粤港澳大湾区影视娱乐产业营业收入区位熵在十年间呈现下降趋势，从1.19下降至0.63，税前利润区位熵值则始终处在0.2以下（见图9-8），说明粤港澳大湾区影视娱乐产业其创收能力下降明显，盈利能力明显处于弱势，且远低于美国湾区创收集聚程度，尤其是与旧金山湾区强劲的盈利能力相比较，粤港澳大湾区影视娱乐产业盈利集聚水平完全难以望其项背。而这其中的主要原因在于粤港澳大湾区受制于两种体制三种法律的制度障碍和各种国际政治因素干扰，未能在湾区范围内形成类似于旧金山湾区的科创企业、研究型大学及相关社会组织等多元主体内嵌融合式发展的创新生态网络有很大关系。

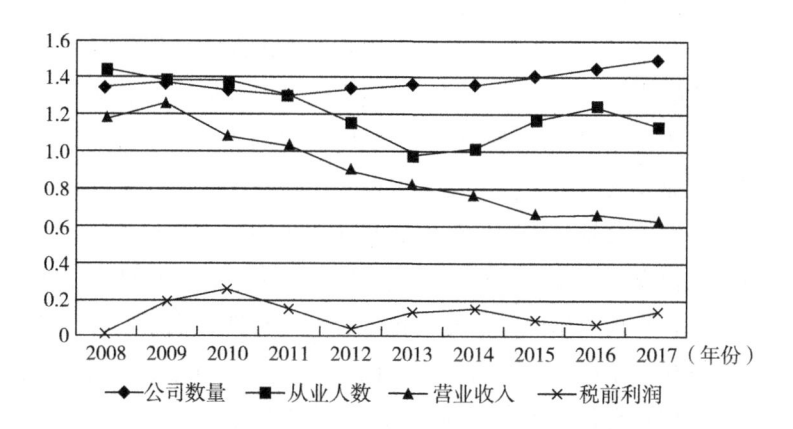

图 9-8　2008—2017 年粤港澳大湾区影视娱乐产业不同维度区位熵演化趋势

四　粤港澳大湾区影视娱乐产业集聚发展战略路径

与世界三大一流湾区相比，粤港澳大湾区影视娱乐产业虽然近年快速发展，在公司数量和就业人数方面取得了一定的集聚效果，然而在创收能力、盈利能力等多个方面与世界级湾区还存在明显的差距。作为湾区经济中的后起之秀，粤港澳大湾区影视娱乐产业亟须从如下三个方面打造战略竞争力。

（一）建构嵌入式创新网络体系，强化影视娱乐产业良性发展主体力量

前文研究发现，旧金山湾区影视娱乐产业在创收能力和盈利能力方面位居世界四大湾区之首，而形成这一明显领先优势的底层逻辑在于其建构了多元主体协同内嵌的创新网络体系。作为后起之秀的粤港澳大湾区，要想真正跻身于世界一流湾区行列，则需特别借鉴旧金山湾区这种内嵌式多元主体协同创新网络的发展经验模式，加快推动粤港澳大湾区影视娱乐企业、数字科创企业、大学及相关科研院所、影视文创类社会组织、社会公众与有关政府机构间的交流合作，形成有序联动的影视娱乐产业嵌入式创新网络体系。要着力加强香港、澳门、深圳、广州等重

点城市影视娱乐产业的资源集聚，建立整体协调、互补有序的核心城市影视娱乐产业战略布局，发挥外部经济效应、规模经济效应与核心辐射效应，带动粤港澳大湾区城市群影视娱乐产业协同发展，形成梯队式、轮轴式的影视娱乐产业集群创新创意生态环境。

由于近期国际政治等各方面因素影响，粤港澳大湾区整合三地优势实现一体化的步伐受到一定影响。旧金山湾区的政府协会、联合政策委员会、多媒体合作组织以及纽约湾区的区域规划协会等半官方和民间社会组织和产业发展组织主导驱动发展模式值得借鉴。建议粤港澳大湾区在深入考察资质背景前提下，鼓励那些充满正能量、有利于产业发展的社会组织加快发展，快速填补的缺陷，以促进大湾区良性社会组织有序发展。要结合影视娱乐产业多元文化融合交流特性，积极培育有利于粤港澳三地影视娱乐产业互动协同的良性社会组织，为粤港澳大湾区影视娱乐产业建构具有强大生命力的多元主体支撑体系。

（二）厚植文化基因打造特色品牌，促进湾区影视娱乐产业集聚融合

发达的影视娱乐产业集聚是纽约湾区、旧金山湾区和东京湾区等世界一流湾区经济社会发展的共同特征。粤港澳大湾区是连接广东、香港和澳门的世界级湾区，是国家深化"一国两制"、探索区域协调发展战略的重大实践。从国家战略视角出发，粤港澳大湾区影视娱乐产业前景乐观，享有广阔的发展空间与机遇。然而相比三大世界一流湾区，粤港澳大湾区还存在很大差距，特别是与东京湾区享誉世界的动漫影视娱乐产业集群相比，粤港澳大湾区缺乏强大的影视娱乐特色行业集群支撑。

粤港澳大湾区属中国南部特有的文化区域，以岭南文化为湾区三地共同的文化传承与创新根基，形成了粤港澳之间开展合作交流、协同创新的坚实文化基础。与此同时，粤港澳大湾区又是中西文化荟萃之地，有着深厚的多元文化交融创新特质基因，而且具备得天独厚的全球沟通对话的体制基础和良好平台。上述文化基因特质与对外合作基础恰恰是影视娱乐产业面向全球开放式发展所必需的。因此，发展粤港澳大湾区影视娱乐产业的首要前提条件是增强大湾区"9+2"城市群的文化认同感与归属感，在共同文化基因下驱动大湾区影视娱乐产业协同发展，扩大湾区文化影响力，形成独有文化特质提高影视娱乐产业的辨识度与

凝聚力。在此基础上，要特别借鉴东京湾区影视娱乐产业发展经验，走特色化发展道路，打造特色知名影视娱乐 IP 与著名品牌，以品牌效应集聚影视娱乐产业各类要素资源，增强大湾区影视娱乐产业集群效应。此外，应借助影视娱乐产业的创意内容丰富性与特色化以及互联网无界化传播等特征，打通粤港澳大湾区与全球范围内各类新老媒体平台的分发通道，在全球市场形成强有力的影视娱乐品牌和产业集聚效应，进而逐步形成粤港澳大湾区影视娱乐产业的全球竞争力。

（三）助推内容、技术与机制协同，加快影视娱乐产业链集聚升级

影视娱乐产业是典型的内容创新、技术创新与制度创新三位一体的复杂性产业。内容创新决定了影视娱乐产品的价值根本所在，技术创新决定了其产品形态、消费载体以及生产效率，制度创新则决定了意识形态、文化安全以及产权保护的边界范围，三者缺一不可。粤港澳大湾区影视娱乐产业的内生性优势在于知识溢出与要素集聚，并加以高新技术融入，从而形成湾区新兴现代服务经济的重要支撑。面对网络数字时代的冲击与挑战，粤港澳大湾区影视娱乐产业需瞄准全产业链高端节点，持续加强创作主体的创意活跃度、创作内容的新颖性，保证湾区影视娱乐产品与时俱进，满足国内外市场需求，以实现湾区经济效益与社会效益双丰收。

就具体措施而言，一是建构大湾区一体化的知识产权保护与开发机制。影视娱乐产业知识产权（尤其是版权）是核心价值，影视娱乐产品的盗版抄袭会严重降低其版权收益价值，破坏市场秩序；影视娱乐创意内容的创作过程艰辛困难，迫切需要激发社会主体对影视娱乐相关作品的创作热情。然而，目前粤港澳大湾区法律制定与施行过程中存在对国际条约的过分依赖、缺少本地协调机制与合作协议的效力层级等问题[①]，因此亟须建立大湾区跨区域协同一体化的知识产权保护制度与开发机制，从法律制度、区域政策和执行机制等方面促进大湾区影视娱乐产业各要素顺畅流通与配置优化，全面激活产业链创新效能。二是衍生品消费是影视娱乐产业区别于传统行业的蕴含巨大利润空间的重要价值

---

① 王晓冰、谈天：《粤港澳大湾区：数字化革命开启中国湾区时代》，中信出版集团 2018 年版，第 180 页。

链环节,在全球文化消费中也占有很大比重。① 应借鉴世界一流湾区影视娱乐产业发展经验,着力开发大湾区影视娱乐产业衍生品与周边产品,最大限度发掘IP价值与版权效益,延伸开发影视娱乐产业全产业价值增值链网络。三是全球影视娱乐产业智能化新时代已经开启,要紧紧抓住大数据、人工智能、区块链、5G、物联网等新兴科技促进影视娱乐产业内容生产、分发、消费等环节全面升级和生态重构②,建立"平台—内容—IP—技术"四合一的影视娱乐产业新形态,在全球化背景下实现粤港澳大湾区影视娱乐产业的跨越式转型升级。

第三节　世界湾区数字创意产业优势比较:以传媒产业为例③

传媒产业与湾区经济发展有着密不可分的关联。湾区不同的资源禀赋推动其传媒产业形成彼此不同的集聚模式,成为所在湾区经济发展的重要组成部分。新闻报刊、图书出版、广播影视、广告设计、动漫、游戏等文化创意组织集聚在大城市的核心区域及其近远郊地区④,成为湾区城市群发展的重要特征。传媒产业与湾区城市经济的融合共生,将湾区特有的文化属性与经济秩序凝聚于地理环境之中,形成具有独特竞争优势的强大垄断力量⑤,这种垄断力量通过传媒产业的天然优势加以扩散传播,促使各类竞争要素向湾区城市群持续集聚,从而不断增强湾区的核心竞争力。2019年2月《粤港澳大湾区发展规划纲要》的发布,标志着粤港澳大湾区建设进入统筹规划、科学发展的新阶段。对标世界级湾区传媒产业集聚发展经验、瞄准全球一流湾区城市群传媒产业前沿

---

① 宋燕飞:《影视文化消费供给与政策探析——关于2018年影视衍生品市场趋势与产业政策的思考》,《上海大学学报》(社会科学版) 2019年第6期。
② 吕尚彬、黄荣:《智能技术体"域定"传媒的三重境界:未来世界传播图景展望》,《现代传播》(中国传媒大学学报) 2018年第11期。
③ 臧志彭、谢铭炀:《世界四大湾区传媒产业集聚优势与演化趋势——基于2008—2017年全球上市公司的实证比较》,《南京社会科学》2019年第8期。
④ 黄滢、陈堂发:《城市文化经济学视域下的中国传媒产业空间集聚发展研究》,《新闻与传播研究》2018年第8期。
⑤ [美]艾伦·J.斯科特:《城市文化经济学》,中国人民大学出版社2010年版,第22页。

动态，对于粤港澳大湾区这一"后起之秀"汇聚全球优势资源、实现跨越式发展无疑具有重要的战略意义。

一 世界四大湾区传媒产业集聚的研究

英国经济学家阿尔弗雷德·马歇尔（Alfred Marshall）在1890年出版的名著《经济学原理》中最早分析了"产业地理集聚"（industrial geographic clustering）的现象及其成因。然而，由于传统经济学理论和方法的局限性，产业集聚的研究始终未能取得突破性进展。直到20世纪80年代，区域和空间概念才逐渐受到重视。进入90年代，以保罗·克鲁格曼为代表的新经济地理学家将产业集聚重新纳入主流经济学的研究范畴[1]，产业集聚水平的测度性研究也得以在学术界广泛开展。[2] 尽管经济活动某种程度上由于自然特征在空间上集中，但经济机制依赖于各种形式的递增回报之间的权衡，导致产业在不同地区之间分布不均衡，唯有把握产业集聚的规律，才能解决当下的经济问题。[3] 学者们研究发现产业集聚作为产业发展和资源配置的一种形式，对加快传媒产业发展具有显著作用。贝斯哈特（Bathelt）从社会结构网络角度分析了成功的产业集群所应具备的特征[4]，克鲁茨伯格（Creutzberg）和阿瑟斯（Arthurs）强调产业高度集群化，具有比传统的技术集群更强的网络化、集中化和创新性特征。[5] 科莫罗夫斯基（Komorowski）则提出不同媒体集群构成的集群类型划分方法；[6] 马丁（Martin）和埃斯托尔（Rypestol）研究发现集聚地是文化企业创新和集聚发展的重要知识来源[7]，而维尔塔（Virta）和劳维（Lowe）从价值网络理论分析认为价

---

[1] Krugman, P., "Increasing Returns and Economic Geography", *Journal of Political Economy*, Vol. 99, 1991, pp. 483 – 499.

[2] 安虎森、朱妍：《产业集群理论及其进展》，《南开经济研究》2003年第3期。

[3] Fujita, M., Thisse, J. F., *Economics of Agglomeration: Cities, Industrial Location and Globalization*, Cambridge: Cambridge University Press, 2013, p. 34.

[4] Bathelt, H., "The Re – emergence of a Media Industry Cluster in Leipzig", *European Planning Studies*, Vol. 10, 2002, pp. 583 – 611.

[5] Davis, Creutzberg, Arthurs, "Applying an Innovation Cluster Framework to a Creative Industry: The Case of Screen – based Media in Ontario", *Innovation*, Vol. 11, 2009, pp. 201 – 214.

[6] Komorowski, M., "A Novel Typology of Media Clusters", *European Planning Studies*, Vol. 25, 2017, pp. 1334 – 1356.

[7] Martin, R., Rypestol, J. O., "Linking Content and Technology: On the Geography of Innovation Networks in the Bergen Media Cluster", *Industry and Innovation*, Vol. 25, 2018, pp. 966 – 989.

值网络集群配置比简单的集群空间集聚更具有可持续性。① 国内学者从 2006 年开始对传媒产业集聚有较为明显的关注，认为集群是在一定时间内生存和坐落于特定区域环境的各种媒介实体所形成的集合体。② 随着中国传媒产业化进程的深入，产业集群成为传媒产业发展的战略选择。③ 创意组织集聚演化极大地影响着大城市及周边地区的创新氛围、知识流动、社会网络等方面④，助推经济发展和彰显区域文化。⑤ 在互联网经济背景下，新兴产业集群融合发展的必要性不断凸显⑥，产业横向集成经济模式将会成为传媒产业经济发展的新模式。

近些年来，传媒产业集聚成为湾区经济发展较为典型的特征。⑦ 纽约的经济中心地位推进政策内生性，形成了以出版产业为代表的传媒产业集聚区；旧金山湾区作为全球创新高地和最重要的高科技研发中心之一，成为新兴数字创意企业的集聚区；⑧ 东京的经济中心地位、政府产业政策制定和产业路径依赖，促使东京湾区形成了以出版印刷和动漫产业为典型的传媒产业集聚。⑨ 总体来讲，虽然现有研究对全球湾区传媒产业集聚问题进行了积极探索，然而由于缺乏足够可靠数据，导致研究主要还是从理论上对产业集聚的形成机理、影响因素、障碍阻滞与应对策略进行定性研究；研究视角也多局限于单个湾区的独立研究，缺乏四大湾区的比较研究。

---

① Virta, S., Lowe, G.F., "Integrating Media Clusters and Value Networks: Insights for Management Theory and Research from a Case Study of Mediapolis in Finland", *Journal of Management & Organization*, Vol. 23, 2017, pp. 2–21.
② 邵培仁：《论中国媒介的地理集群与能量积聚》，《新闻大学》2006 年第 3 期。
③ 曲红：《产业集群：传媒业发展的战略选择——以湖南传媒业发展为例》，《当代传播》2018 年第 8 期。
④ 王斌：《空间变革：嵌入地域发展的传媒产业集群》，《山西大学学报》（哲学社会科学版）2008 年第 6 期。
⑤ 黄滢、陈堂发：《城市文化经济学视域下的中国传媒产业空间集聚发展研究》，《新闻与传播研究》2018 年第 8 期。
⑥ 严三九：《传统媒体与新兴媒体产业集群融合发展研究》，《当代传播》2016 年第 6 期。
⑦ 鲁玫村：《世界湾区产业发展的特征及经验借鉴》，《特区经济》2018 年第 8 期。
⑧ 鲁志国等：《全球湾区经济比较与综合评价研究》，《科技进步与对策》2015 年第 11 期。
⑨ 褚劲风：《东京动漫产业空间集聚与企业区位选择研究》，《地域研究与开发》2009 年第 2 期。

第九章 | 典型城市群：世界湾区数字创意产业集聚图谱

传媒产业上市公司基本上代表着世界各国传媒产业中最为先进的生产力主体，同时也是反映全球各区域传媒产业发展状况最为灵敏的"晴雨表"。本书从世界四大湾区比较研究视角出发，基于三大国际主流产业分类标准——标准产业分类体系（SIC）、北美产业分类系统（NAICS）、全球产业分类标准（GICS）构建统一的传媒产业统计范围，借助国际权威的美国标准普尔全球上市公司数据库、上市公司年报和官方网站、雅虎财经及谷歌财经等渠道搜集整理筛选了2008—2017年世界四大湾区传媒上市公司经过审计的公开财报数据（数据检索截至2018年12月），采用产业集聚度研究经典方法——区位熵对纽约湾区、旧山湾区、东京湾区和粤港澳大湾区传媒产业空间集聚及演化趋势进行深度对比分析，从全球视野对粤港澳大湾区传媒产业国际地位和竞争形势进行准确定位和科学研判，为粤港澳大湾区跨越式发展提供有价值的研究参考。

二 世界四大湾区传媒产业的竞争格局与演化特征

科技的更迭与网络社会的崛起推动着传媒产业的结构性变革。传统文化行业在互联网时代饱尝受众流失、经营下滑的困境，而崛起的互联网体新兴行业则面临内容碎片化、模式同质化与运营监管难的"瓶颈"，融合与转型成为新旧文化业态的革新之道，推动着全球创意产业整体趋向转型发展。① 世界四大湾区依托其天然的地理条件、发达的经济基础与特有的文化资源集聚，成为传媒产业要素集聚外溢的中心。在全球整体转型的驱动下，世界四大湾区传媒产业也呈现出网络化、数据化、智能化等多元发展特点，其竞争格局伴随互联网融合度的不同而呈现差异性演化特征，上市公司的财报数据恰恰是这一演化变迁的"记录者"。本书通过对2008—2017年四大湾区传媒上市公司的公司数量、营业收入及税前利润等核心指标的比较分析，深入审视和研判四大湾区传媒产业整体发展演化趋势，以及各湾区间的竞争优劣态势格局。

（一）公司总量先增后减，东京湾区数量最多，粤港澳增速最快

发达的传媒产业集聚是世界一流湾区的共有特性，与湾区经济的联

---

① 解学芳、李琳：《上海媒体融合发展现状与最新进展研究》，载北京市新闻工作者协会、梅宁华、支庭荣《中国媒体融合发展报告（2019）》，社会科学文献出版社2019年版，第65—177页。

动发展互相支撑。伴随互联网的崛起，全球传媒产业进入结构调整、转型升级的"阵痛期"，世界四大湾区传媒上市公司总量在2008—2017年呈先增后减的演化特点。2008—2015年，四大湾区传媒上市公司总量波动上升，总体增长了12.50%。四大湾区传媒公司总量2016年开始呈缩减趋势，2016年和2017年两年平均6.39%的负增长，使2017年总量跌落至2008年之前的水平，相较2008年减少了1.48%。全球化产业结构与消费结构转型背景下，传统文化行业呈现衰落趋势，以美国为例，出版、广播和电信等传统产业在整个产业中的比例呈明显下降趋势。[①] 互联网作为一种重新构建文化产业的结构性力量，正成为传媒产业融合发展的内驱力和外动力，推动着不同业态融合创新的历史进程。

传媒上市公司的集聚水平一定程度上代表了湾区经济社会发展与城市文化的发达程度，同时也受到城市有机更新、经济结构调整与新技术变革的影响。换言之，四大湾区上市公司的集聚度反映了传媒产业发展的资源禀赋差异，反之也会对传媒产业集聚与创新产生不同影响。从数据来看（见图9-9），四大湾区中，东京湾区传媒产业规模优势明显，其上市公司数量是四大湾区平均数量的1.6倍，这得益于东京湾区作为日本经济、政治、文化中心聚集大量文化资源的优势。受金融危机影响，东京湾区上市公司2008年开始减少，到2011年低谷时减少了3.80%，但于2012年开始反弹并有较快增长，从2011年的177家增加至2015的221家，共增长24.86%。然而进入2016年，东京湾区传媒上市公司数量逐渐下降，2016年和2017年年均降幅为3.26%。尽管如此，2017年东京湾区仍然有207家上市公司，遥遥领先于其他三大湾区。纽约湾区传媒上市公司数量在2008—2016年一直保持第二的位置，但呈现出明显的下降态势，从2008年的144家以平均每年4.23%的速度下降至2016年的101家，2017年更是出现大幅滑坡，跌落至84家。美国西海岸的旧金山湾区上市公司数量十年间总体呈现震荡趋势，2008—2015年波动增长，增幅为20.11%，2016年开始下滑，2017年降至79家。粤港澳大湾区在2008年比旧金山湾区起点略高，但2010年的回落使其在2009—2012年落后于旧金山湾区而排名垫底，随后凭

---

① 李治堂、晓芳：《美国信息传媒产业规模效益分析》，《中国出版》2015年第6期。

借10年来3.13%的平均增长率,保持了四大湾区中最强劲的增势,于2013年超过旧金山湾区14家,2017年实现对纽约湾区的赶超,增长成为四大湾区中的第2位,但仍不足东京湾区传媒上市公司数量的一半,总量规模上与世界一流湾区最高水平仍有明显差距。

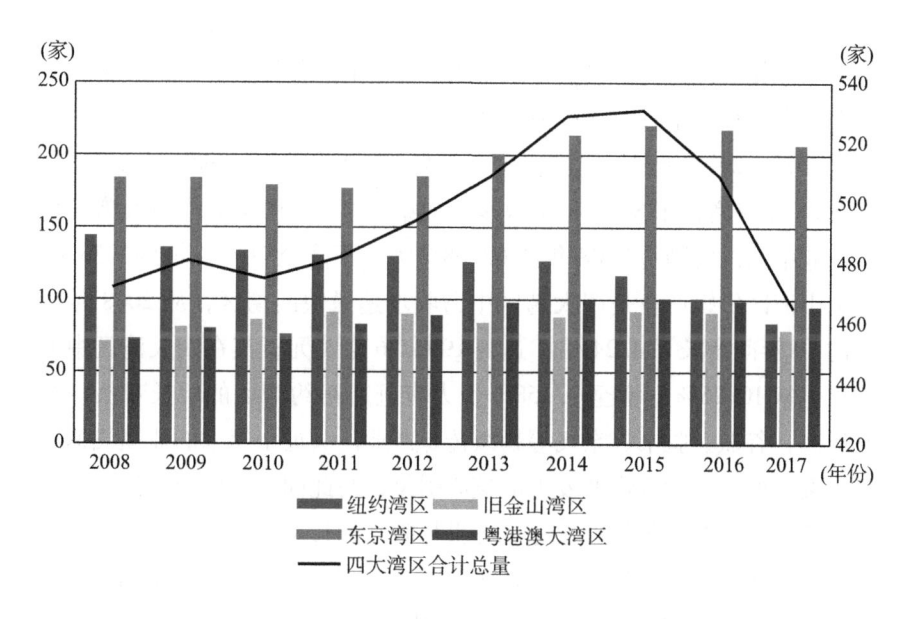

图9-9 2008—2017年世界四大湾区传媒上市公司数量

(二)营收总额先抑后扬,纽约第一显颓势,粤港澳落差较大

2008—2017年是新技术主导的传媒产业"大变革""大洗牌"的变迁期,传统文化行业遭遇"关停潮",宣告非数字化时代即将终结;而新兴文化的不断崛起意味着传统行业与互联网联姻、转型已"箭在弦上"。数据统计显示(见图9-10),四大湾区传媒上市公司营业收入总额受国际金融危机影响在2008—2009年出现了下滑,降幅达到10.37%,2010年之后开始企稳回升,并基本保持增长趋势,在2017年达到了5664.05亿美元的峰值,比2008年合计增长了60.18%,其中2016年、2017年呈明显增长态势,两年的平均增长率为10.65%。前文研究发现,传媒上市公司数量在2016年、2017年出现了下滑;此外从单位企业的平均营收均值来看,两年的平均增长率达到了15.41%,说明全球湾区传媒产业总体进入内部大规模兼并重组期,意味着科技赋

权与互联网赋能成为传媒产业创新融合场域中的重要战略选择。2018年6月AT&T并购时代华纳、2019年3月迪士尼收购21世纪福克斯也佐证了这一明显的发展动向。

四大湾区比较研究发现,纽约湾区传媒产业创收能力虽然仍居霸主地位,但颓势尽显。作为全球金融中心,纽约湾区建构起的数字创意生产体系确保了纽约湾区作为美国传媒产业中心的位置,但其传统文化行业的强大优势一定程度上也成为其转型发展的阻碍。从数据来看(见图9-10),2017年纽约湾区传媒上市公司营收总额为2399.02亿美元,比2008年仅增长了8.24%(增速倒数第二),而其在全球四大湾区传媒产业中的占比则从2008年的62.68%大幅下降至2017年的42.36%。旧金山湾区传媒产业是四大湾区中营收增速最快的湾区,从2008年以来的10年间增长了4.24倍,达到1902.26亿美元;其在四大湾区中的占比也从10.26%猛增至33.58%,大有赶超纽约湾区的增长势头。究其原因,谷歌、脸书、奈飞等超级传媒产业巨头近十年来的业绩飞速增长无疑是旧金山湾区产业发展的核心引擎;与此同时,旧金山湾区凭借高新科技人才要素集聚的优势成为世界瞩目的技术创新中心,为传媒产业的可持续创新发展提供智力资源禀赋。东京湾区传媒产业是四大湾区中营业收入总额增速最慢的湾区,10年来仅增长了5.29%,并且经历了较大幅度的震荡波动,表明东京湾区传媒产业正在经历比美国湾区更为剧烈的调整转型期。粤港澳大湾区传媒产业的营收水平与世界三大湾区差距巨大。虽然粤港澳大湾区传媒产业近十年来营业收入增长了5.49倍,增速位居四大湾区之首,然而由于体量规模基数太小,尚无法与三大世界一流湾区相抗衡。从2017年营收总额来看,粤港澳大湾区传媒产业仅为纽约湾区的17.67%、旧金山湾区的22.29%、东京湾区的45.15%,差距之大无法同日而语。数据结果表明,以数字技术为主导的传媒产业正在以前所未有的速度取代传统创意产业,重塑全球创意产业的结构格局。在互联网场域不断开放、流动、无中心的多维架构下,利用新技术赋权积极变革传统创意产业、大力发展传媒产业成为四大湾区突破传统发展限域的重要战略选择。

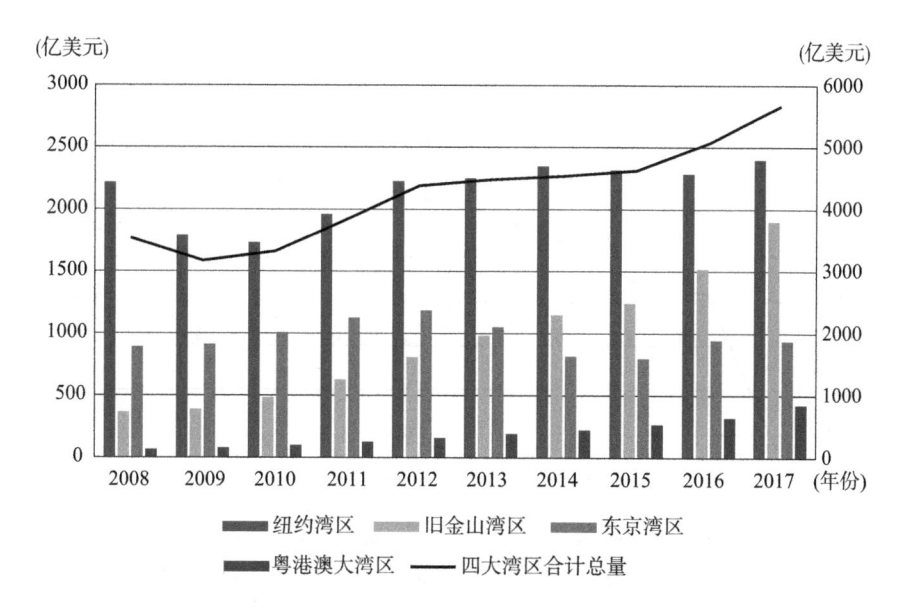

图 9-10　2008—2017 年世界四大湾区传媒上市公司营业收入

（三）总体盈利大幅提升，旧金山雄踞第一，粤港澳相对较弱

数字化时代的创意产业盈利能力很大程度上受到经济环境与技术环境的影响。新经济与新技术塑造的数字化场景为创意产业提供了崭新的组织平台与制度结构，重塑着媒体的采编流程与运作模式，构建了现代化的新创意生产体系。从四大湾区传媒上市公司盈利能力来看（见图9-11），其总体税前利润在 2008—2017 年迅速提高，2017 年税前利润是 2009 年税前利润的 3.31 倍，年均增长 38.47%，其营业利润率也从 -14.10% 上升到 31.86%，盈利能力大幅提升。受金融危机影响，2008 年纽约湾区传媒产业出现大规模亏损，尽管其他三大湾区有所盈利，但四大湾区传媒上市公司整体仍亏损 498.42 亿美元，说明传媒产业与全球经济发展的联动性。2009 年四大湾区传媒产业盈利能力迅速恢复，税前利润在 2009—2014 年逐年递增，年均增幅达到 21.79%。随后在 2015 年有所回落，下降 13.04% 至 1243.23 亿美元，2016—2017 年四大湾区传媒产业总体盈利水平再度回升，以年均 20.50% 的速度升至税前利润新高。传媒产业利润水平在金融危机后期的快速恢复验证了其所具有的"口红效应"，传媒产业盈利总额的不断提升实际上也表征了世界四大湾区整体经济的逐渐复苏。

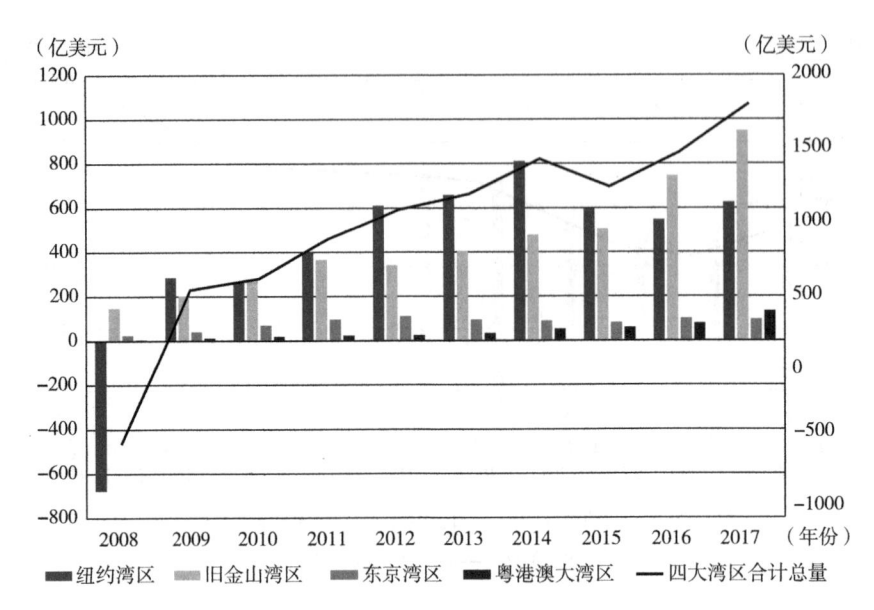

图 9-11　2008—2017 年世界四大湾区传媒上市公司税前利润

从四大湾区传媒产业盈利能力比较来看，不同湾区传媒产业内含数字化基因的强弱影响着其盈利能力的发展演化。身处金融危机中心的纽约湾区传媒产业盈利能力最不稳定，10 年间出现了多次大幅波动涨跌，除了深受金融危机影响之外，与其传统文化行业占主导的产业结构也有很大关系。从数据来看（见图 9-12），旧金山湾区传媒产业凭借快速发展的企业巨头和年均 47.12% 的超高营业利润率[①]，拥有着四大湾区中最强的盈利能力，传媒上市公司税前利润以年均 24.05% 的增速从 2008 年的 147.71 亿美元增长至 2017 年的 948.48 亿美元，并于 2016 年超过纽约湾区。东京湾区传媒产业盈利能力表现最差，虽然在 2008—2017 年以年均 19.12% 的幅度震荡上升，但 2017 年税前利润总额居于四大湾区末位，仅达到纽约湾区和旧金山湾区的 15.42% 和 10.18%；而且其营业利润率也一直徘徊在最低位（均在 11% 以下）。粤港澳大湾区传媒产业盈利能力基础最为薄弱，上市公司的税前利润在 2009 年仅为纽约湾区的 4.52% 和旧金山湾区的 6.37%，2017 年占纽约湾区和旧金山湾区比例上升为 21.33% 和 14.08%；传媒上市公司平均税前利润

---

① 这里的营业利润率采用的是税前利润除以营业收入计算得到。

也只有1.41亿美元,是纽约湾区和旧金山湾区的18.86%和11.71%,差距仍然非常大;但其盈利能力提升最为迅速,年均46.09%的税前利润增速和年均19.02%的营业利润率增幅都高于其他世界级湾区,到2017年,粤港澳大湾区传媒产业的营业利润率增长了3.70倍,达到31.48%,仅次于旧金山湾区。数字技术是传媒产业发展创新的助推器,特别是以开放连通、共享参与和交互体验等特性构建起的数字创意场域,实现了信息生产者与接收者角色自由切换、内容创新再生产、渠道双向互通的传媒产业链颠覆性变革,重构了传统创意产业新型生态系统循环机制。而从四大湾区比较研究可以看到,旧金山湾区是传媒产业全新生态系统中的最大受益者。从基础构成来讲,粤港澳大湾区与旧金山湾区有很多相似之处,都具有多元的移民文化、推崇创新创业精神、聚焦发展传媒产业等,这将是粤港澳大湾区传媒产业崛起的重要资源禀赋。

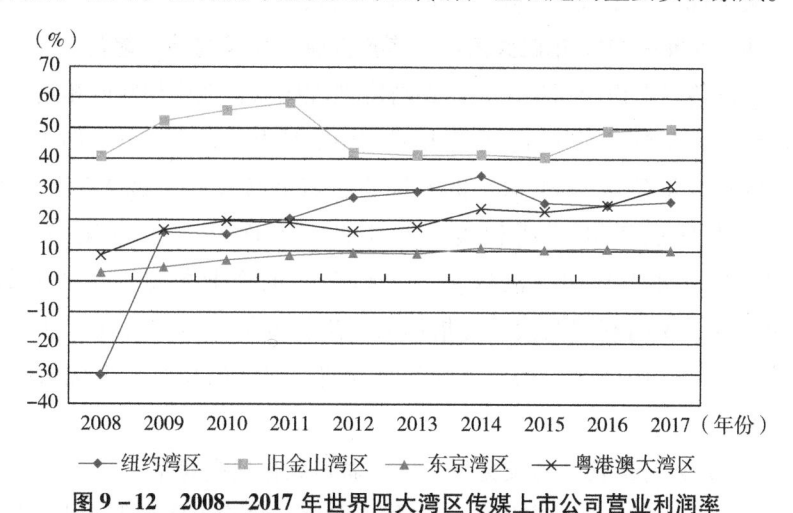

图 9 – 12　2008—2017 年世界四大湾区传媒上市公司营业利润率

三　四大湾区传媒产业集聚优势测算方法

波特(Porter)指出,产业集聚是特定领域一群在地理上邻近、有交互关联性的企业与相关法人机构,形成彼此共通与互补的现象。[①] 随着新经济地理学的提出,产业集聚水平的测度开始进入许多学者的研究视域,成为产业集聚理论研究的一个重要领域。

---

① Michael Porter, M. E., *The Competitive Advantage of Nations*, New York: Free Press, 1998, p. 148.

本书采用区位熵（Location Quotient，LQ）作为四大湾区传媒产业集聚程度比较研究的主要方法。研究基于2008—2017年全球四大湾区传媒上市公司数据，计算区位熵以测度四大湾区传媒产业相对集聚优劣势，并在此基础上分析各大湾区传媒产业集聚态势的演化趋势。考虑到公司数量区位熵可以反映一个产业在特定区域内企业数量集聚水平，从业人数区位熵可以反映产业就业集聚水平，营业收入区位熵可以反映产业创收集聚水平，税前利润区位熵可以反映产业盈利集聚水平，因此这里采用四大湾区传媒上市公司的企业数量、从业人数、营业收入和税前利润四个指标计算区位熵，以求进行多维度的产业集聚优势与演化趋势分析和相互验证。① 关于区位熵的计算方法，详见前面"第五章全球数字创意产业集聚的城市图谱"中的"基于区位熵的全球城市数字创意产业集聚规律"中关于区位熵的原理与公式。

四 2008—2017年四大湾区传媒产业集聚优势与演化趋势

湾区传媒上市公司集聚是指在特定地理区域，性质相同或相近或互补的传媒企业在空间分布上呈现相对集中的特点、在产业链上形成共同互补的竞合关系。② 集聚水平的不同直接或间接反映了四大湾区传媒产业的发展层级和发达程度。鉴于此，下面基于区位熵方法对2008—2017年世界四大湾区传媒上市公司的企业数量、从业人数、营业收入和税前利润四大核心指标数据进行分析，研判传媒产业在纽约湾区、旧金山湾区、东京湾区和粤港澳大湾区的相对集聚优劣势及演化趋势。

（一）纽约湾区：集聚优势下滑，新旧媒体迭代转型

传媒产业集聚与城市历史、社会、文化、政治等因素③，以及企业

---

① 刘怡等：《京津冀产业协同发展评估：基于区位熵灰色关联度的分析》，《中央财经大学学报》2017年第12期。
② 解学芳、臧志彭：《"互联网+"时代文化产业上市公司空间分布与集群机理研究》，《东南学术》2018年第2期。
③ Jin-Liao He and Hans Gebhardt, "Space of Creative Industries: A Case Study of Spatial Characteristics of Creative Clusters in Shanghai", *European Planning Studies*, Vol. 22, 2014, pp. 2351–2368.

家的创新力、城市环境等要素息息相关。① 作为四大湾区中发展和形成规模最早的湾区，纽约湾区是传统意义上的媒体产业中心，全美18%的新闻出版从业人员都集聚在其传媒产业集聚区。② 根据传媒上市公司数量和营业收入区位熵计算结果（见图9-13），纽约湾区传媒上市公司数量和税前利润区位熵10年均值都大于1，营业收入及从业人数区位熵10年均值都大于2，表明纽约湾区传媒产业在四大湾区中具有显著的相对集聚优势，形成了较为明显的集聚规模。然而从2008—2017年变化趋势来看，传媒上市公司数量、从业人数、营业收入及税前利润区位熵都呈现出明显的下行趋势，年均降幅分别达到5.52%、1.72%、2.75%和3.86%，其传媒产业的相对集聚优势越来越不明显。2016—2017年，纽约湾区传媒上市公司数量区位熵值更是低于1。也就是说，2016年以来纽约湾区的传媒产业公司数量规模在世界四大湾区范围内已经不具备相对集聚优势，并还有进一步走弱的倾向。深入分析发现，纽约湾区传媒产业相对集聚优势趋弱的背后，与其产业结构的转型有很

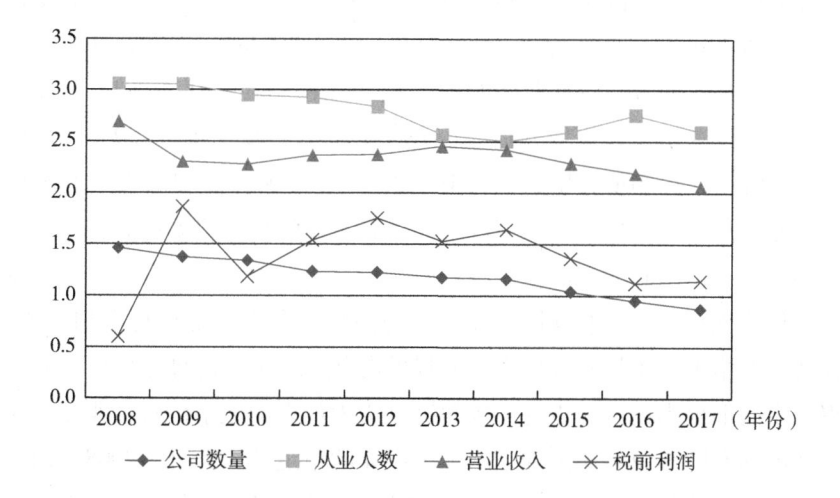

图9-13 2008—2017年纽约湾区传媒产业不同维度区位熵演化趋势

---

① Escalonaorcao, A. I., et al., "The Location of Creative Clusters in Non-metropolitan Areas: A Methodological Proposition", *Journal of Rural Studies*, Vol. 45, 2016, pp. 112-122.

② 黄滢、陈堂发：《城市文化经济学视域下的中国传媒产业空间集聚发展研究》，《新闻与传播研究》2018年第8期。

大关系。纽约湾区传媒上市公司数量占所有上市公司数量的比例从2008年的10.69%降至2017年的5.94%，2008—2017年传媒产业中出版、电影、广告及广播等传统媒体行业上市公司数量减少幅度均超过40%，而新兴的传媒应用软件上市公司数量则增长了1.6倍。可见，在互联网塑造的数字化、网络化时代，纽约湾区传媒产业正在经历产业转型、媒体融合的转折期以及大规模的兼并收购重组期，新媒体产业正以不同渠道和不同形式跨界与渐进式扩散，对湾区更大地理范围的传统产业发展与经济增长模式产生深层次的更新与重塑，从而逐渐形成更大规模的新媒体经济增长极。

(二) 旧金山湾区：结构稳定有序，从集聚到集群蜕变

在资本、人才、技术及创新文化等要素集聚作用下，旧金山湾区成为世界著名的科技新媒体产业集聚区，汇聚了以谷歌、脸书、奈飞等为代表的一大批数字创意企业，旧金山湾区在美国乃至全球传媒产业版图中的地位已举足轻重。从数据结果来看（见图9-14），旧金山湾区的传媒上市公司数量区位熵2008—2017年在1上下浮动，且浮动幅度较小，均值为0.98。与传媒上市公司数量区位熵不同，旧金山湾区传媒上市公司从业人数、营业收入和税前利润区位熵在2008—2017年都保持了大幅度的增长，年均分别增长18.00%、13.02%和33.39%，2017年三个维度区位熵值分别达到2.16、2.42及1.94，表明旧金山湾区传媒产业虽然数量规模在四大湾区中并没有明显的相对集聚优势，但其在吸纳就业、创造收入和获取盈利方面相较其他三大湾区而言具有非常显著的集聚优势。这与互联网媒体产业的高利润和强外部性特征相一致，在超级网络平台主导新媒体竞争格局的时代[①]，以互联网与社交媒体集聚为主的旧金山湾区，以谷歌等超级巨头为代表的数字传媒企业在传媒产业内的垄断地位日趋加强，增加了产业的稳定性。此外，2008—2017年互联网软件与服务、应用软件和互动媒体及服务三大行业的上市公司数量牢牢占据着旧金山湾区传媒上市公司数量的前3名，占比超过60%，说明旧金山湾区保持着较为稳定的传媒产业结构。细分行业结构研究发现，互联网软件与服务、通信设备及互联网零售三大行业连续

---

① 方兴东等：《2012—2017年全球新媒体发展特征》，《新闻与写作》2017年第11期。

16年稳居旧金山湾区文化创意产业前5强行业。① 此外，旧金山湾区还拥有加州大学伯克利分校、斯坦福大学等一大批顶尖学府，以及近200个诺贝尔奖获得者、20多个菲尔兹奖获得者、50多个图灵奖获得者以及近300位奥运冠军，嬉皮士、自由主义和进步主义等多元文化融合共生，形成了科技、媒体、产业、人文、艺术、体育、自然的一体化交融，实现了从产业集聚到生态集群的升级。②

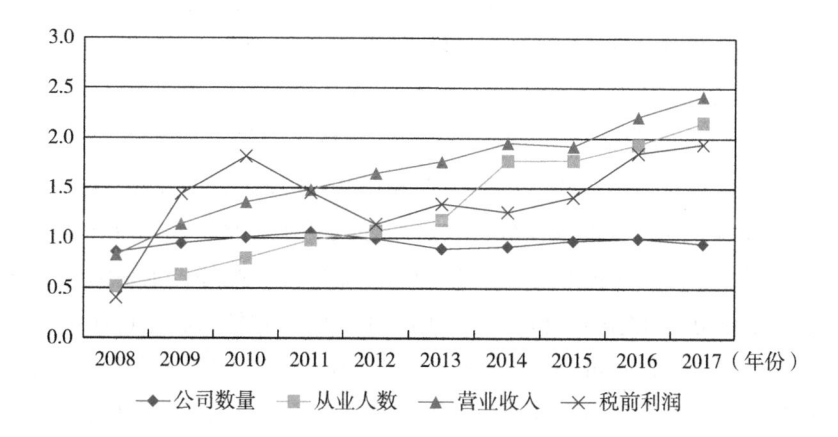

图9-14 2008—2017年旧金山湾区传媒产业不同维度区位熵演化趋势

（三）东京湾区：细分行业分散，传统媒体仍具优势

作为日本的经济中心和最大的都市圈，受"创意东京"政策推动、城市发展路径依赖和产业集聚牵引等因素影响，东京湾区已发展成为大量传媒企业的集聚区，集中了日本五大全国性报业集团及五大核心电视台、78.45%的出版社和81.59%的动漫企业③，是全日本的传媒产业中心。这一点从东京湾区传媒产业区位熵分析结果中也能够看到（见图

---

① 臧志彭、伍倩颖：《世界四大湾区文化创意产业结构演化比较——基于2001—2016年全球文创上市公司的实证研究》，《山东大学学报》（哲学社会科学版）2019年第1期。
② 王缉慈等（2010）指出，规范理论中的产业集群需要满足三个特征：一是行为主体地理上邻近；二是产业间联系；三是行为主体间互动。只有实现了行为主体间的互动（特别是各种非正式交流）才能带来知识溢出效应。详见王缉慈《超越集群——中国产业集群的理论探索》，科学出版社2010年版，第13—18页。
③ 车春鹂、高汝熹：《东京出版印刷产业集群特点、成因及启示》，《科技管理研究》2008年第12期。

9-15)。2009—2017年,东京湾区传媒上市公司数量区位熵一直大于1,而且呈现连年增长态势,2017年公司数量区位熵值已经达到1.33,比2008年增长了33.00%,表明东京湾区传媒上市公司数量规模在世界四大湾区范围内已经具备一定的相对集聚优势并有进一步增强的态势。然而,东京湾区传媒产业的营业收入区位熵值一直徘徊在0.50以下,税前利润区位熵值一直低于0.40,而且2008—2017年还呈现小幅下降趋势,年均下降幅度为2.27%、1.21%,说明东京湾区传媒产业在营收水平和盈利能力方面大大落后于美国湾区,这与前文的竞争格局分析结论是一致的。从具体行业集聚情况来看,东京湾区集聚了多达25个细分行业的传媒相关类上市公司,是四大湾区中集聚行业数量最多的湾区。过于分散、多元的媒体产业结构,导致东京湾区传媒产业难以充分发挥产业集聚的规模优势,进而导致其在营业收入、盈利能力以及就业吸纳等方面未能具备足够强的国际竞争力。此外,东京湾区文化创意产业细分行业结构分析显示,2017年互联网软件与服务行业虽然上市公司数量已经达到48.31%的比重,然而其营业收入仅占22.5%,而传统广告、广播电视、印刷等传统媒体上市公司营业收入仍然占据56.73%的比重。[①] 换句话说,虽然以互联网为代表的新兴媒体对日本传统媒体形成了很大的冲击,然而短期内尚无法撼动传统媒体的主导地位。

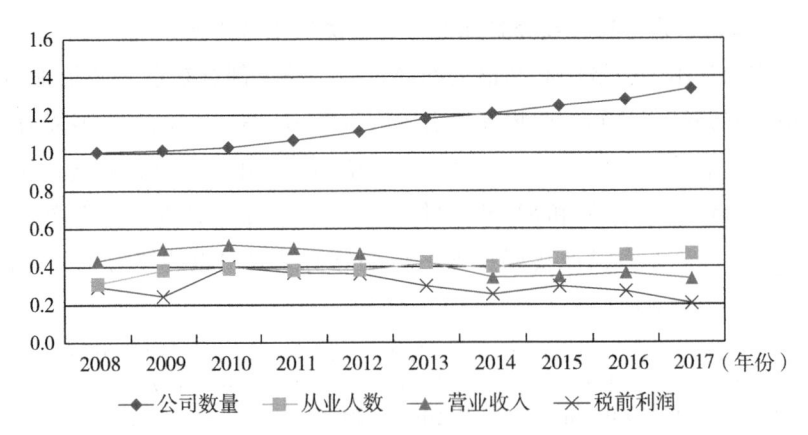

图9-15 2008—2017年东京湾区传媒产业不同维度区位熵演化趋势

---

① 臧志彭、伍倩颖:《世界四大湾区文化创意产业结构演化比较——基于2001—2016年全球文创上市公司的实证研究》,《山东大学学报》(哲学社会科学版)2019年第1期。

(四)粤港澳大湾区：集聚劣势明显，媒体融合区域失衡

改革开放以来，粤港澳三地传媒产业由于特殊的制度及历史原因，早期形成了以广播电视为主体的竞争格局，香港逐渐成为以电视与电台、电影与录像为主的产业集聚区；随着互联网时代的到来，深圳和广州的传媒产业不断崛起，也形成了较为密集的数字出版产业带。[①] 然而从粤港澳大湾区传媒产业区位熵来看（见图9-16），公司数量、从业人数、营业收入和税前利润四大维度计算的区位熵都低于1，而且基本都在0.70以下徘徊，说明与美国纽约、旧金山以及日本东京等世界一流湾区相比，粤港澳大湾区传媒产业的相对集聚水平处于明显弱势地位。具体来讲，粤港澳大湾区传媒产业上市公司数量区位熵在2008—2017年整体在0.70上下浮动，年均只有0.87%的增长幅度；而从业人数、营业收入及税前利润区位熵在2008—2017年则均低于0.50。虽然前文数据分析显示粤港澳大湾区传媒上市公司数量增速最快，但是由于粤港澳大湾区整体发展速度较快，传媒产业的体量与增速跟粤港澳大湾区其他产业相比并不占优势，因而产生了区位熵偏低的结果。细分行业比较分析显示，2017年粤港澳大湾区传媒上市公司数量前五的行业依次为电影和娱乐、广播、出版、互联网软件与服务、互动媒体及服务。

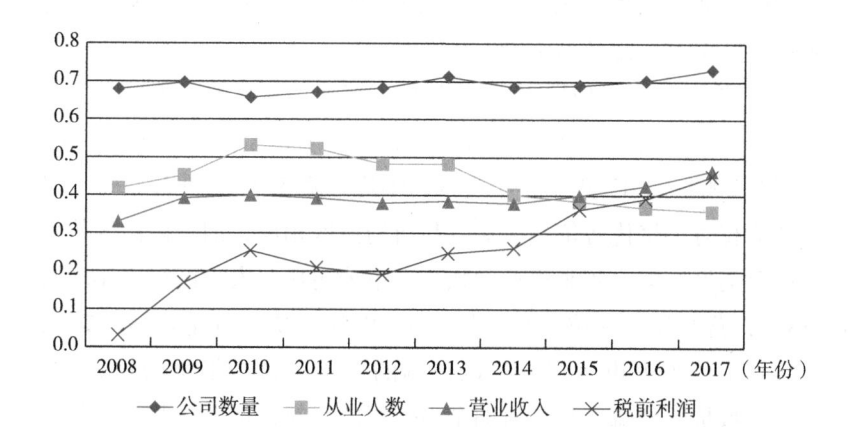

图9-16 2008—2017年粤港澳大湾区传媒产业不同维度区位熵演化趋势

---

① 段莉：《从竞争合作到协同发展：粤港澳大湾区传媒发展进路探析》，《暨南学报》（哲学社会科学版）2018年第9期。

可见，传统媒体产业仍然在粤港澳大湾区占据前三位置，同时互联网媒体相关行业上市公司数量占湾区所有传媒上市公司比例仅有24.49%，新兴媒体仍处于劣势地位。细分行业地域分布也不均衡，以2017年传媒上市公司数量分布为例，粤港澳大湾区85%的传统媒体企业集聚在香港，而深圳则占据湾区内新兴媒体产业的主导地位，集聚了40%的数字创意企业。由此可见，媒体融合在粤港澳大湾区面临着严峻的区域失衡问题。如何打破体制壁垒，构建一体化的媒体融合机制与通道，成为粤港澳整合发展过程中的关键课题。

（五）湾区比较：一流湾区各具优势，粤港澳亟待突破

从传媒产业总体集聚水平看，纽约湾区在2008—2017年拥有着四大湾区最具比较优势的传媒产业，传媒上市公司从业人数和营业收入区位熵均值都在四大湾区中排名第1，尤其是营业收入区位熵均值达到2.34，是其他三大湾区的2倍。旧金山湾区紧随其后，近十年上市公司数量区位熵均值为0.98，位于纽约湾区和东京湾区之后，营业收入区位熵均值则为1.67，位居第2。东京湾区上市公司数量区位熵均值排名第2位，仅次于纽约湾区，但其营业收入区位熵均值与公司数量区位熵倒挂，在四大湾区中排名第3位。粤港澳大湾区的传媒上市公司数量区位熵均值远低于其他三大湾区，仅为0.69，而其营业收入区位熵均值与东京湾区相当，排名第4位。

受区域规划、经济环境等因素影响，各个湾区传媒产业区位熵呈不同的变化趋势。纽约湾区呈"双降"趋势，上市公司数量和营业收入区位熵在2008—2017年都逐年递减，年均下降5.52%和2.75%，但其传媒产业相对集聚优势依然明显。与纽约湾区相反，旧金山湾区传媒产业的相对集聚优势十年来迅速增强，上市公司从业人数区位熵年均增长17.88%，营业收入区位熵年均增长13.05%，快于其他湾区。东京湾区也实现了传媒上市公司数量区位熵的稳步增长，年均增长3.23%，上市公司数量区位熵实现了对旧金山湾区的反超，但营业收入区位熵年均减小2.27%。粤港澳大湾区的传媒产业相对集聚水平增长缓慢，其上市公司数量区位熵在2008—2017年震荡上升，年均只有0.87%的增长，营业收入区位熵的年均增长幅度也仅有4.06%。

相较于其他三大湾区，粤港澳大湾区传媒产业集聚发展的相对劣势

明显。传媒上市公司数量的快速增长，并没有使粤港澳大湾区在传媒产业方面形成相对集聚优势，其传媒上市公司数量区位熵在四大湾区中一直处于末位，2008—2017年均值距前1位旧金山湾区还有0.27的值差，远低于纽约和东京湾区，其增长速度也低于旧金山和东京湾区（仅为东京湾区增速的1/3）；营业收入区位熵均值虽略高于东京湾区，却只有旧金山湾区的1/3和纽约湾区的1/6，近十年间更是在负增长，与其他湾区差距越来越大。综上所述，粤港澳大湾区传媒产业的总体规模虽然扩张较快，但相比之下并没有粤港澳大湾区其他产业发展的速度快，因而并未能占据大湾区的主导产业地位，其在世界四大湾区传媒产业中的相对劣势地位也没有得到明显改善，亟待转型突破。

五 粤港澳大湾区传媒产业跨越式发展的战略路径

通过世界四大湾区传媒产业总体竞争格局与相对集聚水平的比较分析，可以看到粤港澳大湾区传媒产业虽然在传媒类上市公司数量规模上已经赶上世界级湾区水平，但在产业结构、营收水平和盈利能力等方面与世界级湾区仍存在非常大的差距。2015年3月粤港澳大湾区首次在《推动共建丝绸之路经济带和21世纪海上丝绸之路的愿景与行动》中被正式提出，2019年2月才确立了《粤港澳大湾区发展规划纲要》；而纽约大都市区规划在20世纪20年代形成并发展成熟，2016年又提出第四次区域规划；旧金山湾区则早在20世纪60年代就已成立旧金山湾区地方政府协会。因此，作为湾经济体的后来者，粤港澳大湾区只有通过跨越式发展才能真正成为世界一流湾区。基于上述分析，本书提出粤港澳大湾区传媒产业跨越式发展的战略建议。

（一）从跨越式发展战略高度重视和支持传媒产业由集聚向集群跃升

从旧金山湾区传媒产业发展历程来看，2008年前的旧金山湾区传媒产业各核心指标的区位熵都大大低于1，处于明显竞争劣势地位；而随着谷歌（Google）、脸书（Facebook）、奈飞（Netflix）、推特（Twitter）、潘多拉（Pandora Media）等一大批数字创意企业，以及具有极强媒体属性的苹果公司在移动互联网时代大发展，旧金山湾区迅速崛起，到2017年其传媒产业营业收入、税前利润区位熵都跃居第1，而同期的人均GDP也位居全美第1，彰显出新兴传媒产业对于湾区经济跨越式发展的巨大推动性作用。因此，在"互联网＋"时代，促进基于科技创新的传媒产业集群化发展对于粤港澳大湾区跨越升级具有重要的战略意义。

传媒产业集群的形成是建立在地理集聚、产业链接与行为主体互动基础上的，其集聚度的高低会直接影响传媒产业的发展动力与发展潜力。实际上，粤港澳大湾区传媒上市公司数量增长速度在世界四大湾区中是最快的，然而数量、人数、营收和利润四大指标的区位熵值都低于0.7，传媒产业相对集聚水平处于明显弱势地位。这说明虽然2008年以来粤港澳大湾区传媒产业获得了较大的发展，但相比其他行业，传媒产业在粤港澳大湾区整体产业中的比重仍然不高。鉴于此，粤港澳大湾区应加快推进传媒产业发展变革：第一，将传媒产业作为粤港澳大湾区跨越式发展战略的核心产业突破口之一，持续加强对传媒产业的扶持力度。第二，依托湾区科研资源优势和高新技术产业基础，充分发挥国家级新区、国家自主创新示范区、国家高新区等高端要素集聚平台作用[1]，建立传媒产业链企业（上中下游）、数字科技企业、大学科研院所、传媒类社会组织、社会公众和有关政府机构等交流互动、分工协同的大湾区传媒产业生态体系，实现从集聚到集群的跃迁升级。第三，粤港澳大湾区核心城市传媒产业竞争力偏弱导致湾区传媒产业不具备全球比较优势，因此，要着力加强香港、澳门、深圳、广州四大核心城市传媒产业的资源集聚，特别是在确保意识形态安全的原则下打通体制壁垒，建立整体协同、互补有序的核心城市传媒产业战略布局，发挥外部经济效应、规模经济效应与核心辐射效应，带动湾区其他城市传媒产业发展，形成粤港澳梯队式、轮轴式传媒产业集群生态。

（二）基于体制差异构建大湾区传媒产业发展的协同促进机制

"一国两制"背景下，"三税区""三法律""三货币"的体制差异使粤港澳大湾区面临比世界三大湾区更为复杂的协同一体化障碍。但三地迥异的制度格局恰恰又是粤港澳大湾区建设多元复合湾区的独特优势所在，制度的多样性将有效促进人才、技术、资金的优化配置，有利于

---

[1] 中共中央、国务院：《粤港澳大湾区发展规划纲要》，http://www.xinhuanet.com/politics/2019-02/18/c_1124131474.html。

促进湾区内各城市差异化发展,避免同质化竞争。应该看到的是,孕育于不同制度环境中的粤港澳三地产业优势各异、互补性强,传媒产业发展的协同促进机制具备内在需求和现实可行性。鉴于此,需将制度障碍转变为发展优势,加快构建粤港澳大湾区传媒产业发展的有效协同推动机制。

首先,亟须建立大湾区传媒产业发展官方及非官方协同促进组织机构体系,充分借鉴纽约湾区的区域规划协会(Regional Planning Association,RPA),旧金山湾区的政府协会、联合政策委员会、大都市区交通委员会,东京湾区的首都圈整备委员会、中央行政机构都市圈整备局等跨区域协同治理模式与经验①,建立大湾区不同体制下促进传媒产业发展的协同机制。二是编制粤港澳大湾区传媒产业发展的协同促进规划,制定出台促进传媒产业高速化发展、传媒人才互动化交流、传媒内容协同化生产、传媒渠道整合化分发、传媒市场一体化运营的有力政策体系,构建"一国两制"下粤港澳三地传媒产业协同促进的制度基础和战略基础,形成政策正向叠加效应。② 三是以粤港澳大湾区为试点推动国有传统媒体机构的混合所有制改革,在实施媒体企业特殊管理股制度确保社会主义核心价值观不动摇的基础上,积极引入多元资本结构,借助资本运作破除体制壁垒,全面激活国有传媒产业潜力,构建多种所有制媒体融合共生的传媒产业生态,系统化提升大湾区传媒产业的国际竞争力。

(三)抓住新一轮科技革命浪潮促进大湾区传媒产业智能化融合升级

新一轮科技革命浪潮下,传媒产业的智能化时代已经全面开启,原有的经济、政治和信息传播格局已被打破,亟须构建平等普惠共享的网络空间秩序。智能化技术正在进入内容行业③,促使内容生产、分发、

---

① 符天蓝:《国际湾区区域协调治理机构及对粤港澳大湾区的启示》,《城市观察》2018年第6期。
② 段莉:《从竞争合作到协同发展:粤港澳大湾区传媒发展进路探析》,《暨南学报》(哲学社会科学版)2018年第9期。
③ 彭兰:《智能时代的新内容革命》,《国际新闻界》2018年第6期。

消费等全面升级和生态重构。① 粤港澳大湾区的媒体融合，应紧紧抓住新一轮科技革命，特别是人工智能技术引发的传媒产业生态重构的历史机遇，运用大数据、云计算、机器学习、物联网等新兴技术促进媒体产业的智能化创新和多向度协同发展，在日益碎片化的全球化背景下实现传媒产业的智能化跨越式转型升级。②

从大湾区传媒产业智能化融合创新路径来说，一是基于人工智能技术重塑大湾区传媒产业，从程序化内容生产、算法化内容分发、自动化内容监管和精准化运营等环节实现传媒产业全价值链的智能化。③ 二是抓住全球传媒产业人工智能化转型的战略机遇，充分发挥华为5G技术、腾讯大数据、阿里云计算、百度人工智能及大疆无人机等先进科技的引领能力，推动粤港澳传统媒体的跨越式转型升级；同时还应积极推动粤港、粤澳间的电信技术合作和媒体技术合作，在确保文化安全的原则下着力打通不同体制下的媒体间合作技术壁垒，为传统媒体向智慧新媒体全面转型构建高效的基础设施平台。三是相比世界一流湾区，粤港澳大湾区媒体融合总体进程显著滞后，虽然深圳的传媒产业发展迅猛，然而香港、澳门、广州等地区的传统媒体产业仍然占据较大份额，存在严重的区域失衡问题。要着力促进香港、澳门等传统媒体占主导的地区培育"互联网＋智能化"基因④，推进全社会文化生产与生活的数字化智能化转型，促进整个大湾区社会信息传播从整体到群体再到个体的全面智能化转型⑤，为粤港澳媒体融合奠定良好的社会生态。

（四）基于全球价值链地位重构提升大湾区传媒产业盈利能力和国际影响力

营收水平的高低以及盈利能力的强弱，直观地反映了传媒产业的发

---

① 吕尚彬、黄荣：《智能技术体"域定"传媒的三重境界：未来世界传播图景展望》，《现代传播》（中国传媒大学学报）2018年第11期。
② 邵培仁、陈江柳：《整体全球化："一带一路"的话语范式与创新路径——基于新世界主义视角的再阐释》，《暨南学报》（哲学社会科学版）2018年第11期。
③ 宋建武、黄淼：《媒体智能化应用：现状、趋势及路径构建》，《新闻与写作》2018年第4期。
④ 严三九：《媒体智能化应用：现状、趋势及路径构建》，《新闻与传播研究》2017年第3期。
⑤ 喻国明：《人工智能与算法推荐下的网络治理之道》，《新闻与写作》2019年第1期。

展质量。粤港澳大湾区传媒产业相较世界级湾区,无论是产业整体还是单个企业,其营收水平及盈利能力与纽约湾区、旧金山湾区相差巨大,还处于传媒产业全球价值链低端位置。然而,全球 65% 的数字音乐市场已被苹果公司和瑞典的声田(Spotify)抢占,谷歌占领全球 90% 的搜索份额,Facebook 月活跃人数超过 20 亿,亚马逊牢牢掌控全球电子出版物市场①,数字传媒产业全球价值链主导地位已经被西方巨头掌控。

全球价值链著名学者汉弗莱(Humphrey)和施密茨(Schmitz)研究明确指出,发展中国家其实很难在发达国家主导和控制的全球价值链中由低端向高端攀升,更不可能实现自动快速升级。② 粤港澳大湾区亟须重构传媒产业的全球价值链地位,从而彻底提升大湾区传媒产业盈利能力和国际影响力:第一,强大的国家价值链是重构全球价值链地位的基础前提,要打通粤港澳三地的体制阻碍,建构粤港澳大湾区强大的传媒产业国家价值链;在当前新兴市场崛起和发达国家"逆向创新"背景下,利用香港、澳门体制优势,尤其要借助香港在全球价值链中的地位优势,着力主导建构大湾区传媒产业在周边地区的区域价值链③,进而重构大湾区乃至中国在传媒产业全球价值链中的地位。第二,要建立传媒产业开放式创新路径,通过国际贸易、海外并购、全球招聘等各种方式吸引世界各国技术与人才向粤港澳大湾区汇聚,通过建立联合实验室、内容团队的国际战略合作、传媒版权的国际化运营等策略建立大湾区传媒产业全球创新网络,推动传媒产业全球价值链向全球创新链的转型升级④,不断增强大湾区传媒产业的盈利能力与可持续发展能力。⑤第三,要抓住科技变革带来的传媒产业转型发展机遇,利用大数据与

---

① United States International Trade Commission, "Global Digital Trade: Market Opportunities and Key Foreign Trade Restrictions", https://www.usitc.gov/publications/332/pub4716_0.pdf.

② Humphrey, J., Schmitz, H., "Developing Country Firms in the World Economy: Governance and Upgrading in Global Value Chains", *INEF Report*, 2002, pp. 25 – 27.

③ Lee, J., Gereffi, G., "Global Value Chains, Rising Power Firms and Economic and Social Upgrading", *Critical Perspectives on International Business*, Vol. 7, 2015, pp. 319 – 341.

④ 刘志彪:《从全球价值链转向全球创新链:新常态下中国产业发展新动力》,《学术月刊》2015 年第 2 期。

⑤ 臧志彭:《数字创意产业全球价值链:世界格局审视与中国重构策略》,《中国科技论坛》2018 年第 7 期。

AI等新兴科技,以不同联结点选择不同价值链战略,嵌入、建构甚至主导全球价值链,提升国际话语权;① 要鼓励大湾区传媒机构积极参与全球事务议题,积极打造以受众为中心的开放、多维且自信的新传媒景观,传播中国声音、提出中国方案,主导构建网络空间命运共同体,增强粤港澳传媒产业在全球治理中的影响力。

---

① 田新玲、刘海贵:《"互联网+"背景下中国文化创意产品"走出去"策略探析——基于价值链的理论视角》,《新闻爱好者》2016年第3期。

第十章

未来演进：人工智能与文化创意产业智能化创新

人工智能（AI）时代开启，文化创意产业智能化创新范式与发展边界成为新时代关注的重要理论命题。AI集中爆发所需的大数据、物联网、云计算、移动互联网等基础要素，与互联网时代文化创意产业崛起的必备条件高度吻合。AI时代文化创意产业发展与创新遭遇重大变革，从传统模式向"智能化创新"范式转变成为趋势。在此背景下，亟须对智能化创新遭遇的人文伦理挑战、文化创意困局与AI入侵边界等问题进行反思，明确AI创新的文化科技伦理边界，明确AI设计者、生产者、使用者、政府机构、媒体与各类组织的道德责任；厘清AI进入文化创意领域的产业边界；引入基于精准治理的文化"善治"，让AI自主生产、创新与创意建立在尊重人类社会伦理规范和最大化人类价值的基准之上。

第一节　人工智能时代文化创意产业智能化创新范式[①]

2017年以来人工智能已成为人类历史发展的又一风口，人工智能颠覆传统行业、引起社会行业变革的势头已初见端倪，且成为国际竞争

[①] 解学芳：《人工智能时代的文化创意产业智能化创新：范式与边界》，《同济大学学报》（社会科学版）2019年第1期。

的新焦点和引领未来发展的战略性技术。

一 研究问题的提出：人工智能时代开启

2018年9月在上海召开的世界人工智能大会以"人工智能赋能新时代"为主题，反映出全球人工智能的高速繁荣发展态势。在移动互联网、大数据、云计算、传感网、物联网等技术驱动下，人工智能呈现深度学习、跨界融合、人机协同、群智开放的特点；大数据驱动知识学习、跨媒体协同、智能穿戴与智能制造等人工智能诸发展要素已开始渗透至相关产业，正引起行业的动荡和业态重塑。谷歌的Ray Kurzweil在"The Singularity is Near"提出"加速回报定律"，预测技术创新呈现指数级增长，当机器智能将企及人类智能水平转折性的"奇点"（Singularity）时，就会实现递归式的自我改进的螺旋方式提升，成为"超级智能"（Super Intelligence），并将无限超越所有人类智能的总和，从而带来无限想象的空间。根据普华永道发布的数据，2030年AI技术带来的全球经济贡献将达到15.7万亿美元，其中对中国经济的贡献达到7万亿（美元），对中国GDP的贡献率高达26.1%。[①] 在人工智能战略实施与AI时代开启的大背景下，对于创意阶层集聚的文化创意产业而言，如何实现智能化创新与AI发展边界的平衡是新时代关注的重要理论命题。

人工智能是研究、开发用于模拟、延伸和扩展人的智能的理论、方法、技术及应用系统的一门新技术科学，是在大数据、算法、自主学习、深度学习、传感器等软硬件基础上形成的。算法理论、认知科学与神经网络、深度学习理论是人工智能发展的学理基础。从AI发展轨迹来看，AI集中爆发所需的大数据、高速网络、移动互联网等基础要素，与互联网时代文化创意产业崛起的必备条件高度吻合。从技术理论变迁来看，数据驱动与知识引导、自然语言理解和图像图形为核心的认知计算理论与方法，强调超越人类视觉能力的感知获取、主动视觉感知计算、自然声学场景听觉感知与交互环境言语感知计算的跨媒体感知计算理论，研究混合增强智能、人机智能共生、联想记忆模型与知识演化

---

① 数据来自2017年6月27日，普华永道在夏季达沃斯论坛上发布的《人工智能对宏观经济影响》报告。

的方法,以及真实世界环境下的情境理解与人机群组协同等混合增强智能理论等均成为人工智能进入文化创意产业领域的理论与技术基础。

二 人工智能时代文化创意产业智能化创新范式

人工智能时代,文化创意产业创新的范式发生改变,如同托马斯·库恩所言的"范式转移"[1],即文化创意产业领域出现新的发展,原有的理念、假设、法则、价值不再适应新的 AI 时代的特点与转变,迫使人们与行业必须做出根本性改变。从文化创意产业的发展特点来看,文创产品根植于文化土壤之上,是美好精神、美好故事、美好情感和美好形象等核心价值的时尚展示与表达,感知、领悟与理解文化与创意的内涵是文化创意产业的"神、魂"。在 AI 时代,人工智能具备的自主学习能力与基于算法的创作行为是其能够进入文化创意产业领域的条件,是文化创意产业向"智能化创新"范式转变的重要推力。新范式呈现出 AI 技术与内容的高度耦合,数据挖掘与精准服务的深度融合,以及人机协同式的共同"进化"特征。

(一)耦合创新:AI 技术与内容的聚类

以人工智能为代表的一系列科技创新是一种集聚创新,是文化创意产业科技创新的重要因素。[2] 一方面,人工智能技术改变着文化创意产业内容制作环节。大数据对于文化内容制作方向、深度的挖掘以及内容增值等方面发挥着重要作用,既可以实现消费者偏好与热点的锁定,大大提高文化信息数据收集、整合、转化的效率;又能够确保文化内容生产的多元化,而且从生产端将主流价值嵌入,可以确保个性化定制信息、机器生产内容以及人机合作生产的文化内容在主流价值算法框架内。另一方面,互联网和人工智能的耦合不断带来新文化产品、新游戏规则与新生产运行机制。人工智能技术的应用以惊人、高效的生产能力和精准的定位能力创新着文化产业链的各个环节。例如,基于 AI 的智能角色分布应用于游戏的创新活动中,人工智能介入现代视频、游戏等

---

[1] "范式转移"(Paradigm Shift)一词最早出现于托马斯·库恩的《科学革命的结构》(1962)中,描述科学范畴里的基本理论在根本假设的改变。

[2] Kumar, S. P. L., "State of the Art – Intense Review on Artificial Intelligence Systems Application in Process Planning and Manufacturing", *Engineering Applications of Artificial Intelligence*, Vol. 65, 2017, pp. 294 – 329.

复杂的现实交互环境中成为统一范式；人工智能（AI）对音乐创意流程与规则也已产生重要影响，特别是在音乐后期方面，创意内容与人工智能驱动的技术创新正进行着积极的合作。①

AI 在文化创意产业领域的应用将长时间处于弱人工智能阶段。智能机器把文化产品和文化服务变成数据进行大规模的自我深度序列学习和反复强化学习，在智能算法框架的基础上根据指令生产符合特定要求的文化内容，并通过美学与商业的双重角度对文化产品进行不断的反馈和评估，从而优化文化产品。例如，德国的手机照相应用软件 EyeEm 利用 AI 只要学习几十张图片就能够习得不同照片策展人的审美风格，从而在 EyeEm 图片库中将风格相似的图像快速遴选出来。同时，AI 的应用可以做到在文化素材的源头上控制版权问题，利用人工智能将各种创新要素编织到共同的生产网络上，通过线上聚合、线下交互的形式实现不同资源的链接，形成类似生态系统中的"拟态聚合"。换言之，人工智能技术与文化内容的结合在不断深度学习中习得具有美学范式的通用模式，在"监督式机器学习"（Supervised Machine Learning）中实现了文化创意产品的自动化生产。②

实际上，内容与技术的耦合意味着 AI 做的是可控的文化内容的生成技术，这种可控的主动权和文化产品体现出的价值观是 AI 生产者所赋予的。虽然人类的直觉、情感难以通过复杂算法被机器复制，即人工智能目前还不能在创意和创造力上与人竞争。③ 然而，在智媒体领域，频见报端的写稿机器人通过智能化标注、内容聚类和精准匹配大大缩短了文本与视听新闻生产与发布的耗时，其包含多媒体形态的智媒体产品不但打破了时空局限，而且重构了新闻内容生产流程：其一，人工智能参与信息文本编辑，实现自动写作与提供资讯服务，并逐渐形成序列的深度学习；其二，人工智能技术进行内容信源捕获，基于知识库和传感

---

① Birtchnell, T., Elliott, A., "Automating the Black Art: Creative Places for Artificial Intelligence in Audio Mastering", *Geoforum*, Vol. 96, 2018, pp. 77–86.

② 曼诺维奇、黄隽华：《自动化美学：人工智能和图像文化》，《北京电影学院学报》2017 年第 6 期。

③ Elkhova, O. I., Kudryashev, A. F., "The Creative Ability of Artificial Intelligence", *Creativity Studies*, Vol. 10, 2017, pp. 135–144.

器应用进行内容的精准匹配,通过信息传播可视化追踪,实现个性化精准生产、内容创意与个性化定制投放;其三,人工智能参与视听资源生产,深度学习实现视听资源与信息文本的无缝切换,并进行精准创作。

(二)平台创新:数据挖掘与精准服务的融合

人工智能在文化平台运营中的功能可以定位为全要素、开放性、智能化与集成化的服务平台和开放、自我完善的有机体,拥有人机互动、强时效性、动态交互、场景无缝切换的特点。人工智能参与下的文化平台分发功能成为文化企业或文化运营平台的动态运作机制,其智能升级的过程重塑着文化创意产业平台创新模式,既可以动态满足文化内容分发过程中的要素供给,也能从价值层面整体上为文化企业的内容生产与运营服务提供系统化的服务。对内而言,人工智能可以为文化内容运营主体的壮大、创新功能的提升、创新价值的累积提供技术与大数据支撑,使文化产品和服务得以崭新面貌展示其丰富文化内涵;对外而言,人工智能有助于实现文化运营平台规模的对外扩张诉求、平台创新群落的动态衍生以及创新环境的协同优化诉求,为文化体验、价值传递和智慧启迪提供新文化生态。

就平台盈利模式而言,AI 可以实现广告投放对象的高效匹配、广告投放过程的精准可控以及广告效果的精准可估[1]——受众反馈与评论数据可以被自动搜索和挖掘,按照受众偏好、受众行为、内容需求、受众心理与文化习惯等进行精准分类和推广[2],并实时利用热门事件、社会群体效应的结构洞打造文化产品爆款。例如,我国视频平台爱奇艺利用 AI 进行场景识别与商品识别,在直播场景中可以将画面出现的物品换成广告主产品;而且通过数据不断跟踪用户习惯变化,大大提升了广告投放的精准性。此外,人工智能平台可以实现智能分发与传播,基于大数据的深度挖掘实现用户需求的精准定位,并将内容实时传递到具有不同文化需求的用户手中;当然,AI 平台也在不断观测、评估、掌控用户的大数据,甚至引导用户的文化习惯与文化需求。例如,美国的

---

[1] Jaroslav, B., "Social Media Big Data and Capital Markets—An Overview", *Journal of Behavioral and Experimental Finance*, Vol. 11, 2016, pp. 18–26.

[2] 柳斌杰:《探索大数据为核心的媒体融合发展之路》,《新闻与写作》2016 年第 7 期。

Netflix 利用人工智能技术已达十余年,每天通过 AI 对 3000 万次"播放"(暂停、倒退和快进)用户的 400 万次评级、300 万次搜索进行观测与分析,精准掌握受众偏好,将自制剧打造成爆款的概率从传统的 20% 提升至 80%。

此外,人工智能应用于文化创意产业运营过程的诸环节,通过大数据动态了解文化消费者关注的内容热点、信息偏好,确定重点人群,由此制定或调整文化内容运营策略,改善文化产品和文化服务的经营管理,实现商业思维和文化消费者的有机互动,实现价值增值的目标。例如,Facebook 旗下的 Instagram 在移动端应用的"照片墙",其"探索"页面会基于受众点赞的图像和视频来精准推荐内容,把个性化内容服务变得自动化。实际上,人工智能中的数据处理、语音与图像识别、智能算法等在文化创意产业运营中具有普遍适用性,如何以主流的现实观与价值观为导向,积极利用大数据技术对未被发现但具有潜在价值的信息进行价值聚合与利用,高效率传播优质文化内容,凝聚共识尤为重要。① 因此,对于国内的阿里巴巴、腾讯、科大讯飞、百度等人工智能服务提供者巨头而言,一方面,应承载改变公众获取信息、工作模式乃至彼此关联方式的重任;另一方面,应赋予人工智能正确的责任观和价值观,以及承担对现代社会主流价值学习与引导的功能。

(三)人机协同:共同进化与模式重塑的联动

人工智能带来语义变迁、交互性与文化创意产业的重塑,特别是在移动互联网以及智能终端应用下,信息属性由知识型向社交型、娱乐型、生活型转变。人工智能通过智能算法与大数据挖掘,通过多元反复的有序组合和延伸使用使文化内容进行更加快捷与精准地创作、预测以及创新体验方式,其惊人、高效的生产能力和精准的定位能力彻底改变着文化创意产业生产模式、运营模式与营销模式。例如,阿里巴巴的 AI 设计师"鲁班"已经实现一天制作 4000 万张海报的能力,仅 2017 年"11·11"期间 AI 就生产了 4 亿张海报,相当于百位设计师 300 年的工作量;又如,爱奇艺利用人工智能进行音视频剪辑,通过自动化音

---

① 刘雪梅、杨晨熙:《人工智能在新媒体传播中的应用趋势》,《当代传播》2017 年第 5 期。

第十章 未来演进：人工智能与文化创意产业智能化创新

视频精准对位，根据专业人士设置的标签与算法框架进行自动过滤，替代了人工筛选废镜头，这种初级阶段常见的人机协同大大提高了文化生产效率。人机协同也意味着"趣源模式"的开启，即人们可以从繁琐的、重复性的事务中解放出来，把更多精力聚焦到发挥个人创造力与兴趣和专长方面。

AI时代文化内容的消费被转换为对数字化符号的消费，人工智能与现实世界环境的交互和情景的打造引导着消费者对文化内容进行感知与行动，并转向社交化、群体化、智能化。微软的小冰与小娜（Cortana）、科大讯飞的智能语音机器人、苹果手机的Siri、Facebook Messenger的聊天机器人提供智能语音服务；国内的天猫精灵X1智能音箱、百度的"小度"音箱、喜马拉雅FM的"小雅"、亚马逊的Echo等智能产品为消费者提供音乐为核心的海量有声内容服务，在传播音频内容过程中，智能机器人不断地学习与人类的沟通，了解与掌握了大量消费者的文化偏好与生活习惯大数据，并学会提供更多个性化定制的内容，不但提高了消费者的文化生活质量和资源利用效率，又成为智能机器人不断改进、提供更高质量与更丰富内容服务的新数据来源，从而形成了生产、消费、再生产的良性循环。例如，谷歌每天为网民处理百亿次的搜索，但反之是对人工智能进行了百亿次数据的"喂养"和训练，让AI变得更聪明。由此可见，现阶段高频率呈现的这种人机联动的模式，是通过低成本换取人类提供的行为大数据，从而客观上培养了AI的不断成长。

从人工智能主导的文化创意产业链重塑来看，在创意端，AI深度学习与群智开放为信息与内容生产者提供精准信源，塑造了智能化的创作与想象空间；在运营端，AI智能识别能力的增强与大数据挖掘的深度应用让文化创意产品个性化、精准化匹配，推动智能化精准传播；在营销端，智能算法、人机协同、自主交互与智能化反馈则成为文化创意产业再生产良性循环的保障。[①] 从文化创意产业模式重塑维度来看，一方面，人工智能以新技术革新与迭代的填充机制实现文化大数据识别、

[①] 解学芳、臧志彭：《人工智能在文化创意产业的科技创新能力》，《社会科学研究》2019年第1期。

挖掘、加工与深度利用，智能传感技术通过语音交互、面部表情捕捉等采集用户的数据，测量用户对文化内容的反应状态，形成智能反馈机制，文化内容生产者可以更好地洞察用户心理与需求，从而完善文化内容的再生产、传播和体验；① 另一方面，表现为智能算法处理、仿生识别、深度学习等功能重塑文化创意产业业态与价值链，实现了文化创意的精准化、智能化；人工智能还优化了文化消费用户的体验，智能手机、智能手表、智能耳机、智能音箱、智能电视、AR 与 VR 等使体验式情景消费成为可能；而且人工智能的发展让人们有更多的闲暇时间用于文化精神消费与高端内容产品的生产，智能机器人与创意阶层在协同过程中不断实现"共同进化"。

第二节 人工智能时代文化创意产业智能化创新边界②

人工智能之父马文·明斯基（Marvin Minsky）指出："没有心智社会就没有智能，大脑中不具备思维的微小单元可以组成各种思维——意识、精神活动、常识、思维、智能、自我，最终形成'统一的智慧'，即智能组合的心智社会。"③ 如果把拥有心智的 AI 作为主体进行透析与反观会发现，AI 的文化创意创作行为与审美行为有助于人的自主性创新创意的激发与高效率的实现。例如，Facebook 的 AI 系统在 30 亿人的照片库中可以快速识别与锁定。但 AI 创作更将带来人类对技术伦理的思辨，特别是对于创意阶层而言，AI 的过度使用可能会降低创意主体参与的广度与深度，继而带来创意水平、认知水平、审美水平的下降。从这个层面来说，人工智能与文化创意产业创新形成了相关联动又博弈的发展悖论。

---

① 数据来自 2017 年 6 月 27 日，普华永道在夏季达沃斯论坛上发布的《人工智能对宏观经济影响》报告。

② 解学芳：《人工智能时代的文化创意产业智能化创新：范式与边界》，《同济大学学报》（社会科学版）2019 年第 1 期。

③ ［美］马文·明斯基：《心智社会：从细胞到人工智能，人类思维的优雅解读》，任楠译，机械工业出版社 2018 年版，第 1 页。

第十章 未来演进：人工智能与文化创意产业智能化创新

一 人工智能时代文化创意产业智能化创新困境

（一）遭遇人文伦理挑战

大数据、人工智能技术重塑文化创意产业链的同时也引发了严重的人文伦理问题的反思①，相比福柯所言的"知识序列的崩溃"导致哲学意义上的"人将被抹去"的现实更加严重，人工智能未来自我认同的思想系统的形成将挑战现实意义上人的生存。② 特别是随着移动互联网、区块链、人工智能等现代科技革命浪潮的推动，文化创意产业在朝着数字化、网络化、虚拟化、智能化方向发展的同时，潜在的人文风险也凸显出来：一是文化创意企业在资本与利益的驱使下，可能会过度追求经济效益最大化而忽略文创产品的内容品质与价值选择；二是技术人员与文化创意阶层无法在第一时间对抗人工智能存在的偏差，如何让AI学会和习得人类社会的是非常识和价值判断标准变得尤为重要。实际上，国际上已经开始关注人工智能带来的人文伦理问题。2016 年 10 月，美国将"理解和应对人工智能带来的伦理、法律和社会影响"纳入《美国人工智能研究和发展战略规划》；2017 年 1 月，2000 多位全球著名人工智能企业领导人和人工智能专家共同签署了旨在规约人工智能伦理和价值观的"阿西洛马人工智能原则"。③

AI 时代主流价值的传播也遭遇重重挑战。所谓主流价值是以社会主义核心价值观为主导的，由社会主义先进思想文化、意识形态与道德文化构成的价值体系。按照马克思主义的观点"关于价值的观念系统，是对一系列价值关系与普遍性价值问题所持的立场、观点和态度的总和"，主流价值的内蕴、传播、渗透与融合根植于文化土壤之上，对国民教育、精神文明创建与精神文化产品创作与传播具有重要的引领作用。④ 伴随人工智能技术渗透到教育、新闻、出版、电影、电视、网络

---

① Čerka, P., et al., "Is It Possible to Grant Legal Personality to Artificial Intelligence Software Systems?", *Computer Law & Security Review: The International Journal of Technology Law and Practice*, Vol. 33, 2017, pp. 685 – 699.
② 高奇琦：《人工智能驯服赛维坦》，上海交通大学出版社 2018 年版，第 194 页。
③ Hansen, M., et al., "Artificial Intelligence: Practice and Implications for Journalism", *Policy Exchange Forum*, 2017, pp. 1 – 21.
④ 江畅：《核心价值观的合理性与道义性社会认同》，《中国社会科学》2018 年第 4 期。

视频、网络音频等诸多与意识形态和主流价值观密切相关的"文化精神领域",日益增多的人工智能消费级产品"Echo""小雅""小度"正在进入千千万万的普通百姓家庭,对主流价值范式形成严峻挑战。将主流伦理价值嵌入文化创意产业智能化创新的过程,将是人类社会在冰冷的机器时代获取温暖的力量支撑,是重建 AI 时代精神秩序、获得可持续发展的重要战略选择。此外,人工智能应用文化创意产业的创新扩散过程中,也将遭遇创意主体对主体性文明危机的质疑——按照雅克·拉康的镜像理论,人的意识感的习得过程在人工智能创新演化过程中同样可以通过自我不断印证与感知而习得主体身份,从而挤压人类生存空间;同时,人工智能的大面积入侵也会给人们带来对隐私安全与全景式监控的担忧,并存在机器人主体智能算法诱导与强制负载价值的风险。

（二）面临文化创意困局

著名物理学家斯蒂芬·霍金曾言："在我的一生中,见证了社会深刻的变化,其中最深刻的,同时也是对人类影响与日俱增的变化,是人工智能的崛起。"毫无疑问,人工智能产业未来将会满足人们在衣食住行等物质需求方面的生产,而需要沟通与满足人们精神需要的文化创意行业则更应发挥与彰显人类的智慧。但现实趋势是,人工智能正在加速进入以精神生产为核心的文化创意产业领域。特别是最能彰显人类文化内涵、创意与情感的领域——绘画艺术,正面临着严峻的挑战：一是 AI 绘画创作崛起,如微软开发的绘画软件"下一个伦勃朗",通过对伦勃朗大量的画作深度学习创作出的人物肖像画与博物馆里伦勃朗的作品难分伯仲;而且 AI 创作的绘画作品被成功举办绘画展,例如,北京宋庄举办的"王伯驹人工智能绘画作品展",英国泰特美术馆推广的 AI 策展项目"Recognition"。二是 AI 创作的作品进入拍卖领域,例如佳士得拍卖的由计算机算法生成的男性贵族肖像作品《Edmond de Belamy 肖像》起拍价达 1 万美元。三是 AI 作为书画经纪人,为藏家推荐艺术品,如苏富比收购的 AI 企业 Thread Genius……在此趋势下,如何把 AI 控制在文化安全的范围内,确保智能机器人遵守社会责任、充分理解和尊重人类创意尤为重要。正如霍金所言,"尽管人工智能的短期影响取决于控制它的人，但长期影响却取决于它究竟能否被控制"。①

AI 悲观论的代表休伯特·德雷福斯基于海德格尔与维特根斯坦的观点，得出"当前人类面临的风险不是超智能机器的出现，而是低智能人的出现"的结论。② 不可否认，非人类的文化创意内容生产模式的过度使用将会带来一系列的社会性问题。一方面，文化创意产业领域的重复性工作将越来越多地被人工智能所代替，会导致大量低端的创意阶层失业，继而可能会产生严重的社会与安全问题；另一方面，大量文化内容生产自动通过网络游戏、网络音乐、网络直播、网络视频、网络音频等实现自动散播，不同价值观之间的矛盾与价值分化也会影响社会秩序；此外，文化创意领域基于大数据的自动化信息生产也存在风险。从数据本身来说，数据样本的偏差会导致"以偏概全"，数据来源不清则潜含了侵权风险。与此同时，被污染的数据则会导致信息内容的污染；从数据利用来说，数据解读由于算法的不同会带来偏差，也存在解读的随意性与简单化，而且当数据与算法成为利益博弈的手段时，就会存在数据的误用与滥用，甚至受到数据使用者价值导向和利益的驱动。③

（三）引发 AI 入侵边界的反思

麦肯锡全球研究院发布数据指出，人工智能正促进人类社会发生转变，这种转变将比工业革命"发生速度快 10 倍，规模大 300 倍，影响大 3000 倍"。④ 实际上，许多人工智能工作者不关心心智的运作方式，只注重技术效率。在文化创意产业领域，如果以这种速度入侵到创意阶层集聚领域，那文化创意产业允许 AI 进入的边界就亟须厘清。2018 年 3 月欧洲政治战略中心发布了全球第一份格外强调价值观基础的人工智能战略规划——《人工智能时代：确立以人为本的欧盟人工智能战略》，说明国际社会已开始关注人工智能时代 AI 入侵后的一系列进入

---

① 著名物理学家史蒂芬·霍金（Steven Hawking）于 2014 年 5 月 3 日在英国的《独立报》撰文，对人工智能发展提出警告。
② 陈静：《科技与伦理走向融合——论人工智能技术的人文化》，《学术界》2017 年第 9 期。
③ 彭兰：《假象、算法囚徒与权利让渡：数据与算法时代的新风险》，《西北师大学报》（社会科学版）2018 年第 5 期。
④ 麦肯锡全球研究院：《2017 年全球人工智能报告》，https://www.sohu.com/a/193350632_464033。

边界和以人为本的平衡问题。

实际上，人工智能正无边界地进入人类引以为豪的文化创意产业领域。首先，在创意设计领域，"鲁班"每秒产出不重样的商品海报达到8000张；谷歌的AutoDraw、Adobe Sensei的抠图美工等开启了AI的创意设计时代。其次，在文学创作领域，微软小冰"学习"了自1920年代以来近100年间519位现代诗人数万首诗歌作品，出版诗集《阳光失去了玻璃》；与此同时，以《华盛顿邮报》的Truth Teller、《纽约时报》的Blossom、腾讯的Dreamwriter、今日头条的"小明"为代表的写稿机器人兴起，全球AI智能写稿高频率呈现。最后，在演艺领域，摄影机器人Polycam应用到演播室与直播领域，跟拍运动员，大大提高拍摄效率与摄像质量；剑桥大学开发的人工智能歌手小驰能准确识别语音、声纹、情绪，还能一展歌喉，让听众雌雄难辨；2018年11月，全球首个AI合成主播在新华社上岗，以及虚拟演员Siren的出现都将挑战未来的直播与演艺行业……宣告人工智能对文化创意产业带来的潜在影响将加速，产业边界问题凸显——大数据、人工智能技术重塑着肩负主流价值传播与创造人类美好生活的文化创意产业，将带来人工智能盲目研发的隐患。联合国发表的《机器人伦理初步报告草案》（COMEST，2017）也强调了机器人需要尊重人类社会伦理规范，将特定伦理嵌入人工智能系统刻不容缓。

英国学者安吉拉·默克罗比提出大众传播的"道德恐慌"（Moral Panic），认为人们生活在后现代时代大众传播引发的"道德恐慌"中，大量社会问题与文化问题凸显。相应地，进入AI时代，人工智能进入文化创意产业领域不断自动产生视听大数据、图像、信息、内容、作品等，形成了全新的文化创意生产与传播空间，AI时代的"道德恐慌"问题也将加剧——智能文化产品构成的智能社会和精神世界向人们灌输恐惧的危机，甚至鼓励人们回避日常生活中遇到的复杂社会问题，容易造就"城堡式心态"……[1]这亟须在顶层设计层面进行预警性制度安排。据数据显示，2015—2020年，企业用于认知技术、人工智能系统

---

[1] ［英］安吉拉·默克罗比：《后现代主义与大众文化》，田晓菲译，中央编译出版社2001年版，第252—266页。

的开支将以54%的年复合率（CAGR）快速增长，人工智能进入文化创意产业的边界也将极速拓展，特别是人工智能生成内容在著作权法中的定性将成为亟待解决的难题；同时，人工智能系统是否拥有法人资格以及选择的伦理规范也亟须厘清。此外，人工智能也将带来文化创意产业发展与主流价值管控的难题，警惕人工智能在文化创意产业领域的盲目开发将是技术与文化博弈过程中必须坚守的底线。

二 人工智能时代文化创意产业智能化创新边界

按照卡鲁姆·蔡斯的说法，超级智能对人类的态度存在友善、中立和敌对三种情况，确保人工智能对人类积极的善意才是关键。① 在 AI 开始大肆入侵文化创意产业行业与创新问题全面崛起的大背景下，应加快从创新生态理论、人工智能理论、文化创意产业理论、人文伦理等理论出发，探究 AI 主导的文化创意产业智能化创新边界，构建 AI 道德责任承担机制与责任分配机制，让智能机器人自主决策与创意建立在尊重人类社会伦理规范和最大化人类价值的基准之上，而非替代。

（一）明确 AI 创新的文化科技伦理边界

联合国发表《机器人伦理初步报告草案》提出"机器人需要尊重人类社会伦理规范"；英国科学院院士玛格丽特·博登则强调亟须加深理解心智的计算架构，赋予人工智能正确的责任观和价值观，以及承担对现代社会主流价值学习与引导的功能，并加强对人工智能行为的道德评估……② 说明将特定文化科技伦理嵌入人工智能系统是国际社会关注的重点，刻不容缓。

文化科技伦理对 AI 技术彰显的是责任，而 AI 的发展需要文化科技伦理的匡正。③ 在文化创意产业创新领域，人工智能与人类智能各有所长，人机共存与人机协同将是常态。在文化创意产业智能化创新的价值边界方面，应明确人与社会、人和机器的社会关系，建立新的精神秩序。在主流基准维度，文化创意产业的智能化创新的核心仍然是"以

---

① ［英］卡鲁姆·蔡斯：《人工智能革命：超级智能时代的人类命运》，张尧然译，机械工业出版社 2017 年版，第 138 页。

② ［英］玛格丽特·博登：《AI：人工智能的本质与未来》，孙诗惠译，中国人民大学出版社 2017 年版，第 162—163 页。

③ 陈静：《科技与伦理走向融合——论人工智能技术的人文化》，《学术界》2017 年第 9 期。

人为本",明确人工智能进入文化创新领域的伦理边界,积极将公平、公正、和谐、可持续发展价值观嵌入人工智能体系;在人文价值维度,文化创意产业的智能化创新强调在新的创意空间里,基于人文生态发挥创意阶层的创意,利用智能机器人提升人类生活品质和生产创意能力,立足人类美好生活,实现人类价值而非机器的最大化,推进人工智能的"人文"化;在核心价值维度,遵循机器道德、机器伦理和国家主流价值的一致性,利用人工智能凝结社会共同体的价值共识,形成主流价值的包容力、吸纳力、整合力,并与新兴的智能文化高度融合,共生共长。

人工智能时代的到来,意味着现实距离的消灭,意味着人们在时空中的社会关系的重置,并将改变受众获取信息、享用文化与体验的方式,改变文创企业赖以依靠的创意阶层的角色。鉴于此,首要的制度创新点是对 AI 进入文化创意产业的文化科技伦理做出明确规定,明确 AI 设计者、生产者、使用者、政府机构、大众媒体与各类组织的道德责任。人工智能赋予机器感知、领悟、行动与学习的能力,在文化创意产业领域的发展和应用将极具生命力,但是如果人工智能企业不主动赋予人工智能成熟的心智、契约责任、正确的价值观和道德观,整个 AI 行业的发展会由于人工智能责任缺失受到严格监管而成为发展桎梏。因此,人工智能企业应以全新的 AI 社会责任建构为立足之本,着力培养拥有政治敏锐性与社会责任感、拥有文化底蕴与创意、拥有中国情怀的德才兼备的综合性人才;特别是文化创意产业领域的智能产品研发企业,有责任与义务将人工智能作为"孩子"在"知识同构"与"情感共振"中培养和教育,让其成为有社会责任、有正确价值观、有契约精神、有公平与人本理念的个体。

(二)厘清 AI 进入文化创意领域的产业边界

20 世纪七八十年代,未来学家阿尔温·托夫勒提出,"高科技社会的文化也必须高度发达,这样才能保持整体的平衡"。[①] AI 在文化创意领域的过度使用可能降低人的主体性参与度,使原创能力、审美水平下

[①] 臧志彭:《数字创意产业:科技与文化协同发展》,《中国社会科学报》2018 年 11 月 6 日第 4 版。

第十章 未来演进：人工智能与文化创意产业智能化创新

降，也会带来认知方式改变和产业管控的难题。AI 时代，如何在价值认同维度构建一个与人工智能社会同样发达的 AI 文化，并实现不同文化创意产业创新主体间有效"链合"的利益协调与平衡机制，是亟须解决的重要问题。

厘清文化创意产业智能化创新的产业边界至关重要。文化创意产业智能化创新是产生新颖与有价值的想法，产生新内容、新产品、新流程、新模式的过程，包括人机组合型创新、探索型创新与变革型创新。[①] 其中，探索型创新是充分利用文化价值的思维模式，在文化创意领域的应用更广，变革型创新则将会带来文化创意生产流程与模式的彻底改变，并可能带来诸多未知的难题。由此，需要及时厘清 AI 进入文化创意产业的边界，遵循"三度"基准控制风险：一是进入广度，即人工智能进入文化创意产业细分行业的领域；二是进入宽度，即人工智能在文化创意产业诸行业的应用边界；三是进入深度，即人工智能与文化创意产业创新协同的边界，明确人机协作生产的文创产品的版权与责任归属，而非肆意使用机器人的创意。就广度与宽度而言，按照戴维·思罗斯比的观点，文化创意产业能够产生商业化的表现性价值观念，包括美学价值、精神价值、社会价值、历史价值、符号价值、真确性价值等[②]，AI 时代，文化创意产业越发基于机器自动化和沉浸式体验实现智能架构再造，亟须积极改造和延伸人工智能应用的配套基础设施，打通虚拟空间、智能环境和实体世界的链接，并关注文创产品的表现性价值与我国主流文化的融合，进行不同细分行业的内容与形式的智能化创新，营造更加符合 AI 时代特征的文化空间。就深度而言，应针对人工智能在文化创意领域的应用与扩散将带来的 AI 过度使用问题，加快出台加强人工智能监管与人工智能责任的规范制度，培养人工智能与人类文化创意良好交互、协同的能力，鼓励创意主体"人"的参与度与原创水平的提升，实现人与智能机器人的"智才共享""共同进化"；出台培养公民大数据意识与关注数据权利的制度，出台人工智能参与文化

[①] [英]玛格丽特·博登：《AI：人工智能的本质与未来》，孙诗惠译，中国人民大学出版社 2017 年版，第 80—83 页。

[②] 张胜冰等：《世界文化产业导论》，北京大学出版社 2015 年版，第 80 页。

生产和传播的法人资格认定、著作权定性与价值伦理的相关制度。

其次,明确人工智能产业本身的边界问题,确立 AI 时代的新游戏规则。AI 时代,效率优先还是存在优先是需要人类去设置的。[①] 一方面,控制人工智能将带来的社会安全风险与数字文化鸿沟。动态关注人工智能在生产领域与文化创意领域正在造成或即将造成由大量失业带来的社会问题,以及更大程度上引发的贫富差距等不安定因素,提前进行顶层设计安排。另一方面,把控数据安全边界,警惕与管控 AI 对数据的盲目开发和侵犯隐私权问题。对大数据的真实性、数据信息的垄断、数据安全性等人工智能引发的新技术问题进行精准治理,通过立法规范文化企业获取与使用数据的合法性边界;提高文化消费者的数据意识,针对机器掌控人类的行为数据、消费者隐私权受到威胁的挑战,建立起消费者面向政府与文化企业进行数据赋权的数据权利意识,并通过加快立法来保障消费者数据的权益;关注人工智能在更大范围应用将引发的数据伦理问题,营造一个风清气正、具有人文关怀的 AI 文化发展生态。

(三) 引入基于精准治理的文化"善智"

人工智能在文化创意产业领域的发展不是一个技术问题,更多的是一个文化、社会、政治聚集的综合问题。AI 时代,文化创意产业智能化创新的"善智"目标是基于开放、动态、多元的治理理念,而非静态、单一的政府规制,意味着亟须利用人工智能技术构建文化创意产业精准治理能力,基于经济绩效、社会绩效、文化绩效的目标追求,构建动态治理与风险及责任控制能力,打造一个公平、开放、移动、高速、智能的精准治理环境。

从精准治理的主体来说,是多元协同的主体结构,即政府主导,文化企业为核心主体,行业协会、媒体组织、消费者与智能机器的广泛参与,形成创意、生产、运营、监督与治理的多元协作的善治体系。首先,政府要加快预见性制度创新。政府是唯一有能力承担人工智能潜在伦理风险与法律责任、绩效责任的主体,作为整个治理体系中治理行为的主动掌控者,要利用实时的知识源网络、大数据和人工智能进行治理

[①] 徐曦:《机器 70 年:互联网、大数据、人工智能带来的人类变革》,人民邮电出版社 2017 年版,第 16 页。

第十章 未来演进：人工智能与文化创意产业智能化创新

信息的收集和整理、数据挖掘，形成一个全新的基于大数据智能、跨媒体智能、人机混合增强智能和群体智能的精准治理体系，既要对于潜在的文化安全风险与隐患进行动态监测与精准治理，又要保障文化创意产业聚焦精致文化内容生产、不断推动人类现代性文明的良性演进。其次，对于文化企业而言，要利用人工智能的数据处理，语音、图像和视频的智能识别，利用机器深度学习和智能算法参与文化内容生产、分发与审核的实时监控，通过数据实时反馈提高文化企业内容制作与内容管理的效率和水平；同时要着力培养拥有政治敏锐性与社会责任感、拥有文化底蕴与创意、拥有中国情怀的德才兼备的综合性人才。最后，从行业组织和大众媒体来说，应将 AI 社会责任的建构与宣传作为价值基准，根据"网生代"和智能时代的特点，推动整个行业与社会加快布局"智能消费"，在培养新的健康的智能文化消费方式中发挥价值浸润与价值认同的作用，并营造 AI 在文化创意产业领域创新扩散的社会氛围。

从精准治理的内核来说，要推进文化创意产业智能化创新的分类跃迁。一是基于人工智能进入文化创意行业程度的不同，立足实现文化创意产业创新绩效与产业发展绩效可持续性、可延展性的发展目标，匹配不同的创新跃升战略与路径。二是基于人工智能时代的文化创意产业创新能力所处不同阶段的特点，匹配其所处阶段的精准化跃升机制。实际上，以人工智能为代表的充斥着新知识的技术本身乃是市场机制功能发挥的外在体现，代表了制度演进的新方向，影响着不同阶段的文化创意产业智能化创新的价值选择。三是根据人工智能参与文化创意产业的价值链环节的不同，提出不同环节匹配的精准化战略与路径。特别是在内容创作环节，既要基于人工智能主导的大数据挖掘与深度学习提高效率、降低成本；还要利用 AI 快速收集信息、锁定内容，利用智能算法进行快速审查，确保文化内容的健康生产与高效率传播。总之，在 AI 快速进入文化创意产业的大背景下，政府主导、多元主体参与的精准治理的实质是创新绩效与社会发展绩效的同步实现。特别是后者，良性的可持续的发展绩效意味着要关注人工智能通过深度学习技术和复杂模型算法对文化内容的数字盗版识别、对不健康内容的识别与抓取、对游戏沉迷的智能挖掘和对未成年的保护、对网络群体事件和暴恐的识别与动态监测、对网络文化安全事件的识别和风险评估等的治理绩效，充分利用智能算法和人机混合智能提高治理精度与治理效果，确保文化创意产业智能化创新是在人类可预警、可治理与可控性范畴内的健康、高效发展。

第三节　基于人工智能的文化创意产业科技创新机理[①]

纵观人类文明发展历史，每一次科学技术的跨越式发展都强有力地推动着人类文明向前迈出一大步，无论是印刷术、蒸汽机还是正在进行中的互联网技术、人工智能技术。美国学者麦克高希在其《世界文明史：观察世界的新视角》一书中以"文化技术"为参考值界定世界文明史。人工智能（Artificial Intelligence，AI），是机器智能（MI）的一部分，1956年美国Dartmoth大学举办的会议上首次正式使用人工智能（AI）这一术语，并在近年大数据、算法、自主学习、深度学习、传感器等软硬件演进基础上不断实现革新。由此，人工智能（Artificial Intelligence）技术经过60多年的发展进入与文化创意产业跨界融合的全新时期。放眼全球，美国于2016年5月成立人工智能委员会，10月出台《国家人工智能研发战略规划》；韩国于2014年发布《第二个智能机器人总体规划（2014—2018）》，并于2015年成立AI Star Lab；英国则于2016年12月颁布《人工智能：未来决策制定的机遇与影响》……可见，发达国家对人工智能的重视正引领世界人工智能发展潮流。

虽然人工智能技术最早式微于工业生产行业，但近年随着人工智能技术的成熟以及互联网、数字经济的畅行，人工智能逐渐从第二产业渗透到文化创意产业领域，加速着文化生产方式变革——AI为文化创意产业科技创新带来全新引擎和不竭动力，激发着创意产品的多元化、数字化、网络化和智能化，催生出全新的文化创意业态……人工智能时代的文化创意产业将完成语义重建、范式转变和产业重塑，一场以人工智能为导向的文化创意产业与科技创新融合的研究也势在必行。如何借助

[①] 解学芳、臧志彭：《人工智能在文化创意产业的科技创新能力》，《社会科学研究》2019年第1期。

第十章 未来演进：人工智能与文化创意产业智能化创新

人工智能为核心的技术体系提高文化创意产业科技创新水平，培养我国文化创意产业科技创新能力，并构建起中国独有的创新体系与中国文化自信是当下亟须思考的重要理论与现实命题。

从现有研究来看，云计算、大数据应用、算法创新、生成式对抗网络（GAN）、互联网的崛起与智能制造的革新推着 AI 时代的加速到来。智能化生产、大规模个性化定制、智能语音与视频融合、视频图像识别与视频理解、跨媒体融合等技术创新推动智能化成为发展新方向，也给文化创意产业相关研究带来挑战与变革。以人工智能为代表的一系列科技创新是一种集聚创新，是产业科技创新的重要因素①，促使多种技术与文化资源融合，实现了文化生产链条无缝隙链接，推动着文化创意过程被数字技术重塑。② 人工智能中的数据处理、语音与图像识别、机器学习与深度学习、智能算法等在新媒体传播中具备普遍适用性，大数据技术能对隐藏的未被发现的具有潜在价值的信息进行价值聚合与利用；③ 融合媒体则呈现"中心化"向智媒体转化的趋向，"第一现场"介入解构了传统媒介的"权利中心"意志。④⑤ 一方面，人工智能利用大数据分析能够最快锁定信息热点，快速审查和对内容把关，从而保证信息生产及时有效地完成；新闻内容推送方式则由大众化覆盖转向个体化定制、表征现实机制由记者中介转向算法中介。⑥ 另一方面，智能手机、智能手表、智能耳机、智能电视、VR 和 AR 等使体验式信息消费

---

① Kumar, S. P. L., "State of the Art – Intense Review on Artificial Intelligence Systems Application in Process Planning and Manufacturing", *Engineering Applications of Artificial Intelligence*, Vol. 65, 2017, pp. 294 – 329.

② Le, P. L., et al., "Technological Change at the Heart of the Creative Process: Insights from the Videogame Industry", *International Journal of Arts Management*, Vol. 15, 2013, pp. 45 – 59.

③ 刘雪梅、杨晨熙：《人工智能在新媒体传播中的应用趋势》，《当代传播》2017 年第 5 期。

④ Arsenijevic, J., Andevski, M., "Media Convergence and Diversification—The Meeting of Old and New Media", *Procedia Technology*, Vol. 19, 2015, pp. 1149 – 1155.

⑤ 陈长伟：《人工智能 + 内容开启广电智媒体时代》，《有线电视技术》2017 年第 11 期。

⑥ 张超、钟新：《从比特到人工智能：数字新闻生产的算法转向》，《编辑之友》2017 年第 11 期。

成为可能①,智能反馈机制让生产者更好地洞察用户心理与需求,完善信息生产、传播和体验;② 此外,人工智能提高了媒体产业盈利能力,而且智能媒体融合在不同的媒体专业之间展开密切合作,实现了商业思维与受众的互动;③ 但同时人工智能也引发了人文伦理问题的思考④,需要技术人员与媒体专业人员协同对抗人工智能存在的偏差。⑤ 可见,现有人工智能与文化创意产业创新方面的研究还集中在媒体领域,关于AI对整个文化创意产业科技创新能力建构的重要性尚缺乏关注。因此,探究人工智能时代文化创意产业科技创新的机理,提出AI牵引的文化创意产业科技创新能力体系,并建构基于AI的文化创意产业科技创新能力跃升机制,为提高我国文化创意产业的智能化创新水平提供理论思考。

一 人工智能技术学理性:文化创意产业科技创新的原理与逻辑

在"互联网+"时代,伴随移动互联网、大数据、超级计算、传感网、脑科学等新科学技术以及经济社会需求的协同驱动,人工智能具备了加速发展所亟须的基础设施要素、科技创新要素的助推,折射出人工智能发展的变迁脉络。人工智能呈现深度学习、跨界融合、人机协同、群智开放、精准智能等新特征,具备自主学习能力和深度分析能力以及刺激感应能力,这成为人工智能在互联网时代走向"智能化"与进入文化创意产业创新领域的基础,并凭借其链式革新推动着经济社会各领域从数字化、网络化向智能化加速跃升。

从学理基础来看,大数据驱动知识学习、跨媒体协同处理、人机协同增强智能、群体集成智能、自主智能系统与优化决策控制是人工智能

---

① Shahzad, F., et al., "Organizational Culture and Innovation Performance in Pakistan's Software Industry", *Technology in Society*, Vol. 51, 2017, pp. 66–73.

② 喻国明等:《智能化:未来传播模式创新的核心逻辑——兼论"人工智能+媒体"的基本运作范式》,《新闻与写作》2017年第3期。

③ Wagner, C., "Impact of Digitalization and Convergence on Merger Control in the Media Sector", *Computer Law Review International*, Vol. 17, 2016, pp. 65–70.

④ Čerka, P., et al., "Is It Possible to Grant Legal Personality to Artificial Intelligence Software Systems?", *Computer Law & Security Review: The International Journal of Technology Law and Practice*, Vol. 33, 2017, pp. 685–699.

⑤ Hansen, M., et al., "Artificial Intelligence: Practice and Implications for Journalism", *Policy Exchange Forum*, 2017, pp. 1–21.

第十章 未来演进：人工智能与文化创意产业智能化创新

的发展重点，算法理论、认知科学与神经网络、深度学习理论是人工智能发展形成的理论基础。一方面，人工智能的形成是建构在三大理论观基础上的。其中符号主义（又称为逻辑主义或计算机学派）强调符号是人类的认识基元，人的认识过程即是对符号的计算与推理的过程；联结主义（又称为仿生学派）认为人的认识基元是人脑神经元，强调认识过程是人脑进行信息处理的过程，主要原理是人类智能是由人脑生理结构和工作模式决定；而行为主义（又称为控制论学派）的主要原理则是智能取决于感知和行动，智能行为通过与现实世界环境的交互作用体现出来，行为主义的研究重点是模拟人的各种控制行为……①这三大理论为人工智能进入以创意、感知、体验为鲜明特色的文化创意产业领域提供了基础。另一方面，新一代人工智能理论的发展更为文化创意产业创新打下坚实的根基。一是大数据智能理论，侧重数据驱动与知识引导相结合、自然语言理解和图像图形为核心的认知计算等理论与方法，深度学习模型生成式对抗网络等为文化创意产业创新提供新手段；二是跨媒体感知计算理论，强调超越人类视觉能力的感知获取、主动视觉感知计算、自然声学场景听知觉感知与交互环境的言语感知计算、面向媒体智能感知的自主学习等，直接助推了智媒体时代的到来；三是混合增强智能理论，研究混合增强智能、人机智能共生行为增强、联想记忆模型与知识演化方法、云机器人协同计算以及真实世界环境下的情境理解与人机群组协同等，为文化创意产业的人机协同创新提供基础。

互联网技术的发展推动着人工智能从单个智能主体的研究开始转向互联网语境下的分布式 AI 研究，人工智能技术的自主学习能力使其开始具有人的一般逻辑思维和感应能力，成为人工智能进入文化创意产业领域的重要基础。人工智能带来语义变迁、交互性与文化创意产业重塑，特别是在移动互联网以及智能终端应用下，信息属性由知识型向社交型、娱乐型、生活型转变；人工智能惊人、高效的生产和精准的定位能力彻底改变着文化创意行业的内容生产、平台分发、用户消费等链条——从会作诗的微软"小冰"到 Facebook 的"DeepFace"、Adobe 的"Sensei"，从意大利的弹琴机器人"TeoTronico"到打败柯洁并不断进

---

① 肖斌等：《对人工智能发展新方向的思考》，《信息技术》2009 年第 12 期。

化的谷歌"AlphaGo""Duplex",从登上《最强大脑》舞台的百度 AI "小度"到阿里巴巴的 ET 大脑与"鲁班"……AI 正挑战传统文化创意与生产流程,重塑文化创意产业链。与此同时,如果把 AI 作为自主体进行透析并反观 AI 的文化创意创作行为,一方面有助于人的自主性创新创意的激发与高效率实现,另一方面 AI 创作与审美行为有助于思辨人工智能创作行为的技术伦理,从这个层面来说,人工智能与文化创意产业创新发展形成了互动与博弈。

技术是一把"双刃剑",技术创新是一种建构性创新与破坏性创新的同行。人工智能在给文化创意产业科技创新带来契机的同时,也潜含了科技伦理、人文主义问题与"道德过载"问题。一方面,大数据、人工智能技术重塑文化创意产业链的同时也引发了严重的人文主义反思,人工智能未来自我认同的思想系统的形成将挑战现实意义上人的生存,比哲学意义上的"人将被抹去"的现实更加严重;[1] 同时人工智能也带来了管控难题,须警惕人工智能的盲目研发。[2] 人工智能系统是否拥有法人资格以及选择的伦理也引发争议。[3] Spilioti 就新媒体环境中的"公共性"伦理问题进行了研究,认为以语言为中心的多语言数字写作以及互联网数据挖掘带来了社会"公共性"伦理的紧张[4],人工智能生成内容在著作权法中的定性问题也亟待厘清。另一方面,伴随人工智能介入文化创意领域越来越多,"道德过载"(morality overload)问题也凸显出来。AI 被认定知道得越多,所要承担的道德责任越大。从本质上来说,文化创意产业与其他产业最本质的区别在于其精神性和与精神的关系性:重建人与社会、人与自然、人与人的精神关系和精神秩序是文化创意产业可持续发展的战略思维。在人工智能主导的一系列科技创新与文化创意产业融合的时代,创意空间的人文生态,特别是将以人为

---

[1] 高奇琦:《人工智能驯服赛维坦》,上海交通大学出版社 2018 年版,第 194 页。

[2] Fosch, E., et al., "Humans Forget, Machines Remember: Artificial Intelligence and the Right to Be Forgotten", *Computer Law & Security Review: The International Journal of Technology Law and Practice*, Vol. 8, 2017, pp. 1 – 19.

[3] Zgrzebnicki, P., "Selected Ethical Issues in Artificial Intelligence, Autonomous System Development and Large Data Set Processing", *Studia Humana*, Vol. 6, 2017, pp. 24 – 33.

[4] Spilioti, T., "Media Convergence and Publicness: Towards a Modular and Iterative Approach to Online Research Ethics", *Applied Linguistics Review*, Vol. 8, 2017, pp. 191 – 212.

本、公正、和谐、可持续发展价值观与道德观嵌入人工智能体系，实现人工智能人文化至关重要。①

二　从选择性介入到全面进入：基于 AI 的文化创意产业科技创新机理

人工智能在文化创意产业科技创新领域的应用呈现多元化。赋能性技术创新开始转化为文化创意的诱发源与载体②，内容创新与人工智能等新技术的融合成为 AI 崛起新时代的特点。③ 换言之，人工智能牵引创新重点从技术为导向的硬创新演变为以创意和设计为主导的非技术软性创新。例如，现代视频游戏复杂和现实的环境中人工智能的介入成为统一范式④，基于 AI 的智能角色分布应用于游戏的创新活动中。⑤ 一方面，伴随虚拟现实技术、新媒体技术、物联网、云计算、人工智能等科学技术的加速应用，一系列科技创新已然渗透到文化创意与设计等诸多领域，催生新的文化业态、激发新的商业模式⑥，如创意设计、文化创意（内容）、动漫网游、数字出版、移动传媒等都是典型代表。⑦ 另一方面，基于人工智能的多目标决策系统可以为决策者提供科学高效的制度创新决策支撑，虽然也潜含了强势国家数字文化产品的殖民政治问

---

① 陈静：《科技与伦理走向融合——论人工智能技术的人文化》，《学术界》2017 年第 9 期。
② Liboriussen, B., "(Digital) Tools as Professional and Generational Identity Badges in the Chinese Creative Industries", *Convergence: The International Journal of Research into New Media Technologies*, Vol. 21, 2015, pp. 423 – 436.
③ Comunian, R., et al., "Digital Technology and Creative Arts Career Patterns in the UK Creative Economy", *Journal of Education and Work*, Vol. 28, 2015, pp. 346 – 368.
④ Safadi, F., et al., "Artificial Intelligence in Video Games: Towards a Unified Framework", *International Journal of Computer Games Technology*, Vol. 3, 2015, pp. 1 – 30.
⑤ Downey, S., Charles, D., "Distribution of Artificial Intelligence in Digital Games", *International Journal of Intelligent Information Technologies*, Vol. 11, 2015, pp. 1 – 14.
⑥ Williams, H., Mcowan, P. W., "Magic in Pieces: An Analysis of Magic Trick Construction Using Artificial Intelligence as a Design Aid", *Applied Artificial Intelligence*, Vol. 30, 2016, pp. 16 – 28.
⑦ Richey, M., Ravishankar, M. N., "The Role of Frames and Cultural Toolkits in Establishing New Connections for Social Media Innovation", *Technological Forecasting & Social Change*, Vol. 144, 2019, pp. 325 – 333.

题①，但人工智能带来了新安全机制与新内容分发机制，智能算法、数据挖掘与预测建模等将文化创意内容进行多元反复有序组合与延伸使用，创新了产品形式和动态视觉效果，推动其向更高层次发展。②

人工智能时代文化创意产业科技创新有其内在的逻辑与演化机理。大数据挖掘与深度学习是弱人工智能在文化创意产业广泛应用的基础。一方面，人工智能以新技术革新与迭代的填充机制实现文化大数据识别、挖掘、加工与深度利用，挖掘大数据背后潜含的信息与内容，进行文化价值聚合、文化资源高效整合与更新；另一方面，利用智能算法处理、仿生识别、深度学习等功能重塑文化创意产业业态与价值链，实现文化创意的精准化、智能化。此外，人工智能的发展让人们有更多的"闲暇时间"用于文化精神消费与高端内容产品的生产。按照凡勃伦提出的"有闲阶级"，即从事非生产性质工作的上层阶级将会获得大量闲暇时间，AI时代智能机器人承担了大量耗时、复杂而重复性的工作，使人们有更多时间用于自我学习、更有尊严的创意与思考。从创新生态演化机理来看，人工智能时代，文化创意产业科技创新演化形成了内生竞合、开源交互、群智多元和跃迁演化四大机理，凸显出AI对内生、开放、竞合、协同、多元与动态等方面的聚焦与关注（见图10-1）。

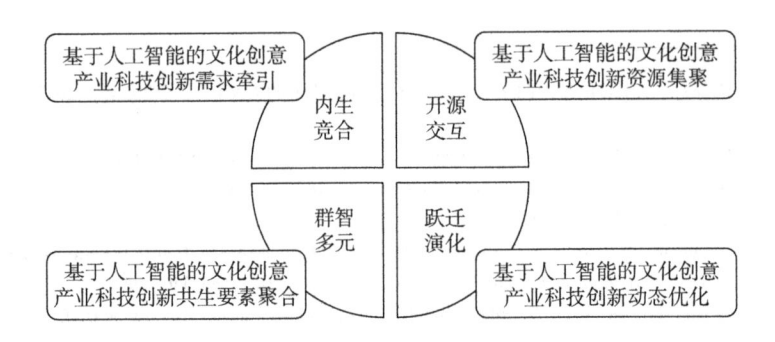

图10-1 人工智能导向的文化创意产业科技创新四大机理

---

① LisaJo, K., Scott, V. D., "The Extension of the Coloniality of Ower into Digital Culture", *Symbolic Interaction*, Vol. 40, 2017, pp. 133-135.

② Parmentier, G., Mangematin, V., "Orchestrating Innovation with User Communities in the Creative Industries", *Technological Forecasting and Social Change*, Vol. 83, 2014, pp. 40-53.

第十章 未来演进：人工智能与文化创意产业智能化创新

（一）基于 AI 的文化创意产业科技创新需求牵引的内生竞合机理

大数据驱动、跨媒体协同、群体智能与人机协同等人工智能技术介入文化生产、文化资源分配、文化产品交换与文化消费过程中，加快文化创意产业业态培育、链式创新与更新换代，形成了新的智能化与数字化文化产品、运营管理模式与运行引擎机制。人工智能时代的文化创意产业科技创新是建立在一定的混合智能与群体智能资源优势上，创新主体自身携带"创新基因"并在多资源条件以及从宏观至微观等多层次的智能化市场需求刺激下进行创新活动，人工智能让创新创意变得可达可塑；而智能识别与服务机器人则会让文化艺术创作手段多元化、创新空间无限扩展，各类文化产品通过人工智能后台数据精准推送的传播范围变得空前扩大；[1] 与此同时，人工智能牵引各种创新资源要素与多元化创新群落组织的高度集聚，改变了传统的文化生产与运作模式，形成竞争合作关系，以此来实现创新活动的开展和创新价值的创造，并在智能化创新主体之间的"共赢"下催生新文化产品、新文化服务、新文化业态与新运营模式。

文化创意产业科技创新带来数字化颠覆。特别是在参与式时代，伴随人工智能技术的应用与数字制造技术成本的下降，相互分割独立的利润单元串成链式流构成内容无比丰富、无比密集快捷的数字化、智能化的网状文化创意产业体系；移动互联网技术则与可便携终端设备结合，如智能型植入式营销服务系统（IEMSS）将创意产业链价值放大化[2]，复杂场景感知、人机协同情景学习与混合增强智能的运用将提升创意阶层的内容创新水平与效率。"内生竞合"不仅是人工智能时代文化创意产业科技创新的牵引机理，也是内源化机理。从人工智能主导的文化创意产业链的变迁来看，在创意端，AI 深度学习与群智开放为信息与内容生产者提供精准信源，塑造了智能化的创作与想象空间；在运营端，

---

[1] Öberg, N. K., "The Role of the Physical Work Environment for Creative Employees a Case Study of Digital Artists", *The International Journal of Human Resource Management*, Vol. 26, 2015, pp. 1889–1906.

[2] Lin, H. F., Chen, C. H., "An Intelligent Embedded Marketing Service System Based on TV: Design and Implementation Through Product Placement in Idol Drama", *Expert System with Application*, Vol. 40, 2013, pp. 4127–4136.

AI 智能识别能力的增强与大数据挖掘的深度应用让文化创意产品个性化、精准化匹配，推动精准传播实现智能化；在营销端，智能算法、人机协同、自主交互与智能化反馈则成为文化创意产业再生产良性循环的保障。

（二）基于 AI 的文化创意产业科技创新资源集聚的开源交互机理

在人工智能主导的文化创意产业科技创新生态系统中，创新主体与外界环境之间始终保持着开源创新的姿态，大数据驱动的人、机、物三元协同不断进行着机器学习、知识循环、开源开发、智能传递以维持创新活动的开展和资源的补给。特别是在大数据技术推动下，网络视听、网络动漫、网络游戏、移动手游等新兴行业蓬勃兴起，数字技术带来了全新的数字创意文化体验方式与数字化展示的载体[1]，开始从内容单一轨道向"技术＋内容"的双轨跨界融合阶段发展。人工智能技术的开源性将满足文化创意产业在云端训练与终端执行的跨界发展诉求——开源性开发平台、开源性技术平台与开源性社区平台将有助于文化创意企业构建新型产业业态与新型产业生态。此外，人工智能时代文化创意产业的科技创新频出，给文化创意产业全球价值链也带来颠覆性影响，特别是以智能数字产品与服务交易为核心的国际贸易新通道形成，对数字化文化产品和服务开放性的跨境传播产生重要影响[2]，意味着人工智能将为我国建构全新的文化创意产业创新价值链提供契机。

同时，人工智能牵引的科技创新生态系统内各创新主体、创新组织、创新要素之间的产业链、价值链衔接紧密，形成了智能化为主导的科技创新生态的"开放协同"模式。"开放协同"强调 AI 算法为核心的主体依赖、以数据为基础的信息共享、以人机交互资源为保障的协同利用，不仅保证了文化创意产业科技创新系统内外资源的循环流动，也提高了创新系统内的创新效率，感知识别、深度学习、认知推理等可以确保人工智能创新因子在整个文化创意产业科技创新系统中高效、持续

---

[1] Irfan, M., et al., "Design and Development of a Generic Spatial Decision Support System", Based on Artificial Intelligence and Multicriteria Decision Analysis, *GeoResJ*, Vol. 14, 2017, pp. 47 – 58.

[2] Hervasdrane, A., Noam, E., "Peer – to – Peer File Sharing and Cultural Trade Protectionism", *Information Economics and Policy*, Vol. 41, 2017, pp. 15 – 27.

第十章 未来演进：人工智能与文化创意产业智能化创新

运作。例如，写稿机器人通过智能化标注、内容聚类和精准匹配大大缩短了文本与视听新闻生产与发布的耗时，其包含多媒体形态的智媒体产品不但打破了时空局限，也重构了新闻内容生产流程。此外，文化创意产业科技创新主体、智能机器人与文化科技资源之间建立起开放兼容、开源创新的包含数十亿实体规模的跨媒体知识图谱，大数据挖掘、知识推演、可视化交互、智能识别与群智融合等各创新要素被编排到共同的关系网上，通过线上聚合、线下交流的形式实现资源的对接，形成类似生态系统中的"拟态聚合"形态。

（三）基于AI的文化创意产业科技创新共生要素聚合的群智多元机理

AI时代的文化创意产业科技创新可看成是一个科技创新活动开展、科技创新资源集聚的协同创新综合体，它强调以人工智能指引下的人机协同创新活动为节点，在内部搭建起文化创新资源信息采集网络与自动控制诊断系统，实现创意设计与研发的智能化，实现科技创新资源要素的多元化与创意生产的个性化，提高人工智能深度学习用户需求和用户习惯、并不断完善和优化创新服务功能的能力。特别是人工智能技术的应用将带来文化创意产业科技创新平台在功能上定位为开放、开源式的"全要素""集成化"的服务平台，具有创新效率高、群智感知协同的特点，决定了其在内部功能配备上呈现"群智性""多元性"。换言之，人工智能主导下的文化创意产业科技创新生产运作机制建立在群智知识框架之上，既能动态满足文化创意产业科技创新过程中的知识获取与要素供给，也能从整体上为文化创意企业科技创新不同阶段发展提供混合增强智能服务。例如，在文化创意产业应用人工智能的初级阶段，人工智能技术实现了大数据的深度运算与智能感知应用，实现了网络广告投放对象的精准定位、投放过程的精准可控、广告效果的精准可估。[①]

在创新要素聚合方面，人工智能进入文化创意产业的范畴表现为文化创意与生产智能化、运营平台智能化、文化传播与营销智能化（见

[①] Bukovina, J., "Social Media Big Data and Capital Markets: An Overview", *Journal of Behavioral and Experimental Finance*, Vol.11, 2016, pp.18–26.

图10-2),形成了人工智能主导的创新要素的系统性与多样性。一是人工智能+信息文本编辑,自动写作与提供资讯服务,逐渐形成序列的深度学习,并进行大量阅读与思考;二是人工智能+内容信源捕获,基于知识库和传感器应用进行内容的精准匹配,通过信息传播可视化追踪,实现个性化精准生产、内容创意与个性化定制投放;三是人工智能+视听资源生产创作,深度学习实现视听资源与信息文本的无缝切换,并进行精准创意与创作;四是人工智能+智能分发与传播,通过精密算法找准与缔结网络的结构洞,基于大数据深度挖掘实现用户文化需求的精准定位,并将内容精准传递到不同文化需求的受众手中。

图10-2 基于人工智能的文化创意产业科技创新要素聚合

(四)基于AI的文化创意产业科技创新动态优化的跃迁演化机理

人工智能推动个性化服务代替标准化服务,进入智能化与精细化社会,并带来整个社会环境乃至文明程度的质的飞跃①,也给文化创意产业科技创新带来跃迁。所谓跃迁(quantum transition)是指事物从低层次或低级别(阶段)向高层次或高级别(阶段)发展的过程或现象。

---

① 吴军:《智能时代:大数据与智能革命重新定义未来》,中信出版集团2016年版,第325—330页。

第十章 未来演进：人工智能与文化创意产业智能化创新

文化创意产业跃迁特指通过与新科技的协同创新驱动，向现代化、智能化文化创意生产体系跃升的过程。文化创意产业科技创新系统演化主要表现在两大维度：对内表现为文化创意产业科技创新主体的壮大、创新功能的提升、创新价值的累积；对外表现在基于互联网的群体智能主导下的文化创意产业科技创新规模的扩张、创新群落数量的衍生以及自主创新生态环境的优化等。在内外力量的驱动下，人工智能在文化创意产业领域的跃迁发展到最高阶段则是超级智能机器人的集聚，乃至"智能爆炸"在文化创意产业及其各个领域的无限扩散化。

人工智能主导的文化创意产业科技创新生态系统持续演进的过程实质是一个开放、耗散、自组织、自我完善的过程，也是人工智能从传统制造领域向新兴文化创意产业行业不断对外扩张、对内不断优化的内外协同、动态演化的过程。人工智能的技术演进与技术诱导效应的释放将引发其在文化创意产业行业的规模不断扩张，带来文化创意产业创新生态的重构，不断刷新着文化创意产业的产品形态与业态：文本信息、图像、音视频等文化内容的自动搜索与智能拍摄，大数据驱动的群体智能与生产创意决策智能化，网络视听产品与语音服务的智能识别与跨媒体融合传播，VR与AR支撑的人机智能交互文化终端环节新体验……与此同时，智能化深度学习与群智开放促使产业外部生态发生变化，带来资源的集聚并倒逼内部功能的优化与提升，形成人工智能助推的创新升级以及动态演化的自动升级的协同机制，通过"动态演化""智能升级"的过程实现基于数据驱动、多元融合与人机协同的智能创意经济形态。

第四节 人工智能主导的文化创意产业科技创新能力

人工智能是引领未来产业转型的战略性技术，全球发达国家把发展人工智能作为提升国家竞争力、维护国家安全的重大战略，我国作为文化大国也应在新一轮国际科技竞争中掌握文化创意产业人工智能化发展战略的主导权。特别是要立足中国文化自信的构建与新一轮人工智能发展战略布局，积极利用人工智能技术打造我国文化创意产业科技创新能力，重构全球文化创意产业价值链，积累 AI 文化竞争优势，拓展发展空间，高效保障人工智能时代的国家文化安全。

一 基于人工智能的文化创意产业科技创新能力形成的"三度"

人工智能在文化创意产业的应用聚焦在计算机视觉、虚拟助理、知识图谱、智能推荐、自然语言处理、情感感知计算等方面，作为挑战乃至淘汰旧技术与旧文化生产体系的力量，AI 成为文化创意产业科技创新的新引擎，其在文化创意产业细分行业的应用已成为不可逆转的潮流。加快培育与壮大文化创意产业智能化水平与科技创新能力，促使我国文化创意产业科技创新跃升，已经成为国家重要战略导向。

人工智能在文化创意产业创新中的应用成为文化创意产业科技创新能力形成的重要参数，即人工智能在文化创意产业各细分行业应用的频率和能力成为 AI 时代文化创意产业科技创新能力的重要评价指标。鉴于此，把基于 AI 的文化创意产业科技创新能力归结为"三度"：一是广度，即人工智能进入文化创意产业细分行业的领域，可以衡量人工智能进入的广度；二是宽度，人工智能在文化创意产业诸行业的应用情况，可以衡量人工智能进入的宽度；三是深度，人工智能与文化创意产业科技创新协同的情况，可以衡量人工智能进入的深度。在"互联网+"时代，要把人工智能技术作为实现新一轮文化创意产业科技创新的核心助推器，释放最新科技创新积蓄的巨大潜能，并将其转化为文化创意产业发展的新动力，基于人工智能优势从全球视野重构全球文化创意产业价值链——重构文化生产、文化分配/交换、文化消费链，形成文化创意产业各个相关领域的智能化需求，催生出新技术、新文化产品、新文化业态、新商业模式，实现我国现代文化生产力的整体跃升。

二 人工智能时代文化创意产业科技创新能力构成的"六要素"

人工智能时代，文化创意产业科技创新能力的形成涉及技术创新要素、内容创新要素、人才集聚要素、制度创新要素与创新生态要素等一系列内外部要素与创新主体要素间的良性交互与耦合。

从内部要素来看，一是技术创新要素，这是文化创意产业科技创新的源生性助推器。人工智能时代的文化创意产业是科技前导型产业，技术创新是文化创意产业从遮蔽到解蔽过程的必要条件，是激活产业发展的原生性动力，通过推动技术创新与应用创新的双螺旋结构，可以提升

第十章 未来演进：人工智能与文化创意产业智能化创新

文化创意产业竞争力，凸显技术创新价值实现的本质。一般而言，技术创新分为外生技术创新和内生技术创新。外生技术是指在技术发展进程中出现的新技术，互联网、大数据、AI（人工智能）、AR（增强现实技术）、VR（虚拟现实技术）等技术都属于此类；内生技术是在现存的技术基础上进行二次创造，是文化创意产业科技创新与转型升级的主要动力。二是内容创新要素，这是文化创意产业科技创新的内核与根本。人工智能时代，文化创意产业发展主要建立在优质内容上，内容创新是立身之本。内容创新包括两个层面：一方面，是对原有文化资源和文化内容的激活，即利用大数据、人工智能技术提高内容创新的高效性与精准性；另一方面，是利用文化创新对固有文化模式或范式进行革命性转型，将内容创新与其他要素融合，特别要发挥内容创新与科技创新的交互非线性关系——人工智能的应用与用户平台数据信息的挖掘可以反哺内容生产和创意的优化，建立起内容生产、平台分销、用户消费的非线性关联的关系网。三是人才集聚要素，是文化创意产业创新的创意之本。文化创意产业是以创意性人才为中心的生产活动，创新人才是文化创意产业科技创新能力构建的重要因素。技术创新、内容创新归根结底都要回到人才创新。在人工智能时代，文化人才有了人工智能的技术支撑，利用创意能动性作用于文化创意产业各要素，可以使其产生全新的价值。AI时代的文创人才是跨学科的复合型人才——既要了解人工智能的理论与方法，也要掌握文化创意产业的经济性原理；既要了解人工智能的技术与应用，也要熟悉文化创意产业的创意性与文化性，还要深谙人工智能与文化创意交融的社会性与法律性。复合性AI创意人才的集聚决定了文化创意产业在人工智能时代的发展潜力、未来空间乃至产业发展的高度与层次。

从外部要素来看，制度创新要素是驱动与保障文化创意产业科技创新效益的关键。一方面，制度创新为文化创意产业科技创新能力的构建提供规范性规约制度与扶持性激励制度；另一方面，人工智能打破了原有的价值体系和文化生产与传播体系，为维持文化创意产业发展的平衡，亟须建立新的制度秩序体系来破解人工智能给文化创意产业发展带来的文化技术伦理以及其他新问题、新情况。此外，创新生态要素是推动文化创意产业科技创新能力持续跃升的重要因子，是人工智能时代文化创意产业科技创新大环境的改善与优化。一是文化创意产业集群空间优化，包括众创空间、文化创意产业园区等物理空间，是文化创意产业科技创新活动开展与外溢效应释放的空间载体；二是扁平化、快速回应的文化科技管理体制创新，即推进文化科技管理方式创新与公共文化服务效率提升，营造一个持续激励文化创意产业科技创新的生态环境；三是人工智能文化伦理生态，形成人工智能应用能力与边界控制能力的平衡，优化人工智能文化伦理生态，合理评价与定位人工智能在文化创意产业科技创新中的角色和作用——作为人类智能提升的助手来最大化人类的价值，而非取代人类；将人的创意和情感发挥到极致，而非由人工智能代替人类创意情感，尤其在文化创意产业领域更是如此。

从创新主体要素来看，创新主体要素是构建文化创意产业科技创新能力的基础。文化创意产业科技创新能力的发展是建立在各个创新主体推力基础上的。完整的文化创意产业科技创新能力体系需要从微观、中观到宏观，依次发挥文化创意企业的主体精神、文化创意产业园区与众创空间的载体功能、政府的治理与支撑作用、行业协会的桥梁作用、消费主体参与作用以及智能机器人的合理介入，达到全方位、多层次利用创新主体价值的目标，创建多元主体联动的能力体系。其中，科技创新能力构建的核心主体是文化创意企业，而企业的创新主体则是掌握 AI 技术与文化创意的综合性人才。从 2017 年 7 月美国 LinkedIn 发布的《全球 AI 领域人才报告》来看，全球百余国家的人工智能领域核心技术人才约 190 万，其中美国拥有 85 万 AI 人才，居全球之首；印度与英国分别居于第 2、第 3 位，但中国相关人才不足 5 万人，居于第 7 位。[①]这是单纯就技术人才而言的，而复合型、综合性的 AI 文创人才更是短缺，我国 AI 创新人才的储备与培育任重道远。

三 人工智能时代文化创意产业科技创新能力体系

人工智能时代，文化创意产业科技创新内部核心因素、外部生态因子、核心创新主体等诸要素形成了一个由内至外三大层次要素组成的文化创意产业科技创新能力理论体系。从理论体系内部要素的逻辑关系来看，文化创意产业科技创新过程实质是由一个能级向其他能级跳跃的跃

---

① LinkedIn：《全球 AI 领域人才报告》，http：//www.sohu.com/a/155097645_283001。

迁过程，带来创新发展方向、范式等方面的非连续性变化。整个理论体系构成要素的逻辑关系是（见图10-3）："技术创新要素＋内容创新要素＋人才集聚要素"是文化创意产业科技创新能力的内部核心体系；"制度创新要素＋创新生态要素"是文化创意产业科技创新能力外部生态体系；创新主体要素则是贯穿于内外部体系的整个产业演进过程，在文化创意产业生命周期不同阶段，主导科技创新诸要素发挥促进、支撑和保障作用。此外，人工智能主导的文化创意产业科技创新的内外部因素通过诱导、唤起、驱动，被转化而非替代文化创意产业科技创新的内外源动力。

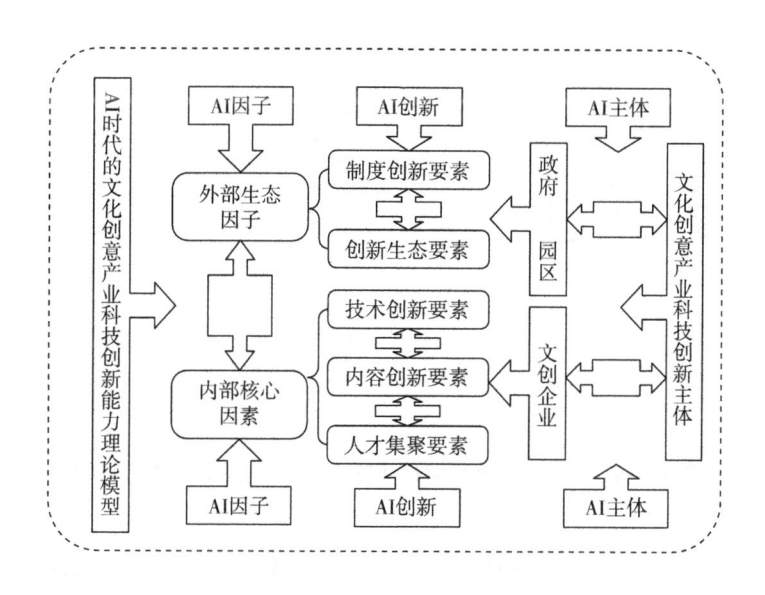

图10-3 人工智能时代文化创意产业科技创新能力理论体系

需要强调的是，于学界与业界而言，都亟须考虑人工智能时代文化创意产业创新与人类文化创意之间关系的博弈，考虑科技与艺术、内容与形式的争论，考虑技术的非理性与人的理性交互关系，以及人工智能在文化创意产业的应用和人文精神应扮演日渐复杂化的角色。特别是要关注人工智能在文化创意产业创新中的边界问题，既要考虑人工智能应用的价值最大化与人的价值最大化，也要考虑人类创意和价值延伸空间的均衡，考虑人工智能带来的就业结构与社交生态的改变。此外，人工智能时代，文化创意产业创新能力要考虑与制度创新的互动逻辑，实现协同创新，共同高效促进文化创意产业跃升。试想，如果与人工智能相关的制度创新严重滞后或者偏离了创新轨道，将对 AI 时代的文化创意产业科技创新形成巨大阻滞。因此，发挥人工智能科技与人工智能制度协同创新的裂变效应成为关键。

四 基于人工智能的文化创意产业科技创新能力跃升机制

人工智能时代文化创意产业科技创新能力的构建与跃升是建立在一系列实现机制上的，具体来说主要包括创新能力构成主体优化机制、创新扩散机制、分类跃迁机制与创新制度支撑机制等方面（见图 10-4）。

主体	文化创意产业科技创新能力构成主体优化机制	01
创新扩散	基于人工智能的文化创意产业科技创新扩散机制	02
分类跃迁	基于人工智能的文化创意产业科技创新分类跃迁机制	03
制度支撑	基于人工智能的文化创意产业科技创新制度支撑机制	04

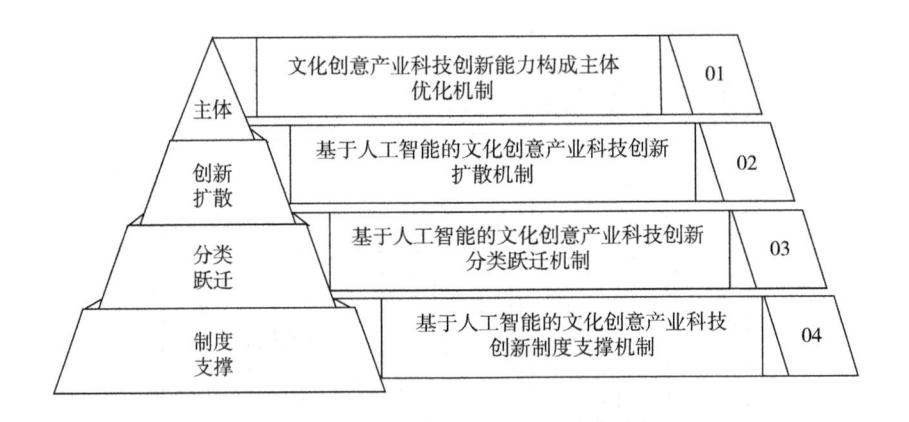

图 10-4　人工智能时代文化创意产业科技创新能力跃升机制

一是文化创意产业科技创新能力构成主体优化机制。人工智能时代的文化创意产业科技创新主体包括文化创意企业、行业协会、网络平台、政府、文化消费者以及智能机器人等多元主体。人工智能技术带来的是"创新性破坏"，塑造了更高速的虚拟空间与实体空间的交融，挑战着传统的创新主体结构，也弥补了传统创新主体的注意力盲区。AI 深度学习与创新主体的重新排列组合与科技创新诸要素实现了有机协同，重构了原有的文化创意创新方式，形成了立足各个创新主体的功能定位、利益、诉求以及基于 AI 的文化创意产业要素协同创新的主体结构图谱。AI 时代，创意阶层有更多的闲暇时间用于思考人文精神与心灵归处，并致力于更加高端的文化内容创意而非重复性的问题。此外，智能机器人与多元创新主体协同的条件、基准与规则成为建构更契合文化创意产业跨业态发展、扩散、跃迁的新创新主体发展格局，并通过匹配"三验"（体验、试验、检验）创新应用实验与反馈模式，真正释放AI为主导的一系列科技创新与应用创新对文化创意产业创新发展的双螺旋驱动作用。[①]

二是基于人工智能的文化创意产业科技创新扩散机制。人工智能应用于文化创意产业科技创新是一个新事物，在短时期内达到创新扩散的目标尤为重要。人工智能导向的文化创意产业科技创新是新模式、新业态与新理念，利用互动循环、优势互补的新媒体融合、大数据事件与结构洞填补达到传播与创新效果的最大化，这是创新扩散的前提条件。AI时代的创新扩散机制要侧重融媒介传播、精准传播与立体式体验传播，基于人工智能技术的文化创意产业科技创新扩散的互动机理，挖掘AI创新扩散的知晓、劝服、决定、实施和确定这五个阶段对于文化创意产业科技创新的反作用能力。实际上，在人工智能应用文化创意产业科技创新扩散过程中，会遭遇创意主体对主体性文明危机的质疑——按照雅克·拉康的镜像理论，人的意识感的习得过程，在人工智能创新演化过程中同样可以通过自我不断印证与感知而习得主体身份，从而挤压人类生存空间；同时，人工智能的大面积入侵也会给人们带来对隐私自由与全景式监控的担忧，并存在机器人主体智能算法诱导与强制负载价值的风险。鉴于此，如何让大众知晓人工智能给文化创意产业科技创新与人类生活带来的契机与边界、劝服乃至消除对人工智能的负面情绪与抵触是实现创新扩散的基础。

三是基于人工智能的文化创意产业科技创新分类跃升机制。所谓分类跃升主要基于以下三大维度。第一个维度，基于人工智能进入文化创意行业程度的不同，文化创意产业科技创新跃升的路径也不同，主要立足实现文化创意产业科技创新绩效与产业发展绩效可持续性、可延展性的发展目标。第二个维度，基于人工智能时代的文化创意产业科技创新能力所处的不同阶段匹配其所处阶段的精准化跃升机制。在人工智能创

[①] 解学芳、刘芹良：《创新2.0时代众创空间的生态模式——国内外比较及启示》，《科学学研究》2018年第4期。

新 1.0 阶段，弱人工智能技术在文化创意产业创新领域的应用强调数据挖掘与识别、深度学习与推理、群体智能决策与预测，提高效率和创新生产模式是弱人工智能阶段的主要侧重点。在人工智能创新 2.0 阶段，通用性人工智能在文化创意产业创新领域的应用突出智能机器人对人类情感的识别与了解，对用户需求的抽象与习得获取资源的能力，并改变创意生产流程与消费行为习惯。在人工智能创新 3.0 阶段，AI 在文化创意产业创新领域的应用强调超级智能，其自我意识会发展到拥有类似于人的创造力，这个阶段的创意与创新活动将高度依赖人工智能。按照卡鲁姆·蔡斯的说法，超级智能对人类的态度存在友善、中立和敌对三种情况，确保人工智能对人类积极的善意才是关键。[①] 从这个层面来看，厘清人、创意、智能机器人之间的关系与边界亟须法制的出台。第三个维度，根据人工智能参与文化创意产业的价值链环节的不同，即 AI 介入文化创意产品研发与创作环节、AI 参与文化创意产品运营和传播环节、AI 应用于文化创意产品流通与营销环节的差异性，提出匹配不同环节的精准化路径。

四是基于人工智能的文化创意产业科技创新制度支撑机制。人工智能不仅代表了一种新技术，更是一种新思维、新模式，人工智能的出现和应用对文化创意产业的影响可以转化为文化创意产业精准治理制度的契机。传统的文化创意产业管理模式是一种基于应急思维的事后管理与经验管理，AI 时代的文化创意产业管理将基于大数据深度挖掘走向预见性和预警性，强调精准化治理。人工智能主导的文化创意产业科技创新带来的最大风险是人工智能的边界与伦理问题，其影响会在相应的人工智能技术规则中得到体现，推动人工智能不断持续演进。纵观全球，欧盟立法建议书呼吁制定"机器人宪章"，强调伦理准则的重要性；美国颁布的《国家人工智能研究和发展战略计划》则将解决人工智能的法律、伦理、社会经济等影响作为主要战略方向；联合国发布的《机器人伦理初步报告草案》强调把特定伦理嵌入机器人系统。[②] 从我国目

---

① ［英］卡鲁姆·蔡斯：《人工智能革命：超级智能时代的人类命运》，张尧然译，机械工业出版社 2017 年版，第 138 页。

② 腾讯研究院、中国信通院互联网法律研究中心：《人工智能：国家人工智能战略行动抓手》，中国人民大学出版社 2017 年版，第 3 页。

前出台的政策法规来看，更多聚焦在产业层面与技术层面，缺乏对社会问题与人文伦理的关注。在 AI 时代，文化创意产业制度设计需要基于以人为本、公正、和谐、可持续发展的价值观，对人工智能进入文化创意产业的边界以及基本的文化科技伦理作出明确的规定，让智能机器人的自主决策尊重人类社会伦理规范并最大化人类价值，而非替代；既要明确 AI 设计者、生产者、使用者、政府机构与各类组织的道德责任，构建道德责任承担机制与责任分配机制；[①] 又要实现人文价值嵌入人工智能系统，推动多元主体参与人工智能伦理治理，这是制度支撑机制关注的第一个重点。第二个制度创新重点是培养人工智能与人类文化创意良好交互的能力，在跨技术、跨学科的大变革时代，以人工智能新知识为代表的技术本身是市场机制的趋向性体现，也潜含着制度创新的方向，并影响着既定的社会规范、产业格局乃至文化科技伦理，这需要国家层面出台一系列鼓励与支持人工智能良性应用于文化社会领域，加大培育掌握人工智能与文化创意产业跨学科、复合型人才的支持性政策；出台培养公民大数据意识与关注数据权利的政策，以及规范文化企业数据合理获取与合理使用的相关政策，建构起匹配文化创意产业智能化发展趋势的制度生态。[②]

---

① 杜严勇：《机器人伦理中的道德责任问题研究》，《科学学研究》2017 年第 11 期。
② 解学芳、臧志彭：《人工智能在文化创意产业的科技创新能力》，《社会科学研究》2019 年第 1 期。

参考文献

［美］约瑟夫·熊彼特：《经济发展理论》，何畏、易家详、张军扩、胡和立、叶虎译，商务印书馆1990年版。

［德］哈肯：《协同学：大自然的构成的奥秘》，凌复华译，上海人民出版社2005年版。

［美］艾伦·J. 斯科特：《城市文化经济学》，董树宝、张宁译，中国人民大学出版社2010年版。

［美］冯·贝塔朗菲：《一般系统：基础、发展和应用》，林康义、魏宏森译，清华大学出版社1987年版。

［美］理查德·佛罗里达：《创意阶层的崛起》，司徒爱勤译，中信出版社2010年版。

［美］马文·明斯基：《心智社会：从细胞到人工智能，人类思维的优雅解读》，任楠译，机械工业出版社2018年版。

［美］迈克·波特：《国家竞争优势》，李明轩、邱如美译，华夏出版社2002年版。

［美］米尔顿·弗雷德曼：《资本主义与自由》，张瑞玉译，商务印书馆1986年版。

［美］尼古拉·尼葛洛庞蒂：《数字化生存》，胡泳、范海燕译，海南出版社1997年版。

［西］曼纽尔·卡斯特：《网络社会的崛起》，夏铸九、王志弘等译，社会科学文献出版社2011年版。

［英］安吉拉·默克罗比：《后现代主义与大众文化》，田晓菲译，中央编译出版社2001年版。

［英］卡鲁姆·蔡斯：《人工智能革命：超级智能时代的人类命运》，张尧然译，机械工业出版社2017年版。

［英］玛格丽特·博登：《AI：人工智能的本质与未来》，孙诗惠译，中国人民大学出版社2017年版。

安虎森、朱妍：《产业集群理论及其进展》，《南开经济研究》2003年第3期。

蔡尚伟、车南林：《"一带一路"上的文化产业挑战及对中国文化产业发展的建议》，《西南民族大学学报》（人文社科版）2016年第4期。

柴冬冬：《游戏产业：我国对外文化贸易的生力军——2012—2013中国游戏产业对外文化贸易发展述要》，《中华文化论坛》2014年第4期。

陈波、吴云梦汝：《场景理论视角下的城市创意社区发展研究》，《深圳大学学报》（人文社会科学版）2017年第2期。

陈刚、宋玉玉：《数字创意产业发展研究》，《贵州社会科学》2019年第2期。

陈金丹等：《基于网状产业链的数字内容产业园区协同创新研究》，《科技进步与对策》2016年第4期。

陈金丹、黄晓：《我国文化产业发展的空间关联网络结构研究》，《经济问题探索》2017年第1期。

陈静：《科技与伦理走向融合——论人工智能技术的人文化》，《学术界》2017年第9期。

陈力丹、史一棋：《重构媒体与用户关系，国际媒体同行的互联网思维经验》，《新闻界》2014年第24期。

陈南旭等：《互联网时代软件服务业市场竞争行为的路径依赖分析》，《经济问题探索》2018年第3期。

陈能军、李凤亮：《数字创意产业对于"一带一路"跨区域嵌入的耦合意义——基于区域个体异质性的视角》，《江西师范大学学报》（哲学社会科学版）2020年第4期。

陈能军、史占中：《5G时代的数字创意产业：全球价值链重构和中国路径》，《河海大学学报》（哲学社会科学版）2020年第4期。

陈少峰：《互联网文化产业的价值链思考》，《北京联合大学学报》（人文社会科学版）2015年第4期。

陈伟军：《人类命运共同体构建与中国价值观的国际传播》，《新闻界》2019年第3期。

陈瑛等：《"一带一路"沿边产业带的企业集聚效应研究——基于GMS经济走廊企业调查数据》，《亚太经济》2018年第3期。

陈宇翔、李怡：《数字文化产业发展的"双重使命"：逻辑、挑战与路径》，《南京社会科学》2021年第5期。

楚明钦：《互联网与我国文化产业融合发展研究》，《现代管理科学》2017年第5期。

褚劲风：《东京动漫产业空间集聚与企业区位选择研究》，《地域研究与开发》2009年第2期。

戴俊骋、孙东琪、张欣亮：《中国区域文化产业发展空间格局》，《经济地理》2018年第9期。

戴翔、郑岚：《制度质量如何影响中国攀升全球价值链》，《国际贸易问题》2015年第12期。

党秀云：《论合作治理中的政府能力要求及提升路径》，《中国行政管理》2017年第4期。

邓志新：《粤港澳大湾区与世界著名湾区经济的比较分析》，《对外经贸实务》2018年第4期。

杜严勇：《机器人伦理中的道德责任问题研究》，《科学学研究》2017年第11期。

段莉：《从竞争合作到协同发展：粤港澳大湾区传媒发展进路探析》，《暨南学报》（哲学社会科学版）2018年第9期。

范恒山：《加快发展数字创意产业培育壮大新动能》，《宏观经济管理》2017年第10期。

范宇鹏：《粤港澳文化创意产业协调发展研究——基于价值链系统视角》，《科技管理研究》2016年第5期。

方丰、唐龙：《科技创新的内涵、新动态及对经济发展方式转变的支撑机制》，《生态经济》2014年第6期。

方兴东等：《2012—2017年全球新媒体发展特征》，《新闻与写作》

2017 年第 11 期。

高奇琦:《人工智能驯服赛维坦》,上海交通大学出版社 2018 年版。

耿达、傅才武:《带际发展与业态融合:长江文化产业带的战略定位与因应策略》,《福建论坛》(人文社会科学版)2016 年第 8 期。

郭梅君:《创意产业发展与中国经济转型的互动研究》,上海社会科学院,博士学位论文,2011 年。

郭新茹等:《文化产业集聚、空间溢出与区域创新能力》,《江海学刊》2019 年第 6 期。

韩晓芳、解学芳: 《文化产业科技创新能力研究述评:2004—2015》,《科技管理研究》2016 年第 14 期。

何卫华、熊正德:《数字创意产业的跨界融合:内外动因与作用机制》,《湖南社会科学》2019 年第 6 期。

胡静、赵玉林:《我国战略性新兴产业集聚度及其变动趋势研究——基于上市公司的经验证据》,《经济体制改革》2015 年第 6 期。

黄斌、向勇:《创意者网络:互联网语境下的创意阶层的演化研究》,《深圳大学学报》(人文社会科学版)2017 年第 2 期。

黄芙蓉:《"互联网+"文化产业发展的对策与模式创新》,《统计与决策》2015 年第 224 期。

黄滢、陈堂发:《城市文化经济学视域下的中国传媒产业空间集聚发展研究》,《新闻与传播研究》2018 年第 8 期。

黄志锋:《创意产业的价值链开发及其运行机制》,《科技和产业》2016 年第 8 期。

江畅:《核心价值观的合理性与道义性社会认同》,《中国社会科学》2018 年第 4 期。

蒋晓丽、朱亚希:《裂变·跨界·创新:"互联网+传媒业"的三重图景》,《新闻爱好者》2015 年第 12 期。

焦斌龙:《新常态下我国文化产业供给侧结构性改革的思考》,《经济问题》2017 年第 5 期。

解学芳、陈思函:《5G+AI 技术群驱动的文化产业新业态创新及其机理研究》,《东南学术》2021 年第 4 期。

解学芳、葛祥艳：《全球视野中"一带一路"国家文化创意产业创新能力与中国路径研究——基于2012—2016年全球数据》，《青海社会科学》2018年第4期。

解学芳、胡晨楠：《全球城市数字创意产业集聚机理与中国路径——基于全球数据的实证研究》，《社会科学研究》2020年第2期。

解学芳、李琳：《全球数字创意产业集聚的城市图谱与中国创新路径研究》，《同济大学学报》（社会科学版）2020年第5期。

解学芳、李琳：《上海媒体融合发展现状与最新进展研究》，载北京市新闻工作者协会、梅宁华、支庭荣《中国媒体融合发展报告（2019）》，社会科学文献出版社2019年版。

解学芳、刘芹良：《创新2.0时代众创空间的生态模式——国内外比较及启示》，《科学学研究》2018年第4期。

解学芳、臧志彭：《"互联网+"背景下的网络文化产业生态治理》，《科研管理》2016年第2期。

解学芳、臧志彭：《"互联网+"时代文化产业上市公司空间分布与集群机理研究》，《东南学术》2018年第2期。

解学芳、臧志彭：《"互联网+"时代文化上市公司的生命周期与跨界演化机理》，《社会科学研究》2017年第1期。

解学芳、臧志彭：《人工智能在文化创意产业的科技创新能力》，《社会科学研究》2019年第1期。

解学芳、臧志彭：《文化产业上市公司国有资本与民营资本控制力比较研究》，《学术论坛》2018年第1期。

解学芳、张佳琪：《"一带一路"国家与地区数字文化产业集聚与中国全球价值链地位攀升研究》，《文化产业研究》2020年第3期。

解学芳：《"互联网+"时代文化产业跨界发展与混业经营研究》，《文化产业研究》2019年第2期。

解学芳：《科技发展与文化产业管理制度建构的逻辑演进》，《科学学研究》2010年第12期。

解学芳：《人工智能时代的文化创意产业智能化创新：范式与边界》，《同济大学学报》（社会科学版）2019年第1期。

解学芳：《文化科技产业园区企业集群生态化与绩效评估体系构

建》,《社会科学研究》2014年第1期。

解学梅等:《协同创新影响因素与协同模式对创新绩效的影响——基于长三角316家中小企业的实证研究》,《管理评论》2015年第8期。

金刚、沈坤荣:《服务业技术效率再评价与解构:管理无效还是环境无效——以我国电信服务业为例》,《产业经济研究》2018年第2期。

金元浦:《我国当前文化创意产业发展的新形态、新趋势与新问题》,《中国人民大学学报》2016年第4期。

赖茂生等:《从产业融合看数字内容产业发展——基于广东产业发展的分析》,《情报科学》2009年第7期。

李凤亮、潘道远:《文化创意与经济增长:数字经济时代的新关系构建》,《山东大学学报》(哲学社会科学版)2018年第1期。

李凤亮、赵雪彤:《数字创意产业与国家文化软实力提升路径研究》,《广西民族大学学报》(哲学社会科学版)2017年第6期。

李凤亮、宗祖盼:《科技背景下文化产业业态裂变与跨界融合》,《学术研究》2015年第1期。

李凤亮、宗祖盼:《文化与科技融合创新:模式与类型》,《山东大学学报》(哲学社会科学版)2016年第1期。

李建花、张红辉:《宁波市科技创新体制机制研究》,《产业与科技论坛》2013年第23期。

李康化、马萍:《众创空间:文化创客的群落生境》,《中国文化产业评论》2015年第1期。

李岚睿、朱振东:《粤港澳大湾区背景下澳门高端服务业升级研究》,《亚太经济》2020年第3期。

李良荣、周亭:《打造电视产业链完善电视产品市场》,《现代传播》2005年第3期。

李鹏:《数字内容产业的自我规制研究》,《软科学》2017年第2期。

李文军、李巧明:《"十四五"时期数字创意产业发展趋势与促进对策》,《经济纵横》2021年第2期。

李亚薇:《文化创意产业视角下的城市发展——以北京市和上海市文化创意产业发展为例》,《特区经济》2012年第11期。

李亦宁：《大数据时代广告业的机遇与挑战》，《新闻界》2016年第18期。

李治堂、晓芳：《美国信息传媒产业规模效益分析》，《中国出版》2015年第6期。

梁莱歆等：《基于企业生命周期的R&D投入与企业绩效关系研究——来自上市公司经验数据》，《科学学与科学技术管理》2010年第12期。

林贡钦、徐广林：《国外著名湾区发展经验及对我国的启示》，《深圳大学学报》（人文社会科学版）2017年第5期。

刘斌：《IP运营视角下动漫产业价值链创新》，《中国出版》2019年第3期。

刘果、王梦洁：《数字内容产业发展：基于经济、产业、用户的视角》，《求索》2017年第7期。

刘汉文：《影视基地发展现状与转型升级的思考》，《当代电影》2020年第5期。

刘雪梅、杨晨熙：《人工智能在新媒体传播中的应用趋势》，《当代传播》2017年第5期。

刘彦平：《城市价值链与价值网络》，《山东社会科学》2007年第6期。

刘怡等：《京津冀产业协同发展评估：基于区位熵灰色关联度的分析》，《中央财经大学学报》2017年第12期。

刘毅等：《世界级湾区产业发展对粤港澳大湾区建设的启示》，《中国科学院院刊》2020年第3期。

刘银娣：《我国数字内容产业价值链建设初探》，《编辑之友》2011年第10期。

刘英基：《高技术产业技术创新、制度创新与产业高端化协同发展研究——基于复合系统协同度模型的实证分析》，《科技进步与对策》2015年第2期。

刘筠筠、王梅：《创意产业知识产权管理机制探析》，《科技与法律》2012年第2期。

刘志彪：《从全球价值链转向全球创新链：新常态下中国产业发展

新动力》,《学术月刊》2015年第2期。

刘卓军、周城雄:《中国数字内容产业的创新模式分析》,《中国软科学》2007年第6期。

柳斌杰:《探索大数据为核心的媒体融合发展之路》,《新闻与写作》2016年第7期。

鲁玫村:《世界湾区产业发展的特征及经验借鉴》,《特区经济》2018年第8期。

鲁志国等:《全球湾区经济比较与综合评价研究》,《科技进步与对策》2015年第11期。

罗立彬:《中国文化贸易进口与中国文化走出去:以电影产业为例》,《东岳论丛》2017年第5期。

吕尚彬、黄荣:《智能技术体"域定"传媒的三重境界:未来世界传播图景展望》,《现代传播》2018年第11期。

马凤娟:《"互联网+"语境下文化创意产业价值链的重构》,《中国文化产业评论》2016年第1期。

曼诺维奇、黄隽华:《自动化美学:人工智能和图像文化》,《北京电影学院学报》2017年第6期。

毛磊:《基于生命周期理论的文化创意产业集群演化分析》,《科技管理研究》2010年第20期。

毛蕴诗等:《重构全球价值链:中国管理研究的前沿领域——基于SSCI和CSSCI（2002—2015年）的文献研究》,《学术研究》2015年第11期。

梅国平等:《文化产业的产业关联研究——基于网络交易大数据》,《经济管理》2014年第11期。

梅丽霞、王缉慈:《权力集中化、生产片断化与全球价值链下本土产业的升级》,《人文地理》2009年第4期。

牛盼强:《电影产业集群创新研究综述》,《当代电影》2017年第2期。

彭兰:《假象、算法囚徒与权利让渡:数据与算法时代的新风险》,《西北师大学报》(社会科学版) 2018年第5期。

彭兰:《智能时代的新内容革命》,《国际新闻界》2018年第6期。

彭伟步：《文化产业发展要紧抓新兴业态》，《新闻爱好者》2011年第12期。

秦丽娜、白晓君：《文化产业技术创新体系构建：基于辽宁的实践研究》，经济管理出版社2015年版。

曲红：《产业集群：传媒业发展的战略选择——以湖南传媒业发展为例》，《当代传播》2018年第8期。

任思儒等：《改革开放以来粤港澳经济关系的回顾与展望》，《国际城市规划》2017年第3期。

邵培仁、陈江柳：《整体全球化："一带一路"的话语范式与创新路径——基于新世界主义视角的再阐释》，《暨南学报》（哲学社会科学版）2018年第11期。

邵培仁：《论中国媒介的地理集群与能量积聚》，《新闻大学》2006年第3期。

申勇、马忠新：《构筑湾区经济引领的对外开放新格局——基于粤港澳大湾区开放度的实证分析》，《上海行政学院学报》2017年第1期。

沈艳等：《本地社会网络、外部空间溢出与城市文化产业增长——基于江苏地级市的空间计量研究》，《经济问题探索》2017年第8期。

石朝雄：《数字化时代传统出版社的变革与编辑转型》，《出版广角》2019年第7期。

宋建武、黄淼：《媒体智能化应用：现状、趋势及路径构建》，《新闻与写作》2018年第4期。

宋培义、黄昭文：《中国广播影视数字内容产业价值链模式构建》，《现代传播》（中国传媒大学学报）2014年第5期。

宋燕飞：《影视文化消费供给与政策探析——关于2018年影视衍生品市场趋势与产业政策的思考》，《上海大学学报》（社会科学版）2019年第6期。

苏雪串：《文化产业在中心城市空间集聚的经济机理和模式探析》，《学习与实践》2012年第9期。

眭纪刚、陈芳：《新兴产业技术与制度的协同演化》，《科学学研究》2016年第2期。

孙宁华、张翔：《商业模式创新驱动全球价值链攀升》，《河北学刊》2018年第1期。

孙英：《5G+文化：文化产业如何占领制高点》，《人民论坛》2020年第29期。

谈国新、郝挺雷：《科技创新视角下我国文化产业向全球价值链高端跃升的路径》，《华中师范大学学报》（人文社会科学版）2015年第2期。

谈洁：《论海外影视基地的产业之路与镜鉴价值》，《电影评介》2020年第7期。

谭政：《2019年印度电影产业观察》，《电影评介》2020年第1期。

唐全民：《"一带一路"背景下知识产权保护的国际合作、协调与展望》，《学习与实践》2018年第6期。

唐铮：《粤港澳大湾区媒体融合的逻辑与进路》，《学术研究》2019年第10期。

陶喜红：《中国电视广告行业市场集中度分析》，《西南民族大学学报》（人文社科版）2013年第10期。

腾讯研究院、中国信通院互联网法律研究中心：《人工智能：国家人工智能战略行动抓手》，中国人民大学出版社2017年版。

田新玲、刘海贵：《"互联网+"背景下中国文化创意产品"走出去"策略探析——基于价值链的理论视角》，《新闻爱好者》2016年第3期。

屠启宇：《国际城市发展报告（2017）：丝路城市走廊——构筑"一带一路"战略主通道》，社会科学文献出版社2017年版。

汪彬、杨露：《世界一流湾区经验与粤港澳大湾区协同发展》，《理论视野》2020年第5期。

王斌、蔡宏波：《数字内容产业的内涵、界定及其国际比较》，《财贸经济》2010年第2期。

王斌：《空间变革：嵌入地域发展的传媒产业集群》，《山西大学学报》（哲学社会科学版）2008年第6期。

王博、张刚：《中国数字创意产业发展研究——基于产业链视角》，《中国物价》2018年第3期。

王红梅等：《我国数字创意产业发展的制约因素分析——基于钻石

模型视角》,《福建论坛》(人文社会科学版) 2010 年第 4 期。

王红梅等:《数字创意产业生态环境研究:模型构建及应用》,《现代传播》(中国传媒大学学报) 2010 年第 7 期。

王欢芳等:《产业空间集聚水平测度的模型运用与比较》,《统计与决策》2018 年第 11 期。

王缉慈等:《企业互补性资产与深圳动漫产业集群的形成》,《经济地理》2008 年第 1 期。

王熙元:《创意产业的价值塑造结构研究》,《理论与改革》2015 年第 4 期。

王晓冰、谈天:《粤港澳大湾区:数字化革命开启中国湾区时代》,中信出版集团 2018 年版。

王毅、廖卓娴:《湖南文化创意产业园区发展分析与建设路径》,《经济地理》2019 年第 2 期。

魏和清等:《我国文化产业综合发展实力的空间统计分析》,《统计与决策》2017 年第 15 期。

文富德:《近年来南亚经济发展的特点及其趋势》,《南亚研究季刊》2012 年第 2 期。

吴军:《智能时代:大数据与智能革命重新定义未来》,中信出版集团 2016 年版。

吴赟、陈思:《基于价值链理论的网络文学 IP 版权价值开发困境与对策研究——以阅文集团为例》,《出版广角》2018 年第 21 期。

夏光富、刘应海:《数字创意产业的特征分析》,《当代传播》2010 年第 3 期。

夏颖:《中国影视产业的集聚效应及发展模式》,《传媒》2011 年第 3 期。

向勇:《转型期我国文化产业发展模式研究》,《东岳论丛》2016 年第 2 期。

肖永亮:《数字媒体在创意产业发展中的地位》,《现代传播》2005 年第期。

熊澄宇、孔少华:《数字内容产业的发展趋势与动力分析》,《全球传媒学刊》2015 年第 2 期。

熊建练等：《我国城市文化产业集聚竞争力比较研究》，《统计与决策》2017年第1期。

熊励等：《基于平台经济的数字内容产业协同创新动力机制研究》，《科技管理研究》2016年第2期。

熊励等：《基于云服务的数字内容产业协同创新与创新绩效实证研究》，《科技进步与对策》2014年第2期。

徐曦：《机器70年：互联网、大数据、人工智能带来的人类变革》，人民邮电出版社2017年版。

许立勇、周从从：《数字创意产业共生模式及其发生机制分析》，《经济与社会发展》2020年第4期。

宣晓晏：《影视文化产业供给侧结构性改革的背景与路径》，《河海大学学报》（哲学社会科学版）2019年第2期。

严三九：《传统媒体与新兴媒体产业集群融合发展研究》，《当代传播》2016年第6期。

严三九：《媒体智能化应用：现状、趋势及路径构建》，《新闻与传播研究》2017年第3期。

杨海平：《数字内容产业运作机理与商业模式研究》，《图书情报工作》2010年第23期。

杨永忠、陈睿：《基于价值链的游戏创意产品文化、技术、经济的融合研究——以竞争战略为调节变量》，《四川大学学报》（哲学社会科学版）2017年第3期。

易华：《论经济新常态下文化科技融合推动文化创意产业发展》，《学术论坛》2017年第1期。

余佳丽、李亦中：《金融危机背景下中美电影市场"口红效应"透视》，《现代传播》2009年第4期。

余晓钟、黄琴：《"一带一路"倡议下国际能源合作模式集成创新研究》，《科学管理研究》2019年第5期。

俞荣建、文凯：《揭开GVC治理"黑箱"：结构、模式、机制及其影响——基于12个浙商代工关系的跨案例研究》，《管理世界》2011年第8期。

喻国明等：《智能化：未来传播模式创新的核心逻辑——兼论"人

工智能+媒体"的基本运作范式》,《新闻与写作》2017年第3期。

喻国明、张小争:《传媒竞争力:产业价值链案例与模式》,华夏出版社2005年版。

喻国明:《人工智能与算法推荐下的网络治理之道》,《新闻与写作》2019年第1期。

岳淼、陈若萱:《论闽台影视产业的合作发展——开放型区域经济的视角》,《现代传播》2016年第2期。

臧志彭、解学芳:《文化产业上市公司科技创新能力评价研究——来自国内A股191家公司的实证分析》,《证券市场导报》2014年第8期。

臧志彭、解学芳:《中国网络文化产业制度创新演化研究——基于1994—2011年的实证分析》,《科学学研究》2013年第4期。

臧志彭、伍倩颖:《世界四大湾区文化创意产业结构演化比较——基于2001—2016年全球文创上市公司的实证研究》,《山东大学学报》(哲学社会科学版)2019年第1期。

臧志彭、谢铭炀:《世界四大湾区传媒产业集聚优势与演化趋势——基于2008—2017年全球上市公司的实证比较》,《南京社会科学》2019年第8期。

臧志彭、严艳璐:《世界湾区影视娱乐产业集聚格局与粤港澳应对策略——基于2008—2017年全球上市公司数据的区位熵分析》,《同济大学学报》(社会科学版)2020年第5期。

臧志彭:《数字创意产业全球价值链:世界格局审视与中国重构策略》,《中国科技论坛》2018年第7期。

臧志彭:《数字创意产业全球价值链重构——战略地位与中国路径》,《科学学研究》2018年第5期。

臧志彭:《数字创意产业全球价值链重构战略研究——基于内容、技术与制度三维协同创新》,《社会科学研究》2018年第2期。

臧志彭:《数字创意产业研究》,知识产权出版社2019年版。

詹绍文等:《文化产业集群要素特征、成长路径及案例分析——以场景理论为视角》,《江汉学术》2020年第1期。

张超、钟新:《从比特到人工智能:数字新闻生产的算法转向》,

《编辑之友》2017 年第 11 期。

张海霞：《电子商务发展、非农就业转移与农民收入增长》，《贵州社会科学》2020 年第 10 期。

张辉：《全球价值链下地方产业集群转型和升级》，经济科学出版社 2007 年版。

张洁：《国内主要城市发展互联网经济比较分析》，《改革与开放》2016 年第 7 期。

张琳彦：《产业集聚测度方法研究》，《技术经济与管理研究》2015 年第 6 期。

张胜冰等：《世界文化产业导论》，北京大学出版社 2015 年版。

张延吉：《论古典二元经济理论的适用性：基于正规—非正规部门的视角》，《经济问题探索》2014 年第 6 期。

张仲梁、邢景丽：《城市科技创新能力的核心内涵和测度问题研究》，《科学学与科学技术管理》2013 年第 9 期。

赵蒲、孙爱英：《资本结构与产业生命周期：基于中国上市公司的实证研究》，《管理工程学报》2005 年第 3 期。

赵岳峻、程利杰：《大数据时代创意设计服务平台建设研究》，《文化产业研究》2015 年第 3 期。

赵振：《"互联网＋"跨界经营：创造性破坏视角》，《中国工业经济》2015 年第 10 期。

钟春平等：《中美比较视角下我国数字经济发展的对策建议》，《经济纵横》2017 年第 4 期。

周城雄、周庆山：《我国数字内容产业政策演变及分析》，《学习与实践》2013 年第 12 期。

周格非、周庆山：《我国数字内容产业政策的内容分析与完善策略》，《图书情报工作》2014 年第 10 期。

周建新、胡鹏林：《中国文化产业研究 2017 年度学术报告》，《深圳大学学报》（人文社会科学版）2018 年第 1 期。

周锦、顾江：《基于区位商理论的区域文化产业发展分析》，《统计与决策》2013 年第 17 期。

周荣庭、张欣宇：《数字创意产业融合发展研究》，《江淮论坛》

2020 年第 2 期。

周荣庭、孙松:《增强现实出版物产业价值链分析》,《中国出版》2018 年第 8 期。

周韬:《基于分工与价值链的城市群空间组织机理研究》,《财会研究》2018 年第 7 期。

周莹、刘华:《以创意为核心的文化产业发展驱动要素研究》,《管理现代化》2014 年第 5 期。

Adizes, I., "How and Why Corporation Grow and Die and what to Do about it: Corporate Life Cycle", *Prentice Hall Direct*, 1989, pp. 1 – 35.

Ahuja, M. K., Carley, K. M., "Network Structure in Virtual Organizations", *Organization Science*, Vol. 10, 1999, pp. 741 – 757.

Altman, E., et al., "A Digital Media Asset Ecosystem for the Global Film Industry", *Journal of Digital Asset Management*, Vol. 2, No. 1, 2008, pp. 6 – 16.

Arsenijevic, J., Andevski, M., "Media Convergence and Diversification the Meeting of Old and New Media", *Procedia Technology*, Vol. 19, 2015, pp. 1149 – 1155.

Bathelt, H., "The Re – emergence of a Media Industry Cluster in Leipzig", *European Planning Studies*, Vol. 10, 2002, pp. 583 – 611.

Benghozi, P. J., Salvador, E., "How Where the R&D Takes Place in Creative Industries Digital Investment Strategies of the Book Publishing Sector", *Technology Analysis & Strategic Management*, Vol. 28, No. 5, 2016, pp. 568 – 582.

Birtchnell, T., Elliott, A., "Automating the Black Art: Creative Places for Artificial Intelligence in Audio Mastering", *Geoforum*, Vol. 96, 2018, pp. 77 – 86.

Blythe, M., "The Work of Art in the Age of Digital Reproduction: The Significance of the Creative Industries", *Journal of Art & Design Education*, Vol. 20, No. 2, 2001, pp. 144 – 150.

Boccella, N, Salerno, I., "Creative Economy, Cultural Industries and Local Development", *Procedia – Social and Behavioral Sciences*, No. 223,

2016, pp. 291 – 296.

Boix, R., et al., "The Importance of Creative Services Firms in Explaining the Wealth of European Regions", *European Planning Studies*, Vol. 20, No. 8, 2012.

Bukovina, J., "Social Media Big Data and Capital Markets: An Overview", *Journal of Behavioral and Experimental Finance*, Vol. 11, 2016, pp. 18 – 26.

Cacciatore, M. A., "Coverage of Emerging Technologies: A Comparison between Print and Online Media", *New Media & Society*, Vol. 14, No. 6, 2012, pp. 1039 – 1059.

Čerka, P., et al., "Is It Possible to Grant Legal Personality to Artificial Intelligence Software Systems?", *Computer Law & Security Review: The International Journal of Technology Law and Practice*, Vol. 33, 2017, pp. 685 – 699.

Chalaby, J. K., "Can a GVC – Oriented Policy Mitigate the Inequalities of the World Media System? Strategies for Economic Upgrading in the TV Format Global Value Chain", *International Journal of Digital Television*, No. 1, 2017, pp. 9 – 28.

Choi, J., "Evolution of Innovation Focus of Online Games: From Technology – oriented, through Market – oriented, and to Design – oriented Soft Innovation", *Asian Journal Technology Innovation*, Vol. 19, No. 1, 2011, pp. 101 – 116.

Choi, Moonkyung, "Policies for Developing Digital Contents Industry", *Productivity Review*, Vol. 16, No. 1, 2002, pp. 85 – 105.

Comunian, R., et al., "Location, Location, Location: Exploring the Complex Relationship between Creative Industries and Place", *Creative Industries Journal*, Vol. 3, 2010, pp. 5 – 10.

Comunian, R., et al., "Digital Technology and Creative Arts Career Patterns in the UK Creative Economy", *Journal of Education and Work*, Vol. 28, No. 4, 2015, pp. 346 – 368.

Cook, et al., "Cultural and Economic Complementarities of Spatial Agglomeration in the British Television Broadcasting Industry: Some Explorations", *Environment and Planning A*, Vol. 43, 2011, pp. 2918 – 2933.

Darchen, S., Tremblay, D. G., "Policies for Creative Clusters: A Comparison between the Video Game Industries in Melbourne and Montreal", *European Planning Studies*, Vol. 23, No. 2, 2015.

Davis, et al., "Applying an Innovation Cluster Framework to a Creative Industry: The Case of Screen – based Media in Ontario", *Innovation*, Vol. 11, 2009, pp. 201 – 214.

Delfanti, A., Arvidsson, A., "Media and Digital Technologies", In *Introduction to Digital Media*, No. 11, 2018.

Downey, S., Charles, D., "Distribution of Artificial Intelligence in Digital Games", *International Journal of Intelligent Information Technologies*, Vol. 11, 2015, pp. 1 – 14.

Edwards, L., et al., "Discourse, Justification and Critique: Towards a Legitimate Digital Copyright Regime?", *International Journal of Cultural Policy*, Vol. 21, No. 1, pp. 60 – 77.

Elkhova, O. I., Kudryashev, A. F., "The Creative Ability of Artificial Intelligence", *Creativity Studies*, Vol. 10, 2017, pp. 135 – 144.

Escalona – Orcao, A. I., et al., "The Location of Creative Clusters in Non – metropolitan Areas: A Methodological Proposition", *Journal of Rural Studies*, 2016, No. 45, pp. 112 – 122.

Fahmi, F. Z., et al., "The Location of Creative Industries in a Developing Country: The Case of Indonesia", *Cities*, Vol. 59, 2016, pp. 66 – 79.

Feng Li, "The Digital Transformation of Business Models in the Creative Industries: A Holistic Framework and Emerging Trends", *Technovation*, Vol. 4 – 5, 2020, pp. 92 – 93.

Fosch, E., et al., "Humans Forget, Machines Remember: Artificial Intelligence and the Right to Be Forgotten", *Computer Law & Security Review: The International Journal of Technology Law and Practice*, Vol. 8, 2017, pp. 1 – 19.

Foster, P., et al., "The Rise of Hollywood East: Regional Film Offices as Intermediaries in Film and Television Production Clusters", *Regional Studies*, Vol. 49, 2015, pp. 433 – 450.

Fujita, M., Thisse, J. F., *Economics of Agglomeration: Cities, Industrial Location and Globalization*, Cambridge: Cambridge University Press, 2013, p. 34.

Garnham, N., "From Cultural to Creative Industrie", *International Journal of Cultural Policy*, Vol. 11, No. 1, 2005, pp. 15 – 29.

Gomez – Diago, G., "The Role of Shared Emotions in the Construction of the Cyberculture: From Cultural Industries to Cultural Actions: The Case of Crowdfunding – ScienceDirect", *Emotions, Technology, and Social Media*, 2016, pp. 49 – 62.

Goode, S., Kartas, A., "Exploring Software Piracy as a Factor of Video Game Console Adoption", *Behavior & Information Technology*, Vol. 31, No. 6, 2012, pp. 547 – 563.

Goyal, M., et al., "Selling into Micromarkets", *Harvard Business Revies*, No. 7/8, 2012, pp. 78 – 86.

Haken, H., *Synergetics – Introduction and Advanced Topics*, Berlin: Springer – Verlag, 2004, pp. 11 – 31.

Han, B., "A Study on the Facilitating of Global Competitiveness in the Digital Contents Industry for Korea", *The Journal of Korea Research Society for Customs*, Vol. 5, No. 2, 2004, pp. 177 – 204.

Hansen, M., et al., "Artificial Intelligence: Practice and Implications for Journalism", *Policy Exchange Forum*, 2017, pp. 1 – 21.

Hervasdrane, A., Noam, E., "Peer – to – Peer File Sharing and Cultural Trade Protectionism", *Information Economics and Policy*, Vol. 41, 2017, pp. 15 – 27.

Humphrey, J., Schmitz, H., "Developing Country Firms in the World Economy: Governance and Upgrading in Global Value Chains", *INEF Report*, 2002, pp. 25 – 27.

Irfan, M., et al., "Design and Development of a Generic Spatial Decision Support System, Based on Artificial Intelligence and Multicriteria Decision Analysis", *GeoResJ*, Vol. 14, 2017, pp. 47 – 58.

Jaroslav, B., "Social Media Big Data and Capital Markets—An Overview", *Journal of Behavioral and Experimental Finance*, Vol. 11, 2016, pp. 18 – 26.

Jin – Liao He, Hans Gebhardt, "Space of Creative Industries: A Case Study of Spatial Characteristics of Creative Clusters in Shanghai", *European Planning Studies*, Vol. 22, 2014, pp. 2351 – 2368.

JoongHo, A., et al., "Korean Pop Takes Off! Social Media Strategy of Korean Entertainment Industry", 2013 10 th International Conference on Service Systems and Service Management (ICSSSM), 2013, pp. 774 – 777.

Kaplinsky, R., "Technological Upgrading in Global Value Chains and Clusters and Their Contribution to Sustaining Economic Growth in Low and Middle Income Economies", *UNU – MERIT Working Paper*, No. 27, 2015.

Kim, H. Y., "the American Film Industry and the Expansion of Digital Studio – Focusing on Creative Strategy of Industrial Light and Magic", *Bulletin of Korean Society of Basic Design & Art*, Vol. 5, No. 3, 2004, pp. 227 – 236.

Koiso – Kanttila, N., "Digital Content Marketing: A Literature Synthesis", *Journal of Marketing Management*, Vol. 20, No. 1, 2004, pp. 45 – 65.

Komorowski, M., "A Novel Typology of Media Clusters", *European Planning Studies*, Vol. 25, 2017, pp. 1334 – 1356.

Krugman, P., "Increasing Returns and Economic Geography", *Journal of Political Economy*, Vol. 99, 1991, pp. 483 – 499.

Kumar, S. P. L., "State of The Art – Intense Review on Artificial Intelligence Systems Application in Process Planning and Manufacturing", *Engineering Applications of Artificial Intelligence*, Vol. 65, 2017, pp. 294 – 329.

Le, P. L., et al., "Technological Change at the Heart of the Creative Process: Insights from the Videogame Industry", *International Journal of Arts Management*, Vol. 15, No. 2, 2013, pp. 45 – 59.

Le, P. L., et al., "Technological Change at the Heart of the Creative

Process: Insights from the Videogame Industry", *International Journal of Arts Management*, Vol. 15, 2013, pp. 45 – 59.

Lee, J., Gereffi, G., "Global Value Chains, Rising Power Firms and Economic and Social Upgrading", *Critical Perspectives on International Business*, No. 7, 2015, pp. 319 – 341.

Lee, Hyo – Gul, "Storytelling, a Strategy to Activate Regional Cultural Industry", *Global Cultural Contents*, No. 20, 2015, pp. 189 – 208.

Leung, L., Bentley, N., "Producing Leisured Laborers: Developing Higher Education Courses for the Digital Creative Industries", *Journal of Arts Management Law and Society*, Vol. 47, No. 2, 2017, pp. 148 – 160.

Liboriussen, B., "(Digital) Tools as Professional and Generational Identity Badges in the Chinese Creative Industries", *Convergence: The International Journal of Research into New Media Technologies*, Vol. 21, No. 4, 2015, pp. 423 – 436.

Lin, H. F., Chen, C. H., "An Intelligent Embedded Marketing Service System Based on TV: Design and Implementation Through Product Placement in Idol Drama", *Expert System with Application*, Vol. 40, 2013, pp. 4127 – 4136.

LisaJo, K., Scott, V. D., "The Extension of the Coloniality of Ower into Digital Culture", *Symbolic Interaction*, Vol. 40, 2017, pp. 133 – 135.

Madeleine, S., "Sustainability and Learning: Aesthetic and Creative Responses in a Digital Culture", *Research in Comparative & International Education*, Vol. 13, 2018, pp. 135 – 151.

Mangematin, V., et al., "Disassembly and Reassembly: An Introduction to the Special Issue on Digital Technology and Creative Industries", *Technological Forecasting and Social Change*, No. 83, 2014, pp. 1 – 9.

Martin, R., Rypestol, J. O., "Linking Content and Technology: On the Geography of Innovation Networks in the Bergen Media Cluster", *Industry and Innovation*, Vol. 25, 2018, pp. 966 – 989.

Martins, J., "The Extended Workplace in a Creative Cluster: Exploring Space (s) of Digital Work in Silicon Roundabout", *Journal of Urban Design, Vol. 20, No. 1, 2015, pp. 125 – 145.

Mele, V. , "Cultural Industries", *In The Wiley – Blackwell Encyclopedia of Social Theory*, No. 12, 2017.

Michael E. Porter, *The Competitive Advantage of Nations*, New York: Free Press, 1998, p. 148.

Molly, S. , "Sales of In – Game Assets: An Illustration of the Continuing Failure of Intellectual Property Law to Protect Digital – Content Creators", *Texas Law Review*, Vol. 80, No. 6, 2002, pp. 151 – 153.

Montgomery, L. , *China's Creative Industries: Copyright, Social Network Markets and the Business of Culture in a Digital Age*, UK&USA: Edward Elgar Publishing Ltd. , 2010, pp. 1 – 15.

Nam – Hee, "The Age of Cultural Industry and The Establishment of 'Digital Humanities' – Digital Area Studies and Creative Human Resources", *Won – Buddhist Thought & Religious Culture*, No. 74, 2017, pp. 227 – 251.

Newsinger, J. , "The Politics of Regional Audio – visual Policy in England: Or How Learnt to Stop Worrying and Get 'Creative'", *International Journal of Cultural Policy*, Vol. 18, No. 1, 2012, pp. 111 – 125.

Noh, S. , Bang, K. C. , "A Study on Creative Industry Development Vision based on Digital Contents", *Journal of Digital Convergence*, Vol. 10, No. 2, 2012, pp. 47 – 53.

Öberg, N. K. , "The Role of the Physical Work Environment for Creative Employees a Case Study of Digital Artists", *The International Journal of Human Resource Management*, Vol. 26, 2015, pp. 1889 – 1906.

Parmentier, G. , Mangematin, V. , "Orchestrating Innovation with User Communities in the Creative Industries", *Technological Forecasting and Social Change*, Vol. 83, No. 3, 2014, pp. 40 – 53.

Petruzzelli, A. M. , et al. , "Teams and Lead Creators in Cultural and Creative Industries", *Journal of Knowledge Management*, Vol. 21, No. 3, 2017, pp. 607 – 622.

Porfírio, J. A. , et al. , "Entrepreneurship in Different Contexts in Cultural and Creative Industries", *Journal of Business Research*, Vol. 69,

No. 11, 2016, pp. 5117 – 5123.

Rehnberg, M., Ponte, S., "From Smiling to Smirking? 3D Printing, Upgrading and the Restructuring of Global Value Chains", *Global Networks*, No. 1, 2018, pp. 57 – 80.

Richey, M., Ravishankar, M. N., "The Role of Frames and Cultural Toolkits in Establishing New Connections for Social Media Innovation", *Technological Forecasting & Social Change*, Vol. 144, 2019, pp. 325 – 333.

Safadi, F., et al., "Artificial Intelligence in Video Games: Towards a Unified Framework", *International Journal of Computer Games Technology*, Vol. 3, 2015, pp. 1 – 30.

Saragih, R., et al., "External Environment Impact on Business Performance in Digital Creative Industry: Dynamic Capability as Mediating Variable", *International Journal of Advanced and Applied Sciences*, Vol. 4, No. 9, 2017, pp. 61 – 69.

Schamp, E. W., "Evolution and Institution as Basics for a Dynamic Economic Geography: The Meaning of Increasing Returns for the Explanation of Geographical Concentration", *Geographische Zeitchrift*, Vol. 90, 2002, pp. 40 – 51.

Shahzad, F., et al., "Organizational Culture and Innovation Performance in Pakistan's Software Industry", *Technology in Society*, Vol. 51, No. 51, 2017, pp. 66 – 73.

Shin, J, "A Study on the Amendment of Online Digital Contents Industry Promotion Act", *Journal of Industrial Property*, No. 18, 2005, pp. 343 – 368.

Shin, J., "The Legal Protection of Digital Contents under the On – line Digital Contents Industry Development Law", *Journal of Industrial Property*, No. 11, 2002, pp. 257 – 286.

Spilioti, T., "Media Convergence and Publicness: Towards a Modular and Iterative Approach to Online Research Ethics", *Applied Linguistics Review*, Vol. 8, 2017, pp. 191 – 212.

Tamar, G., Figuerola, Carlos G., "Ten Years of Science News: A Longitudinal Analysis of Scientific Culture in the Spanish Digital Press", *Public Understanding of Science*, Vol. 25, No. 6, 2016, pp. 691 – 705.

Tanner, C., et al., "How Technology is Changing News and Our Culture: Lessons from Elections 2016 and Davos 2017: Tech, Media, and the Newsroom of the Future", *Journal of the American College of Radiology*, Vol. 14, No. 12, 2017, pp. 1632 – 1634.

Thomas, W., "How to Glean Culture from an Evolving Internet Richard Rogers, Digital Methods", *Technology and Culture*, Vol. 57, No. 1, 2016, pp. 238 – 241.

Tomczak, P., Stachowiak, K., "Location Patterns and Location Factors in Cultural and Creative Industries", *Quaestiones Geographicae*, Vol. 34, No. 2, 2015, pp. 7 – 27.

Turok, I., "Cities, Clusters and Creative Industries: The Case of Film and Television in Scotland", *European Planning Studies*, Vol. 11, 2003, pp. 549 – 565.

Virta, S., Lowe, G. F., "Integrating Media Clusters and Value Networks: Insights for Management Theory and Research from a Case Study of Mediapolis in Finland", *Journal of Management & Organization*, Vol. 23, 2017, pp. 2 – 21.

Wagner, C., "Impact of Digitalization and Convergence on Merger Control in the Media Sector", *Computer Law Review International*, Vol. 17, 2016, pp. 65 – 70.

William Thomas, "How to Glean Culture from an Evolving Internet Richard Rogers, Digital Methods", *Technology and Culture*, Vol. 57, No. 1, 2016, pp. 238 – 241.

Williams, H., Mcowan, P. W., "Magic in Pieces: An Analysis of Magic Trick Construction Using Artificial Intelligence as a Design Aid", *Applied Artificial Intelligence*, Vol. 30, 2016, pp. 16 – 28.

Yusuf, S., Nabeshima, K., "Japan's Changing Industrial Landscape", *Policy Research Working Paper*, 2005, pp. 1 – 52.

Zgrzebnicki, P., "Selected Ethical Issues in Artificial Intelligence, Autonomous System Development and Large Data Set Processing", *Studia Humana*, Vol. 6, 2017, pp. 24 – 33.

参考文献：

Xiaoguhi, B. "Selected Ethnic Issues in Artificial Intelligence," edited by Sam Development and Data Issues on Processing. Studies (Second Ed.), 2017, pp. 15–25.